普通高等教育"十二五"规划教材

应用文写作
——机电工程篇

主　编　由　娜　邵美华

副主编　梅　敬　戚　晶
　　　　孙承波　赵　军

电子工业出版社
Publishing House of Electronics Industry
北京·BEIJING

内 容 简 介

本书为机电工程类学生而编写，从编写的体例到内容的选择，以及习题的设计都凸显了机电工程类的特色。本书从实用性出发，较为全面、系统地介绍了应用文写作知识，包括日常文书、事务文书、行政公文、会议文书、财经文书、法律文书、科技文书和传播文稿的基础知识及写作的格式要求。教材中选取了大量最新的与学生实际生活密切相关的例文，且例文具有较强的可读性，并附有许多习题，可以帮助学生迅速掌握各种文种的写法，有效提升学生的应用文写作水平。

本书既可以作为高等职业技术院校或中等职业技术学校教材使用，也可以作为社会各类人员自学参考书。

图书在版编目 (CIP) 数据

应用文写作·机电工程篇/由娜，邵美华主编. —北京：电子工业出版社，2013.8

普通高等教育"十二五"规划教材

ISBN 978-7-121-20844-7

I. ①应… II. ①由…②邵… III. ①机电工程－应用文－写作－高等学校－教材 IV. ①H152.3

中国版本图书馆 CIP 数据核字（2013）第 145249 号

策划编辑：王羽佳

责任编辑：郝黎明　　　　　文字编辑：裴　杰

印　　刷：三河市鑫金马印装有限公司

装　　订：三河市鑫金马印装有限公司

出版发行：电子工业出版社

　　　　　北京市海淀区万寿路 173 信箱　　邮编：100036

开　　本：787×1092　1/16　印张：19.75　字数：502.6 千字

版　　次：2013 年 8 月第 1 版

印　　次：2017 年 8 月第 5 次印刷

定　　价：49.00 元

凡所购买电子工业出版社图书有缺损问题，请向购买书店调换。若书店售缺，请与本社发行部联系，联系及邮购电话：(010)88254888。

质量投诉请发邮件至 zlts@phei.com.cn，盗版侵权举报请发邮件至 dbqq@phei.com.cn。

服务热线：(010)88258888。

前　言

为适应高等职业教育的快速发展，满足应用文写作教学改革的需要，迅速有效地提升学生的应用文写作水平，本教材对传统应用文写作教材进行革新，在体例编写上用"项目"、"任务"代替传统的"章"、"节"，在深入贯彻高等职业教育理论"必需、够用"原则的基础上，做到理论够用，内容精选，教材避免"全"、"深"的面面俱到，与学生的学习、职场生涯紧密结合，凸显职业特色。

本教材是以学生所学专业相关工作任务和职业能力为依据，以学生的学习和工作实际需要为主线，以"任务"、"项目"为载体，多渠道、多角度来进行材料的选择，根据实际需要选择最新鲜的材料，且材料在选择上有所侧重，主要侧重于机电工程类，在例文和习题的选用和设计上有突出的体现。

本教材共 8 个项目，包括日常文书、事务文书、行政公文、会议文书、财经文书、法律文书、传播文稿和科技文书。

参加本教材的编写人员有：

主　编：由　娜(辽宁机电职业技术学院)

　　　　邵美华(辽宁机电职业技术学院)

副主编：梅　敬(辽宁机电职业技术学院)

　　　　戚　晶(辽宁机电职业技术学院)

　　　　孙承波(辽宁机电职业技术学院)

　　　　赵　军(辽东学院)

具体分工如下：

由娜，负责项目一、项目二和项目四的编写；

邵美华，负责绪论的编写；

梅敬，负责项目五和项目八的编写；

戚晶，负责项目三和项目六(任务一)的编写；

孙承波，负责项目六(任务二～任务七)的编写；

赵军，负责项目七的编写。

本教材在编写过程中参阅了大量的教材和资料，在此一并表示衷心的感谢！

编　者

2013 年 7 月

目　录

目 录

绪论　应用文写作概述

了解应用文的特点；明确应用文的分类；掌握应用文的主题、材料、结构、语言和表达方式；懂得如何修改应用文。

写作是一种人类所特有的创造性的思维活动，它可以表达思想、传递信息、论事说理，在人类社会发展的过程中，起着非常重要的作用。根据撰写目的的不同，写作可以划分为文学写作和应用写作。文学写作以抒发情感为主，应用写作以传递、交流信息为主。

应用文是人们在日常生活、学习和工作中，处理公私事务时，经常使用的一种文体，其实用性强，使用范围广。"应用文"一词最早出现在北宋苏轼的《答刘巨济书》中，他说："向在科场时，不得已作应用文，不幸为人传写，深为羞愧。""应用文"作为一个专用的文体概念，最早出现在清代学者刘熙载的《艺概·文概》中，他说："辞命体，推之可为一切应用之文。应用文有上行，有平行，有下行，重其词乃所以重其实也。"在这里就已指出了应用文讲求实效的特点。随后，徐望之在《尺牍通论》中又作了进一步的阐示："有用于周应人事者，若书札、公牍、杂记、序跋、箴铭、颂赞、哀祭等类，我名之曰'应用之文'。"随着时代的发展，应用文承载着越来越多的信息，是现代社会生活中十分重要的交际工具，应用文写作能力已成为现代人才必备的基本能力。无论从事什么职业，都离不开应用文写作。现代著名作家、教育家叶圣陶先生在《作文要道》中指出："大学毕业生不一定要能写小说、诗歌，但一定要能写工作和生活中实用的文章，而且非写得既通顺又扎实不可。"美国著名的未来学专家约翰·奈斯比特在《大趋势——改变我们生活的十个新方法》中指出："在这个文字密集的社会里，我们首先比以往任何时候都更需要具备最基本的读写技能。这里所说的'读写技能'，首先就是足以应付日常和生活所需要的写作能力，也就是应用写作能力。"

一、应用文的特点

（一）实用性强

实用性是应用文的一个突出的特点。办理公私事务、解决实际问题都离不开应用文。应用文最大的特点在于"实用"，"实用"是应用文与其他文学作品的主要区别之一。一般文学作品的创作是"有感而发"，诗歌、散文、小说等文学作品主要是表达人们的喜怒哀乐、抒发理想、反映现实，而应用文的写作主要是为了解决实际问题，是"有事而发"，无事不发。比如要和远方的朋友联系，就要写信；要借款，就得立字据；向上级汇报工作、反映情况，要写报告；推销产品，要写广告等，都是为了解决实际问题而写的，所以应用文往往被人称为实用文，是"为实用而作之文"。

（二）真实性强

真实是应用文的第一生命。材料要真实可靠，确凿无误、持之有据，来不得半点虚假。数字要确实无误，判断要符合实际，办法要切实可行。应用文写作必须讲究真实、客观，实事求是地反映问题、反映情况，不允许像文学创作那样，可以虚构，进行艺术再加工，"杂取种种、合成一个"，追求艺术性；也不能发挥主观想象、夸大其辞，否则就会歪曲事实真相，蒙骗对方，给社会带来不良影响。

（三）针对性强

应根据领域、具体业务和行文目的的不同，选用不同的应用文文种。应用文有特定的对象和行文目的。应用文是写给谁看的，行文者一清二楚。一般的书信类自不必说，就是海报启事也是以其特定的读者为写作对象的。就写作目的而言，应用文也是明确的，它就某一个事件为其主要内容，发文所希望达到什么样的结果也是明确的。因此，应用文写给谁、写些什么、达到怎样的效果，事先是已知道的。而文学作品的对象则是模糊不清的，作家在写作时确立的读者对象是泛泛的，也没有特定的读者，没有严格的针对性，像一首诗、一篇小说、一部电影剧本，谁都可以看，谁都可以不看，老少不分，雅俗共赏。

（四）格式较固定

应用文的写作有其特定、惯用的格式，这些格式，有的是长期以来约定俗成、相沿成习的，有的是由国家、有关部门统一制定的。如书信有书信的格式，公文有公文的格式，经济合同有经济合同的格式等，每一种应用文包括哪些内容，哪些在前，哪些在后，分几部分，都应严格遵守，不得随意标新立异，也不能像有些文学创作那样，随意编排，自由联想，打破时空观，讲究情节的曲折变化等。应用文的格式也不是一成不变的，随着社会的发展，人们生活习惯的变化，观念的变化，应用文写作格式也会变化，使它更加方便人们表情达意的需要，更加顺应社会发展的需要。

（五）时效性强

由于应用文是为了解决实际问题而写的，所以它的时间性很强。一旦出现问题，就必须及时反映，否则拖延时间就会给生活、工作、生产带来影响。应用文必须注意时间、效率，讲究时效性，这样在传递信息、解决实际问题等方面才能取得好的效果。应用文总是针对工作学习或生活中所出现的具体事情而写的。应用文往往是在特定的时间来处理特定的问题，尽快传递相关信息，因此时效性很强。不及时发文，拖拖拉拉，或时过境迁再放马后炮，传达信息失败，就会失去其实用价值。如开会要先写通知，请假要先写请假条，入党入团要先写申请书等。强调及时性是应用文的基本特征。相对而言，文学作品的写作时间性不强，像《红楼梦》写了十年之久，欧阳修的《醉翁亭记》写好后又搁置了很长时间才发表。

（六）语言特点朴实、简明、准确

应用文语言的特点是：庄重得体、朴实平易、准确规范、言简意赅。

1. 庄重得体。为使语言庄重得体，常用的手法有：

（1）使用规范化的书面语言。

规范化的书面语言是应用文语言的主要表达形式，不宜用口语。例如，《国务院关于实行公民身份证制度的决定》是这样写的："建立和实行公民身份证号码制度，是国家加强社会管理的一项重要基础建设，也是实行社会信息化管理的重要措施，对于促进我国社会主义现代化建设和经济体制改革，方便群众生活和保护公民合法利益，具有十分重要的作用。为此，国务院决定，自1999年10月1日起在全国建立和实行公民身份证号码制度。"这段话使用的就是规范化的书面语言，选词多用双音节词和联合词组，造句使用多重定语和复句，句子较长，表意严谨、周密，郑重而又严肃。

（2）使用文言词语。

文言词语是指古文中使用的词语。例如，"兹有"、"兹定于"、"收悉"、"业经"、"业已"、

"特此"、"致以"、"为荷"、"拟请"、"恳请"、"届时"、"鉴于""光临"等文言词语就在应用文中经常使用。

（3）使用祈使句。

在公文的种类中，下行文占绝大多数，祈使句是表示命令或禁止时使用的句子，正符合下行文的要求。表示肯定的祈使句，常用"必须"、"坚决"、"要"、"应该"等词语。表示否定的祈使句，常用"严禁"、"不得"、"不准"、"不能"、"不要"、"不许"等词语。

（4）使用全称和规范化简称、统称。

应用文在涉及机关、企事业单位的名称、人名、职务名称、时间名称、地点名称以及有关事物的名称时，为了表示庄重，往往使用全称，而不宜用简称。如果使用非规范化简称，应当先用全称并注明简称。例如，《国务院办公厅关于出国举办经济贸易展览会审批管理工作有关问题的函》一文中的"出国办展"就是个非规范化简称，因此，在第一次使用时用全称"出国举办经济贸易展览会"，并在后面用圆括号注明，即（以下简称"出国办展"）。

（5）使用敬词、谦词。

例如，"拜托"、"烦交"、"恭候"、"敬请光临"、"惠临"、"恳请"、"拟请"、"为荷"、"致以亲切的问候"、"表示最诚挚的感谢"等。

2．朴实平易。

（1）运用"三易"词语。

"三易"指易识、易读、易懂。

（2）少用溢美之词。

溢美之词指过分夸张藻饰的词语。

例如，我公司出口的女装，品种繁多：有美如垂柳的长裙和睡衣；有艳比玫瑰的旗袍和裙衫；有花团锦簇、五彩缤纷的绣衣。大衣和短衫；有富如牡丹、淡雅如幽兰的罩衣和衬衣，艳而不凡，美而不俗。无论在选用衣料、设计款式，以及一针一线上，均经精心加工制作。

（七）准确规范

为使应用文的语言准确规范，常用的手法有：

1．使用限制性词语。应用文要准确如实地反映客观事实，就必须对反映客观事实是词语的外延和内涵作出精确限定，使语意具有确定性。

2．使用专用词语。

长期以来，人们在应用文中沿用一些使用频率较高的专用词语。这些专用词语用途稳定，约定俗成，词义确定，有助于语言的准确与简练。常见的专用词语如下：

根据、本着、如下、关于、为了、遵照、经、为此、据此、对此、有鉴于此、综上所述、总之、当否、是否妥当、可否、兹、届时、此复、此致敬礼、特此报告、特此公告。

二、应用文的分类

（一）按使用领域划分

1．行政类应用文。

（1）国家行政机关公文。指国务院办公厅印发的《国家行政机关公文处理办法》中所规定的命令（令）、决定、公告、通告、通知、通报、议案、报告、请示、批复、意见、函、会议纪要十三类十三种公文。国家机关公文是国家机关、社会团体或企事业单位处理事务的文件，主要用来传达和贯彻党和国家的政策法令，指导工作，提出要求，答复问题，通报情况，交流经验，传递信息。公文制作比较严格，具有一定的法律效力，在写作和使用时，要根据国家最新的行政机关公文处理办法，区分每类公文文种的行文要求和使用范围，确定适用的文种形式，确保其使用效率。

（2）日常行政机关公文。指上述国家法定的行政机关公文以外的一些事务文件。是指简报、计划、总结、调查报告、规章制度、介绍信、证明信等用来处理单位内部日常事务，与具体部门进行工作联系的应用文。它们的行文格式不像公文那样严格，制作也比较自由。日常事务公文不具有法定的权威，一般不单独行文。如有必要，需另行备文，按法定公文处理，否则只作为参考材料。有些日常事务公文还可在报刊上发表。

2．专业工作应用文。

专业工作应用文是指在一定专业机关或专门的业务活动领域内，因特殊需要而专门形成和使用的应用文。由于分工不同，社会各行各业经管的事务有很大的差异，因此在长期的工作实践中便逐渐形成了一些与其专业相适应的应用文，称为专业工作应用文。

专业工作应用文除了要遵守应用文的一般规则外，还有很强的专业特点，外行是不能写好的。例如，财经部门常用的预决算报告、审计报告、市场调查报告、市场预测报告、项目可行性研究报告、外贸函电、经济合同等；司法部门常用的起诉书、判决书、证词、辩护词、立案报告、破案报告；文教部门常用的教学计划、教学大纲、教案、教学管理条例；医务工作常用的病历、处方、护理日志、诊断证明书、死亡报告；外事工作常用的照会、声明、国书、意向书、备忘录、国际公约、联合公报等。

在各类应用文中，专业工作应用文涉及的面最广，发展最快。随着社会经济的发展和科学技术的进步，社会分工会越来越细，为适应工作需要随事立体的应用写作新形式，也将会不断增多。

3．日常生活应用文。

日常生活应用文主要指个人用来处理日常生活事务和礼仪的应用文，如书信、电报、启事、请柬、讣告、日记、读书笔记。日常生活应用文与个人的日常生活、人际交往活动关系密切，使用范围很广。日常生活应用文虽然也有一定的格式，但不十分严格，写作较灵活自由。

（二）按应用文本身的特点划分

1．社交礼仪类。

这是一类适用于社交场合的应用文，它的存在完全是为了促进双方之间关系的发展，同时它又是人们文明交流的一种体现。人与人之间亲疏有别、长幼有序，礼仪就是在社会交往中把握好分寸，恰如其分地把握双方的关系。礼仪类应用文是人们在互相平等、相互尊重的基础上形成的一种日常应用文。

礼仪类日常应用文主要包括以下一些常用的文体：请柬、欢迎词、祝辞、欢送词、邀请信、题词、慰问信、表扬信、感谢信、贺信、贺电、赠言等。

2．海报启事类。

海报启事类应用文是指那些可以公开张贴在公共场合或通过媒介公开播放、刊登的广而告之的一类事务性应用文。这类应用文人们使用广泛，几乎在大街小巷、工厂、学校等公开的场合，都可以见到它们。

海报启事类应用文一般包括征稿启事、征婚启事、征订启事、婚姻启事、开业启事、寻人启事、寻物启事、招聘启事、招生启事、海报等一些应用文样式。

3. 便条契据类。

这是由当事人双方在事务交流中出具给对方的作为凭证或说明某些问题的一种常见应用文。这类应用文短小精悍，可随时使用。

便条契据类应用文一般又可分为以下几种：借据、欠条、收条、领条、请假条、便条、托事条、催托条、馈赠条、留言条等。随着各种正规票据的推广和使用，这类应用文形式将会逐渐减少。

4. 家书情书类。

在人们的各种交往中，人与人之间的书信来往应该是最频繁的交流方式。从古至今，无论朋友之间的互致问候、表达关心，或者情人之间互致相思、表达爱慕，均使用书信这种形式。伟人名士的家书、情书也往往会给别人或后人许多启迪和帮助，所以这类书信也为我们留下了丰富的文化遗产，有些同时堪称文学作品的典范。

这类书信主要包括以下几种：写给长辈的信、写给晚辈的信、写给兄弟姐妹的信、写给亲朋的信、初恋情书、热恋情书、求爱情书等。

5. 专用书信类。

专用书信类是具有书信的格式，发文的对象或者使用的目的又是特定的一类应用文。 一般来讲，这类书信可以分许多种，如咨询信、介绍信、证明信、推荐信、求职信、聘书、 履历、说明书、保证书、倡议书、建议书、悔过书等。

6. 申请书类。

申请书类应用文应属于专用书信类的一个分支，但由于其使用较为特殊，具有其自身非常突出的特点，即请乞性，所以这里专列为一类。

申请书类的日常应用文一般可以包括入学申请书、入党入团申请书、住房申请书、困难补助申请书、辞职申请书等几种。

7. 对联类。

对联是人们在婚丧嫁娶、宴飨寿诞、季节变换时使用的一种具有较浓的文化传统气息的一种应用文样式。它有较为严格的行文要求，一般来讲，它并不适宜于平民百姓们使用。但每逢一些必要的场合，它又是必不可少的。

对联类常见应用文包括节令联、祝寿联、婚联、喜联、挽联、名胜联等六种。

8. 讣告悼词类。

这是有关以致悼死者为主的一类日常应用文。其中有些文体只适用于特殊的人物、特定的场合，有些则广泛地应用于民间。了解其写作的基本格式也十分的必要。一般来讲，这类应用文可以包括讣告、唁电、追悼会仪式、治丧名单、悼词、碑文等六种。

9. 英文类。

随着改革开放的深入，国际间各种交流的加强，常用英文书信已渗透到我们的日常生活之中。

以上只是从大的方面来划分。如果进一步，还可根据行文方向、内容性质或其他管理文件的标准来划分。

三、应用文的作用

应用文具有较为广泛的社会功能。它在人们的日常交往中起着重要的作用。具体来讲，可以将其归纳为以下几点：

（一）交流思想经验、互通信息、联络情感的作用

无论个人与个人之间、单位与个人之间还是不同的单位之间的交流都日益频繁，所以许多应用文就起着沟通双方情感，互通信息的重要作用。家书情书类应用文自不待言，那些向对方表示祝贺、感谢、慰问等书信或电报也具有这一作用。

（二）凭证性的作用

应用文中有很大一部分具有凭证性的功能。有些事务、特别是有关钱、财交流的，事后都要有可靠的凭据才好说话，因此证明信、条据、聘书等日常应用文就起到了其作为凭证的作用。

（三）广告宣传的作用

起广告宣传作用的应用文很多，如海报启事类的应用文，其中许多就是为了宣传而写的。它就是要将有关的信息刊登发布出来，让尽可能多的人了解，从而满足其业务或个人其它目的的需要。有些应用文要配上图片或一些装饰物，其目的也就是为了使其更好地起到广告宣传的作用。

（四）提供和保存一些历史资料

应用文反映单位和个人的种种活动，记载着各个时期的政治、经济和文化等方面的情况，因此它可以保存和积累大量的历史资料，为今后有关部门和个人的研究提供方便。

四、应用文的主题、材料、结构、语言和表达方式

（一）应用文的主题

1．主题的概念。

主题，是指作者通过文章的全部内容所表现出来的核心思想和主要意图。应用文的主题，是事物的客观意义和作者对事物的主观评价在文章中的高度统一。作用表现在：首先，主题决定着材料的取舍和使用；其次，主题统领文章的结构；最后，主题制约着语言的运用。词语的选择、句式的运用、表达方式的运用都受到主题的制约。

2．主题的要求。

（1）正确。是指主题能反映事物的本质，符合客观事物发展的规律，具有科学性，还要有益于时，有补于世。

（2）鲜明。是指作者的基本态度、文章的基本思想十分明确，毫不含糊。对问题的认识，对事物的评价，主张什么，反对什么；应该怎样做，不应该怎样做；解决什么问题，达到什么目的的，都要旗帜鲜明地表达出来，不能含糊其辞，模棱两可，要用"直笔"。

（3）深刻。是在主题正确的基础上，要有思想深度，要反映和提示客观事物的深层本质，阐明事物之间的必然联系，具有深刻的思想意义和丰富的内涵。

（4）集中。是指一篇文章只能有一个主题，材料的使用，谋篇布局，遣词造句，都要为突出这个主题服务。

（5）新颖。即主题要有新意，所反映的作者的观点、感受、主张、意见，不落俗套，不拾人牙慧，有自己的独特性，给人以新鲜醒目之感，使人耳目一新。

3．确立主题的原则。

（1）工作需要和写作目的。动笔之前，首先要考虑作文的具体目的是什么，主题必须符合行文目的，作者在确立主题时要正确理解和深刻领会写作意图。

（2）符合实际，切实可行。确立主题要立足实际，要从个人、本地区、本部门的实际情

况出发，只有这样，所作的指示，所提出的意见和办法，所总结的经验，才能有的放矢，切实可行。

（3）以丰富、真实的材料为基础。必须深入生活，掌握丰富真实的材料，了解全面、真实的情况，才能提炼出正确、深刻的主题。

4．表现主题的方法。

（1）显现法。又叫直接法，它是在文章的某一部位，用明确而简练的语言，直截了当地把主题表述出来。应用文大都采用这种方法。常见的有以下几种方式：

题中见意，就是在标题中直接点明主题。

开宗明意，就是开门见山，在开头部分亮出观点、点明主题，给人以鲜明的印象，然后再逐步展开阐述。

文中点意，就是在行文中，当叙述或议论到一定程度的时候，在主体部分自然引出主要论点或中心思想。

篇末结意，就是在文章结尾处，用简明扼要的文字归纳出主题，加深读者的印象。表明主题有时需要几种方法综合运用。大多数的应用文中，常常是开头点题，结尾重复强调，做到上下呼应，首尾圆合。

（2）对比法。又叫比较法，是通过文章不同侧面或不同性质内容的对比来揭示主题。对于要表现的人、事、物采用有扬有抑的方法，形成鲜明的对比，以突出主题。

（3）疏密法。疏，指疏笔，即略写；密，指密笔，即详写。通过略写和详写的鲜明对比，使文章主次分明，中心突出。凡与主题关系密切，就详写；与主题关系不大，就略写。

（二）应用文的材料

1．材料的概念。

材料，是指作者为完成文章的写作，体现自己的写作意图和目的，从实际工作、学习、生活中收集到的或写入文章中的一系列事实根据和理论根据，如人物、事件、数据、例证、原因、道理等。它包括经过作者选择提炼后写进具体文章中的材料，以及作者在写作之前收集积累的原始材料。材料是写作活动的基础，是构成文章的一个基本要素，应用写作的过程，就是作者将各式各样的原始材料进行分析、提炼、综合加工的过程。有了切实、充分、具体的材料，构思才有依托，剪裁加工才有对象，写作活动才得以进行。

2．材料的采集。

（1）要求。首先是全面，着眼于一个"博"字。其次是深入，着眼于一个"透"字。第三是细致，着眼于一个"细"字。

（2）方法。

观察，是作者凭借自己的感觉对对象进行有目的、有计划、比较持久的感知，记录所得的材料。这是取得第一手材料的主要途径。

体验，即置身于对象所处的环境之中，用整个身心去感受。其价值在于它的"亲历性"。通过体验，获得切身感受，以积累素材。

调查访问，即通过向知情人、有经验的人询问以了解真实情况，获得材料。通过综合运用观察、体验、查询、阅读等手段，采用开座谈会、个别访问、现场了解、蹲点调查、问卷调查等方法有目的、有计划地采集第一手和第二手的材料。

阅读观听，就是从各种文献、音像资料中获取材料。通过广泛的阅读，可以掌握大量的知识与信息，从而进行比较、分析、归纳，提炼出正确的决策或论题。可以通过报刊剪贴、复印、录音、录像等手段来获取资料。

计算机检索。它是当今最便利、最普遍的收集材料的方法。通过计算机网络，可以在很短时间内比较容易地调用所需材料，而且收集保存也极为方便。

3. 材料的选择掌握以下原则：

（1）符合文章主旨。凡是与主题有关，并能很好表现主题的材料，就选用；凡是与主题无关或似是而非的材料，就舍弃。对已经选定的材料，根据主题需要决定详略。

（2）真实。要确有其人，确有其事，符合实际情况，不能杜撰，也不能夸大或缩小，引文也必须认真核对，绝不能出错。

（3）典型。指材料所具有的代表性和普遍意义，能起到以少胜多，以一当十的作用。选材贵在精，精就精在"典型"上。

（4）新颖。一是新近发生的别人未曾使用过的、鲜为人知的材料，如新人、新事，新方针、政策，新的统计数字，新成果，新发生的问题等；二是虽为人知却因被变换角度而具有新意的材料。

4. 材料的使用选好材料之后，要正确使用，应注意：

（1）量体裁衣，决定取舍。所谓取舍，针对的是一些法规性、指令性文书，多数材料只是作为写作的依据，不进入正文，虽然通过了挑选，但实际写作过程中还是要舍的。"量体裁衣"，是根据文章体裁不同，对选定的材料进行不同的剪裁加工。

（2）主次分明，详略得当。使用材料时，能直接说明和表现主题的，应置于主要核心地位；配合或间接说明、表现主题的，应置于次要地位。两者是"红花"与"绿叶"的关系。骨干核心材料，要注意详尽；过渡材料、交待性材料，要相应从略；读者感到生疏或难以把握的材料应详，读者所了解或容易接受的材料可从略。

（3）条理清晰，排好顺序。对已选定的材料，应根据事物发展的过程、人们的认识规律或材料之间的逻辑关系排好顺序，将各种不同类型的材料合理搭配，有条不紊地写出来。大多数应用文，是选择若干材料，从不同角度、不同层次，阐明主题。写作过程中，将同类型的材料结合使用，可以优势互补，提高整体表达效果。常用的结合方式有：理论材料与事实材料结合；具体材料与概括材料结合；文字材料与数字材料结合。

（三）应用文的结构

1. 结构的概念。

结构是指文章内部的组织和构造，是作者按照主题的需要，对材料所进行的有机组合和编排，又称谋篇布局。

文章的结构具有两重含义：一是宏观结构，即文章的总体构思、大体框架；二是微观结构，即对文章的层次、段落、开头、结尾、过渡、照应和主次的具体设计。

作用：

（1）使文章言之有体。"体"指体裁。应用文在长期的写作实践过程中，大都形成了比较固定的结构形态，也叫程式。

（2）使文章言之有序。合理安排结构，就是根据一定的思路，将零散的材料组织起来，使之条理清楚，成为一个有机的整体。

（3）使文章言之成文。通过精心安排结构，可以增加文章的文采，从而增强其可读性。

2．安排结构的原则。

（1）要服从表现主题的需要。主题是作者的写作目的、意图的体现，结构必须服从主题的需要，为表现主题、突出主题服务。例如怎样安排开头与结尾、怎样划分层次与段落、怎样设置过渡与照应、怎样确定主次与详略等，都要围绕主题进行。这样，才能使文章组成一个严谨周密、内容形式统一的有机整体。

（2）要正确反映客观事物的发展规律和内在联系。应用文是对现实生活、客观事物的反映，客观事物总有一个发生、发展、结束的过程，作者对它的认识也遵循一定的规律。这种规律性，也就表现为文章结构的基本形式。

（3）要适应不同文体的要求。文体不同，结构的样式和要求也会不同。应用文不同于文学作品，不同类型的应用文体结构方式也存在着区别。

3．结构的要求。

（1）严谨自然。指文章结构精当严密，顺理成章。要求作者思路清晰，思维严密，以主旨贯穿全文始终，不枝不蔓。层次段落的划分要恰当，组织严密，联系紧凑，脉络畅通，行止自如。过渡和照应要自然，不能刻意的雕凿，更不能牵强拼凑。

（2）完整匀称。指文章各部分要配置齐全，比例协调，详略得当，完整合理，重点突出，符合格式要求。如文章一般都有开头、主体和结尾三部分，三部分比例要协调，主体要内容充实，不能虎头蛇尾或尾大不掉；对并列内容的处理，要注意处理好详写和略写的关系，以保证结构的完整和匀称，使之浑然一体。

（3）清晰醒目。大多数应用文不要求行文曲折波澜，而要求纲举目张、清晰醒目，以便读者把握要领或贯彻执行，所以常采用加小标题、写段首撮要、条目式等形式。这在一些法规性文体中最为明显。

4．结构的内容。

（1）层次与段落。层次是文章中作者表达主题的阶段和次序，是文章内容展开的次序。层次体现了事物发展的阶段，是问题的各个侧面和作者思维的过程，又称为"意义段"、"逻辑段"、"章"、"节"等。段落，又称"自然段"，是组成文章、表达思想最基本、相对独立的最小单位。段落的形式是层次的再分割，是文章意思的间歇或转换，以换行为标志。两者有明显的区别，层次侧重于内容的划分，段落侧重于文字形式的表现。有时一个段落恰好是一个层次，有时几个段落表现一个层次或一个段落内有几个层次。

安排层次有两种模式：

纵式，即思路纵向展开的结构方式。具体有两种类型：时间顺序式和逻辑顺序式。前者是按照事物的生产流程、事情或事件的发展过程或时间的先后顺序安排层次。需要注意的是，采用这种结构方式，不能事无巨细地记流水账，要抓住事物发展的关键环节。逻辑顺序关系是按照事理内在的逻辑顺序安排层次。这种逻辑关系表现为：现象——本质，原因——结果，宏观——微观，个别——一般等。按照这样的关系先后为序、环环相扣、层层递进地安排结构，就是逻辑顺序。

横式，即思维横向发展的结构方式。表现在形式上，它是把整体划分为若干相对的层次，各层次之间互不交织、平等并列，从不同方面和角度共同揭示了事物的整体面貌和主旨，或按照空间方位的变换，或按照材料的不同性质和类型，或按照问题的不同侧面等。这种结构形式，在应用写作中运用很广泛，述职报告、调查报告、总结等均可采用。

（2）过渡与照应。过渡是指层次与段落之间的衔接与转换，在文章中起着承上启下、穿针引线的作用。照应是指文章内容的前后呼应和关照，可以使文章结构周密严谨，浑然一体，还能使某些关键内容得到强调，突出主题。一般情况下，当内容由总到分或由分到总时、意思转换时以及表达方式变化时，需要安排过渡。过渡的形式有段落、句子或词语。如上下文空隙大，转折也很大，常用过渡段连结。上下文空隙小，多用提示性的句子，如公文中，常有"特此如下通告"、"现将有关事项告知如下"、"为此，特制定本条例"等作过渡。在意思转折不大的情况下，多用关联词，如"因为"、"所以"、"但是"等作为过渡词。

在应用文中，常用的照应方法有：

首尾照应，即在文章的结尾处，把开头交待的事或提出的问题再次提起，有的进一步加以概括、归纳、补充，如论文、总结、调查报告等。

文题照应，即指在行文中时时照应标题，对主题加以强调、提示。如大多数公文标题中都包含着"事由"，文章内容自然要与标题相照应。

文中照应，即文章自身前后内容间的照应，如某些细节和问题在行文中不断被提起，这样能强化印象，更好地实现作者的表达意图。

（3）开头与结尾。开头是全篇文章的第一步，可以起到统领全篇，展开全文的作用。结尾是全文的收束和结局，能帮助读者加深认识，把握全篇，达到预期的写作目的。

常见的开头方式有：

目的式。就是将写作的目的和意义直接说明。一些公文常用这种方式，常用介词"为"、"为了"领起。

根据式。就是开头阐明撰文的根据，或引据政策法令和规定指示，或引述全文，或引据事实和道理，常用"根据"、"按照"、"遵照"等领起下文。

原因式。就是以交待行文的缘由作为开头，常用"由于"、"因"、"鉴于"等引出原因或简述某种情况作为原因，再引出写作目的。

概述式。就是在开头部分对文章内容的背景、基本情况、主要内容加以概述。采用这一方式，能起到提纲挈领的作用。

结论式。就是将结论、结果先作交待，再由果溯因。

提问式。就是开篇提出问题，然后引起下文，常见于调查报告的写作。

引述式。常用于有具体规定格式的文体中，如"合同"，或引述下级来文、上级指示精神，或有关政策法规，以此作为撰文的依据。如批复、函等常用这种方式。

常见的结尾方式有：

自然收尾式。就是在主体部分写完之后，事尽言止，自然收结。

总结归纳式。指在主体写完后，对全文的主旨进行简要的概括，总结全文。

强调说明式。是在应用文的结尾处，对全文的主旨意义、重要性进行强调，以引起读者的注意。

希望号召式。就是在结尾部分提出希望，发出号召，展望未来，以鼓舞斗志。

专门结尾用语式。就是在结尾处，采用特定的用语结束全文。

（四）应用文的语言要求

1. 准确。

准确，就是要正确地、恰当无误地表达出所要表达的内容，用词用语含义清楚，概念恰当明确，不产生歧义，不引起误会，无溢美之词，无隐恶之嫌。要做到语言准确，必须要把握词语的分寸感和合适度。特别是要区分同义词、近义词在适用范围、词义轻重、搭配功能、语体雅俗、词性差别等方面的细微差别。要做到语言准确，还要注意语意鲜明，不能模棱两可，含糊其辞，以免产生歧义，延误工作。如"大致尚可"、"有关部门"、"条件许可时"、"事出有因，查无实据"等表达含糊的词应谨慎使用。

2．简明。

简明，指文字的简洁、明白，用较少的文字清楚表达较多、较丰富的内容，要"有话则长，无话则短"。要做到简明，首先要精简文意，压缩篇幅，突出主干，把无关或关系不大的内容删去。其次要反复锤炼，提高概括能力，杜绝堆砌修饰语，适当使用缩略语，如"五讲四美"等。第三，要推敲词语，锤炼句子，一句话就能说明白的决不用两句话，一个词能概括清楚的决不用两个词。恰当地运用成语、文言词语等，也有助于语言的简明。第四，要注意用词通俗，不用生僻晦涩的字句。应该指出的是，"简"要得当，不能苟简，要以不妨碍内容的表达为前提，绝不能为简而生造词语、乱缩略、滥用文言，不能让人不明白或产生歧义，引起误解。

3．平实。

应用文是为解决实际问题而写的，它的语言重在实用。一个字、一句话，往往至关重要。为了便于读者理解，应用文语言应力求平实。行文时多用平直的叙述，恰当的议论，简洁明了的说明。比如公文，它具有行政约束力和法定的权威性，因此，用语必须朴素、切实，不能浮华失实，不能乱用形容词或俚俗口语。应用写作要求用语平实，但平实不等于平淡。我国历史上保留下来的许多文章既是应用文，同时又是文学佳作。

4．得体。

应用文实用性强，讲究得体，一方面要适合特定的文体。按文体要求遣词造句，保持该文体的语言特色。如公文宜庄重，调查报告须平实，学术论文应严谨，社交文书需较浓的感情色彩，广告就常用模糊的语言，使用说明书则需具体实在，商业交际文书要委婉，合同书则要精确等。另一方面要考虑作者自己的身份，阅读的对象，约稿的单位，行文的目的，甚至与客观环境的和谐一致，恰如其分。比如需要登报或张贴的，语言要通俗易懂，需要宣读或广播的，语言应简明流畅、便于朗读；书信的写作，要根据远近亲疏、尊卑长幼的关系使用相应的语言；公文的写作要根据不同文种和行文关系而使用相应的语言，否则就不得体。总之，作者应针对性地运用得体的语言取得最佳的表达效果。

（五）应用文语言的表达方式

1．叙述。

叙述，指的是把人物的活动、经历和事件发展变化过程交代出来一种表达方式。在应用文写作中是最基本、最常用的表达方式。应用文写作中叙述的人称，有第一人称（"我"、"我们"）和第三人称（"他"、"他们"）。使用第一人称"我"、"我们"系指作者本人，或作者所代表的群体、单位，如书信、请示、报告、总结等文体的写作，多用第一人称。有时，为简要起见，常使用无主句。有的应用文体，如新闻报道、简介、调查报告、会议纪要，为表明作者立场客观、公正，传播的信息真实、可信，常采用第三人称写作。应用文中的叙述方式有顺叙、倒叙、插叙、分叙等。应用文中记叙事件的发展过程，介绍单位的基本情况，一般都是按顺叙，即时间先后为序来叙述。其原因在于，应用文重在实用，不求委婉、曲折，故多采用直接的笔法叙事、说理。倒叙、插叙、分叙等用得较少，只在通讯、消息、调查报告的写作中才用得上。应用文中的叙述要力求真实、准确，不带主观感情色彩；线索清晰，表述完整；以概述为主，尽可能用概括的语言说出其前因后果、来龙去脉，使读者了解其梗概。

2．说明。

说明，就是用简明扼要的文字对事物、事理及人物进行解说的表达方式。目的是使读者对事物的形态、构造、成因、性质、种类、功能，对事理的概念、特点、来源、演变、关系等有一个鲜明的了解和认识。说明在应用文中使用广泛，如解说词、广告词、说明书、简介等文体，主要是用说明的方法来写的。其他文体如经济文书、科技文书、诉讼文书、行政公文等，也常常借助说明的方法解释事理，剖析事理。说明的方法多种多样，在使用过程中应注意：定义说明要求"被定义者"和"定义者"外延相等，用语简明准确，具有科学性，不能用否定形式，避免"同义反复"；解释说明要求抓住要领，言简意明；分类说明注意根据写作意图选择恰当的分类角度，再次分类只能依据一个标准，各类的总和要等于被分类的事物；比较说明运用时要求用来作比的事物与被比物要相似，有明确的相比点，尽量用人们熟悉的事物作比较；举例说明要求事例典型能给人以深刻的印象，举例应扼要，只需概述介绍，不必具体铺叙；引用说明要求引文要有针对性，要贴切，所引资料要认真核实，使之准确可靠；比喻说明应力求准确贴切；数字说明要求数字准确无误，每个数据都要有来源；图表说明要求选择图表要有代表性和针对性，表格的设计要合理，使人一目了然。

3．议论。

议论，即议事论理，是运用事实材料和理论材料进行逻辑推理阐明观点的一种表达方式。它主要特点是证明性，即通过摆事实、讲道理，或证明自己观点的正确，或驳斥对方观点的错误。在应用文写作中，议论经常使用。调查报告、总结、通报等文体，经常在叙述事实、说明情况的基础上，表明对人物、事件、问题的评价。指示、决议、会议纪要等公文，也常用议论来阐明党和国家的方针、政策，让下级机关和群众理解和执行。应用写作中的议论，与一般议论文中的议论有明显的区别。一般议论文中，议论是最主要的表现方法，贯穿全文始终，论点、论据、论证三要素齐备。而在应用文写作中，最主要的表达方式是叙述和说明，议论居于从属的地位，一般只是在叙述、说明的基础上进行。另外，应用文的议论，一般也不需要作长篇大论，不需作复杂的多层次的逻辑推理，也不一定具备论点、论据、论证这样一个完整的议论过程，而只是在需要分析论证的地方，采取夹叙夹议的方法，或采取三言两语的方式，点到即止，不作深入论证。运用议论要注意，一要庄重，对任何事物的评价要实事求是，以理示人，以理服人。二要明快，要直截了当的阐明观点，不拐弯抹角，不回避矛盾。

五、应用文的修改

（一）修改主旨

1．主旨意义表达是否合理可行。

应用文重在是实用。修改主旨，首先要看主旨的确立是否符合党和国家现行路线、政策和法规，做到观点正确、合理合法。其次要看文中提出的意见、办法、措施和要求等，是否符合客观情况和实际条件，做到切实可行。高谈阔论，夸夸其谈，不从眼下的实际工作出发，即使愿望再好，也是行不通的。

2．主旨对内容的概括包括是否恰当。

应用文的主旨一般是从较高的角度来概括和包括全文内容的，主旨与内容必须完全相符。

如果主旨窄小而内容宽泛，势必造成部分内容游离于主旨之外，主旨也就无法统摄全部内容；如果主旨宽泛而内容窄小，主旨就会显得空洞松散，说服力不强。这时，修改人就必须审文变势，根据行文意图，或补充主旨意义的残缺部分，或删减主旨意义的多余部分，使主旨意义恰到好处。

3．主旨意义表达是否深刻集中。

这类主旨病主要体现在四个方面：一是揭示问题、阐述观点、总结经验流于表面现象，而不是从事物本质的深层角度去分析归纳；二是主次不分、轻重不明，没有抓住主要矛盾和主要问题；三是主旨意义表达模糊，不够明晰，读者不得要领，难于顺利地掌握和执行；四是一文多旨，即一篇应用文中出现两个以上中心。

4．标题是否准确规范。

标题是应用文的眉目，起到传递文章中心内容和基本精神的作用。标题出现毛病，会直接影响主题的表达。修改标题，首先要注意准确性。如果电子工业公司对司机刘××私自开车带家属去北戴河游玩的事情发一通报，标题写成《关于司机刘××开车去北戴河的通报》，这个标题对事由概括不准确，因为开车去北戴河与私自开车去北戴河游玩性质不同，应改成《关于司机刘××私自开车去北戴河游玩一事的通报》。其次要注意简明性。如果标题过长和烦琐时，要在表意清楚的前提下，尽量压缩文字，做到简洁明了。

（二）调整结构

1．调整段落层次。

应用文中的每个段落层次，一般都表达一个相对完整的意思，它们之间既有相对的独立性，又存在内在的逻辑联系，如果安排不当，往往会出现几层意思相互纠缠，颠倒混乱的毛病。

2．调整开头或结尾。

调整开头和结尾要注意以下几方面问题：一是开头绕圈子，说空话，偏离提义。如有些请示的开头，作者没有抓住请示事项特定的起因和理由，而空谈当前形势和工作成绩等，言不达意。这时，就必须删去与行文目的无直接联系的内容，开门见山，直接如题。二是开头夹杂主体内容，造成开头冗赘繁杂，篇幅过大，与主体部分的比例失调。修改时要做通盘考虑，调整各部分内容，力求开头与主体部分内容前后牵连，全篇结构显得匀称，给人以和谐之感。三是结尾与主体部分前后牵连，纠缠不清。这时就需要根据具体情况，或把部分内容从主体中提取出来，归于结尾；或删起牵连部分，另立层次，明确主体与结尾的界限。

3．调整过渡衔接

应用文写作中需要过渡的部分很多，如开头转入主体或从主体转入结尾，由总到分或由分到总，由成绩转入问题，或性经验转入教训等。如果这些部分缺少必要的过渡，就会破坏文章结构的严谨性，给人一种生涩割裂之感。这时修改者就必须根据行文的需要，加入适当的承上启下的词、句、段，把上下文衔接起来，使其成为一个有机的整体。

（三）增删材料

1．改正不准确不真实的材料。

应用文体的材料要求真实、准确，尤其是各类公文的材料，必须是"铁一般"的事实，不允许虚构和掩饰。但在实际写作中，由于作者缺乏实践，调查不周；或转引材料，缺乏考据；或头脑有框框，声搬硬套；或好大喜功，添枝加叶等，常造成部分材料"失真"。如有的单位写总结，本来卫生条件只是初步改善，却写成卫生面貌发生了巨大变化；产品质量只是有所提高，也要写成"大幅度提高"。对于这类"失真"的材料，修改时必须一是一，二是二，恢复本来面目。

2．删减冗赘繁杂的材料。

所谓冗赘繁杂有两方面的含义：一是指有些材料偏离主题或与主题无直接联系；二是指材料本身冗长琐碎，缺少系统性和简洁性。第一类材料纯属多余，在修改过程中要果断删掉，不留尾巴；第二类材料，要根据具体情况进行去粗存精的加工整理，或删减一些曲折细腻的情节，或压缩一些说服力不强的内容，或去掉重复累赘的词语。在保存事物整体性和表意清晰的前提下，尽量做到语言精练、文约事丰。

3．改换具有典型性和有说服力的材料。

有的应用文说服力不强，显得软弱无力，未必是主题不深刻或观点偏颇造成的，也不一定是结构安排或语言表达欠工夫，有时是失之于材料泛泛，不够充实有力，从而影响了谋篇布局，造成文章主题缺少支撑点，读者不易接受。这时，就需要修改者把缺乏说服力的一般化材料换成具有典型性、代表性的材料，使思想观点得到更充分的阐述，使问题得到更透彻的说明。

（四）推敲词语

1．词语的使用是否准确。

选词用语不当往往会造成表义不清、词不达意或语义矛盾。在修改这类毛病时注意以下几个方面：一是词语表达不清晰、不确切。如："岗位责任制实行以来，车间主任、支部书记都参加劳动了。""劳动"的外延应包括体力劳动和脑力劳动。车间主任抓管理，支部书记抓政治工作也是劳动，此句应改为"……都跟班参加生产劳动了。"二是词语搭配不妥，造成语病。如："通过业务培训，广大干警普遍提高了保卫、治安、消防等基本功。"这句中心动词"提高"与宾语"基本功"不搭配，应改为"掌握"。三是语序不当，违背语法规则。如："由于纺织工人和技术人员努力提高产品质量，我公司棉布的出口深受各国顾客的欢迎。"该句中深受欢迎的是出口的棉布，应把语序调整过来。

2．句式的选择是否合理。

汉语的句式很多，在行文中如果选用不妥，也会影响表达效果。例如：

（1）不看实际情况，死守着呆板的旧形式、旧习惯的现象必须加以改革。

（2）不看实际情况，死守着呆板的旧形式、旧习惯，这种现象难道不应该加以改革吗？

显然作为反诘句的"2"要比陈述句的"1"更易引起读者的注意，并且语气更有力量。

3．修辞方法是否恰当。

恰当的修辞方法，可使用文章语义凝练、生动活泼、富于文采。但使用不妥，也会影响表达效果。在修改时要注意三个方面：

修辞方法要适合文体特点。如法定的公文、经济司法文书、经济合同等，一般要求语言简明扼要、平直确切，不追求语言的形象性，所以切忌曲折含蓄的修辞方法。

修辞要切合思想内容的需要。无论是句式的选择、辞格的运用等，都要直接或间接地为表达思想内容服务。如果发现那种单纯为了形式完美而片面追求修辞效果的现象，修改者必须加以改正。

修辞必须适合语境。语境是语言表达的环境。包括文章的上下文，发表的时间、地点、场合、目的，阅读对象的特点等。企业管理应用文的修辞活动如果不适应具体的语境变化，就需要修改者进行必要的调整和改动，以求适应语境的变化。

4．标点符号是否规范。

标点符号是应用文语言不可缺少的组成部分。现行各类文章通用的 16 种标点符号，在企业管理应用文中都可以用到，只是个别的用得少一些。修改不规范的标点符号包括两个方面：一是使用不当，如逗号和句号运用失误。很多地方应该用句号断句而用了逗号。作者觉得一段文字中，每一句话的意思都好像有紧密联系，不敢用句号断开，这是错误的。只有在该用句号停顿的部位用了句号，层次才能分明，语意才能清晰。二是位置不妥。如逗号、句号、分号、顿号等没有尾随文后，或是点在了下一行第一格内，等等。

（五）整理表达

1．叙述。

（1）叙述是否准确严谨。

应用文中的叙述讲求准确周密，这是一条重要的原则。违背这条原则，就会造成叙述失真、前后矛盾的弊病。这时，就需要修改认真检查叙述内容，整理叙述过程，做到准确严密，前后一致，通畅明了。

（2）叙述是否次序得当。

叙述的次序在应用文写作中也很重要。叙述内容顺序安排不妥，会出现行文条理不清，层次混乱的毛病。修改这方面问题时、要把握人们认识事物发展的一般规律，注意调整叙述的先后顺序，做到行文脉络清晰，层次分明。

2．说明。

（1）说明是否清晰明了。

在应用文写作中，对人或事物进行阐释说明，关键是要对说明对象有正确、深入而全面的认识，否则往往会造成判断失误，表达不清等毛病。

（2）说明是否翔实全面。

这是修改应用文中说明失当的另一方面。应用文所反映的事物和现象，有时是比较单一集中的，只需寥寥几笔就可解释清楚。但有时是较复杂的，由多方面因素交错构成，各方面因素既有一定联系，又有细微差别。所以在说明这些事物和现象时，笼统抽象，不够翔实具体，或片面说明事物的一个方面，而忽略另一个方面，读者就难以把握说明的对象，不能切实全面地理解说明内容。这是修改者在整理表达时需要特别注意的问题。

习题：

1．应用文的特点有哪些？

2．按使用领域可以把应用文分成几大类？

项目一 日 常 文 书

项目要求：学习日常文书的理论知识；掌握日常文书的写法；学会写作日常文书。

日常生活应用文主要指个人用来处理日常生活事务和礼仪的应用文，包括条据、书信、电报、启事、声明、海报、请柬、讣告、日记、读书笔记等。日常生活应用文与个人的日常生活、人际交往活动关系密切，使用范围很广。日常生活应用文虽然也有一定的格式，但不十分严格，写作较灵活自由。

任务一 条据

一、条据的概念与作用

条据是人们在日常生活中经常用到的一种简易文书，起到证明一定事实，分清各方责任的作用。

二、条据的分类

根据条据的内容和性质，通常可以分为凭证条据（如借条、欠条、收条、收据、代收条、领条、发条等）和说明条据（如便条、留言条、请假条、意见条等）两大类。

条据还可以分为财务凭证和临时性凭证两种。财务凭证一般采用现成的表格，按所列项目据实填写，并加盖公章即可；临时性凭证可以根据具体情况自行安排。

三、条据的写作格式

（一）凭证条据的结构、内容和写法

凭证条据一般由标题、正文和落款组成。

1. 标题

根据条据性质写明条据的标题，如"借条"、"欠条"、"收据"等。

2. 正文

多以"兹借到"、"今欠"、"今收到"等开头，然后是条据内容：条据事项（收到谁的，借到谁的，欠谁的）；出具条据的原因；牵涉数量。本部分是条据的核心，要表达明确，以免将来发生纷争。

3. 落款

经手人签名，出具日期，并加盖印章。

（二）说明条据的结构、内容和写法

说明条据包括抬头、正文和落款三个部分。

1. 抬头

如果是便条和留言条，一般情况下第一行顶格写收条人的称呼，后加冒号；如果是请假条，和凭证条据一样，写明条据的标题，再写收条人的称呼。

2. 正文

第二行空两格写，把要传达的信息简单明了地交代清楚。一般在正文文末或另起一行，空两格写"此致"两字，再换行顶格写"敬礼"。也可不写"敬礼"四字，或只写"此致"，不写"敬礼"。

3．落款

落款包括署名和日期。正文后另起一行，右下方署名。署名下一行，写明具体年、月、日。

四、写作要求

(一) 内容简明，条例清晰，字迹工整，用钢笔或中性笔，不能用铅笔或圆珠笔书写。

(二) 款项金额、物品数量，要用大写，款项金额后要加"整"字。

(三) 名称、数量、立据人、日期及各款项准确无误。

(四) 条据写成后，不得涂改。确需涂改，出据单位或个人要在改动处盖章。

例文一

请 假 条

王老师：

　　昨天，我在放学回家的途中被雨水淋了，患了感冒并咳嗽，医生建议在家休息，因此需请假两天(5月6日至5月7日)，请予批准。

　　此致

敬礼!

学生：×××

十一月十日

例文二

请 假 条

×××主任：

　　昨天下班后，我突然腹痛不止。经医生检查是患急性肠炎，不能上班。特需请假肆天(18～22日)，敬请批准。

　　此致

敬礼!

　　附：××医院病情证明单壹张

×××

×年×月×日

例文三

借 条

　　今借到××厂财务处人民币伍仟元整。从即日起一周内归还。

借款人：××

此据

借款人：××

2009 年 5 月 2 日

例文四

借　条

今借到××公司三洋牌 8080 双声道收录机贰部，海鸥牌 DF205 照相机叁部。于 2009 年 5 月 7 日前送还。

××学校(公章)

经手人：××

2009 年 5 月 2 日

任务二　启事、声明、海报

一、启事

（一）启事的概念

启事是指将自己的要求，向公众说明事实或希望协办的一种应用文体。通常张贴在公共场所或者刊登在报纸、刊物上。机关、团体、企事业单位和个人都可以使用。

（二）启事的种类

按其内容，启事可分为不同类型的多种启事，主要有：招生启事、寻物启事、招聘启事、挂失启事、征集启事、征婚启事、庆典启事等。

（三）启事的结构

一般由三部分组成：

一是写明启事的名称，这主要由启事的内容决定，如内容是征文，则名称写明"征文启事"。

二是具体内容，即要向大家说明的情况。

三是启事者的落款和启事日期。

注意启事与启示的区别：

报纸上的"启示"应该是"启事"。"启事"，是为了公开声明某事而登在报刊上或墙上的文字。这里的"启"是"说明"的意思，"事"就是指被说明的事情。而"启示"的"启"，则是"开导"的意思，"示"是把事物摆出来或指出来让人知道。"启示"是指启发指示，开导思考，使人有所领悟。可见"启事"和"启示"的含义截然不同，二者不能通用。无论是"征文启事"，还是"招聘启事"，都只能用"事"字，而不能用"示"字。"征文启事"写成"征文启示"是错的。

例文一

寻　物　启　事

3 月 23 日晚 8：00 左右，在淮河路一轿的车上遗失一个公文包，内有金额为 5 万元人民币的存折一份、派遣证一个及它物，有拾到者请与失主联系，失主愿重金酬谢。

联系电话：13007628×××田先生

　　　　　13007672×××张先生

××××年××月××日

评析：这是一则公开登在报缝中的寻物启示。失主在正文中交待出失物的时间 3 月 23 日晚 8:00 左右。具体地点(在淮河路一轿的车上)及丢失原因，遗失物为公文包，详细介绍内装物品如 5 万元人民币的存折一份，派遣证一个及它物；为感谢送还者，失主许诺重金酬谢，并留下了联系电话。这则文字精炼、篇幅短小的寻物启事详尽具体地介绍了丢失物的情况。一方面透漏出失主急不可待焦虑之态，另一方面也体现出失主为人处世中的诚恳真挚之情。希望这位失主早日找到自己的东西。

例文二

求 租 启 事

本人求租约 80m² 左右的店面一处，要求在本市南大街电子城一带，愿出租者请电话联系，预约商洽时间。

联系人：王××
电话：139×××××××

20××年 7 月 8 日

例文三

"我的大学生活"征文启事

大学生涯是一个人一生重要的转折点，必将为人生的旅途留下一份难忘的记忆。不同的岁月，不同的校园，会给学子们留下不同的印记。大学期间，我们得到的不仅是丰厚的知识，还有理想、情操、奋斗进取永不懈怠的精神，还有感人至深的师生情，同学情、舍友情……正是在这里，我们成长、成熟，一步步攀登时代的峰巅，看到更高更远的生命世界。当然，大学生活也同样可能给我们留下困惑，留下遗憾，留下种种歉意和懊恼，这一切都将深深珍藏在我们的心底，化作相伴一生的精神财富。为了给同学们的大学生活留下一份珍贵的纪念，抒发我们的真诚情感，××高校校报研究会联合××46 家高校校报，共同举办"我的大学生活"征文活动，为××各高校师生及毕业校友提供直抒胸臆的园地。

一、征文要求：主要反映大学期间难忘的人和事、难忘的课程、难忘的情感、难忘的经历等。体裁不限(诗歌除外)，文章内容积极向上。字数在 1500 字以内。

二、截稿时间：2012 年 6 月 20 日。

三、投稿和评奖办法：应征作品先投各校校报(稿件上需注明"大学生活征文"字样)，由各校校报初评后，将优秀作品统一推荐给××高校校报研究会。校报研究会将组织评奖，并择优推荐给《××日报》、《××晚报》、《××教育报》报刊发表，部分优秀作品将结集出版。

例文四

招 聘 启 事

为充实我校政工队伍的力量，经学校研究，决定公开招聘专职政治辅导员干部若干名。

条件：中共正式党员或预备党员；硕士研究生不超过 27 岁，本科毕业生不超过 25 岁；曾担任校或院(系)学生干部，有一定组织能力、活动能力、写作能力。具备下列条件之一者优先考虑：有一年辅导员工作经验者；英语通过六级以上；思想政治专业出身或曾在核心刊物上发表文章或某方面有特长者。

有意者请于 5 月 20 日前将推荐材料和一张 4 寸生活照电邮或快递到我校学工部或人事处，地址：××省××学院人事处

E-mail: freeman@163.com

联系电话和传真：××××××

××学院学工部

二〇××年五月六日

例文五

××中学招聘教师启事

××中学隶属于××市教育局，是一所公办的全日制中学。因办学发展的需要，需向社会公开招聘老师若干名。

一、所需学科：中文、数学、英语、物理、生物。

二、招聘条件：有良好的敬业精神和较强的教育、教学能力，大学本科及以上学历，年龄在 45 周岁以下，高级、特级教师年龄可适当放宽。

三、待遇：凡被聘用者，可办理正式调动手续，家属工作、子女入学问题学校帮助解决安排，年薪和待遇从优。

四、报名办法：凡有意者，请将个人简历、学历证书、职称证书、身份证等复印件，近期照片两张，在 6 月 30 日前寄往××市教育局人事科。初审合格者，通知面试试讲。

联系地址：××省××市教育局人事科

联系人：丁老师　张老师

电话：××××××

二、声明

（一）声明的概念

声明，是就有关事项或问题向社会表明自己立场、态度的应用文体。政党和国家的领导机关及其领导人、机关单位、社会团体、企事业单位、其他组织或公民个人均可发表声明。声明可以在报刊登载，也可以通过广播、电台播发，还可以进行张贴。

（二）声明的结构

声明一般由标题、正文，签署三部分组成。

1. 标题。形式多样，可直接以"声明"作标题，或在前加单位、个人名称，也可以使用完整三项式标题。

2. 正文。一般为三分式结构，开头说明发表声明的缘由或依据，主体部分一般分条列项写具体的声明事项，最后以"特此声明"作结。

3. 署名和日期。

例文

严 正 声 明

近日据消费者投诉，有人冒用我公司名义在西安、兰州等地进行"8.5 折优惠销售××牌××系列化妆品"的"厂家直销"活动，经确认，其所售产品包装上没有我公司……为此，我公司郑重声明：

一、请广大消费者注意辨认我公司××牌××系列化妆品的注册商标……

二、冒用我公司名义进行这小是一种侵权行为，必须立即停止，本公司已派工作人员赶赴上述地区，要求赔偿我公司的名誉、经济损失。

上海×××公司

××××年××月××日

三、海报

（一）海报的概念

海报是公开面向群众，或提请注意，或寻求帮助，或鼓动参与而写成的文字，重在鼓动合作与参与。它最初属于行业性应用文体，只限于职业性戏剧表演团体使用，由于其特殊的宣传效果而被社会各界广泛采用，从而成为广告的一个分支，两者之间没有严格的界限。只不过海报更便于鼓动性与夸张性，多张帖在公共场所。

（二）海报的种类

海报一般来讲，从内容上看可以分为下列几类：

1．电影海报

这是影剧院公布演出电影的名称、时间、地点及内容介绍的一种海报。这类海报有的还会配上简单的宣传画，将电影中的主要人物画面形象地绘出来，以扩大宣传的力度。

2．文艺晚会杂技体育比赛等海报

这类海报同电影海报大同小异，它的内容是观众可以身临其境进行娱乐观赏的一种演出活动，这类海报一般有较强的参与性。海报的设计往往要新颖别致，引人入胜。

3．学术报告类海报

这是一种为一些学术性的活动而发布的海报。一般张贴在学校或相关的单位。学术类海报具有较强的针对性。

4．个性海报

自己设计并制作，具有明显 DIY 特点的海报。

从用途上分类：

1．公共海报

公共海报以社会公益性问题为题材，例如环境保护、卫生宣传、反战、竞选等；

2．商业海报

商业海报则以促销商品、满足消费者需要等内容为题材，例如产品宣传、品牌形象宣传、企业形象宣传、产品信息等。

（三）海报的结构

一般由标题、正文和落款三部分组成。

1．标题

海报的标题写法较多，大体可以有以下一些形式：

其一，单独由文种名构成。即在第一行中间写上"海报"字样。

其二，直接由活动的内容承担题目。如"舞讯"、"影讯"、"球讯"等。

其三，可以是一些描述性的文字。如"×××再显风彩、××寺旧事重提"。

2．正文

海报的正文要求写清楚以下一些内容：

第一，活动的目的和意义。

第二，活动的主要项目、时间、地点等。

第三，参加的具体方法及一些必要的注意事项等。

3．落款

要求署上主办单位的名称及海报的发文日期。

以上的格式是就海报的整体而讲的，实际的使用中，有些内容可以少写或省略。

任务三　家书

家书也称家信，是指写给自己的父母、儿女、兄弟姐妹和爱人的信件。家信是人们日常生活中最不可少的也是最重要的一种书信形式。

古时，家书是游子与父母联系的唯一途径，也是唯一能互诉思念，互报平安的方式。所谓家书抵万金，对于出门在外的人来说，家书无疑是他们迫切期待的又欣喜若狂的东西。当然，随着时代的变迁，现在家书已不再是联系的唯一途径了，甚至已很少人写。随着电话的发明与普及，E-mail 的产生，人们联系的途径越来越多，不再拘泥于写书信。但有一点能肯定的是：尽管联系途径不断在变，唯一不变的是父母对子女的爱。

世间上最亲的莫过于自己的父母，最爱自己的也是父母，特别是出门在外的人，是最能感受到这份来自父母的爱的。所以，不要吝啬时间，有空写一封家书。

（一）家书的格式写法

1．称呼

写在第一行顶格，后加冒号。平时对收信人怎么称呼就怎么写。如"爸爸"、"哥哥"等。有的还可以加上一定的限定、修饰词，如"亲爱的"等。

2．问候语

如写"你好"、"近来身体是否安康"等。独立成段，不可直接接下文。否则，就会违反构段意义单一的要求，变成多义段了。

3．正文

这是信的主体，可以分为若干段来书写。凡是要对收信人说的话，都可写在这一部分内。如果说的事情不是一件，最好一件事写一段。重要的事先写，次要的事后写。如果是写问候信，在顶格写了称呼后，第二行开始就要写问候的话语，如"近来身体好吗？"写回信，就要先写明"信收到"，接着回答对方提出的问题，然后再写自己要告诉对方或问对方的事情。

4．祝颂语

以最一般的"此致"、"敬礼"为例。"此致"可以有两种正确的位置来进行书写，一是紧接着主体正文之后，不另起段，不加标点；二是在正文之下另起一行空两格书写。"敬礼"写在"此致"的下一行，顶格书写，后应该加上一个惊叹号，以表示祝颂的诚意和强度。

称呼和祝颂语后半部分的顶格，是对收信人的一种尊重。是古代书信"抬头"传统的延续。古人书信为竖写，行文涉及对方收信人姓名或称呼，为了表示尊重，不论书写到何处，都要把对方的姓名或称呼提到下一行的顶头书写。它的基本做法，为现代书信所吸收。

5．具名和日期

写信人的姓名或名字，写在祝颂语下方空一至二行的右侧。最好还要在写信人姓名之前写上与收信人的关系，如儿×××、父×××等。再下一行写日期。如果忘了写某事，则可以在日期下空一行、再空两格写上"又附"，再另起行书写未尽事宜。

例文一

傅雷给儿子的信

亲爱的儿子:

很高兴知道你有了一个女友,也高兴你现在就告诉我们,让我们有机会多指导你。对恋爱的经验和文学艺术的研究,朋友中数十年悲欢离合的事迹和平时的观察思考,使我们在儿女的终身大事上能比别的父母更有参加意见的条件,帮助你渡过这一人生的大关。

首先态度和心情都尽可能的冷静,否则观察不会准确。初期交往容易感情冲动,单凭印象,只看见对方的优点,看不出缺点,便是与同性朋友相交也不免如此,对异性更是常有的事。感情激动时期不仅会耳不聪,目不明,看不清对方;自己也会无意识的只表现好的一方面,把缺点隐藏起来。保持冷静还有一个好处,就是不至于为了谈恋爱而荒废正业,或是影响功课,或是浪费时间,或是损害健康,或是遇到或大或小的波折时扰乱心情。

所谓冷静,不但表面的行动,尤其内心和思想都要做到这点,是很难。人总是人,感情上来,不容易控制,年轻人没恋爱经验更难保持身心的平衡。同时与各人的气质有关。我生平总不能临事沉着,极易激动,这是我的大缺点。幸而事后还能客观分析,周密思考,才不致于使当场的意气继续发展,闹得不可收拾。我告诉你这一点,让你知道如临时不能克制,过后必须由理智来控制大局;该纠正的就纠正,该向人道歉的就道歉,该收蓬时就收蓬。总而言之,以上二点归纳起来只是:感情必须由理智控制。要做到,必须下一番苦功在实际生活中长期锻炼。

我一生从来不曾有过"恋爱至上"的看法。"真理至上"、"道德至上"、"正义至上",这种种都应当作立身的原则。恋爱不论在如何狂热的高潮阶段也不能侵犯这些原则。朋友也好,爱人也好,一遇到重大关头,与真理、道德、正义……等等有关问题,决不能让步。

其次,人是最复杂的动物,观察决不可简单化,而要耐心、细致、深入,经过相当的时间、各种不同的事故和场合。处处要把客观精神和大慈大悲的同情心结合起来。对方的优点,要认清是不是真实可靠的,是不是你自己想象出来的,或者是夸大的。对方的缺点,要分出是不是与本质有关。与本质有关的缺点,不能因为其他次要的优点多而加以忽视。次要的缺点也得辨别是否能改,是否发展下去会影响品性或日常生活。人人都有缺点,谈恋爱的男女双方都是如此。问题不在于找一个全无缺点的对象,而是要找一个双方缺点都能各自认识,各自承认,愿意逐渐改,同时能彼此容忍的伴侣(此点很重要。有些缺点双方都能容忍;有些则不能容忍,日子一久即造成裂痕。)最好双方尽量自然,不要做作,各人都拿出真面目来,优缺点一齐让对方看到。必须彼此看到了优点,也看到了缺点,觉得都可以相忍相让,不会影响大局的时候,才谈得上进一步的了解;否则只能做一个普通的朋友。可是要完全看出彼此的优缺点,需要相当时间,也需要各种大大小小的事故来考验;绝对急不来! 更不能轻易下结论 (不论是好的结论或坏的结论);唯有极坦白,才能暴露自己;而暴露自己的缺点总是越早越好,越晚越糟! 为了求恋爱成功而尽量隐藏自己的缺点的人其实是愚蠢的。当然,在恋爱中不自觉地表现出自己的光明面,不知不觉隐藏自己的缺点,不在此例。因为这是人的本能,而且也证明爱情能促使我们进步,往善与美的方向发展,正是爱情的伟大之处,也是古往今来的诗人歌颂爱情的主要原因……

事情主观上固盼望必成,客观方面仍须有万一不成的思想准备。为了避免失恋等等痛苦,这一点"明智"我觉得一开头就应当充分掌握。

一切不能急，越是事关重要，越要心平气和，态度安详，从长考虑，细细观察，力求客观！感情冲上高峰很容易，无奈任何事物的高峰(或高潮)都只能维持一个短时间，要久而弥笃的维持长久的友谊可很难了……

除了优胜缺点，两人性格脾气是否相投也是重要因素。刚柔、软硬、缓急的差别要能相互适应调剂。还有许多表现在举动、态度、言笑、声音……之间说不出也数不清的小习惯，在男女之间也有很大作用，要弄清这些，就得冷眼旁观，慢慢咂摸。……诗人常说爱情是盲目的，但不盲目的爱情毕竟更健全更可靠。人的雅俗和胸襟器量也是要非常注意的。……你自幼看惯家里的作风，想必不会忍受量窄心浅的性格。

以上谈的全是笼笼统统的原则问题……

长相身材虽不是主要考虑点，但在一个爱美的人也不能过于忽视。

交友期间，尽量少送礼物、少花钱：一方面表明你的恋爱观念与物质关系极少牵连；另一方面也是考验对方。

傅 雷

(这是傅雷 1962 年 3 月 8 日写的，引自《傅雷家书》，生活·读书·新知三联书店出版，1981 年 8 月第一版)

评析：这是我国著名翻译家傅雷给在外国定居的儿子、钢琴家傅聪的信。这封家书是针对儿子交女朋友而写的。傅雷先生关于交女朋友，怎样对待两个人的交往，怎样处理可能出现的问题、交什么样的女朋友等均谈了详尽的看法。作者以一个文学艺术研究者的身份、从自己恋爱的经验出发，加上自己对人生社会的观念和思考，逐一谈了青年人如何恋爱的问题。

作者首先提出恋爱时态度和心情都要尽可能的冷静。只有冷静才可看出对方的优点、缺点，只有冷静才会不荒废正业，只有冷静才能保证身心的健康。冷静才会理智，而情感是需要理智来控制的。最令人钦佩的是傅雷先生不是"恋爱至上"的信奉者，而是将真理、道德和正义看成是立身行事的根本原则。作者的立场是很坚定的。"朋友也好，爱人也好，遇到重大关头，与真理、道德、正义……等等有关问题，决不能让步。"

时间是考验感情的最好的标尺，作者进而提出唯有经过长时间的观察、判断，才能真正完全地了解一个人。傅雷认为人无完人，各有优缺，但要完全看出对方的优缺，需要从各种大小事件中来考验和发现的，凡事急不来。傅先生要儿子学会去分析哪些是本质上的缺点，哪些是非本质的缺点。傅先生还谈到恋爱时要注意对方的性格脾气，希望儿子找一个心量宽阔的人。除此之外，傅雷先生还谈到"长相身材虽不是主要考虑的，但在一个爱美的人也不能过于忽视。"同时指出恋爱时少送钱物。

傅雷先生的这封家书侃侃而谈，有理有据，层层深入，大到追求真理，小到具体的交往均给予儿子以殷切的教导。词恳意切，拳拳爱心溢于字里行间。由于是父辈给子辈的信，开头免去问候，结尾也省略祝颂语。开篇直入主题，没有一句多余的话，这是一个大学者的文风特点。

例文二

梁启超给孩子们的信

孩子们：

今天总算我最近两个月来最清闲的日子，正一个人坐在书房里拿着一部杜诗来吟哦。思顺十一月廿九、十二月四日，思成十二月一日的信，同时到了，真高兴。

今天是阳历年初二，又是星期天，所有人大概都进城去了。我昨天才从城里回来，达达、司马懿、六六三天前已经来了，今天午饭后他们娘娘带他们去逛颐和园，老郭曹五都跟去，现在只剩我和小白鼻看家。

写到这里，他们都回来了，满屋子立刻喧闹起来，和一秒钟以前成了两个世界。

你们十个人刚刚一半在这边，在那边的一个个都大模大样，在这边的都是"小不点点"，真是有趣。

相片看见了，很高兴。庄庄已经是个大孩子了（为什么没有戴眼镜），比以前漂亮得多。思永还是那样子。思成为什么这样疲呢？像老了好些。思顺却像更年轻了。桂儿、瞻儿那幅不大清楚，不甚看得出来。小白鼻牵着冰车好玩极了。老白鼻绝对不肯把小儿子让给弟弟，和他商量半天，到底不肯，只肯把烂名士让出一半，他把这小干儿子亲了几亲（老白鼻最怕的爹爹去美国，比吃泻油还怕），连冰车一齐交给老郭替他"收收"了。

以下说些正经事。

思成信上说徽音二月间回国的事，我一月前已经有信提过这个，想已收到。徽音回家看他娘娘一趟，原是极应该的，我也不忍阻止，但以现在情形而论，福州附近很混乱，交通极不便，有好几位福建朋友想回去，也回不成，最近三几个月中，总怕恢复原状的希望很少，若回来还是蹲在北京或上海，岂不更伤心吗？况且他的娘，屡次劝他不必回来，我想还是暂不回来的好。至于清华官费，若回来考，我想没有考不上的，过两天我也把招考章程叫他们寄去。但若打定主意不回来，则亦用不着了。

思永回国的事，现尚未得李济之回话。济之（三日前）已经由山西回到北京了，但我刚刚进城去，还没有见着他。他这回采掘大有所获，捆载了七十五箱东西回来，不久便在清华考古室（今年新成立）陈列起来了，这也是我们极高兴的一件事。思永的事我本礼拜内准见着他，下次的信有确答。

忠忠去法国的计画，关于经费这一点毫无问题，你只管预备着便是。

思顺们的生计前途，却真可心忧虑，过几天我试和顾少川切实谈一回，但恐没有什么办法，因为使领经费据我看是绝望的，除非是调一个有收入的缺。

司法储才馆下礼拜便开馆，以后我真忙死了，每礼拜大概要有三天住城里。清华功课有增无减，因为清华寒假后兼行导师制（这是由名教授自愿的，我完全不理也可以，但我不肯如此），每教授担任指导学生十人，大学部学生要求受我指导者已十六人，我不好拒绝。又在燕京担任有钟点（燕京学生比清华多，他们那边师生极诚恳求我，也不好拒绝），真没有一刻空闲了。但我体质已完全复原，两个月来旧病完全不发，所以很放心工作去。

上月为北京学术讲演会作四次公开的讲演，讲坛在旧众议院，每次都是满座，连讲两三点钟，全场肃静无哗，每次都是距开讲前一两点钟已经人满。在大冷天气，火炉也开不起，而听众如此热诚，不能不令我感动。我常感觉我的工作，还不能报答社会上待我的恩惠。

我游美的意思还没有变更，现在正商量筹款，大约非有万金以上不够（美金五千），若想得出法子，定要来的，你们没有什么意见吧？

（我想他们到了北京时，我除了为党派观念所逼不能不亡命外，大约还可以勉强住下去，因为我们家里的工人老郭、老吴、曹五三位，大约还不至和我们捣乱，你二叔那边只怕非二叔亲自买菜，二婶亲自煮饭不可了）而正当的工人也全部失业。放火容易救火难，党人们正不知何以善其后也。现在军阀游魂尚在，我们殊不愿对党人宣战，待彼辈统一后，终不能不为多数人自由与彼辈一拼耳。

思顺们的留支似已寄到十一月，日内当再汇七百五十元，由我先垫出两个月，暂救你们之急。

寄上些中国画给思永、忠忠、庄庄三人挂挂书房。思成处来往的人，谅来多是美术家，不好的倒不好挂，只寄些影片，大率皆故宫所藏名迹也。

现在北京灾官们可怜极了。因为我近来担任几件事，穷亲戚穷朋友们稍为得点缀。十五舅处东拼西凑三件事，合得二百五十元(可以实得到手)，勉强过得去，你妈妈最关心的是这件事，我不能不尽力设法。其余如杨鼎甫也在图书馆任职得百元，黑二爷(在储才馆)也得三十元(玉衡表叔得六十元)，许多人都望之若登仙了。七叔得百六十元，廷灿得百元(和别人比较)，其实都算过分了。

细婆近来心境渐好，精神亦健，是我们最高兴的事。现在细婆、七婶都住南长街，相处甚好，大约春暖后，七叔或另租屋住。

老白鼻一天一天越得人爱，非常聪明，又非常听话，每天总逗我笑几场。他读了十几首唐诗，天天教他的老郭念，刚才他来告诉我说："老郭真笨，我教他念'少小离家'，他不会念，念成'乡音无改把猫摔'"。(他一面说一面抱着小猫就把那猫摔下地，惹得哄堂大笑)他念："两人对酌山花开，一杯一杯又一杯，我醉欲眠君且去，明朝有意抱琴来。"总要我一个人和他对酌，念到第三句便躺下，念到第四句便去抱一部书当琴弹。

我打算寒假时到汤山住几天，好生休息，现在正打听那边安静不安静。我近来极少打牌，一个月打不到一次，这几天司马懿来了，倒过了几回桥。酒是久已一滴不入口，虽宴会席上有极好的酒，看着也不动心。写字倒是短不了，近一个月来少些，因为忙得没有工夫。

爹 爹
十六年一月二日

评析：鼎鼎大名的梁启超虽然忙于政治，却丝毫没有疏于对孩子们的教育。保留至今的400余封家书中，满是父亲对孩子的期许。在给子女的信中，任公依然是"笔端饱含感情"，字字珠玑不再是投向敌人的锋利匕首，而是喷薄而出的慈父之爱。"对长女思顺，梁先生常亲切地称其为'娴儿'、'宝贝思顺'、'顺儿'等；对小儿子思礼，往往以'老白鼻'相称，老白鼻者，老 Baby 也；对思懿，则干脆取外号为'司马懿'；至于思宁，却又以行名，呼为六六。""形式各异的称呼中映衬出的是父亲的亲切与慈爱，慈父形象跃然纸上。"

例文三

洛克菲勒给儿子的信

亲爱的约翰：

你希望我能永远同你一起出航，这听起来很不错，但我不是你永远的船长，上帝为我们创造双脚，是要让我们靠自己的双脚走路。也许你尚未做好独自前行的准备，但你需要知道，我所置身的那个充满挑战与神奇的商业世界，是你新生活的出发地，你将从那里开始参加你不曾享用而又关乎你未来的人生盛宴。至于你如何使用摆放在你生命面前的刀叉，和如何品味命运天使奉上的每一道菜肴，那完全要靠你自己。

当然，我期望你在不远的将来就能卓尔不群，并胜我一筹。而我决定将你留在我身边，无非是想把你带到事业生涯的高起点，让你无须艰难攀爬便可享有迅速腾达的机会。这当然没有什么值得你庆幸和炫耀的，更无须你感激。美利坚合众国的建国信念是人人生而平等，但这种平等是权利与法律意义上的平等，与经济和文化优势无关。在多数情况下，父母的位置决定了孩子的人生起点。但这并不意味着，每个人的起点不同，其人生结果也不同。我们的命运由我们的行动决定，而绝非完全由我们的出身决定。

家族的荣耀与成功的历史，不能保持其子孙后代的未来将会美好。我承认早期的优势的确大有帮助，但它不能保证最后会赢得胜利。我曾不止一次地思考这个对富家子弟而言带有悲哀性的问题！我似乎觉得，富家子弟开始承担了优势，却很少有机会去学习和发展生存所需要的技巧。而出身低贱的人因迫切需要解救自身，便会积极发挥创意和能力，且珍视和抢占各种机会。我还观察到，富家子弟缺乏贫贱之人的那种要拯救自己的野心，也只得祈祷上帝赐予他成就了。所以，在你和你的姐姐们很小的时候，我就有意识地不让你知道你们的父亲是个富人，我向你们灌输最多的是诸如节俭、个人奋斗等价值观念，因为我知道给人带来伤害最快捷的途径就是给钱，它可以让人腐化堕落、飞扬跋扈、不可一世，失去最美好的快乐。我不能用财富埋葬我心爱的孩子，愚蠢地让你们成为不思进取、只知依赖父母的果实的无能者。

一个真正快乐的人，是能够享受他的创造的人。那些像海绵一样，只取不予的人，只会失去快乐。我相信没有不渴望过上快乐、高贵生活的人，但真正懂得高贵快乐生活从何而来的人却不多。在我看来，高贵快乐的生活，是来自高贵的品格——自立精神，看看那些赢得世人尊重的高贵的人，我们就知道自立的可贵了。约翰，你的每一个举动都会成为我的挂念。但与这种挂念相比，我更对你充满信心，相信你优异的品格——比世界上任何财富都更有价值的品格，将帮助你铺设出一条美好的前程，并将帮助你拥有成功而又充实的人生。但你需要强化这样的信念：起点可能影响结果，但不会决定结果。能力、性格、经验和运气之类的因素，在人生和商业世界里扮演着极为重要的角色。你的人生刚刚开始，但一场人生之战就在你面前。我能深切地感觉到你想成为这场战争的胜者，但你要知道，每个人都有追求胜利的意志，只有决心做好准备的人才会赢得胜利。

我的儿子，享有特权而无力量的人是废物，受过教育而无影响的人是一堆一文不值的垃圾。找到自己的路，上帝就会帮你！

爱你的父亲

评析：这是美国的石油大王洛克菲勒写给儿子的一封信，字里行间充满了一个伟大的父亲对儿子深切的爱，他对儿子说的那些话，很值得我们去深思。

例文四

大学生写给父母的一封信

亲爱的爸爸、妈妈：

　　你们现在身体好吗？

　　虽然在这个信息化的时代，一个电话就能慰藉我对你们的思念，但我还是决定写下这封家书，写下我种种的感怀。妈，我前两天刚读完了《傅雷家书》，在那个通讯不发达的年代，书信成了连接大洋两岸的唯一方式，每一封书信都包含了傅雷先生和他妻子对儿子的声声叮咛和谆谆教导，饱含了无限的爱意与思念，读完之后我深深地感到——可怜天下父母心！远在洛阳的您和爸爸也一定是这样吧，如果没有电话，您和爸爸也一定会像傅雷先生和他妻子那样一封又一封的书写吧！

感谢电话，感谢它将您和爸爸浓浓的爱意如此真切的传递过来，接到电话，听到你们的声音，仿佛你们就在我身边一样从未离开过，我仍旧是那个在你们身边撒娇的小丫头，那个在你们眼中永远长不大的小孩。你们的嘱咐是我生活中的温暖，你们的鼓励是我前进的动力，你们的宽慰是我受伤的安抚，有人说家是什么？家是永远不会拒之你于门外的地方，父母是什么？父母是永远不会拒绝你的爱。

爸爸，妈妈，真的好爱你们！你们是永远无条件为我的人，你们是永远为我操碎心的人，是永远不会对我有什么要求的人，如果说真有什么要求的话，那就是要我爱惜身体、不要舍不得花钱、多吃点好的……爸爸妈妈，在这里我也想要同样的要求你们，你们要多吃点好的，要多休息，少操心我。

妈妈，您舍不得为自己购置衣裳，每顿都要把剩菜剩饭吃完，恨不得一分钱掰成两半花。节俭虽然是美德，但夏天食物坏得快，我希望您不要吃坏了肚子，您总叫我吃好点，说身体垮了在大连看病得花多少钱啊，可您自己呢？要以身作则为我做好榜样啊，就像您说的"身体是革命的本钱"。要吃好，穿好！

爸爸，你是家里顶梁柱，是家里的一方天，你倒了家也就塌了半边天。我知道你不像妈妈那般省吃俭用，该吃好的还会吃好的，从你电话里朝我埋怨妈妈虐待你就知道了，放心！等我回去了，妈妈一定会做好吃的，到时候就有口福了，不行我给你做！但是，你不注意休息，睡眠也不像妈妈那般好，有点什么动静就会失眠，干起活来还不要命孜孜不倦。

唉，爸爸呀，您什么时候才能停一停、歇一歇呢？要不是我这个不争气的女儿，或许您就不用如此奔波劳碌，辛辛苦苦为我挣学费了吧！爸爸，对不起！是我害得你劳累成疾，成了老寒腿，冬天插了电褥子、盖了棉被，人还要穿毛裤才能入睡，是我过早的让您两鬓斑白，神经衰弱。

爸爸妈妈，你们满脸的皱纹，粗糙的双手，身体的疾患，哪一个不是我这个女儿造成的呢？我对你们的愧疚根本无法用语言，用文字来表达，而对你们的恩情根本就无法还清，还记得小时候赌气时，说到时候把吃你用你的都还给你，现在想起来，方知年少无知，可笑至极，那话当时也一定伤了你们的心吧。然而，即使这样你们都不曾苛求我过什么，从小学到现在，你们不曾要求我拿第一、得奖状或是参加什么竞赛拿什么奖，妈妈您常说："你爸你妈都不聪明，也就不指望你什么，你只要努力学，学来东西是你自己的就行。"但我知道，你们终究是希望我考上一个好大学，有一个好前程，而我却辜负了你们的希望，虽然如此，你们仍然义无反顾地送我进了大学，高昂的学费使本就不富裕的家雪上添霜，爸爸的背更驼了，妈妈的手更粗糙了。可你们仍然痛并快乐着，不曾对我提出要求，甚至爸爸还问我需不需要电脑，你们小心翼翼地省着、攒着钱，一天，妈妈在电话那头悄悄的、压低了声音跟我说："不用操心钱的事，你知道吗？你妈我和你爸已经把你下学期的学费攒出来了！"那声音那口气，仿佛是孩子发现了宝藏那般激动开心，但又怕别人知道只悄悄告诉你一样。您知道吗，妈妈，那时我都要快哭出来了，我真的觉得对不起你们，真的不知道怎么去回报你们，因为觉得根本没有办法偿还，根本无法偿还！

即使以后有钱了，能让你们过上好日子，但我根本无法买回爸爸的健康，妈妈您的青春！在这里我还是只能轻轻地说一句"爸爸妈妈，对不起"千言万语都难以表达，千言万语都难以诉净。

算了，不说这些了，说些开心的事吧，妈妈，我已经进了就业指导中心，成为里面办公室部一名干事，自从交了自荐后我心里一直忐忑不安的，真是一个木桶打水——七上八下。

现在每周一我都要到辅导员老师那打印资料，刚开始是大二学姐教我，现在我已经能熟练地操作打印了，在这里我学会了很多，并了解了很多以后就业方面的知识，同时也历练了自己。我了解了招聘公司一般的要求，好一些的公司都会要求英语要过六级，所以，我不能只满足于过了四级就万事大吉，还是要努力学习英语为以后做准备。同时，我还意识到现在对电脑的应用操作已是一项必备的技能，我这个电脑盲已经彻底落后了，还好有学姐和学长们耐心地教我，现在基本的文档、表格操作我已经驾轻就熟了，不过，今年放假回去我还是要好好跟着姨系统地学习一下。说到这，姨的身体怎么样了？弟弟还是那么不爱学习，要我姨每天看这才行吗？姨虽然只比你小两岁，但我那个顽皮的弟弟也让她操碎了心，不化妆的时候看起来比您还憔悴。您要多劝劝我姨，让她放宽心少生气，多注意身体。

还有，阿婆阿公都怎么样了？阿公的胃癌有没有恶化，阿婆的风湿有没有再犯呢？他们都老了，身体一天不如一天，想当初我还在上小学的时候，阿公每天从这站接我上学，下课送我回家，风雨无阻，每当下雨的时候他总是一手撑着一把墨绿色的大伞，一手搂住我，生怕我淋着、冻着。那时我就像依偎着一棵强壮有力的苍天大树，无比的安全，即使有再大的风雨也不怕，可现在阿公老了病了，癌症把他折磨得骨瘦嶙峋，走在一起时我已成了他的依靠，我扶着他就像当初他搂着我一样，只是岁月变迁一切都变了。时光就是这么奇妙的东西，孩子长大，大人变老，而青春就像接力棒从上一代传到下一代，生生不息。好想让时间凝固住，定格成永恒，我们一家人都健健康康，一直都快乐幸福下去。阿公仍健康强壮，阿婆仍腿脚灵便，爸爸妈妈你们仍然青春快乐。

可手抓不住水，更抓不住似水的流年，生活不会因为我的希望而停止转动的齿轮，我也必须面对事实，微笑地面对生活中的这一切，如果不能挽留住时光，那就把握好分分秒秒，认真地去学，真诚地去爱，用努力浇筑未来的幸福，用双手创造更好的明天。

最后，爸爸妈妈，祝你们健康如意！

女儿：××

××年××月××日

任务四　申请书

一、申请书的概念

申请书是个人或集体向组织、机关、企事业单位或社会团体表述愿望、提出请求时使用的一种文书。申请书的使用范围广泛，申请书也是一种专用书信，它同一般书信一样，也是表情达意的工具。申请书要求一事一议，内容要单纯。不同的对象有不同的申请书，常见的有入团申请书，入党申请书等。

二、申请书的种类

申请书的使用范围相当广，种类也很多。

按作者分类，可分为个人申请书和单位、集体公务申请书。

按解决事项的内容分类，可分为入团、入党、困难补助、调换工作、建房、领证、承包、贷款申请书等。

从使用范围划分，申请书可分为如下几类：

社会组织方面的申请。这种申请一般是指加入党派和社会团体的专用书信。如入党、入团，加入民主党派或一些社会团体等。

工作学习方面的申请。这类申请一般是指向单位提出工作、学习中的意愿的专用书信。如入学、退学、进修、工作调动申请等。

日常生活方面的申请。这类申请一般是指向有关部门提出生活需求的专用书信。如结婚申请、困难补助申请、开业申请等。

三、写作申请书时需要注意的问题

1. 申请的事项要写清楚、具体，涉及的数据要准确无误。

2. 理由要充分、合理，实事求是，不能虚夸和杜撰，否则难以得到上级领导的批准。

3. 语言要准确、简洁，态度要诚恳、朴实。

四、申请书的格式写法

（一）标题

有两种写法，一是直接写"申请书"，另一是在"申请书"前加上内容，如"入党申请书"、"调换工作申请书"等，一般采用第二种。

（二）称谓

顶格写明接受申请书的单位、组织或有关领导。

（三）正文

正文部分是申请书的主体，首先提出要求，其次说明理由。理由要写得客观、充分，事项要写得清楚、简洁。

（四）结尾

写明惯用语"特此申请"、"恳请领导帮助解决"、"希望领导研究批准"等，也可用"此致""敬礼"礼貌用语。

（五）署名、日期

个人申请要写清申请者姓名，单位申请写明单位名称并加盖公章，注明日期。

入党申请书

入党申请书的基本内容和写法如下：

1. 标题。一般写"入党申请书"或"入党申请"。

2. 称谓。申请人对党组织的称呼，如"敬爱的党组织"或"敬爱的×××党支部"等，顶格写在第一行，后面加冒号。

3. 正文。这是入党申请书的关键部分，主要包括三方面内容：

一是对党的认识和要求入党的动机，也就是为什么要入党。对党的认识，主要是对党的性质、纲领、奋斗目标、宗旨、党的路线、方针、政策的认识；入党动机，就是参加中国共产党的目的，即为什么要加入党组织。写这部分要联系自己的思想实际，可以写通过学习党的基础知识、听了党课、参加了有意义的活动以后的思想演变过程，以及思想认识上有什么提高等。

二是个人履历（学历和工作经历）、家庭成员和主要社会关系的情况。如果本人家庭成员和主要社会关系中，有人有政治历史问题、或者犯过什么错误、或受到过刑事处分的，都要写清楚并表明自己的态度，以便让组织了解。

三是自己的优缺点和今后的努力方向。即个人在政治、思想、学习、工作、作风、纪律等方面的主要表现，特别是对自己存在的缺点和不足要敢于指出，并向党组织表明改正的决心和努力方向，如何以实际行动争取入党。

4. 结尾。入党申请书的结尾，一般可写"请党组织在实践中考验我"，或"请党组织看我的实际行动"等作为正文的结束。正文写完之后，加上"此致、敬礼"等用语，也可不写。

5. 署名和日期。入党申请书写完后，要署上申请人的姓名，申请时间年、月、日，以示郑重。

6. 最好将正文中关于"个人履历"、"本人家庭成员和主要社会关系"部分单独写成《本人自传》。

自传的内容主要是：姓名、出生年月、家庭出身、本人成份、个人履历，家庭主要成员及社会关系的姓名、政治面貌、职业及工作单位。本人的政治历史情况（如受到的奖励、处分等），对重要情节要提出证明人。

例文一

入党申请书

敬爱的党组织：

我志愿加入中国共产党，愿意为共产主义事业奋斗终身。我衷心地热爱党，她是中国工人阶级的先锋队，是中国各族人民利益的忠实代表，是中国社会主义事业的领导核心。中国共产党以实现共产主义的社会制度为最终目标，以马克思列宁主义、毛泽东思想、邓小平理论为行动指南，是用先进理论武装起来的党，是全心全意为人民服务的党，是有能力领导全国人民进一步走向繁荣富强的党。她始终代表中国先进生产力的发展要求，代表中国先进文化的前进方向，代表中国最广大人民的根本利益，并通过制定正确的路线方针政策，为实现国家和人民的根本利益而不懈奋斗。

从学生年代开始，一串闪光的名字——江姐、刘胡兰、雷锋、焦裕禄、孔繁森……给了我很大的启迪和教育。我发现她们以及身边许多深受我尊敬的人都有一个共同的名字——共产党员；我发现在最危急的关头总能听到一句话——共产党员跟我上。这确立了我要成为她们中的一员的决心。我把能参加这样伟大的党作为最大的光荣和自豪。

参加工作后，在组织和领导的关心和教育下，我对党有了进一步的认识。党是由工人阶级中的先进分子组成的，是工人阶级及广大劳动群众利益的忠实代表。党自成立以来，始终把代表各族人民的利益作为自己的重要责任。在党的路线、方针和政策上，集中反映和体现了全国各族人民群众的根本利益；在工作作风和工作方法上坚持走群众路线，并将群众路线作为党的根本工作路线；在党员的行动上，要求广大党员坚持人民利益高于一切，个人利益服从人民利益。

党以马列主义、毛泽东思想及邓小平理论为指导思想。《共产党宣言》发表一百多年来的历史证明，科学社会主义理论是正确的，社会主义具有强大的生命力。社会主义的本质，是解放生产力，发展生产力，消灭剥削，消除两极分化，最终达到共同富裕。毛泽东思想是以毛泽东同志为主要代表的中国共产党人，把马列主义的基本原理同中国革命的具体实践结合起来创立的。毛泽东思想是马列主义在中国的运用和发展，是被实践证明了的关于中国革命和建设的正确的理论原则和经验总结，是中国共产党集体智慧的结晶。邓小平理论是毛泽东思想在新的历史条件下的继承和发展，是当代中国的马克思主义，是指导中国人民在改革开放中胜利实现社会主义现代化的正确理论。在社会主义改革开放和现代化建设的新时期，在跨越世纪的新征途上，一定要高举邓小平理论的伟大旗帜，用邓小平理论来指导我们的整个事业和各项工作。

党是中国社会主义事业的领导核心。中国的革命实践证明没有中国共产党就没有新中国，没有中国共产党的领导，中国人民就不可能摆脱受奴役的命运，成为国家的主人。在新民主主义革命中，党领导全国各族人民，在毛泽东思想指引下，经过长期的反对帝国主义、封建主义、官僚资本主义的革命斗争，取得了胜利，建立了人民民主专政的中华人民共和国。中国的建设实践证明，中国只有在中国共产党的领导下，才能走向繁荣富强。建国后，我国顺利地进行了社会主义改造，完成了从新民主主义到社会主义的过渡，确立了社会主义制度，社会主义的经济、政治和文化得到了很大的发展。尽管在前进的道路上遇到过曲折，但党用她自身的力量纠正了失误，使我国进入了一个更加伟大的历史时期。十一届三中全会以来，在邓小平理论的指导下，在中国共产党的领导下，我国取得了举世瞩目的发展，生产力迅速发展，综合国力大大增强，人民生活水平大幅提高。

我国社会主义初级阶段党的基本路线是：领导和团结全国各族人民，以经济建设为中心，坚持社会主义道路、坚持人民民主专政、坚持中国共产党的领导、坚持马列主义毛泽东思想，坚持改革开放，自力更生，艰苦创业，为把我国建设成为富强、民主、文明的社会主义现代化国家而奋斗。

中国共产党员是中国工人阶级的有共产主义觉悟的先锋战士，必须全心全意为人民服务，不惜牺牲个人的一切，为实现共产主义奋斗终生。中国共产党党员永远是劳动人民的普通一员，不得谋求任何私利和特权。在新的历史条件下，共产党员要体现时代的要求，要胸怀共产主义远大理想，带头执行党和国家现阶段的各项政策，勇于开拓，积极进取，不怕困难，不怕挫折；要诚心诚意为人民谋利益，吃苦在前，享受在后，克己奉公，多做贡献；要刻苦学习马列主义理论，增强辨别是非的能力，掌握做好本职工作的知识和本领，努力创造一流成绩；要在危急时刻挺身而出，维护国家和人民的利益，坚决同危害人民、危害社会、危害国家的行为作斗争。

我决心用自己的实际行动接受党对我的考验，我郑重地向党提出申请：我志愿加入中国共产党，拥护党的纲领，遵守党的章程，履行党员义务，执行党的决定，严守党的纪律，保守党的秘密，对党忠诚，积极工作，为共产主义奋斗终身，随时准备为党和人民牺牲一切，永不叛党。

今后会我更加努力地工作，认真学习马克思列宁主义、毛泽东思想、邓小平理论，学习党的路线、方针、政策及决议，学习党的基本知识，学习科学、文化和业务知识，努力提高为人民服务的本领。时时刻刻以马克思列宁主义、毛泽东思想、邓小平理论作为自己的行动指南，用三个"忠实代表"指导自己的思想和行动。坚决拥护中国共产党，在思想上同以江泽民同志为核心的党中央保持一致，认真贯彻执行党的基本路线和各项方针、政策，带头参加改革开放和社会主义现代化建设，为经济发展和社会进步艰苦奋斗，在生产、工作、学习和社会生活中起先锋模范作用。坚持党和人民的利益高于一切，个人利益服从党和人民的利益，吃苦在前，享受在后，克己奉公，多做贡献。自觉遵守党的纪律和国家法律，严格保守党和国家的秘密，执行党的决定，服从组织分配，积极完成党的任务。维护党的团结和统一，对党忠诚老实，言行一致，坚决反对一切派别组织和小集团活动，反对阳奉阴违的两面派行为和一切阴谋诡计。切实开展批评和自我批评，勇于揭露和纠正工作中的缺点、错误，坚决同消极腐败现象作斗争。密切联系群众，向群众宣传党的主张，遇事同群众商量，及时向党反映群众的意见和要求，维护群众的正当利益。发扬社会主义新风尚，提倡共产主义道德，为了保护国家和人民的利益，在一切困难和危险的时刻挺身而出，英勇斗争，不怕牺牲。反对分裂祖国，维护祖国统一，不做侮辱祖国的事，不出卖自己的国家，不搞封建迷信的活动，自觉与一切邪教活动作斗争。只要党和人民需要，我会奉献我的一切！

我深知按党的要求，自己的差距还很大，还有许多缺点和不足，如处理问题不够成熟、政治理论水平不高等。希望党组织从严要求，以使我更快进步。我将用党员的标准严格要求自己，自觉地接受党员和群众的帮助与监督，努力克服自己的缺点，弥补不足，争取早日在思想上，进而在组织上入党。

请党组织在实践中考验我！

此致

敬礼！

申请人：××
二〇××年×月×日

入党转正申请书

入党转正申请书又称入党转正申请报告，是预备党员在预备期满后，由本人向所在党支部提出转正未正式党员的书面材料。入党转正申请书是党组织及时讨论预备党员是否履行党员义务，是否具备党员条件的依据之一，也是预备党员转正为正式党员的必备手续之一。预备党员提出转正申请后，党支部应及时讨论其转正问题，根据本人在预备期间的表现和对转正的态度，作出决议，并报上级党组织审批。如果没有特殊情况，党组织不得拖延讨论预备党员的转正问题。对预备期满后，预备党员本人没有提出转正申请的，一般不予讨论。

预备党员的入党转正申请书，一般应包括以下内容：

一、标题。可以写"入党转正申请书"或"入党转正申请报告"。

二、称谓。应写"敬爱的党组织"或"敬爱的党支部"。

三、正文。一般包括以下内容：

（一）本人简况。说明本人何时何地由何人介绍入党，何时被批准为预备党员，何时预备期满。若被延长预备期的党员，要写明因为什么原因和什么时候被延长预备期，何时延长期满，并正式向党组织提出转为正式党员的要求。

（二）本人在预备期间的表现。这是转正申请书的主要内容，应尽量写得具体、详细。首先，要着重写清楚自己成为预备党员以来，通过党的组织生活和实践锻炼，在思想政治、工作学习等方面有哪些进步和提高。其次，要按照党员标准和党员义务进行对照检查，看自己是否符合党员条件，哪些方面基本做到了，哪些方面做得不够，还存在哪些缺点和不足。再次，要写明党组织和党员在讨论自己入党时对自己提出的意见的改正情况，哪些方面改正了，哪些方面没有改正或没有完全改正，原因是什么。总之，要如实地、全面地向党组织汇报自己在预备期间的表现。

（三）需要向党组织说明的问题。如果本人在入党时应向党组织说明的问题而没有说明的，或者是在预备期间又发生了应向党组织说明的问题，都要本着实事求是的态度，向党组织讲清楚，以便让党组织更好地了解自己。

（四）表明自己对能否转正的态度和今后努力的方向。预备党员要根据自己在预备期间的表现，特别是针对存在的缺点和不足，提出今后的努力方向。如果自我感觉还不十分具备转正条件，而难以按期转为正式党员的，还应向党组织表明自己的态度。

四、署名和日期。

在转正申请书的最后，要署名和注明申请日期。一般居右书写"申请人×××"，下一行写上"××××年×月×日"。

转正申请一般应在预备期满之前主动交给所在党支部。

写转正申请书应注意的问题：

转正申请书要适时写出，交给党组织太早、太晚都不行，一般在转正到期前一两周为好。

转正申请书不能过分简单、概括，要体现思想进步的连续性。既要与预备期思想相联系，也要与申请入党过程、思想变化相联系，注意思想的深度。

延长预备期后提出转正申请，在写转正申请书前还需要与党组织有关负责人正式谈话，征求意见。

例文一

入党转正申请书

敬爱的党组织：

××××年×月，经过党组织批准，我光荣地加入中国共产党，成为一名预备党员。至××××年×月预备期满，我郑重向党组织提出转正申请，申请转为中国共产党正式党员。这一年来，我在党组织的关心和帮助下不断进步和成长。我在这一年里，在工作和生活中严格用党员的标准来要求自己，认真履行党员的义务。通过大家的帮助以及自己的努力不断充实自己和完善自己。

回顾这一年来的学习、工作情况，我的收获是很大的，归纳起来有以下几点：

一、思想方面：

能认真学习科学发展观活动和学习十七届四中、五中全会精神，积极主动参加党委政府组织的各项党员活动，按时交纳党费，认真履行党的义务。明确了作为一名共产党员，必须把实现共产党的远大理想与学习、工作的实际紧密结合起来。通过一年的学习，我更加坚定了共产党理想和信念、全心全意为人民服务的思想和艰苦奋斗的精神。认识到共产党的远大理想和社会主义的坚定信念，是每个党员实现人生价值的崇高目标和前进的动力。

在社会主义市场经济条件下，共产党员仍然要讲理想、讲大局、讲奉献，讲全心全意为人民服务，讲个人利益服从集体利益、局部利益服从全局利益，继承和发扬艰苦奋斗的优良传统，自觉抵制不良风气的侵蚀。做到这些，是对一名党员的基本要求。

二、工作方面：

踏实工作、尽职尽责，以认真负责的态度对待每一项工作，按时做好领导交办的各项工作，积极协助其他同志完成任务。成为一名预备党员后，我觉得肩上的责任更为重大了，自己的言行举止，不仅是代表个人，而是代表整个组织。

三、学习方面：

坚持把学习作为自我完善和提高的重要途径，既积极参加所在单位组织的各种学习，利用业余时间自我学习，不断夯实自己的理论水平，提高业务能力，在工作中不断改进，不断提高，朝一个优秀的党务工作者，一个真正的共产党员的目标不断前进。

总之，我时刻注意以一个共产党员的标准要求自己，积极完成各项工作任务，参加党的各项活动，努力把自己锻炼成为新时代的合格党员。从目前我的情况看，还存在着一些缺点和不足，如在工作方面还不够积极主动，创新还不够，需要在今后的工作中加以改正。

在日常生活中，还要进一步加强组织性、纪律性，真正达到党员所要求的标准，起到先锋模范带头作用。针对这些问题，我要虚心向身边的先进党员学习，进一步严格要求自己，争取早日在各个方面取得更大的进步。

以上是我一年来的基本情况的小结，不妥之处，恳请组织批评指正。作为一名预备党员，我渴望按期转为中共正式党员，为此，我郑重向党组织提出申请，如果党组织能批准我为正式党员，我一定牢记入党誓词，严格要求自己，努力学习，认真工作，全心全意为人民服务。如果组织不批准或者延期转正，我一定更加努力，改正缺点和不足，不断积累经验，提高自身素质，增强工作能力，继续接受党组织的考验。

申请人：×××

××××年×月×日

例文二

<h2 align="center">转正申请书</h2>

党支部：

　　我是××××年×月×日被批准为预备党员的，预备期为一年，到××××年×月×日预备期满。为了使党组织如期研究我的转正问题，现将我的转正申请送上，请审查。

　　自从××××年×月×日批准我为预备党员之后，在党组织严格要求下，在支部党员帮助教育下，在深入学习党的十六大报告和十六大通过的新党章的基础上，我对党的性质又有了新的认识，思想理论上日渐成熟，政治头脑更加清醒。特别是通过党内一系列活动的锻炼，使我进一步增强了党性，更加明确了作为一名党员在实际工作中要解放思想，实事求是，与时俱进，勇于进取，努力践行"三个代表"，作为一名合格的共产党员，不仅要解决组织上入党的问题，更重要的还是要解决思想入党的问题。一年来收获是非常大的，归纳起来有以下几点：

　　第一，明确了共产党员必须把共产主义远大理想与实干精神统一起来。在入党以前，自己认识到共产党员要有远大理想，要有为共产主义奋斗终身的精神，但这种"远大理想"、"奋斗终身的精神"如何在现实生活中得以体现，并不十分清楚，特别是作为一个正在大学里学习的学生，就感到更难。入党后，经过一年来党的教育，我认识到"远大理想"、"奋斗终身的精神"一定要与自己的现实生活紧密结合起来，为远大理想而奋斗，对学生来说，就要端正学习目的，树立刻苦学习的态度，更多地掌握现代化建设的本领，为全面建设小康社会，开创中国特色社会主义现代化新局面而奋斗。除了努力学好学校规定的各学科外，还要从实际出发，紧密结合所学专业，选修有关方面的课程，争取获得优异成绩。

　　第二，明确了共产党员必须积极拥护党的政策。党的政策和策略是党的生命。它既是对以往经验的科学总结，同时又是未来社会实践的重要依据。当前，随着经济全球化的发展，国与国之间的竞争日趋激烈，谁能在未来的国际竞争中站稳脚跟，关键取决科技实力，而科技的发展取决于人才，而人才的培养取决于教育。目前我国正在实施科教兴国战略，重点是抓好教育，我国正处于教育全面改革时期，作为一名学生，就要积极投身到教育改革当中去，为我国教育改革做贡献。

　　第三，明确了当一名合格的共产党员，必须不断提高自己为人民服务的本领。作为一名学生要提高为人民服务的本领，首先要提高自己的政治思想理论水平，树立马克思主义的科学世界观，牢固树立全心全意为人民服务的宗旨意识，努力实践"三个代表"重要思想。其次要学好专业知识，打牢知识功底，同时要扩展自己的知识面，做到博与专的统一，以适应二十一世纪高度发展的需要。最后，要不断经受实践的磨炼，增强党性，把实践活动融入到同学们的实际学习生活中去，能为同学们学好各门专业知识做出贡献。

在这一年来的预备期里，自己按着上述要求做了一些工作，发挥了一个党员的作用。但是，检查起来，所存在的缺点毛病也是不少的，在党组织的帮助教育下，有的克服了，有的还需今后努力改正。主要缺点还有以下两个方面：一是团结同学不够普遍；二是只注重学习，参加文体活动差。今后，我一定在党支部和全体党员帮助下，采取有效措施，增强群众观点，丰富生活内容，积极参加课外活动。

今天，我虽然向党组织递交了转正申请书，但我愿意接受党组织的长期考验。

申请人：×××

××××年×月×日

困难补助申请书

一般由标题、称呼、正文、结尾和落款五部分组成。

1. 标题

标题由文种和申请事由共同构成。如"困难补助申请"。

2. 称呼

称呼写在标题下一行，顶格，称呼后加冒号。所谓称呼即要写出所要申请的单位名称或领导的称呼。有的还要在名称前加上修饰语。如"尊敬的"等。

3. 正文

正文要求阐明自己申请的理由。写困难补助申请需将自己的生活情况、家庭负担、下岗情况等一些困难都写出来，该部分要有理有据地写。正文的最后还要写出自己的希望或写出"特此申请"字样。

4. 结尾

结尾要写些表示敬意的话，如"此致、敬礼"等。

5. 落款

落款写在全文右下方，署上申请者的姓名并注明申请日期。

例文

困难补助申请

尊敬的学院领导：

您好！

我是××技术专业，××班的×××，因家庭经济困难，特申请困难补助。

我来自××的一个贫穷的村庄，我爸妈知道只有读书才能走出农村，所以爸妈不辞劳苦地让我跟妹妹上学，可是又有谁知道背后的父母是多么的辛苦与劳累，尤其是交通不怎么方便的农村。妈妈是一个文盲，什么都不懂，只能外出打打工，赚一点点吃饭的钱，爸爸是一个木匠，靠的是苦力给别人打工，收入很不稳定，有时还会碰到拖欠工资的包工头，在我高中的时候，爸爸在外面工作的时候从脚手架上摔下来，在医院开刀治疗用了八千多块钱，由此我家便欠下了不少的外债。

高中暑假的时候我便跟着别人打暑期工，以此来减轻家里的负担，在外打工期间让我懂得了很多，也学到了很多，我想贫困也不是什么坏事，贫困能更磨练我们的意志。我是一名贫困生，我的经历使我认识到，贫困不能给我们带来什么阻碍，我们最大的阻碍在我们心中，只有你克服了自己的贫困心理，你才能做得更好，"人穷志不穷"，"穷且益坚"，古语已经告诉我们了，我想我自己不会被贫困击倒，而且会更加努力，来改变我们的现状，因为只有这样我们才能摆脱贫困，否则我们会一直贫困下去。贫困不是我们的绊脚石，相反它是我们的动力，我会更努力！

因此希望能够得到学院的补助，缓解一下父母的经济压力。

此致

敬礼！

申请人：×××

××年××月××日

辞职申请书

辞职申请通常由标题、称谓、正文、结语、署名与日期五部分构成。

1. 标题

在申请书第一行正中写上申请书的名称。一般辞职申请书由事由和文种名共同构成，即以"辞职申请书"为标题。

2. 称呼

要求在标题下一行顶格处写出接受辞职申请的单位组织或领导人的名称或姓名称呼，并在称呼后加冒号。

3. 正文

正文是申请书的主要部分，正文内容一般包括三部分。

首先要提出申请辞职的内容，开门见山让人一看便知。

其次申述提出申请的具体理由。该项内容要求将自己有关辞职的详细情况——列举出来，但要注意内容的单一性和完整性，条分缕析使人一看便知。

最后要提出自己提出辞职申请的决心和个人的具体要求，希望领导解决的问题等。

4. 结尾

结尾要求写上表示敬意的话。如"此致、敬礼"等。

5. 落款

辞职申请的落款要求写上辞职人的姓名（务必使用亲笔签名）及提出辞职申请的具体日期。

写作要求

1. 态度恳切、措辞委婉。

2. 不要批评对方。

3. 含蓄。

4. 简洁性。

例文

辞职申请书

尊敬的公司领导：

您好！

感谢您在百忙之中抽出时间阅读我的辞职申请书。自××年××月入职以来，我一直都很热爱这份工作，感谢集团公司和项目部各位领导对我的信任、栽培及包容，也感谢各位同事给予的帮助和关心。在过去的两年的时间里，感谢公司给予的良好学习机会及提供良好的工作环境，使我不仅学习到新的专业知识，而且也提高了自身的实践能力。我对于公司两年多的照顾表示真心的感谢！当然，在这两年的工作中我也做出了自己的最大努力。

但为了进一步提高和充实自己的学识和能力，我考取了××大学全日制硕士研究生并被成功录取，经过慎重考虑之后，特此提出辞职申请。但是我对公司怀有深厚的感情，所以我也希望并愿意在研究生学业完成毕业后，能够继续回到公司为公司服务，并愿意与公司签订相关协议。希望领导能够考虑我的申请，同时也希望领导能找到合适的人手接替我目前的工作，我会尽力配合并做好交接工作，保证业务的正常运作，对公司、对目前的工作尽好最后的责任。

希望领导对我的申请予以考虑并批准！

此致

敬礼！

申请人：××

××年××月××日

任务五　感谢信

一、感谢信

（一）感谢信的概念

感谢信是单位或个人对关心、帮助、支持本单位或本人表示衷心感谢的书信。

（二）感谢信的种类

感谢信依据不同的标准可以有不同的分法。

1．按感谢对象的特点来分：

写给集体的感谢信

这类感谢信，一般是个人处于困境时，得到了集体的帮助，并在集体的关心和支持下，自己最终克服了困难，度过了难关，摆脱了困境，所以要用感谢信的方式表达自己的感激之情。

写给个人的感谢信

这类感谢信，可以是个人也可以是单位也可以是集体为了感谢某个人曾经给予的帮助或照顾而写的。

2．按感谢信的存在形式来分：

公开张贴的感谢信

这种感谢信包括可在报社登报、电台广播或电视台播报的感谢信，是一种可以公开张贴的感谢信。

寄给单位、集体或个人的感谢信

这种感谢信直接寄给单位、集体或个人。

（三）感谢信的写作要求

1．感谢的事由概括叙述感谢的理由，表达谢意。

2．对方的事迹。

具体叙述对方的先进事迹，叙述时务必交待清楚人物、事件、时间、地点、原因和结果，尤其重点叙述关键时刻对方给予的关心和支持。

3．揭示意义

在叙述事实的基础上指出对方的支持和帮助对整个事情成功的重要性以及体现出的可贵精神。同时表示向对方学习的态度和决心。

（四）写感谢信时需注意的问题

1．叙述对方对自己或本单位的帮助，一定要把人物、时间、地点、原因、结果以及事情经过叙述清楚，便于组织了解和群众学习。

2．信中要洋溢着感激之情。在叙述事实的过程中，除了要突出对方的好思想和表示谢意外，行文要始终饱含着感情。这感情要真挚、热烈，使所有看到信的人都受到感染。

3．写表示谢意的话要得体，既要符合被感谢者的身分，也要符合感谢者的身分。

4．感谢信以说明事实为主，切勿不着边际地大发议论。

（五）感谢信的格式写法

感谢信一般由标题、称谓、正文、结语、署名与日期五部分构成。

1．标题。第一行居中写。可只写"感谢信"三字；也可加上感谢对象，如"致××的感谢信"、"致××公司的感谢信"；还可再加上感谢者，如"赵××全家致××社区居委会的感谢信"。

2．称谓。写感谢对象的单位名称或个人姓名。如"××交警大队"、"刘××同志"。

第二行顶格写对方单位名称或个人姓名，姓名后面可以加适当的称呼，如"同志"、"师傅"、"先生"等，称呼后用冒号。如果感谢对象比较多，也可以把感谢对象放在正文中间提出。

3．正文。主要写两层意思，一是写感谢对方的理由，即"为什么感谢？"二是直接表达感谢之意。

感谢理由。首先准确、具体、生动地叙述对方的帮助，交代清楚人物、时间、地点、事迹、过程、结果等基本情况；然后在叙事基础上对对方的帮助作恰当、诚恳的评价，以揭示其精神实质、肯定对方的行为。在叙述和评价的字里行间要自然渗透感激之情。

表达谢意。在叙事和评论的基础上直接对对方表达感谢之意，根据情况也可在表达谢意之后表示以实际行动向对方学习的态度。

第三行空两格起写正文。这一部分要写清楚对方在什么时间，什么地点，由于什么原因，做了什么好事，对自己或单位有什么支持和帮助，事情有什么好的结果和影响。还要写清楚从中表现了对方哪些好思想、好品德、好风格。最后表示自己或所在单位向对方学习的态度和决心。

4．结语。写感谢信收束时表示敬意的话、感谢的话。一般用"此致、敬礼"（正文后另起一行空两格，也可以紧接正文，写上"此致"，换一行顶格写上"敬礼"）或"再次表示诚挚的感谢"之类的话，也可自然结束正文，不写结语。

5．署名与日期。写感谢者的单位名称或个人姓名和写信的时间。最后再换一行，在右半行署上单位名称或者个人姓名。在署名的下边写上发信的日期。

例文一

感　谢　信

尊敬的各位领导、老师：

你们好！

我是××学院××班的×××。我获得了本年度国家奖学金。首先我要借此机会感谢国家对我们大学生的关怀和关爱。因为社会安定，我们当代大学生才能安心学习；由于党的政策好，我们当代大学生才从中得到了诸多实惠。

我幸运地来到这里学习，它不仅帮助了我实现了大学梦，而且使自己能在这里安心学习，不必为家庭经济状况担忧。在过去的一年里，我一直刻苦地学习，成绩保持班级前列；在担任班级干部期间，我认真负责完成每一项工作；我对自己要求严格，争取精益求精，努力充实和完善自我。我勤奋读书、努力钻研，以求靠知识改变自己的命运，改善家庭的经济现状。功夫不负有心人，通过近一年的学习和学院的关怀，我获得年度"国家奖学金"。这对于我来说是莫大的欣慰，同时又是最大的鞭策。

我看到，我院各级领导都高度重视奖、助学金的评审工作。近段时间来，他们严格按照国家奖励和资助学生的相关政策，本着"公开、公正、公平"的原则评选出每一位奖、助学金获得者，并张榜进行公示。这充分说明学院领导认真对待学生的每一件事，为每一位学生的发展着想。看到这一切，我深受感动，在这里我想说一声："你们辛苦了，我向你们表示深深感谢！我一定会努力学习，全面发展，决不辜负你们的期望！"

大学是人生的关键阶段。进入大学后我开始追逐自己的理想、兴趣的新征程。这是我离开家庭生活，第一次独立参与团体和社会生活；是我不再单纯地学习或背诵书本上的理论知识，第一次有机会在学习理论的同时亲身实践。我知道这也将成为我一生中最后一次有机会系统性地接受教育，重新建立我的知识基础；最后一次可以将大段时间用于学习的人生阶段，拥有较高的可塑性、集中精力充实自我的成长历程；最后一次能在相对宽容的、可以置身其中学习为人处世之道的理想环境。

大学是成长的关键阶段。在这个阶段里，我会认真把握每一个"第一次"，让它们成为未来人生道路的基石；在这个阶段里，我会珍惜每一个"最后一次"，不要让自己在不远的将来追悔莫及；在这个阶段里，我会努力为自己编织生活梦想，明确奋斗方向，奠定事业基础。

我深知接受高等教育的机会是来之不易的。因此我勤奋努力，不敢懈怠，从不奢求在物质享受。我不跟其他同学攀比吃穿，买名牌衣服或挥霍钱财。我只知道我要一心学习争取在大学期间掌握扎实的理论知识，以便为今后的工作打下坚实基础，回报社会，报答老师的培育之恩和父母的养育之恩。

在学习上我态度端正。努力刻苦，严于律己，始终坚持为自己终生发展负责的原则。为了自己的目标与理想，我利用课余时间阅读了大量的有关提高自身素质和专业技能的书籍。在生活上，我省吃俭用，尽量减少家庭负担；在空闲和休息时间不影响学习的同时，我还积极参加学校的各种活动以是自己全面发展，并从中学到了许多书本上不曾有的知识。

鉴于以前的学习生活，我不是幸运的，但又是万幸的。因为我得到了老师和同学的帮助，对于之后的生活有了更明确的目标追求，积极参加社会实践活动，为增加社会经验打下基础，使自己变得更成熟。国家奖学金的帮助不但大大减轻了我的家庭经济负担，让我的生活与学习得到了物质保证，让我能够更加安心与专心地学习，同时还增强了我的感恩心，让我更加懂得知恩图报，培养了我的生活自信心，增强了我的社会责任感，坚定了我报效祖国与人民的信念。我要怀着感恩的心，努力学习专业知识，珍惜时间，拼搏奋斗，励志成才，努力成为祖国未来合格的建设者与接班人，用自己的力量为祖国、为社会、为人民做出最大的贡献。我会合理运用这些钱，好好学习天天向上，将来为祖国的繁荣昌盛贡献一份力量。等我有一定经济基础后我一定会将这份爱继续传递给别人。

滴水之恩当涌泉相报，我要珍惜这来之不易的国家奖学金，以自己最大的努力来回报党和国家对我的关怀，来感谢学院领导和老师对我的支持和关心帮助！

此致

敬礼！

×××

××年××月××日

例文二

感 谢 信

《大学生》杂志社:

请贵刊转告全国所有关心我的大学生、解放军战士、工人、教师及各界朋友,我的病情经几家大医院治疗和各界的关心,目前已得到控制,现正在家休养。如不出意外,下学期开学即可返校学习了。

顽疾缠身,是人生中的不幸,我遭此一难,几乎摧毁了我和我的家庭。由于《大学生》杂志的呼吁,一封封来自远方的书信、一张张几经周折转来的药方,使我那不情愿跳动的心,又恢复了正常的节奏;几乎凝滞的血,又沸腾了。一双双援助的手,一颗颗充满爱的心,指明了我生活的路,温暖了我们一家几乎冷却的心。

×××

××年××月××日

例文三

感 谢 信

叔叔、阿姨、各位同学:

我和你们天各一方,相见无期,你们却把微薄的收入,甚至把你们的助学金、生活费,或者靠卖几个字画的钱寄给了我。而你们当中甚至本人就有残疾,没有经济收入,而要用你们宝贵的血来挽救我……近来我的脑海中经常出现你们的身影。有年迈的老人,有可爱的军人,有可敬的老师,还有很多我不相识的人……我无法具体描绘你们的形象,但你们的高尚品格,助人为乐的精神将永存于我心中,永存于我家乡父老的心中……

唯一遗憾的是我不能面见答谢各位。在此请接受用你们的爱心挽救的人的深深谢意,愿你们的爱的春风暖遍祖国,充满世界。

为了不辜负你们的一片爱心和良好祝愿,我将继续我的学业,继续我的事业,争取取得优异的成绩,献给关心我的远方的各位朋友们。

愿我们的心永远相通。

×××

××年××月××日

任务六　倡议书

一、倡议书的概念

由某一组织或社团拟定、就某事向社会提出建议或提议社会成员共同去做某事的书面文章。它作为日常应用写作中的一种常用文体,在现实社会中有着较广泛的使用。

二、倡议书的特点

1. 倡议书的群众性

倡议书不是对某个人、某一集体、或某一单位而言的,它往往面向广大群众,或对一个部门的所有人发出，或对一个地区的所有人发出，甚至向全国发出。所以其对象广泛的群众性是倡议书的根本特征。

2. 倡议书对象的不确定性

倡议书是要求广大群众响应的，然而其对象范围往往是不定的。它即便是在文中明确了自己的具体对象，但实际上有关人员可以表示响应，也可以不表示响应，它本身不具有很强的约束力。而与此无关的别的群众团体却可以有所响应。

3. 倡议书的公开性

倡议书就是一种广而告之的书信。它就是要让广大的人民群众知道了解，从而激起更多的人响应，以期在最大的范围内引起共鸣。

三、倡议书的作用

1. 倡议书具有广泛的群众性。它可以在较大范围内调动群众的积极性，使大家心往一处想，劲往一处使，齐心协力共同做好一些有益于社会的事务和开展某些公益活动。

2. 倡议书是开展精神文明建设的一个有效的方法。倡议书的内容一般是同人们的日常生活相关的一些事项。如：倡议爱护花草树木，保护生态环境；倡议众志成城，同心协力，实现祖国的尽快复兴等。所有这些都有利于人们的身心健康，属于社会主义精神文明的重要内容。

倡议书是一种建议、倡导，它不给人一种强制的感觉，所以在这种轻松倡导之中，宣传了真善美，使人们无形之中受到深刻的教育。

四、倡议书的格式

倡议书一般由标题、称呼、正文、结尾、落款五部分组成。

1. 标题

倡议书标题一般由文种名单独组成，即在第一行正中写"倡议书"三个字。另外，标题还可以由倡议内容和文种名共同组成。

2. 称呼

顶格写在第二行开头。

倡议书的称呼可依据倡议的对象而选用适当的称呼。如"广大的青少年朋友们"、"广大的妇女同胞们"等。有的倡议书也可不用称呼，而在正文中指出。

3. 正文

一般在第三行空两格写正文。

倡议书的内容需包括以下一些方面：

（1）写倡议书的背景原因和目的

倡议书的发出贵在引起广泛的响应，只有交待清楚倡议活动的原因，以及当时的各种背景事实，并申明发布倡议的目的，人们才会理解和信服，才会自觉地行动。这些因素交待不清就会使人觉得莫名其妙，难以响应。

（2）写明倡议的具体内容和要求

这是正文的重点部分。倡议的内容一定要具体化。开展怎样的活动，都做哪些事情，具体要求是什么，它的价值和意义都有哪些均需一一写明。

倡议的具体内容一般是分条开列的，这样写往往清晰明确，一目了然。

4. 结尾

结尾要表示倡议者的决心和希望或者写出某种建议。倡议书一般不在结尾写表示敬意或祝愿的话。

5. 落款

落款即在右下方写明倡议者的单位、集体或个人的名称或姓名，署上发倡议的日期。

五、写作倡议书的注意事项

1. 内容应当符合实际情况，切实可行，与国家的路线方针政策相一致；
2. 交代清楚背景、目的，有充分的理由；
3. 措辞贴切，情感真挚，富有鼓动性；
4. 篇幅不宜过长。

例文一

爱护校园花草树木的倡议书

地球是人类的唯一家园，绿色生命是我们这个家园的主体。没有花草树木，空气怎会滋润和清新？没有花草树木，怎能感受到鸟语花香？种一棵树，爱护一草一木，便能染一片生命之绿洲。只有美丽的梧桐才能招来金色的凤凰，只有绿色的家园才能庇护生命的茁壮成长。我们的生活在发生着日新月异的变化，当校园绿化美化直接作用于我们的学习生活之中，成为不可分割的一部分时，爱护和保护环境也就成为一种健康向上的生活态度和生活方式。创建绿色环境，不仅要有优美的硬件环境，更要求我们有良好的自身修养和素质，需要全体师生的一腔热忱，一份认真。我们要从不随地吐痰，不乱扔食品包装物等垃圾做起；从节约每一滴水，珍惜每一棵树做起；从爱护花草，绿化环境做起。人人争做爱护绿色爱护洁净环境的天使，从我做起，用自己的实际行动去影响周围的人。为了给我们自己提供一个清洁，温馨，健康向上的学习、生活环境，学校向全体师生提出以下倡议：

一、树立绿色文明观念，自觉关心生活环境状况，遵守环境保护法律法规，把个人环保行为视为个人文明修养的组成部分。

二、爱护校园绿化，立即行动起来，都来关心支持和积极参与校园绿化建设和管理，爱护花草树木设施，对破坏绿化设施的行为要敢于制止并举报。

三、养成良好的卫生习惯，不随意乱扔瓜皮果壳、烟头、食品包装物等，不随地吐痰。伸出你的手，捡起地上的一张废纸、一只废塑料袋、一个烟蒂，为校园的整洁献出你的爱心。

四、支持和参与废纸、废塑料、废金属的回收利用，尽量减少生活垃圾。

五、遵守公德，倡导文明，维护公共秩序，爱护公共卫生，保护自己和他人的健康，倡导师生和谐，同学友好，语言文明，行为规范，共建环境幽雅，和谐文明的校园。

老师们、同学们，"勿以善小而不为，勿以恶小而为之"；一草一木显春色，一举一动见品行；花红草木青，德高心灵美；一块绿洲，一片诗意，一种希望。同学们！让我们从身边小事做起，从我做起，让我们的校园更加美丽，让我们的家园更加温馨、优雅。

院团委

××年××月××日

例文二

做诚信文明大学生倡议书

亲爱的同学们：

"诚信"是中华民族传统文化中最根本，最耀眼的伦理范畴和取向，是儒家文化的精髓，对人格的塑造、品德的培养都起到了深刻而重大的影响，与我们民族的自强，社会的进步和自我的发展息息相关。无论在政治生活，经济生活还是国际民生，诚信在人际交往中都起着无可替代的价值。

诚信是立身之本，处世之道，事业之基。"欲先成才，必先成人"，走诚信之路是实现自我和民族发展的重要途径，舍弃诚信将会导致个人的失败和民族的衰落。孔子曰："人而无信，不知其可也。""言必诚信，行必忠正"。

诚信是一种宝贵的资源，需要合理开发和利用，任何流失浪费，将导致资源匮乏，"人生经营"不善。诚信待人，付出的是真诚和信任，赢得的是友谊和尊重。言行朴素真实，心灵坦诚皓洁，自尊自爱，视无诚无信为耻辱，自我反省，见贤思齐。诚信是走入社会，成就事业的第一笔投资，是永久的通行证，终生的身份证。

然而，在建设和谐社会主义社会的今天，大学校园中还存在着一些与诚信相关的不和谐现象。考试作弊，不按时交纳学费，甚至恶意拖欠学费，通过假证明获取助学贷款，在专注的课堂上，有的同学却在叽叽喳喳甚至高声喧哗；在庄严肃穆的升旗仪式上，有的同学却左顾右盼，窃窃私语。清扫刚结束后的校园，就有同学扔下包装纸，等等。

为了杜绝校园内的不文明行为，为了净化和美化校园环境，为了营造文明和谐的校园氛围，我们向全系同学发出以下倡议：

一、头发整洁，及时理发，不染发，不烫发。

二、衣着整齐，不穿奇装异服。

三、遵守就餐秩序，排队有序，文明就餐，不插队。

四、讲究公共卫生，认真打扫，不乱扔垃圾、不践踏草坪。

五、寝室休息，安静文明，爱护公物，不乱跑，不喧闹，不影响他人休息。

六、不旷课，不旷晚自习，不旷早操，不旷寝，课间文明休息，不追赶喧闹。

七、遵纪守法，不打架，不抽烟，不偷窃，不赌博、不破坏公物，不顶撞师长。

八、敢于同一切破坏校园文明的行为作斗争。勇于纠正不文明行为。

九、诚实守信，不弄虚作假，按时缴纳学费。

十、上课不迟到，不早退，不睡觉，不说话，不抄袭作业，考试不作弊。

我们大学生正处于人生中最为关键的探索形成时期，这个时期的所作所为，将潜移默化地影响到自我的心理素质，如果我们不在此时抓好自己的思想道德素质建设，纵然拥有了科学文化知识，于人、于己、于社会又有何用呢？我们应该严于律己，不要去做以才胜德的小人，而要努力成为一个"德才"和谐发展的人。大学生扫除不良行为习惯的关键在于自身思想上的认识与重视。只要我们有恒心，有毅力，就没有攻不破的难关；只要我们真正做到"爱国守法，明礼诚信，团结友善，勤俭自强"、"发扬优点，正视缺点，并且敢于改正缺点"、"踏踏实实做事，堂堂正正做人"，就一定能引领大学校园新风貌，扫除"丑陋"，提高自我，完善自我，就一定能成为一个"德才"和谐发展的人，一个合格的当代大学生。

亲爱的同学们，让我们从自我做起，从身边的小事做起，把道德规范落实到每一个人的言行上。让我们争做文明大学生，共创和谐文明校园，展示当代大学学子风采！

××系团总支

××年××月××日

任务七　介绍信、表扬信

一、介绍信

介绍信是介绍本单位人员到外单位参观学习、联系工作、了解情况或出席某种会议等所写的一种书信。介绍信具有介绍和证明的作用。使用介绍信，可以使对方了解来人的身份和目的，以便得到对方的信任和支持。介绍信一般有书信式和填表式两种。

书信式介绍信一般用印有单位名称的信笺书写，格式与一般书信基本相同。

填表式介绍信是一种印有固定格式的专用信纸，需根据要办的具体事项按格逐一填写。填表式介绍信有存根，便于查存。

介绍信要写明对方的称呼，交待清楚持介绍信人的姓名、身份、联系事项，以及对对方有什么要求等。落款的地方要写明本单位的名称和开具介绍信的日期，有的还要注明有效期限。介绍信要加盖公章才能生效。

例文一

介绍信

××博物馆：

今介绍我校高二(1)班师生共25人去贵馆参观学习，请予接待。

此致

敬礼!

×× 中学(公章)

××年×月×日

例文二

介绍信

××县××乡政府：

兹介绍我乡李××、陆××两位同志，前往你处联系有关乡镇企业管理事项，请接洽。

此致

敬礼!

××县××乡政府(公章)

××年×月×日

二、表扬信

表扬信是用来表彰赞扬集体或个人先进的信函。它与嘉奖令、表扬性通报的区别主要是在于它不是正式公文文种，没有正式公文的荣誉奖励效力。但表扬信足可以使受表扬者受到鼓舞，使广大群众得到教育，从而促进社会主义精神文明建设的发展。

表扬信的写作格式与一般书信大体相同，由文种名称、称谓、正文、发信单位落款和日期等项内容组成。

例文三

表 扬 信

××大学：

我们是中国人民解放军某部三连的全体官兵。2月4日我连干部家属陈某自杭州携三岁的女儿来部队探亲，不慎在某火车站遭窃所有现金和火车票，正当陈某母女俩万分焦急之时，你校的张某和施某同学向她们伸出援助之手，这两位同学不仅掏钱为她们买了到××的火车票，而且一路上为陈某母女俩买饭买菜，递茶递水，以后又为她们叫好出租车并预先付了车费，陈某母女俩这才平安到达部队驻地。

张某和施某同学这种助人为乐的"雷锋精神"，令我们全体指战员感动万分。我们十分感谢张某、施某同学助人为乐的优秀行为，我们号召全连干部战士向这两位同学学习，在建设四化，保卫祖国的工作中奉献我们的青春，同时也希望学校领导对张某，施某同学予以表扬。

此致
敬礼！

某部三连全体官兵
2月10日

任务八　聘书、请柬

一、聘书

（一）聘书的概念

聘书，也称聘请书，是一般指机关、团体、企事业单位聘请某些有专业特长或有威望的人完成某项任务或担任某项职务时所发的邀请性质的专用书信。聘书一般已按照书信格式印制好，中心内容由发文者填写即可。

（二）聘书的格式

完整的聘书的格式一般由以下几部分构成：

1. 标题

聘书往往在正中写上"聘书"或"聘请书"字样，有的聘书也可以不写标题。已印制好的聘书标题常用烫金或大写的"聘书"或"聘请书"字样组成。

2. 称谓

聘请书上被聘者的姓名称呼可以在开头顶格写，然后再加冒号；也可以在正文中写明受聘人的姓名称呼。常见的印制好的聘书则大都在第一行空两格写"兹聘请××……"。

3. 正文

聘书的正文一般要求包括以下一些内容：首先，交待聘请的原因和请去负责的工作，或所要去担任的职务。其次，写明聘任期限。如"聘期2年"、"聘期自2000年2月20日—2005年2月20日"。再次，写明聘任待遇。聘任待遇可直接写在聘书之上，也可另附详尽的聘约或公函写明具体的待遇，这要视情况而定。另外，正文还要写上对被聘者的希望。这一点一般可以写在聘书上，但也可以不写，而通过其他的途径使受聘人切实明白自己的职责。

4. 结尾

聘书的结尾一般写上表示敬意和祝颂的结束用语。如"此致——敬礼"、"此聘"等。

5. 落款

落款要署上发文单位名称或单位领导的姓名、职务，并署上发文日期，同时要加盖公章。

（三）写聘书的注意事项

1. 聘书要郑重严肃，对有关招聘的内容要交待清楚。同时聘书的书写要整洁、大方、美观。

2. 聘书一般要短小精悍，不可篇幅太长，语言要简洁明了、准确流畅，态度要谦虚诚恳。

3. 聘书是以单位名义发出的，所以一定得加盖公章，方视为有效。

例文

聘　　书

兹聘请良××先生为××老年书法学会顾问。

此聘！

××老年书法学会

××年×月×日

二、请柬

请柬又称请帖，是人们在节日和各种喜事中请客用的一种简便邀请信。请柬是为邀请宾客参加某一活动时所使用的一种书面形式的通知。请柬从形式上又分为横式写法和竖式写法两种。竖式写法从右边向左边写。但从内容上看，请柬作为书信的一种，又有其特殊的格式要求。

请柬一般由标题、称呼、正文、结尾、落款五部分构成。

（一）标题

封面上的"请柬"（请帖）二字一般要做一些艺术加工，可用美术体的文字，文字的色彩可以烫金，可以有图案装饰等。需说明的是，通常请柬已按照书信格式印制好，发文者只需填写正文即可。封面也已直接印上了名称"请柬"或"请帖"字样。

（二）称呼

要顶格写出被邀请者（单位或个人）的姓名。如"某某先生"、"某某单位"等，称呼后加上冒号。

（三）正文

要写清活动内容，如开座谈会、联欢晚会、生日派对、国庆宴会、婚礼、寿诞等。写明时间、地点、方式。如果是请人看戏或其他表演还应将入场券附上。若有其他要求也需注明，如"请准备发言"、"请准备节目"等。

（四）结尾

要写上礼节性问候语或恭候语，如"致以——敬礼"、"顺致——崇高的敬意"、"敬请光临"等，在古代这叫做"具礼"。

（五）落款

署上邀请者（单位或个人）的名称和发柬日期。

例文

请　柬

×××女士/先生:

　　兹定于9月12日晚7:00~9:00在市政协礼堂举行仲秋茶话会，届时敬请光临。

　　此致

敬礼!

××市政治协商会
2012年9月10日

任务九　求职信、自荐信、简历

一、求职信

（一）求职信的概念

求职信是欲就业或欲转新岗位的人向用人单位申请职业的信件。

（二）求职信的适用范围

一般来说，它适用于这样一些情况:

1. 用人单位发布出信息欲招收职员

用人单位由于工作需要招收新的职工或负责人面向社会公开招聘，欲应聘的人员可根据用人单位发布的用人信息，对照自己的能力和特长向该单位申请就职。这种情况下所写的求职信往往目的性强，只要符合条件的人员均可前往应聘。

2. 求职者无明确的用人单位，只是根据自己的特长而求职

这样的求职也只是适用于那些有意招收员工的用人单位。

（三）求职信的特点

求职信的特点主要有以下两点:

1. 自我推荐的特性

求职信是写给可能招收自己成为其中一员的单位的。其目的就是推荐自己，以期成功地得到自己想要的工作岗位，所以从这一角度讲，求职信同推荐信是相同的，那就是要阐明自己的专长和技能，向用人单位推荐自我。

2. 个人对单位、组织的行文关系

求职是面对集体、单位的，它不是个人与个人的书信交往，所以求职信是个人向单位向组织"发文"的一种专用书信。这也是求职信的一个显著特点。

（四）求职信的格式

求职信既然是一种书信文体，所以它同书信的写作格式基本是一致的。具体地说，求职信一般包括以下几部分，即标题、称呼、正文和落款。

1. 标题

求职信的标题通常只由文种名称组成，即在第一行中间写上"求职信"三个字。

2. 称呼

求职信要顶格写明求职单位的领导或负责人的姓名和称呼。有时也可直接称呼其职务。如"尊敬的××局局长:"。注意要在称呼后加冒号。

3. 正文

求职信的正文一般由开头、中间、结尾三部分组成。

(1) 开头。写求职信，开头要交待清楚自己的一些诸如身份、年龄、学历等基本情况，给用人单位一个初步的完整的印象。如果是有明确目标的求职信，还可先谈谈自己看到了该单位的征招信息，以及意欲应聘的想法。

(2) 中间部分。求职信的中间部分要展开。主要是针对用人单位的征招信息或者根据自己了解到的用人单位通常的要求来具体地介绍自己，这其中要把自己的专业特长、业务技能、外语水平及其他潜在的能力和优点全部表呈出来，以期使用人单位意识到你正是他们用人的最佳人选。这一部分是求职信的关键，所以要多了解用人信息，真正地使自己可以有较强的针对性来推荐和介绍自己。

(3) 结尾。求职信的结尾要再次强调自己的求职愿望，恳请用人单位给自己一次工作机会。一般应表达两个意思，一是希望对方给予答复，并盼望能够得到参加面试的机会；二是表示敬意、祝福之类的词句。

最重要的是不要忘记在结尾认真写明自己的详细通讯地址、邮政编码和联系电话，如果让你的亲朋好友转告，则要注明联系方式方法以及联系人的姓名以及与你的关系，以方便用人单位与之联系。

4. 落款

(1) 署名。按照中国人的习惯，直接签上自己的名字即可。国外一般都在名字前加上"你诚挚的、你忠实的、你信赖的"等之类形容词，这种方法不能轻易效仿。

(2) 日期。写在署名有下方，应用阿拉伯数字书写，年、月、日要写全。

求职信一般要求和有效证件一同寄出，如学历证、职称证、获奖证书、身份证的复印件等。

例文一

求 职 信

尊敬的领导：

您好！

非常感谢您在百忙之中抽出时间来审阅我的求职信！我叫××，是××学院××系××年应届毕业生，即将踏入社会的我对未来充满着期待，我相信好的开端是成功的一半。我希望贵公司就是我成功的起点，我能有幸同贵公司一起共创明日的辉煌。进入大学幸运的选到了自己喜爱的专业——机械，三年的学习令我更加喜欢上了机械。

无论从工程制图的手绘到 AutoCAD 的机绘，再到 SolidWorks 和 Proe 的三维建模，我都有较深入的涉猎，喜欢自己动手制作。我学习十分刻苦，并用自己获得的奖学金，买了一部电脑协助学习。现在除了能应用机械类相关软件外，能非常熟练的运用 Office 软件，会用 Photoshop 做图像的处理，以及其他的简单视频处理刻录软件。

三年的大学生活转瞬即逝，但我还是不得不说这三年终将成为我人生的转折点。上大学，第一次住集体宿舍，甚至是第一次吃"大锅饭"……使自己明白了太多太多的道理，这笔财富将使我受益终生！

当然光靠"道理"是找不到工作的，所以我在认真学习专业知识的同时，也不忘根据自己的兴趣，学些计算机方面的专业知识，课余也不忘自己的爱好，经常打打篮球，强健自己的体魄。

现在，我除具有本专业需要掌握的较强的语言文字表达能力、较强的公关办事能力、基本的管理能力和办公软件的操作能力外，还熟练掌握计算机的基本操作，并能用 DreamWeaver、Photoshop、Flash 等做一些简单的网页，我还在实习期间学会了开车，并考取了驾照，现持有驾驶证 B 证。当然我还有很多很多需要学习的，在以后的工作中我将继续不断地学习。

最后祝贵公司事业蒸蒸日上！

此致

敬礼！

求职人：×××

××××年×月×日

例文二

求 职 信

尊敬的领导：

您好！

我是××学院××机械工程系××专业的应届毕业生，真诚希望能成为贵公司的一员。

在校期间，在师友的严格教益及个人的努力下，我具备了扎实的基础知识，系统地掌握了机械制图，AutoCAD 极限配合与公差技术测量，金属材料与热处理，数控编程，数控工艺，机械基础，电工学，刀具与切削原理等理论知识。同时，在课外也学习了许多日常应用软件，不但充实了自己，也培养了自己多方面的技能。更重要的是，严谨的学风和端正的学习态度，塑造了我朴实稳重，创新的性格。

在思想上，我思想进步积极向党组织靠拢。品质优秀，诚实守信，待人热情和谐。

在工作上，我在团体协作中有很强的集体荣誉感。我能与大家合作默契，在个人工作中我有很强的责任感，以大局为重。

在实践上，我不仅努力学好专业知识，还积极参加各种社会实践活动，抓住了每一个机会，不断锻炼自己。假期时间，去外出打工。在这其中，我深感受到，在竞争中获益非浅，在困难中勇敢面对，在挫折中成长。

通过对贵公司的认真了解后，我热爱贵公司所从事的事业，很希望能够在您的领导下，为这一光荣事业添砖加瓦，并且，在实践中不断学习进步。

最后，我郑重提出一个小小要求，无论是否选择我，尊敬的领导希望您能够接受我真诚的谢意，感谢您能在百忙之中所给我的关注！

祝愿贵公司事业蒸蒸日上，屡创佳绩！希望领导能够对我予以考虑，我热切期盼您的回音，谢谢！

此致

敬礼！

求职人：×××

××××年×月×日

例文三

求 职 信

尊敬的领导：

您好！

感谢您在繁忙的工作中抽出时间阅读我的求职信！我叫×××，是××职业技术学院的一名应届毕业生，所学专业为汽车检测与维修。通过三年的学习和实践，对这一领域的相关知识，有了一定程度的理解和掌握。另外，对于处身于新时代的我来说，无时不刻地严格要求着自己。

我曾利用假期，勤工俭学，在工厂做工。但不论是学校学习也好，实践做工也罢，让我学到的还有许许多多的知识：团结、友爱、积极进取，人与人之间的沟通于信任等！善于交往的我是班里的纪律委员，和同学相处十分融洽，也是老师的得力助手！

我喜欢运动，特别是篮球(也曾多次组织篮球比赛)，篮球场上的我与实际生活中的我一样，只有坚持、奋斗，不怕任何劳苦，因为只有自己努力所流下的汗水才是最欣慰、最踏实的！我不是最优秀的，但是我会努力做到、做好每一件事！我相信，贵公司如若需要一名严谨、务实、积极创新、团结、勤奋的员工，我会是一名合格的应聘人！我深信凭借自己的实力、青春与敬业精神，一定会得到贵公司承认和肯定！

追求永无止境，奋斗永无期限！我怀着紧张而激动的心情踏入社会，也充满着无比期待的心情和热情寻找每一个机遇，把握每一个机遇！恳请贵公司能给我这次展示自己的机会，我会尽自己最大的努力为贵公司做出更大的贡献！希望各位领导能对我予以考虑，热切盼望您的回音，谢谢！

此致
敬礼!

求职人：×××

××××年×月×日

二、自荐信

(一) 自荐信的概念

自荐信是自我推销采用的一种形式，推荐自己适合担任某项工作或从事某种活动，以便对方接受的一种专用信件。

(二) 自荐信的格式写法

与求职信大体相同。注意标题居中写"自荐信"，落款署名前用"自荐人"。

例文一

自 荐 信

尊敬的领导：

您好！

我是××学院××系××年应届毕业生，面临择业，我满怀憧憬和期待，愿坦诚地向贵单位自荐，并将我的材料函呈上，敬请审阅。

我毕业于一所年轻的学校，十六年的寒窗苦读造就了自强不息的我。大学四年生活短暂而充实，一千来个日日夜夜，我荡起智慧之舟，迎朝阳，送落霞，遨游于知识的海洋。我明白：现代社会，机遇与挑战并存；我懂得：只有不懈的努力才会有好的收获。正是凭着这种信念，我以乐观向上的进取精神，勤奋刻苦的学习态度，踏实肯干的工作作风，团队合作的处世原则，开拓进取，超越自我，力争成为一名有创新精神，积极开放的复合型人才。

大学生活是我人生中最重要的一个阶段，是我探索人生，实践价值，超然智慧，走向更加成熟的过程。在这期间我不但学习了课本上的知识，如计算机、法律基础、马克思政治经济学等公共课程和精读、泛读、口语、听力、写作、翻译、日语、心理学等专业课程，以及数学文化、经济管理基础、逻辑思维与方法、西方哲学智慧和自然辩证法等选修课程，还真正懂得了人生的意义，人生的价值。在以后的工作中，我能够从事英语翻译、行政管理、经济管理、英语教育、现代办公、文秘以及进出口贸易等相关工作。几年来，我立志做一个学好此专业的优秀大学生，我不仅有扎实的理论基础，而且有一定的实际操作能力以及吃苦耐劳团队合作精神。出生于农村家庭使我具备了勤奋、吃苦、务实、向上的精神和作风。农村生活铸就了我淳朴、诚实、善良的性格，培养了我不怕困难挫折，不服输的奋斗精神。

大学期间，我不断完善自己的知识结构，提高自己的综合素质。"天道酬勤"，今日的我已系统地学习并掌握了本系所开设的所有课程，并且熟悉国际形势的发展需要。正因如此，在大学期间多次社会实践活动。并且能够理论联系实际，在校内外积极进行的实践中，检验自己所学的知识的同时，使自己具备了较强的分析问题和解决问题的动手能力，同时学生会的生活更增强了我的高组织和领导及管理能力，特别是在模特公司时在舞台上的风姿更加增强了我的胆略和自信。自信和执着是我的原则，沉着和乐观是我处事的态度，爱好广泛使我更加充实。面临择业，我对社会和自己都充满信心，渴望得到社会的认可，能有机会发挥自己的聪明才智，对社会有所贡献。

"十年磨一剑，今日把示君"。我没有名牌大学的文凭来保荐，也没有丰富的政治背景来装潢，但我拥有一个健康自然的我，自信而不狂妄，稳重而富有创新，成熟而充满朝气。我愿凭着这个自然的我以最诚挚的心和其他大学生一起接受您的挑选。"英雄有几称夫子？忠义怕公号帝君"，现实社会中，人才如恒河沙数，即宇宙之神也难以一一捡拾，我是否能够脱颖而出，惟有实践验见真值。回首过去，是我勇于探索勤于求学的知识蕴积之路；展望未来，将是我乐于奉献于业务的事业开拓之途。

"良禽择本而栖，贤臣择主而事"。尊敬的领导，雄鹰展翅急需一方天空，良马驰骋尚待一方路径。贵单位所开创的业绩和远大的开拓前景我仰慕已久。深信我会用自己勤勉的汗水与同仁一道为贵公司的锦绣前程奋斗不息，奉献我的年轻的热忱和才智！我真诚希望成为其中一员。

我相信：是金子总会发光！过去的成绩已成为历史，未来的辉煌需要坚持不懈的努力去创造和实现。在这斑斓多彩，日新月异的年代，只有高素质，高质量，高能力的综合性人才才能够在激烈的竞争中立于不败之地。相信你的您的信任和我的实力的结合将会为我们带来共同的成功。

谨祝工作顺利！

自荐人：×××

×××× 年 × 月 × 日

例文二

自 荐 信

尊敬的领导：

您好！

首先真诚地感谢您早百忙之中浏览我的自荐信。

我是××职业技术学院，汽车检测与维修专业的应届毕业生，即将走入社会的我怀着一颗赤诚的心和对事业的执著追求，诚挚地向您毛遂自荐！

在三年的学习生活中，我以自己锐意，进取，敬业乐群和乐于助人的作风及表现赢得了老师和同学的信任和赞誉，且不断加强思想政治学习，积极向党组织靠拢。在学习中，我不但养成了"勤奋、严谨、求实、创新"的学风，而且坚持专业与非专业并进的指导思想，努力扩宽知识面，建立合理的知识结构，以适应社会的发展对人才的需要。

此外我还一直担任班长，也曾担任学生干部工作，有较强的班级管理能力、活动组织策划能力和人际交往能力。同时积极参加各种文体、社会实践活动，在文艺和体育方面也有很好的表现。

三年的大学深造使我成为了一名具有较为扎实的基础知识和专业知识的大学生。

当然，过去的成绩并不代表未来，勤奋是真实的内涵，是玫瑰总会开花，是雄鹰定会翱翔高空。我不求流光溢彩，但求在适合自己的位置上发挥得淋漓尽致。我不期望拥有丰富的物质回报，只希望早日用我的全部智慧、热忱和努力来实现我的社会价值和人生价值。

作为一名刚从象牙塔走出的大学生，我不足的经验或许让您犹豫不决，但请您相信我的干劲将弥补这暂时的不足，也许我不是最好的，但我绝对是最努力的，我相信：只要用心，就一定会成功！

相信您的选择与我的实力将为我们带来共同的成功！

祝您工作顺心！事业蒸蒸日上！屡创佳绩！

此致

敬礼！

自荐人：×××
××××年×月×日

三、简历

（一）简历的概念

简历，顾名思义，就是对个人学历、经历、特长、爱好及其他有关情况所作的简明扼要的书面介绍。简历是个人形象，包括资历与能力的书面表述，对于求职者而言，是必不可少的一种应用文。

（二）简历的内容

1. 个人信息：包括你的姓名、性别、出生年月、籍贯、政治面貌、学历、毕业院校、所学专业、毕业时间、电子邮箱、求职意向等。

2. 教育经历：你所就读的院校、所学专业、学位、受教育的时间等。

3. 工作经验：包括了你在实习期或者是第一份工作开始算起的所在企业名称、时间、部门、职位和对在企业所担当的职位描述。

4. 所获奖励：就是你所获的所有奖项的时间、名称，如三好学生、优秀团员、优秀学生干部、奖学金等。

5. 技能证书：你曾经在校或者离校后都获得过哪些证书、获得证书的时间。

6. 专业技能：是指你对你所掌握的技能的描述，比如熟练掌握哪些技能等。

7. 自我评价：对自己做出简要的评价。

例文

××简历

姓名：××××性别：男　　　　出生年月：1987 年 5 月

籍贯：××××民族：汉　　　政治面貌：团员
学制学历：三年制高职　　　专业：数控技术
健康状况：良好　　　联系电话：×××××××××××
毕业院校：××职业技术学院
求职意向：机械设备和汽车销售相关工作
教育背景：2004 年 9 月至 2007 年 6 月　××市××高级中学
　　　　　2007 年 9 月至 2010 年 6 月　××职业技术学院　数控技术专业
所学课程：工程图学、工程材料、工程力学、应用文写作、高等数学、大学英语、大学物理、计算机系列课程、互换性与技术测量、机械制造基础、单片机原理、电子技术、电工技术、机电传动与控制、液压与气压传动、可编程控制器原理及应用(PLC)、Master/Cam、Pro/E绘图、特种加工、数控技术。
英语水平：具有基础的听、说、读、写能力。
计算机水平：了解计算机 C 语言和互联网的基本操作及使用，能够运用 AutoCAD、Master/Cam、Pro/E、SK 线切割和 PLC 软件。
曾担任职务：2007 年至 2008 年担任班级团支书及工程技术学院科技部干事
　　　　　　2008 年至 2009 年担任工业大学工程技术学院科技部副部长
自我评价：乐观开朗，性格稳重，责任心强，有强烈的创新意识和敬业精神。通过大学的学习，掌握了扎实的基础理论知识，如工程图的绘制，机械设计、机械制造基础，专业绘图软件的应用等，并自学了现代质量管理课程，深知质量管理对现代企业提升竞争力的重要性。寒暑期期间曾在四家工厂兼过职，拥有较强的操作动手能力和人际交流能力。
人生格言：有很高的服从领导意识和一定的才能的人才是真正的人才。
　　　　　不求流光溢彩，但求在合适的位置上发挥的淋漓尽致。
　　　　　做人的关键是心态，成功的关键是细节。

习题：

1. 什么是条据？有哪几类？写作格式与写作要求是什么？
2. 改错练习：

(1)

借　条

今借到李先生人民币 5000 元，本月底如数还清。此据。

借款人：邓力(盖章)

(2)

借　条

今借到 18 寸康佳彩电一台，DVD 一台，一周后归还。

借物人：×××
09.5.1

3. 写一则关于篮球比赛的海报。
4. 写一封家书，汇报自己的生活、学习情况，表达自己对父母养育之恩的感激之情。
5. 在实习结束时给实习单位写一封感谢信。

6. 写一封表扬信。

7. 写一封感谢信。

8. 假如你现在即将毕业，请结合你所学的专业，写求职信和简历。

9. 分析下面这封自荐信的特点

自 荐 信

×总：

您好！

您的工作很繁忙，但我希望您能看完这封信。

我叫××，男，26岁，大专文化，于2003年毕业××××职业技术学院，主修自动化控制。

我是一个好学、上进而又有主见的人。因为勤奋好学，我曾在学业上取得了优异成绩；因为我有主见，所以在实习、设计等实践环节上不断地充实自己。这一切都为我在自动控制方面施展自己的才华奠定了很好的基础。

在学校里，我曾比别人付出了更多的汗水，正是为了今日能在像贵公司这样的企业而奋斗，而拼搏，而奉献！我不想在优越的环境下坐享其成！现在正是公司用人之际，我想亲身去闯，去干，为公司，也为自己。

1996年至2000年××学校的四年中专生活，我先后学习了数学、外语、电路基础、数字电子、模拟电子、工程力学等基础课；磁粉检测、渗透检测、射线检测、无损检测、锅炉检测、容器检测机械设计、机械材料、超声检测、概论等专业课程，并取得了较好的成绩，为了使自己适应时代的需求，在可编程控制系统设计、可编程控制系统、计算机控制系统、电气控制系统及设备的安装、调试、维护能力都取得了优异成绩。四年来荣获一等奖学金两次、二等奖学金两次。

在学好专业课的同时，我积极钻研计算机技术。我担任了学校机房管理员，参与校园网的组建和学校主页（www.lyx.ln.cn）的建设，熟悉各种操作系统、局域网、广域网以及现行软件的使用。诸如用VB的编程设计了学生学籍管理软件；运用Photoshop进行图形图像处理；用Dreamweaver进行网页设计。

2000年7月，我中专毕业，本可以找一份挺不错的工作，但考虑到时代对自动控制的需要，也为了掌握更多的知识，又考入了××××职业技术学院自动控制专业，三年的高职，主修了高等数学、大学英语、单片机、自动化控制技术、电动机、机械制造、PLC、液压传动、市场营销、楼宇智能技术等专业课。在此期间先后取得了全国计算机等级考试二级证书、全国磁粉、射线、超声检测三个专业的等级证书，在自动控制方面具有较强的实践动手能力。

我积极参与学生管理，培养自己的组织、管理能力。连续三年担任学校体育部长，多次组织和策划各种大型的体育活动，组织并参与了每年的校运动会、足球联赛、篮球联赛、12·9长跑等校园体育活动；组织学生参加了市万人长跑比赛。充分发挥自己的篮球特长，在校篮球队担任主力中锋，并在1999—2000年、2000—2001年连续两届荣获市大中专篮球赛第三名的好成绩。

想当初您带领公司员工创业是何等艰难。建厂房、找贷款、上产品、跑营销……20年来×××公司从只有几百员工、资金不足×万元的小厂发展为今日的3000多员工、拥有资产5000万元的大企业，充分体现了决策者的智慧、谋略和胆识。

良鸟择木而栖，士为知己者用。当您需要在自动控制方面拓宽新的领域，或许我能尽一点绵薄之力；当公司需要打开市场的销路，我会义无反顾地充当马前卒；当公司需要网络维护或上网扩大影响时，也许我可以"滥竽充数"……我对×××公司的发展前景充满了必胜信心，能在这样的公司工作必定是我最理想的选择。我也一定会利用自己的自动控制及计算机方面的知识，竭力为公司解一分忧虑，增一分利润，或者挽回一点损失……

多说无益，让实践来检验吧！我真诚的希望，您和×××公司能给我一个尝试的机会。我期盼着好消息。

此致
敬礼！

自荐人：××

××××年××月××日

项目二 事 务 文 书

项目要求：了解、掌握事务文书的基础知识，学会写计划、总结、简报、调查报告、述职报告、演讲稿。

事务文书是机关、团体、企事业单位在处理日常事务时用来沟通信息、安排工作、总结得失、研究问题的实用文体。

由于这类管理类文体处理的日常事务亦为公务，所以事务文书属于广义的公文范畴。它与狭义公文(行政机关 12 类 13 种，党内机关 14 种)的区别在于：一是无统一规定的文本格式；二是不能单独作为文件发文，需要时只能作为公文的附件行文；三是必要时它可公开面向社会，或提供新闻线索(如简报)或通过传媒宣传(如经验性总结、调查报告等)。从广义上说，事务文书也是一种公务文书，目的是处理公务和传递信息，使用"事务文书"这一名称，是相对于正式公文而言的。

一、事务文书的特点

1. 对象的明确性

事务文书的写作有明确的对象，特定的读者，对于对象有明显的约束力，一般来说对象非看不可。如给所属上级单位的计划、总结、简报、调查报告等，所属上级单位或领导必须过目。再如条例、办法、规定、章程等，凡涉及到的人都一定得看。

2. 内容的实效性

事务文书是直接用来处理事务工作的，要注意实用，讲求效率。为此，事务文书从主旨的确立到材料的使用都必须切合实际讲求效率；写作形式的运用也要讲求实际和效率，便于文书内容的落实和处理。

3. 一定的程式性

事务文书一般都有一定的程式性，有约定俗成的惯用格式。虽然它不像法定公文那样有着非常严格的格式要求，但在长期的应用中，事务文书的实用性和真实性决定了它逐渐形成了较为稳定的结构层次、习惯用语、处理程序等组成要素。虽然格式上有一定的灵活性，但总体上是相对稳定的。

4. 较强的时限性

事务文书总是针对工作、生活中的具体事务而撰写的。而一项工作任务的完成，一个问题的解决，大都有一定的时间要求，虽然它没有法定公文那样紧迫，但同样也要在限定的时间内及时完成，否则很难发挥事务文书的作用。

二、事务文书的作用

1. 宣传教育作用

事务文书通过分析形势，申明政策，或者介绍经验、表彰先进及揭露时弊、抨击丑恶，可以起到宣传教育群众，使人们统一认识，并提高政策水平和工作热情的作用。

2．沟通和指导工作作用

事务文书是沟通机关、企事业单位的桥梁和纽带。各部门之间既有横向的联系，也有纵向的联系。从纵向的联系来讲，在管理者与被管理者之间，上下级之间，存在着指导与被指导的关系。因此，它具有作为这种关系的指导工作作用。

3．积累和提供资料作用

有些工作的进行，需要人们积累有关资料，如计划、总结、调查报告、简报等文种，可以集中、详尽地反映情况，说明问题，起到为人们提供所需资料的作用。

任务一　计划

一、计划的概念和种类

计划是单位或个人对未来一定时间内要做的工作从目标、任务、要求到措施预先作出设计安排的事务性文书。

计划从性质、内容、时间等角度可划分出不同种类。

从形式分为条文式计划和表格式计划，条文式计划有目标、要求、措施、步骤等环节，写作严谨具体，内容重大并有一定篇幅，而表格式计划通常用于项目较多又具共性的内容，有时辅之适当文字说明，使计划简洁明了；内容上分有工作计划、生产计划、学习计划等；性质上分有综合计划、专题计划；时间上分有年度计划、季度计划、月份计划等；范围上分有国家计划、单位计划、部门计划等。

计划是一个统称，常见的"方案"、"要点"、"安排"、"打算"、"规划"、"设想"等，都属于计划一类。一般说来，对某项工作从目的、要求、方式方法到具体进度，都作了全面计划的叫方案；上级对下级布置一个阶段的工作或者一项重要任务，需要交代政策、提出具体要求的叫要点；预定在短期内要做的一些具体事情，叫安排；准备在近期要做的事情而对其中的指标或措施等考虑得还不周全的，叫打算；拟订比较长期的计划而涉及面广，又只能是一个大轮廓的，叫规划；如果为长远的工作或某种利益着想作个非正式的、粗线条的计划，叫设想。我们可根据内容、性质、范围、时间的不同而选用不同的名称。

二、计划的特点

1．目标性

写计划前要对全局性的各项工作作全面、合理的安排考虑，保证统筹兼顾，防止顾此失彼，因此计划必须要有明确的目标性。目标是计划的核心，计划的全部内容紧紧围绕着目标展开，为这个既定的目标谋划最优的策略和步骤、落实具体的措施或方案等。

2．预见性

计划是事先对活动所作的安排与打算。而任何事物在其发展过程中会出现这样或那样的变化，为实现预定目标，必然要对活动过程中可能出现的情况进行分析与估计，并要对可能出现的困难、问题等，提出切实有效的措施和方案。这样，才能确保计划顺利进行，并达到预定目标。

3．规范性

计划的内容不同，可以有不同的写法。但它们都必须具备计划的三要素：任务、措施和完成的时间，即做什么、怎么做、什么时候做、何时完成。这就构成了计划的比较固定的写作程式和规范。

三、计划的一般写法

计划没有固定不变的格式，可以写成一篇叙述的文字，也可以分条分项列出，还可以采用表格的形式写出，或者把几种方法"综合运用"，既有表格，又有文字的叙述和说明。总之，应根据实际情况而定。一般说来，计划应包括如下三个部分。

1. 标题

计划的标题一般包括制订计划的单位（个人计划的姓名不写在标题内）、计划的期限、事由、文种四部分。

如《×××公司2012年新产品开发计划》这个标题各要素俱全，专题性计划的标题常采用这种写法。也有些计划的标题有所省略，如《××市税务局 2012 年第三季度工作要点》，标题没有涉及计划的内容，这是综合性计划标题的一般写法。如果所订的计划还不够成熟，需试行一段时间，待征求意见后再进行修改定稿，或者还未经过法定的会议讨论通过，可在标题后或下加上"初稿"、"草案"等字样，并加上括号。

2. 正文

正文是计划的主体部分。这部分通常包括前言、任务和目标、步骤及措施、结语等几个部分。

（1）前言。前言不宜写长，应简明扼要写清楚：制订计划的指导思想，包括有关的方针政策和上级的指示；分析现时形势的要求，本单位的基本情况（完成任务的主观和客观条件的分析）；计划的总任务，计划的目的要求等。前言通常以"为此，××××年（或第×季度）要做以下几项工作"来领起下文。上述几项内容，并不是每份计划都必不可少，要根据计划任务的对象、范围情况的不同，酌情取舍。有的计划前言部分可不写，而直接写计划的具体事项。

（2）目标和任务。这一部分同下面的步骤和措施部分是计划的核心部分。计划就是为完成一定的任务而制订的，如果没有明确的任务，没有具体的要求和目标，也就没有必要制订计划。计划要明确的写明一定期限内，必须完成哪些任务，实现什么目标，做哪些事，数量和质量上有什么要求等，使计划执行者一看便知道准备做什么，做多少，什么时间完成，由什么部门负责执行等，使之心中有数。

（3）步骤和措施。在明确了工作任务之后，计划还要根据主客观条件，设计必要的步骤和措施，以保证任务的完成。步骤是指工作的程序和时间安排。每项目标和任务，在完成过程中都有其阶段性，先做什么，后做什么；主干什么，次干什么；每一步在什么时间，达到何种程度；人财物力如何调配、布局；各阶段如何配合、衔接等，都必须写得合情合理，环环紧扣，步步落实。措施主要是指达到既定目标需要采取什么方法，动员哪些力量，创造哪些条件，排除哪些困难等。

总之，计划的正文要按照"做什么——怎么做——做到怎样"的顺序来安排结构内容，只有这样才能简明、全面、清楚地制订好计划。

（4）结语。这一部分是总结全文，在正文的末尾提出希望和号召。也有的计划不写结语，计划事项写完后自然结束。是否写结语，要根据计划的具体情况而定。

3. 署名和日期

计划的结尾要写上制订单位的名称与制订日期两项内容。如果标题中已标明单位名称，结尾可省去单位署名，写明制订日期即可。

四、计划的写作要求

1. 调查研究，实事求是

制订计划前，必须深入实际，认真调查研究，既要"吃透"上级的精神，又要虚心听取群众的意见，"摸清"本单位的实际情况，分析主客观条件，尽可能预测到计划执行过程中的困难和问题，以便在计划中写明预防和解决问题的方法。制订计划时还要从本单位、本部门的实际出发，任务和指标应是经过各方面的努力可以达到的理想指标，既不要过高，也不能过低。计划切忌说假、大、空话，写得不实用。

2. 内容具体明确，语言简明扼要

计划是将所要进行的工作作出的安排和打算，为收到良好的效果，计划的整体设想要明晰，并将实现目标的途径和办法一条一条地列出来。计划切忌语言含糊，职责不清，使之无法落实和检查。计划的内容，一般要分条分项来写，叙述要平直、说明要简洁，如内容复杂，每个问题可设小标题，以示醒目。

3. 针对性和灵活性

计划的内容既要全面，又要有针对性，重点要突出。一个单位、一个部门，在一定的时期内，有许多工作需要做，如果全部并列起来，平均使用力量，就会影响重要工作的完成。因此，我们在制订计划时，要针对本单位、本部门的工作重点，保证计划中能够反映出当前要解决的主要问题。计划是根据客观情况制订的，客观情况在不断的变化，所以计划还要有灵活性，应留有一定的余地，当某种未预见的因素发生时，计划能及时调整、完善和补充。

例文一

读 书 计 划

庄子说，吾生也有涯，而知也无涯。书籍是人类宝贵的精神财富，读书是人们重要的学习方式，是人生奋斗的航灯，是文化传承的通道，是人类进步的阶梯。教师——传道授业解惑者，这种特殊的职业就决定了教师必须把读书作为一生中的头等大事，作为一名教师，在一定意义上说，读书就意味着教育。学校就是一个学生在教师指导下读书的空间，而学生读书的兴趣与水平又直接受教师的读书兴趣与水平的影响。因此，教师的读书不仅是学生读书的前提，而且是整个教育的前提，把读书活动融入到自己的教育教学工作当中，促进教学实践与理论的结合与反思，提高师德素质和自身修养。为此我为自己定下了以下的读书计划：

一、指导思想：

以"三个代表"重要思想和科学发展观为指导，以实施素质教育为宗旨，以推进课程改革为载体，以加强社会主义荣辱观教育为契机，以端正教育思想、丰富专业知识、提高专业技能为重点，创建有效促进自身专业发展的方式方法，努力提高自己的教书育人水平，不断挑战现实，追求卓越，为推进素质教育作贡献。通过读书锻炼思维能力和对教育问题的批评性思考能力，努力转变思想观念、思维模式，进行教育创新；通过阅读经典，丰富人生，让生命在阅读中更加精彩！

二、我的读书目标：

1. 通过学习教育经典理论，转变教育观念，提高教育教学能力、教育创新能力，同时通过阅读接触更广的课外知识，深化更多的学科内容，逐步养成多读书，读好书的习惯。

2. 通过阅读学习，树立正确的世界观、人生观、价值观和教师职业观，建立新型的师生

关系，塑造良好的教师形象，通过阅读使自己业务精良，进一步提升教师的理念，开阔教师的视野，积累教学经验，从而形成自己独特的教学风格。

3. 通过阅读学习，丰富自身个人文涵养，强化自身修养，使自己的精神世界变得更为丰富多彩。

三、主要措施：

1. 个人自学为主，充分利用课余时间阅读有关书目，养成不动笔墨不读书的习惯，勤于做读书笔记，写好心得体会。每天确保一小时的读书时间，让读书成为自己的自觉行动，学习成为自己的一种需要。

2. 读书活动做到"六个结合"：读书与反思相结合，提倡带着问题读书，研究问题，解决问题；读书与实践相结合，学以致用，注重实效；读书与"校本教研—校本培训一体化"工作相结合，切实化解实践中的难题；个人阅读与集中学习相结合，广泛交流，相互启发，共同提高；读书与课改相结合，理解新课程，融入新课程，实施新课程；读书与不断解放思想相结合，提高认识，创新工作思路。

3. 读书活动与课堂教学相结合。要用现代教育思想指导教育教学工作实践，紧紧围绕学生发展和学生需求这个中心，为学生的发展提供开放的空间。边学习教育理论，转变教育观念，及时认真地进行教学反思，真正做到"读"有所悟，"悟"有所用，"用"有所得。

4. 充分利用网络，进行网上阅读，了解、把握教育教学的信息和动态。

5. 坚持读书与反思相结合，带着问题读书，寻求解决问题的方法，潜心写好读书心得。坚持读书与课程改革相结合，充分理解新课程，在课堂教学中融入新课程理念，实施新课程。

四、读书安排：

1. 经典阅读：《给教师的100条新建议》、《陶行知教育名篇》

2. 选读书目：《赏识你的学生》、《教育智慧从哪里来》、《教师角色与教师发展新探》、《教师的情感与智慧》

3. 每月必读：《英语角》、《英语沙龙》

读书，能够改变教师的精神、气质和品性，"腹有诗书气自华"。读书，能够使教师不断增长专业智慧，能使自己的教学闪耀出敏捷睿智的光彩，充盈着创造的活力和快乐。读书，能够改变教师的人生，而且能促使教师去不断地思考教学工作、生活、生命，从而实现自我人生层次的提升和生命的升华。

×××

××年××月××日

例文二

我的读书计划

书是风帆，可以把我们推向浩瀚的大海，在我们面前展开一个广阔的世界，一个苍茫的宇宙；书是时代的波涛中航进的思想之船，使我们感受到时代脉搏的跳动，历史前进的脚步声；书是我们的良师益友，它教我们辨别真与假、善与恶，分清爱与恨、美与丑；书是我们的忠实伴侣，苦恼时，书能给我们安慰；迷惘时，书能给我们信念；消沉时，书能给我们乐趣。为了提高个人素质，为了促进教学实践与理论的结合，提高自己的政治、业务水平和师德修养，使自己的教育教学行为更能符合时代的要求，以满足学校教育教学工作的需要，特拟订读书计划如下：

一、读书目的

1. 树立"以书为友"的思想，将朴素的"读书是一种需要"上升为"读书是一种责任"、"读书是一种乐趣"、"读书是一种有益的生活方式"，努力形成学习与工作的恰当结合，努力提高与时俱进的学习能力与创新能力，努力提高个人教育素质。通过读书拓展自己的知识，使胸襟变得宽广。

2. 通过读书让自己能学会享受阅读、享受教育、享受人生，提高生命质量。逐渐学会转型，适应现在的生活。让学习成为生命的一部分。

3. 在读书的过程中培养意志力，改善自己情绪，消除消沉、焦虑和压抑情绪，促进身心健康，以良好的心情投入到工作中去；通过阅读有益的书刊形成良好的心理素质和健康的人格，提高自己的科学和人文素养。

4. 通过读书，树立正确的世界观、人生观、价值观和教师职业观，建立新型师生管理，塑造良好的教师形象。不断提升自己的文化内涵和内在修养，提高自己运用科学观点看待问题的能力。养成良好的阅读习惯，提高自己的观察力和洞察力。

5. 通过学习教育经典理论，使自己业务精良，胜任新课程教学，成为符合素质教育要求的充满生机活力的教师。

二、计划阅读书目

1. 中国古代文学部分：《诗经》、《孟子》、《古文观止》及四大名著等。

2. 中外现、当代文学部分：《平凡的世界》、《骆驼祥子》、《鲁迅文集》、《百年孤独》等。

3. 专业书籍：《教育大境界》、《魏书生的民主教育》、《新课程教师必读——经典案例》、《"五课"活动与教师专业成长》、《心灵启示录》、《班主任专业成长》、《实践新课程》。

4. 中外古典名著：孔子的《论语》、曹雪芹的《红楼梦》等。

5. 最新党中央的相关文件和精神。

6. 励志哲思书：《学习改变命运》、余秋雨的《人生哲言》等。

7. 国内外的期刊杂志：《读者》、《青年文摘》等。

三、计划与安排

1. 每周阅读一小时，每月听一次讲座，写一篇读书心得；

2. 在保证完成每日计划的同时，坚持每天阅读半小时，培养安静、平和的心态，阅读内容可涵盖政治、科技、文学等各方面；

3. 经常去图书馆查阅资料，以了解最新社会动态；

4. 在学习专业知识的同时拓展自己的视野，全方位提升自身素质；

5. 合理利用互联网、电视等资源进行学习，及时了解各方面知识，努力实现"一专多能"。

四、读书选择

1. 读书选择。积极开展自学，认真学习新的教育理论，学习新课程改革的指导思想，改革目标及相关政策等。(1)《教育新理念》、(2)《给教师的一百条建议》、(3)《教师专业化的理论与实践》。

2. 避免形式主义、走过场，要紧密结合自身的教学实际，以"问题为中心"，着眼于教材、教法、学法和教学管理。将阅读与教学工作紧密结合起来，注重提高学习成效；将专业阅读和多元化阅读统一起来，注重提高综合素养。

3. 经常积极主动参与以教研组、备课组、课题组为单位开展读书交流会、课题研讨会等交流研讨活动，让各种思想在相互碰撞中擦出火花，从而达到取长补短，优势互补，资源共享，感受"读万卷书，行万里路"的豪情壮志，领略浩瀚书林中的亮丽风景。

4. 促进深刻反思。坚持撰写教育随笔、读书笔记、案例反思等。及时消化，及时反思，从而有效地提升自身的实践智慧，促进自己的专业发展。

五、个人阅读的措施

1. 定期定量阅读上述的书籍，并及时记下自己的观点和看法，特别是读书中点点滴滴的收获与体会。鲁迅先生说过："时间就像海绵里的水，只要愿挤，总还是有的。"可在午后懒懒的阳光下，沐浴着轻风，沏上一壶清茶，躺在摇椅上，一页页地翻着，慢慢地浏览，渴了呷上一口茶，让淡淡的茶香萦绕心头；或在淅淅沥沥的雨夜，背靠着软软的枕，开一盏桔黄的灯，听着雨打树叶沙沙的声响，埋在书中的故事里，与书中的人物同喜同悲，忘却喧嚣浮躁的尘世，忘却世俗的纷争。每天阅读如《萤窗小语》、《心灵鸡汤》等优美短文，舒畅心情的同时荡涤心灵，学会为人处世的道理，升华人生的境界。

2. 记好笔记，写好随笔。卢梭说："读书不要贪多，而是要多加思索，这样的读书使我获益不少。"只有在思考中的阅读，才能跳出书籍，而获得更多。因此，在"勤读、勤做、勤思、勤写"中，不断反思，在反思中不断实践，使自己不断成长。相信通过努力，书中的阳光会照亮我的心灵，指引我前进的道路。反思与读书同步进行。联系自身，实际，才能全面地、客观地、更大化地汲取到书中的精华。

3. 读一些与自己所学专业相关的书籍。了解专业前沿信息，既拓宽知识面，又巩固专业技能。读书与课堂教学相结合。用现代教育思想指导教育教学工作实践，紧紧围绕学生发展和学生需求这个中心，为学生的发展提供开放的空间。学习教育理论，转变教育观念，及时认真地进行教学反思，真正做到"读"有所悟，"悟"有所用，"用"有所得。

4. 充分利用网络，进行网上阅读，了解、把握教育教学的信息和动态。抓住培训、听课、浏览博客等机会，努力向专家、名师、优秀教师学习，使自己的教学方式、方法有更大的发展和成功。多学习他人经验，经常反思自己的不足，一步一个脚印，踏踏实实地去实现目标。

5. 坚持读书与反思相结合，带着问题读书，寻求解决问题的方法，潜心写好读书心得。坚持读书与课程改革相结合，充分理解新课程，在课堂教学中融入新课程理念，实施新课程。除了阅读书本之外，每周充分利用网络资源下载《百家讲坛》等节目观看，聆听名家对一些书籍的独特见解。百家讲坛所邀请的讲师无疑都是才高八斗、学富五车的知识精英，有幸聆听他们的治学心得是人生大幸，各位讲师把自己毕生治学心得浓缩在40分钟的时间里。聆听大师的讲课，不但是人生大幸，也是大享受。

6. 课余背诵唐诗宋词。唐诗宋词，是中国文学史上的两大高峰。在中华文明灿烂的长卷中，唐诗宋词是其中最为绚丽的华章。其内容涵盖了政治、军事、文化、艺术、医药、民俗等各个领域，是中华文化的传世经典。熟记唐诗宋词，是对中华古典文化最好的传承方式之一，"腹有诗书气自华"更是千年不破的真理，让现代文化的浮躁气息在诗词中慢慢升华，让生活在读书中日渐丰盈滋润。

7. 每学期精读一本书。本学期，我要再度阅读中华传世名著《红楼梦》。细细感受宝玉的多情、浪漫，黛玉的多愁善感，王熙凤的精明强干，袭人的善解人意……《红楼梦》一书不仅是我国文学史上的光辉典籍，还是一部启迪人们心智的心理学的研究材料。她告诉人们很多道理：茫茫人海，知音难求。生活中酸甜苦辣重复往返，我们应以平常的心地去化解人世间的万事万物，不要想一步登天，命里有时终须有，命里无时莫强求。宽厚待人，慈爱行善，不因斤斤计较而分心，不因默默无闻而劳心，不因地位高低而费心，也不因成败得失而伤心。而处于现代繁华都市中的我们，往往容易被灯红酒绿迷醉了眼，正如作者开篇所言："满纸荒唐言，一把辛酸泪。都云作者痴，谁解其中味？"

书籍是人类进步的阶梯，书籍是人类宝贵的精神财富，贫者因书而富，富者因书而贵；书籍是我们采掘不尽的富矿，是我们总结经验教训的结晶，是我们走向未来的基石；读书是人们最最重要的学习方式，是人生奋斗的航灯，是文化传承的通道。在以后的学习和生活中，我将尽力执行上述计划，并根据自身的实际情况不断修改完善，努力做到读书明理，从而提高自身素养。认真读书，快乐读书，终生读书，使读书真正成为生活中的一个习惯，并受益终生。

×××

××年××月××日

例文三

第二届大学生读书规划设计大赛活动方案

一、活动目的：

为了更好地推动我校学风建设，激发广大同学的求知欲望，帮助广大大学生合理地规划、利用大学时光，传播和普及大学生"多读书，好读书，读好书"理念，树立正确的学习观，从根本上唤醒大学生的自主学习意识，为未来人生奠定坚实基础，特在全校开展第二届读书规划设计大赛，引导学生围绕大学生涯，设计自己大学生涯的读书计划，倡导、养成良好的读书习惯。

二、组织机构：

主办单位：校团委　图文信息中心

承办单位：经济管理学院

三、参赛对象及方式：

参赛范围为 11 级学生，比赛分为三个阶段，由各二级学院内部进行初赛，并选送一人参加学校答辩会决赛。

第一阶段（4 月 9 日—4 月 20 日）：以班级为单位，由班主任、辅导员指导学生量身定做符合自身条件和发展的"读书规划书"，并按比赛规定日期报送至各二级学院读书规划大赛活动负责人处。

第二阶段（4 月 20 日—5 月 10 日）：初步评选，各二级学院组织实施。最终推选 1 名优秀选手参加总决赛。（初赛评选办法由各二级学院自行拟定）

第三阶段（5 月中旬，尚学楼报告厅）：进行决赛，比赛由"读书规划设计参赛作品"、"解读演讲"两部分组成，分数各占 50%，选手在 PPT 作品的演示下进行 6～8 分钟演讲，展示参赛选手对大学期间的读书规划。

四、大赛评选规则：

（一）各参赛选手必须严肃认真地根据自己的实际情况，进行科学合理的读书规划设计。参赛作品主题是参赛选手根据自己的学习与生活的安排，结合自己的实际情况与社会需求，从专业、就业、个人素质培养等方面进行个人读书规划设计。

（二）作品要求（包含但不限于以下内容）

参赛选手结合个人实际，制订出每学期读书成长规划和读书目标。具体格式可根据自己喜好来设计、制作，使其生动活泼，独具特色，其中要有读书的内容、目标、措施、实现时间等。

五、评分要点：

（一）读书规划设计稿、个人简历等可以选用 Microsoft Word、Microsoft PPT 文档格式进行制作。

（二）参赛作品要求内容完整、简明扼要；格式清晰、版面大方美观；创意新颖，能充分体现个性而不落俗套，文如其人，参赛作品能充分展现当代大学生朝气蓬勃的精神风貌。

（三）本次活动将邀请学校相关专业教师担任评委，对读书规划参赛作品进行评选，将以思想性、实用性、可行性为主要评比标准，可融入文学性、艺术性。从规划的内容策划、版面、创意、美观等多方面进行评选。

六、奖项设置：

一等奖一名、二等奖二名、三等奖五名。

校团委
经济管理学院团总支
二〇一二年四月九日

例文四

2012 年爱国主义教育读书活动计划

根据……的文件精神，我校本学年将开展……教育读书活动，弘扬爱国主义精神。

一、活动宗旨

通过爱国主义教育读书活动，引导学生了解共和国的创业史，认识改革开放的巨大成果，激发学生的自豪感和责任感，为将来更好地为社会服务，为国家效力而努力学习科学文化知识。

二、具体措施

1. 读十本书：《可爱的中国》、《红岩》、《烈火金钢》、《林海雪原》、《平原枪声》……

2. 举办三次活动：读书心得交流会，歌唱祖国征文活动，"祖国明天更美好"演讲比赛。

3. 评比先进，树立典型，带动全体。

三、时间安排：

1. 第二周到第五周为发动阶段，召开动员会，成立读书会，建立读书角。

2. 第六周到第十五周为实施阶段，第九周举行读书心得交流会，第十二周举行歌唱祖国征文活动，第十五周举行"祖国明天更美好"演讲比赛。

3. 第十六周、十七周为总结阶段，评比先进集体和个人，十七周召开表彰大会。

××学校团委
二〇一二年一月五日

任务二　总结

一、总结的概念

总结是单位或个人对过去一个时期内的实践活动做出系统的回顾归纳、分析评价，从中得出规律性认识，用以指导今后工作的事务性文书。常用的小结、体会，也是总结，只是它反映的内容较为单纯或经验不成熟、时间较短、范围有限。

二、总结的特点

1．自我性

从写作的内容和目的看，总结仅限于本系统、本单位或者本人前阶段的实践活动，总结的目的是为了改进、指导今后的工作，有很强的自我性。调查报告与总结相比则不一样。调查报告是调查者总结他人的工作，为上级领导提供信息，以"点"上的经验来指导"面"上的工作。总结在写作手法上常用第一人称。

2．说理性

总结离不开叙事，要用事实来说明任务完成的情况。但是，它并不停留在事实上，而是通过对事实材料的分析综合，抽象出带有规律性的经验教训，用于指导日后的工作。因此，总结的表述不但要有材料、观点，还要求有内在的逻辑联系，把实践中的做法理论化，以提高人们认识客观世界的能力。

3．客观性

总结十分重视内容的客观性，即按事物的本来面目加以反映。客观事实是总结的基础。不论是反映全面工作，还是反映局部工作，虽有概括和提炼，但都要以实际工作活动为依据作客观分析，不允许主观臆断或虚构。

三、总结的种类

总结的种类繁多，按照不同的标准划分，有不同的种类：

按照性质划分，有工作总结、生产总结、会议总结等。

按照范围划分，有地区总结、部门总结、单位总结、个人总结等。

按照时间划分，有年度总结、半年总结、季度总结、月份总结、阶段总结等。

不管哪一类总结都可以按其内容所涉及的范围，分为全面总结、专题总结、个人总结。

1．全面总结

全面总结，也叫综合性总结。主要用于对一个部门、一个地区、一个单位在一定时期内的各项工作进行全面的总结。如年终总结、阶段总结等。这类总结，一般是对做完的工作进行一次总的回顾和检查，从中找出经验和教训，以发扬成绩，克服缺点，把今后的工作做得更好。

全面总结要全，但这种"全"也不是包罗万象，面面俱到，把什么都写进去，而是要点面结合，突出重点。"点"要详，"面"要略，有详有略，主次分明。

2．专题总结

专题总结，是对某一项或某一方面的问题进行专门的总结。它一般选取工作中的突出成绩、典型经验或者存在的问题进行分析研究，以便指导工作。专题总结针对性强，使用广泛，写这类总结，要明确总结的重点，不能把面铺得过宽。

专题总结经常用于推广典型经验或揭露问题。

3．个人总结

个人总结，主要着重总结个人在某个阶段或问题上的工作情况。

四、总结的一般写法

总结一般由标题、正文、落款三部分组成。

（一）标题

总结的标题有种种形式，最常见的是由单位名称、时间、主要内容、文种组成，如《××市财政局 2012 年工作总结》《××厂 2011 年上半年工作总结》。

有的总结标题中不出现单位名称，如《创先争优活动总结》《2012 年教学工作总结》。

有的总结标题只是内容的概括，并不标明"总结"字样，但一看内容就知道是总结，如《一年来的谈判及前途》，见《周恩来选集》上卷，人民出版社 1980 年版，第 251 页。《走活三步棋，选好一把手》，载《先锋》1996 年第 5 期等。

还有的总结采用双标题。正标题点明文章的主旨或重心，副标题具体说明文章的内容和文种，如《构建农民进入市场的新机制——运城麦棉产区发展农村经济的实践与总结》《加强医德修养树立医疗新风——南方医院惠侨科精神文明建设的经验》。

（二）正文

和其他应用文体一样，总结的正文也分为开头、主体、结尾三部分，各部分均有其特定的内容。

1. 开头。总结的开头主要用来概述基本情况。包括单位名称、工作性质、主要任务、时代背景、指导思想，以及总结目的、主要内容提示等。作为开头部分，要注意简明扼要，文字不可过多。

2. 主体。这是总结的主要部分，内容包括成绩、经验、教训、今后打算等方面。这部分篇幅大、内容多，要特别注意层次分明、条理清楚，其内容一般包括以下几个方面：

（1）成绩和经验。这是总结的精华和重点部分。成绩是指实践活动中所取得的物质成果或精神成果。经验是取得优良成绩的原因和条件，如正确的指导思想、积极的工作态度、科学的工作方法、坚强的意志等。这部分的结构方式，要依据总结的目的、作用来决定。旨在向上级汇报工作或向本系统、本单位职工总结工作的，多采用先谈取得的主要成绩，然后概括出几条经验体会的方法。旨在总结取得重大成绩的某项工作，并要向外介绍经验的，常采取先提问题，叙述取得的巨大成绩，然后着重谈经验体会的方法。写好这部分内容，必须力戒就事论事，要在对过去工作情况的分析研究中，提炼出带有理论色彩的观点，以指导今后的工作。要求做到材料翔实、言之有物、条理清晰、脉络分明，能给读者留下深刻的印象，使读者受到启迪。

（2）问题和教训。总结的写作，要用一分为二的观点，既总结成绩、经验，也要找出存在的问题和教训。存在的问题和教训，这两者是有区别的：存在问题，是指在工作实践中切实感到应该解决而暂没有解决或没有条件解决、没有办法解决的问题。教训，是由于指导思想不明、方法不当，或其他原因犯了错误，造成了损失而得出的反面经验。总结存在的问题和教训是为了进一步做好工作。因此，我们要着重分析问题和教训存在及产生的主观原因。当然，这部分内容也可视总结的重点来取舍，如果是着重反映问题的总结，则应把这一部分当作重点写；如果是专门总结成功经验的总结，也可以不涉及存在的问题和教训。这部分要根据实践活动的具体情况和总结的目的要求而灵活掌握。

（3）努力方向。这部分是在总结经验教训的基础上，针对工作中存在的问题，提出切实有效的改进措施、今后打算、努力方向，或者提出新的奋斗目标，表明决心、展望前景、鼓舞斗志。这部分在写法上要有新意，防止落入俗套。

总结的正文是重点，内容较复杂的总结一定要安排好结构层次，就一般情况而言，总结的正文部分常用的结构方式有：时序式、并列式、总分式等，这些结构方式第一章已经介绍了，这里就不重复。

3．结尾。结尾是正文的收束，应在总结经验教训的基础上，提出今后的方向、任务和措施，表明决心、展望前景。这段内容要与开头相照应，篇幅不应过长。有些总结在主体部分已将这些内容表达过了，就不必再写结尾。

（三）落款

总结的落款包括署名和日期。标题中已标明，或标题下已署名，结尾则可不写。个人总结署名，一般写在正文的右下方。

五、总结的写作要求

1．表达要叙述、议论相结合

叙述、议论是总结最常用的表达方法。叙述是总结行文的基础，它通过对过去工作情况的交代，使读者明白某单位、某个人的工作状况。议论则是指分析、综合、论证，它能把分散的、感性的材料转化为具有指导意义的理论。写总结时应注意：在说明工作过程，列举典型事例时，应以叙述为主；分析经验教训，阐明努力方向时，应以议论为主。叙述是议论的依据，议论又是叙述的分析综合和提高。

2．总结出个性

写一个单位的总结，一定要抓住本单位最突出的，最能反映客观事特本质特点，最具鲜明个性和特色的东西来。如新的情况、新的问题和新的经验教训等，切忌人云亦云。当然，也不能无中生有的标新立异，要注意新的情况、新的问题及经验教训的代表性和普遍意义。

3．实事求是，"一分为二"

总结不论是写成绩或缺点，都必须准确把握分寸，实事求是地叙述事物发展的全过程，用"一分为二"的观点，研究事物的内部联系，寻找其中的规律性。成绩不夸大，缺点不缩小。这样的总结才能指导今后的工作。

例文一

阳光体育冬季长跑活动工作总结

为全面贯彻落实教育部、国家体育总局、共青团中央《关于开展第二届全国亿万学生阳光体育冬季长跑活动的通知》的指示精神，动员广大青少年学生积极参加体育锻炼，以健康的体魄迎接中华人民共和国建国 60 周年，实现党中央、国务院提出的通过 5 年左右的时间使学生体质健康水平明显提高的工作目标。根据市县教育局的安排部署，结合本校实际情况，我系以"阳光体育与祖国同行"为主题，以"我运动、我健康、我快乐"为口号，于××年××月至××年××月对冬季长跑活动进行了具体的组织实施，并取得了较好效果，现将活动情况总结如下：

一、组织发动工作及时到位

收到上级相关文件后，校领导对该项活动给予了高度重视，首先对文件精神进行了学习，分析了学校的实际情况；其次专门成立了"阳光体育冬季长跑活动"领导小组，并出台了《阳光体育冬季长跑活动总体实施方案》，安排了人员分工；再次，以召开全系师生大会的方式作为启动仪式，进行广泛发动。

二、组织落实工作及时到位

1. 以宣传工作作为切入点。张贴宣传口号(每天锻炼一小时,健康工作五十年,幸福生活一辈子),建立宣传橱窗,制作宣传板报等,使全系师生了解"阳光体育冬季长跑活动"的重大意义,用浓厚的体育运动氛围感染发动全系师生参与到活动中去。

2. 以详尽、具体的活动计划为载体。根据学校《阳光体育冬季长跑活动实施方案》中提出的"冬季长跑要因地制宜地组织实施,力争让每个人受益"的要求,学校体育教研组制定了一系列相关的活动计划,这些计划就具体时间、活动项目做了周密安排。

3. 以实实在在的活动为平台。

(1) 体育课教学堂堂训练:认真制定每节课的目标任务,建立每节体育课慢跑 5 分钟制度,科学合理安排运动负荷,并进行相应的技术指导。

(2) 课间跑操坚持不懈:在体育教师技术监督和数名专职教师的现场管理下,师生环校园慢跑,跑操队伍俨然两条蓝色的长龙循环飞舞,气势雄壮。班与班、列与列、行与行、人与人之间距离恒定,步伐整齐,呼号嘹亮,成为一道亮丽的风景。

(3) 跑操比赛高潮迭起:为使跑操活动既达到强身健体又增强学生体育技能和集体荣誉的目的,学校组织了 2 次学生跑操比赛、1 次教职工长跑比赛。班际比赛时班与班之间竞争激烈、充分体现了班级的凝聚力;长达一个星期,比赛既洋溢着"贵在参与、友好和谐"的热烈气氛,也不乏勇为人先的竞争意识。教职工冬季长跑比赛不仅提高了活动普及率,而且配合了学生跑操活动的开展。

三、冬季长跑初见成效

经过半年来的长跑活动,我校的跑操活动已经成为学校引以自豪的一大亮点,跑操技术要领越来越规范,学生的体质有了明显提高。总之,阳光体育冬季长跑活动,我校给予了高度重视,组织工作有条不紊,效果异常显著。但是,活动的开展距上级的要求,距我们的目标还有不小的差距。为此,我校将把这项事关师生体质健康的跑操活动长年累月的开展下去,雷打不动,让教育部、共青团中央倡导的阳光体育运动在我校绽放出最美丽的花朵。

×××××

××年××月××日

例文二

2008 年度××建设局党总支工作总结

为充分发挥党总支在城镇建设工作中的先锋模范作用,建设局党总支紧紧围绕县委、政府工作部署,以马列主义、毛泽东思想、邓小平理论为指导,认真贯彻党的"三个代表"重要思想,深入落实科学发展观,继续进行保持共产党员先进性教育,积极开展"支部建设年"活动,组织学习《党章》和"八荣八耻",在政治文明、精神文明和物质文明方面取得了显著成效。08 年被县委评为"先进基层党组织"和"保持共产党员先进性教育先进单位"。08 年被推荐为市"先进基层党组织"。回顾一年来的工作,总结如下:

一、认真学习贯彻落实党章,全面提高党员的政治思想素质

学习贯彻党章是提高党员干部素质,深入贯彻党的各项方针政策的重要保证;学习贯彻党章是全面落实科学发展观,实现建设事业更快更好发展的迫切需要;学习贯彻党章是巩固保持共产党员先进性教育活动成果,加强党的先进性建设的必然要求。一年来,建设局党总支始

终把加强党的思想政治建设工作作为党建工作的重中之重。在"支部建设年"活动中，以学习贯彻落实《党章》为主要内容，加强建设系统全体党员干部的思想政治建设。总支要求领导班子带头学，以领会学习《党章》的重大意义、科学内涵和实践要求为重点，作好学习笔记，撰写体会文章。坚持科学的学习方法，认真学习党章、贯彻党章、落实党章，将学习活动落到实处。通过学习，全体党员不但更加深刻领会到，在新形式下，党章所赋予党员的新的历史使命，而且还进一步弘扬了"树正气、讲团结、求发展"的精神，加强了党性锻炼和党性修养，树立了正确的世界观、人生观和价值观，真正解决了"入党为什么，工作为什么，身后留什么"的问题。全局 121 名党员的政治思想意识进一步提高，党风廉政建设和反腐能力进一步增强，在建设工作中，真正起到了战斗堡垒的作用。

二、严格全面落实《纲要》，党风廉政建设工作扎实推进

贯彻落实中央《建立健全教育、制度、监督并重的惩治和预防腐败体系实施纲要》，对于提高党的执政能力和巩固党的之执政地位具有重要意义。我局党总支严格全面落实《纲要》，深化改革，完善制度和经常性教育，推进了从源头预防腐败体系的建设工作。

（一）加强行政权力公开透明运行工作，深化部门职能转变

深化职能转变，推进行政管理体制改革，进一步转变政府职能，是"十一五"时期改革的重点。要求进一步规范行政许可和行政管理，严格按法定程序和时限履行法定职责，提高办事效率。要作到有权必有责，用权受监督，违法要追究，侵权要赔偿；做到令行禁止，既不违法乱作为，又不失职不作为，确保依法行政各项制度落到实处。建设部门承担着城镇建设和管理，市政公用事业等管理职能，在社会管理和公共服务中具有重要的地位和作用。我局党总支为适应经济社会发展需要，加快由管理型向服务型转变，积极推进行政权利公开透明运行机制。利用电视台、政务公开栏、触摸屏、宣传车和传单等形式，向市民公布我局的职责范围，服务承诺、举报电话、《建设项目建设行政审批流程图》及相关法律法规等。08年7月—9月，我局按照《行政许可法》的规定，对过来的法律法规、文件、制度等进行了彻底清理。现有行政许可权 38 项，行政处罚权 108 项，行政强制权 1 项，行政征收权 26 项，监督检查权 2 项，内部管理权 12 项，其他行政权 7 项。并完成了《机关制度汇编手册》工作。一年来，总支重点做了三个方面的工作。一是深化行政审批制度改革。进一步规范了行政审批制度，加强了对审批结果和审批过程的监督，完善了《建设项目建设行政流程图》。实行了"一站式"热情服务，杜绝了门难进、脸难看、事难办的衙门作风。二是深入开展机关效能建设，建立完善了"两提一规范"的新机制，积极推进了机关办公标准化建设。"两提一规范"即是提速工作过程，提高服务质量，规范行政管理。实践证明"两提一规范"新机制是加强机关效能建设的有效手段，为推行行政权利公开提供了平台。三是全面推进依法行政，建立健全行政问责制，提高行政管理部门的行政力和公信力。这是我局加强自身建设，提高行政能力的重大改革措施和根本要求。

（二）严格落实责任制，积极促进领导干部廉洁自律工党风廉政建设责任制是推进反腐倡廉的重要保证

我局党总支将党风廉政建设和业务工作一同部署，一同督办检查，一同考核。一把手负总责，对重要工作和重大问题亲自抓，其他领导成员负责职权范围内的直接领导责任。一是建立完善了各项工作制度。《机关制度汇编手册》将日常管理、工作要求、考核奖励等全部以文字形式体现了出来，尤其是在思想学习、领导分工、责任追究等方面都做出了明确要求。二是明确责任，严格执行领导干部廉洁自律各项规定，按照"谁主管，谁负责"的原则，加

大预防腐败工作的力度。三是进一步强化了对权力运行的制约和监督。按照决策、执行、监督相协调的要求，切实加强了对党员干部的监督，防止了权力失控、决策失误、行为失范。08 年至今，我局 121 名党员干部未出现一次违规违法案件，在 08 年行风评议中荣获"行风评议先进单位"称号。四是强化责任目标考核制。我局党总支将党风廉政建设和预防腐败的各项工作分解到各股站室，明确工作要求、完成时限、保障措施和责任主体，制定了考核细则，并将考核结果作为干部业绩评定、奖励、选拔任用的重要依据。

三、坚持立党为公，执政为民，切实维护人民群众权益

坚持立党为公、执政为民，是"三个代表"重要思想的本质要求；实现好、维护好、发展好为人民群众的利益是我党一切工作的出发点和落脚点。我局党总支站在"三个代表"的高度，按照权为民所用、情为民所系、利为民所谋的要求，坚持管建并举，认真解决损害群众利益的突出问题，真正维护了人民群众的合法权益。

（一）严格执法、秉公执法、有情操作，规范执法者行为，正确处理好加快城镇建设和保护群众利益的关系

3 月 23 日，在县委、县政府的正确领导下，由建设局牵头，开展了大规模的城区环境综合治理活动，在治理过程中，联合执法队员严格执法、秉公执法、有情操作，使城区环境综合治理工作取得显著成效。城市"五乱"得到遏制；市场安置进一步规范；绿化覆盖率有所提高；市政公用设施进一步完善提高；建筑施工规划、审批、督查、验收等步入规范化、法制化轨道。治理过程中，城区居民赠送锦旗，邮送感谢信，拨打感谢慰问电话屡见不鲜。事实证明这次治理活动是一项得民心、顺民意的民心工程，为人民群众做了一件好事。

（二）加大安全生产和安全监管的工作力度

安全生产直接关系到人民群众的生命财产安全，关系到改革开放、经济发展和社会稳定大局，也关系到党和政府的形象。我局党总支本着对党和人民高度负责的精神，认真做好此项工作。一是切实抓好各项安全措施和安全制度的落实，加强安全生产教育培训，努力提高职工的自我保护意识。二是加大建筑工地、生产厂家、燃料能源等的监管力度。一年来共停工停产整顿 50 多次，封停治理气站、加油站、砖厂等 20 余家。安全工作真正落到了实处。08 年我局稽查办、质量监督管理站在党总支的正确领导下，被评为省级和市级"安全生产先进单位"。三是加强市政设施维修建设和管理投资力度。08 年从 3 月份至今，仅城区环境治理和市政设施维修建设就投资 170 多万元。为了提高城区排水能力，计划投资 15 万元打通一条从交通局至宣惠河长达 3700 多米的新排水沟渠，确保雨季城区居民安全渡汛。

（三）妥善处理人民群众信访投诉工作

信访工作是党和政府与人民群众保持联系沟通的重要渠道；是群众对党政机关及其工作人员进行监督的重要途径。做好信访工作是关系到社会稳定与进步的大事。我局党总支牢固树立宗旨观念，严格执行《信访条例》，采用电视台公开承诺、在县委和政府门口开辟政务公开栏、开通服务热线、发放征求意见卡等形式，接受社会和群众的监督，并妥善处理所有信访投诉，做到了事事有着落，件件有回音，切实维护了群众利益。一年来，共采纳群众意见和建议 100 多条，受理举报案件 10 多件。08 年民主行风评议中获得"民主行风评议先进单位"称号。

四、大力宣传和树立社会主义荣辱观，积极开展精神文明创建活动，将政治文明、精神文明工作真正落到实处

胡锦涛总书记提出的社会主义荣辱观顺应时代呼唤，合乎人民需求，代表了先进文化的

前进方向，体现了社会主义基本道德规范的本质要求，彰显了依法治国与以德治国相结合的治国方略，是我们党关于社会主义道德思想的继承和发展，是进一步推进精神文明建设的重要指导方针，也是我们今后一段时期精神文明建设工作的主要内容。我局党总支将树立社会主义荣辱观作为政治文明和精神文明建设的基础性工程和长期任务来抓，加强宣传、学习、落实和实践，将政治文明和精神文明建设真正落到了实处。

（一）将"八荣八耻"作为党员干部和全体职工学习的主要内容，全面提高了建设系统党员干部职工的政治思想素质

（二）进行"四个一"工程建设，切实丰富精神文明建设的内涵

"四个一"工程即：突出一个主题，弘扬一种精神，擦亮一批窗口，树立一批典型。突出一个主题，就是以构建和谐社会为主题，我局通过开展"支部建设年"活动，进一步领会了《党章》和"八荣八耻"的丰富内涵，全体干部职工的理想信念和思想政治建设也进一步提高，服务于社会和群众的意识明显增强。弘扬一种精神就是弘扬艰苦奋斗、开拓进取、热情服务的行业精神。行业精神是推动建设事业发展的强大动力，通过在全系统内大力宣扬、广泛倡导，做到了人人皆知、个个皆晓、位位皆有。擦亮一批窗口就是不断深化"窗口"行业文明服务。通过提高工作标准，完善工作制度，创新工作机制，全面促进了各项服务的发展。树立一批典型就是及时总结各股站室在文明创建活动中的好经验、好做法，树立先进典型。在08年盐山县建设局工作总结暨表彰大会上，112位先进个人，积极营造了"学先进、赶先进、争先进"的浓厚氛围。

（三）政治文明、精神文明建设，有效地促进了物质文明的发展

一是规划编制工作有了突破性进展。聘请××市规划设计院编制的《××县2002—2020年县城总体规划》已经市规划局审定，土地利用专项规划正经市国土部门审批。聘请××设计院编制的"两区两路"（即行政办公区、生活居住区和××大街、××路）修建性详细规划概念规划设计已初步完成。西环路修建性详细规划已现场勘察，正在编制之中。××中学概念性规划已经完成，正在编制修建性详细规划。

二是城区环境综合治理工作效果显著。根据县委、县政府工作部署，3月23日对城区环境进行了综合治理，取得了显著效果。发放环境综合治理通告3000多份、送达法律文书2000多份。依法治理城区沿街门店2000余户，治理流动摊点600余处，清理经营性占道建材、建筑性占道建材40处，依法拆除不规范广告牌匾500余块。清除垃圾死角90处，清理清运生活、建筑垃圾2000余方，东西大街及扩展段安置玻璃钢垃圾箱19个。依法拆除违章建筑100余处，建筑面积4000多平方米，收回违法占地6000多平方米。清理疏导乱停乱放等违规车辆500多辆，划定停车泊位线5000多米。城区种植行道树1000多株，完成了××环岛和××加油站三角地带的绿化美化包装工作。完成了商贸城、东城路商业街、××场、工商路、农行路、西关小桥南路、××大街电力局段7个便民市场和东大街东扩段6个专业市场的安置工作。目前城区环境综合治理工作已进入长效治理阶段。

三是住宅小区和千童购物中心工程建设进展顺利。投资4000万元，占地53亩的××福园住宅小区建设工程，已有11栋楼开工，建筑面积3.8万平方米。其中1号和2号楼已完成四层建设，其他正在实施基础工程建设。投资1.2亿元占地108亩的××花园住宅小区建设工程正办理相关手续。××购物中心工程已完成基础工程建设，正在进行主体施工。

过去的一年，我们的成绩是肯定的，但是要清醒地认识到，我局的党风廉政建设、精神文明建设和行风建设与上级的要求、群众的希望还有一定的距离。建设局党总支将按照县委、

县政府工作指示精神，继续发扬艰苦奋斗、无私奉献、顽强拼搏的精神，使政治文明、精神文明和物质文明建设工作再上一个新的台阶。

××建设局党总支

二〇〇八年十二月××日

例文简析：这是一份综合性的全年工作总结。这篇总结开头概括介绍了工作的整体成绩，然后分解为几个方面进行阐述和总结，结尾提出了今后的努力方向。

例文三

大学生学习方法总结

方法是人们达到预期目标的一种有效手段或途径，而学习方法就是人们在学习中获取知识和技能而采用的手段和途径。

古今中外，许多学有所成、贡献卓著的学者在实践中，不断发现和认识了学习生活的许许多多客观规律，而逐渐形成和发展成科学的学习方法。庄子曾说过："吾生也有涯，而知也无涯"，这向我们提出了一个值得深思的问题，即在有限的一生中向无限的知识海洋进军，并取得创造性的结果。这样，掌握一套良好的学习方法，对大学生活来说就显得尤其重要了。

在学习方法方面，前人给我们留下了一笔很珍贵的财富，总结出了很多值得借鉴的方法，如"三到""四边"法(心到、眼到、手到，边看、边批、边划、边写)、结构学习法、比较学习法等。学习方法之多，可谓不胜枚举，但是我们在学习中并非将所有的方法都用到，而应找到一些合适自己的学习方法，开辟出一条适合自己的较好的途径。创造最佳学习方法要注意以下两点：一、以提高学习效率为标准。掌握学习方法的根本目的是为了提高学习效率，学有所获。究竟哪种学习方法是适合自己的最佳方法，要看它是否有利于提高学习效率。其二、要因人而异。有的方法适合于别人，并非适合自己，不同年级、不同专业、不同学生之间的学习方法都可能不一样。所以每一个同学要结合自己的实际情况(学习目标、任务、兴趣、爱好等)来选择适宜自己的方法。

第一、明确的学习目标。

目标，是人们欲求获得的成果或将要达到的标准，它是行动的指南。合理的目标能够诱发人的动机，规定行为方向。学习目标有近期和远期之分，人们确立远期目标的过程也就是理想的形成过程。作为当代青年大学生，应根据党和国家的要求，把成为"四有"新人作为自己远期目标确立后，就要通过学期、学年等近期学习目标来实现。同学们在制定目标时要从实际出发确定目标的期望值，目标要高低适度，同时根据主客观条件的变化，适当调节。

第二、锲而不舍，持之以恒。

很多同学在制订学习计划时，热血沸腾，但一遇挫折，便锐气大减，"激流勇退"。要知道，学习如逆水行舟，不进则退，没有坚强的意志和持之以恒的精神是不能达到成功的彼岸的。对自我的监督与修正，需要意志的力量作为保障。"自胜者强"，"唯志坚者始遂其志"。同学们应在实践中发展自己的耐力和控制力，增强对挫折的承受力，排除各种干扰，实现自己的理想。

第三、合理运筹时间。

伟大的科学家告诫我们：你热爱生命吗？那就别浪费时间，因为时间是组成生命的材料。

大学与中学的一个显著区别就是大学生可以自由支配的时间大量增加，时间的利用对大学生的成才至关重要，从某种意义上说，我们的学习就是和时间赛跑，谁能驾驭时间，谁就赢得了学习的主动权，谁就能奔向成功的彼岸。要有效地利用时间，必须科学地统筹时间。每天干什么，每个月或每年要达到什么目标都要科学地统筹、合理地安排。

第四、劳逸结合。

古人云：文武之道，一张一弛。只有会休息的人才会工作。我们发现有些大学生，他们有良好的学习愿望和刻苦的学习精神，从早到晚不停地看书做作业，但学习效果并不理想，长期这样甚至可能酿成疾病，这就是不注意劳逸结合的结果。要想始终保持良好的学习状态，一是要有充足的睡眠时间；二是要注意锻炼，每天要安排 1 个小时的文体活动。无数事实证明，虽然体育锻炼占去了人们一定的时间，但它却帮助人们赢得了更多的精力、活力和生命，从而使人们情绪饱满、精神愉快地工作和学习；三是良好的生活习惯(如不抽烟，不酗酒，按时作息)等。另外，乐观而开朗的性格，适当注意饮食营养，也都是保证身体健康的重要条件。

例文四

学习交流会工作总结

一、活动目的：

大学和高中的学习有很大的差别，为使07级新生尽快适应大学生活，及早正确的为自己定位，避免走弯路，为此举行新老生学习经验交流会，达到使新生更好地投入到大学的学习之中的目的。

二、活动形式：

为了使新生更了解自己的专业方向，所以采用要本专业的学长学姐来给生做这个交流会，即分为历史、旅游两场进行。

三、具体流程：

(一) 邀请大三、大四的几位学习优秀的同学，畅谈学习的经验，主要从以下几方面谈：

1. 如何尽快适应大学生活，养成良好的学习习惯；

2. 基础课的学习方法；

3. 专业课的学习方法；

4. 协调好工作与学习的关系；

5. 协调好参加活动与学习的关系；

(二) 考虑到大学英语学习的侧重点及学习方法与高中迥然不同，邀请两位在英语四六级考试均获高分的同学谈一谈大学英语该如何学习，以及如何顺利通过四、六级考试并取得高分。

(三) 针对同学们关心的本专业及跨专业考研问题，邀请大四年级正在备战考研的同学为新生答疑解惑。

(四) 根据同学要求还邀请了几位在副辅修方面优秀的同学为新生介绍副辅修的具体要求及如何合理的分配它与专业课的关系。

经验谈完后，留几分钟时间，同学们可就学习工作等方面所存在的疑惑提问。

历史文化学院学习部

2007 年 10 月 23 日

任务三　简报

一、简报的概念特点

简报是国家机关、社会团体及企事业单位内部用来通报情况、交流信息的一种简短的文字材料。常见的"工作动态"、"情况反映"、"简讯"、"内部参考"、"快报"等，都属简报。

简报有以下特点：

1. 简

简就是内容集中，篇幅短小，文字简要。内容集中，是指每份简报的内容要做到单一、集中，一事一报，不要在一份简报中写许多项内容。如果为了集中反映某种情况、某个问题，也可以把几个内容相关或有共同性的短文编在一期内。篇幅短小。一份简报最好不超过一千字。有些综合性的简报，内容较多，但字数也应控制在两千字之内为宜。文字简要，是指写作简报时，文字要精炼、利索，无假、大、空话。

2. 真

简报的内容必须绝对真实。简报的一个重要的目的是为领导机关反映情况，而领导机关有时可能根据简报所反映的情况做出决策。正是基于这个特点，决定了简报所写的事例，包括时间、地点、人物（或单位）、事情的前因后果、来龙去脉，引用的数据、人物语言等，都必须准确无误。对上级既报喜也报忧；既不以偏概全，也不以面盖点，力求准确全面，真实地反映实际情况。

3. 快

这是对简报时间上的要求。简报的时限性很强，它必须及时地把工作中出现的新情况、新问题、新典型、新动向，报告给有关上级机关和业务部门。如果简报编写不迅速及时，作用就会大大缩小，有时甚至会变成"马后炮"，失去其意义，毫无作用。

4. 准

就是针对性强。简报应根据国家的法律、法令及各级政府的指示或上级机关的有关规定，围绕本单位工作的重点，抓住工作中的关键问题，准确地加以反映，为领导运筹决策提供依据。

二、简报的种类

从内容和作用上划分，简报大体上有三类：

1. 会议简报

会议简报主要用于报道会议情况和主要精神，反映与会人员的意见、建议。会议简报一般用于较大型会议。内容简单的会议就不需要简报。

2. 专题性简报

专题性简报是就人们关心的、重要的某一议题专门出一期简报。专题性简报的内容集中、单一，一般是写一个问题或一件事。语言简洁，篇幅短小，时效性很强。

3. 综合性简报

综合性简报是指在内容方面对某些情况或问题做全面的、综合性的反映。这种简报的主要特点是涉及面广，情况复杂，材料丰富，带有综合性，能给人以全面的、概括性的认识。

三、简报的格式

简报的格式是固定的，由报头、正文、报尾三部分构成。现分别介绍：

1．报头

用 16 开白纸印，报头部分占 1/3 篇幅。报头一般包括如下内容：

（1）简报名称。常见的名称有"简报"、"工作简报"、"工作动态"、"内部参考"等。名称确定后，一般不要经常更换。为了醒目，简报名称字体应大些。字可用印刷体，也可用书写体。名称一般套红，也可不套红。名称的位置应固定在第一页上方正中。

（2）期数。简报期数一般放在简报名称下方，横隔线之上。

（3）编发单位。一般在名称下面的左侧。

（4）印发日期。标在名称下面的右侧。

（5）密级。密级程度一般标在报头的左上角。根据简报内容所涉及机密的程度，可注明"绝密"、"机密"、"秘密"或"内部参考"等字样。如果有传阅范围限制，可以在密级程度下面注上"供××级以上领导参阅"等字样。

（6）编号。根据印发份数依次编号，每份一号，以便登记、保存和查核利用。编号一般放在报头的右上角，与密级形成对称。

（7）横隔线。在报头的下方，也就是在第一页上方 1/3 处用一条醒目横线将报头与报文隔开。

2．正文

正文是简报的核心部分，一般由标题和正文两个部分组成（将专门论述）。

3．报尾

报尾位于简报最后一页下方。一般在最后一页的下端用两条间距适度的平行横线画出，在两条平行横线之内写清简报的发送单位，包括：报（指上级单位）、送（指平行或不相隶属的单位）、发（指下级单位）。并在平行横线内的右端注明共印份数。

四、简报正文的写法

简报的正文部分主要包括标题、正文、供稿单位三个部分，如有按语，先写按语，然后再写标题。

1．标题

简报的标题和新闻的标题相似，有单行标题、双行标题、多行标题。简报无论采用哪种标题形式，都应该尽可能地概括出正文的主旨，让人见题知意。

（1）单行标题。用一句话概括正文的主要内容。

（2）双行标题。正标题揭示正文的内容或意义，副标题起补充说明作用，强化正标题的含义。

（3）多行标题。引题交代背景或揭示意义，正题概括正文的内容，副题补充或说明正题。

2．正文

简报正文的内容最关键的是要抓准主要问题，一份简报写出来，效果如何，起的作用大小，主要在于反映的问题抓得准不准。写简报，要认真地研究本单位、本系统在贯彻执行国家的有关法令、方针、政策及上级的指示，开展各项工作中出现的新情况、新经验、新问题。抓住这些重要的、关键性的问题及时反映出来，有利于我们做好工作。

简报的正文一般分为三个部分。

（1）前言部分。一般用简洁、明确的一段话（有的仅一句话），总括全文的主要事实，先给人一个总的印象。接着交代时间、地点、事件、原因、经过、结果。简报的开头类似新闻开头中导语的写法。

（2）主体部分。主体部分是简报的主要部分，是对开头部分概括内容的进一步具体化。这部分要选择富有说服力的典型材料，加以合理地安排，中心内容要突出、具体，条理要清楚，语言要简洁。一个自然段最好写一层意思，不要把各个方面的内容都汇集在一个自然段里。段与段之间应按照事物的内在逻辑联系层层深入，环环紧扣，使之无懈可击。

（3）结尾部分。用一句话或一段话，概括正文的主要内容，或指明事件发展的趋势，或发出号召，或提出今后的打算。事情单一，篇幅短小的，可不写结尾部分。

3．供稿单位

简报一般不具名，必要时在正文的右下方写明"×××供稿"。

4．按语

对于内容重要的简报，有时要在正文之前加写一段文字，以表示发文单位的意见，这段文字就是简报的按语。

按语常常是根据领导的意见起草，对简报的内容加以提示、说明和评注，用以表明简报编者的意向，转达有关领导的看法和意图，以引起读者注意。

五、简报的写作要求

1．材料真实，有新意

材料的真实是简报写作的"生命"。简报是向领导和有关部门传递信息、报告情况的，上级部门将依据这些信息、情况做出相应的决策。因此，材料的真实可靠应该特别注意。

简报不但要注意材料的真实，还要注意所用的材料一定要有新意。那些缺乏新意，尽人皆知的事情或过时的信息，只会使读者失望。简报所反映的问题、经验、观点、信息，都必须具有新意。只有具有新意的东西，才能给人以启发、借鉴。

2．以叙述为主，议论为辅

简报写作的特点在于让事实说话。简报有观点、倾向，但不象总结和调查报告那样由作者直接说出来，而是通过事实的叙述显示出来。因此，简报在表达方法上应以叙述为主，为读者提供反映客观情况的真实材料，把事情的来龙去脉交待清楚，不过多议论。读者自会对事实、情况加以理解分析，做出判断。

附：简报的基本样式

密级

编号

×× 简 报

第×期

××编 × 年×月×日印

（标题）

（正文）

报：××

送：××

发：×× 共印××份

例文一

工 作 简 报

第 121 期

××车站办公室编   2001 年 12 月 20 日

旅客赞扬我站文明礼貌服务好

我站最近陆续收到二百多封表扬信，表扬我站文明礼貌服务好。

封封热情洋溢的表扬信件，有的是国际友人寄来的，有的是归国华侨写来的，更多的是国内农民、工人以及老弱病残者写的。一位五十八岁的老华侨来信说："十二月三日那天，我和妻子从××转车回香港，我妻子有心脏病，携带的东西又多，正在为上车发愁时，客运二〇九号值班员主动走过来，询问我们到哪里去。她问明情况后，给我们扛行李，拎提包，一直把我们送到车上。我们老俩非常感动，拿出三十元钱表示谢意。这位姑娘说，钱我不能收，这是我应该做的事情，我们问她叫什么名字，她只说：'是乘务员。'"这位老华侨在信中感慨万千地说："还是祖国好，处处有亲人。"一个法国女留学生在信中说："十一月底，我经过贵站转回北京，因天气突然变冷，我在站台上被寒风吹得直打颤。一个女服务员连忙把我请到休息室，还给我端来一杯热茶。车到站后，她又帮我拎提包上车，我问她姓名，她只说是车站的服务员。"

上海宝钢总厂一个干部寄来一封信和十元钱。他在信中说："十二月十三日，我在××车站买票时发现钱不够少了十元，我焦急万分，向一位服务员讲明情况后，她毫不犹豫地掏出十元钱给我。我不知道她的姓名，只知道她是客运二班服务员，是个二十多岁的姑娘。"车站根据这一线索，查到了这位助人为乐的服务员是王爱云。

××车站是我国最大的客运站之一，过去我站曾以环境脏、秩序乱、服务态度差招致不满。在"迎十六大文明礼貌月"活动中，站党委带领我站职工，把站台打扮得像一座小花园。车站还要求服务人员在接待旅客中做到"三要"、"五主动"：即接待旅客要讲究礼貌，纠正旅客违章行为时要态度和蔼，处理问题要实事求是，主动迎送旅客，主动扶老携幼，主动帮助旅客解决困难，主动介绍旅行常识，主动征求旅客意见。所以不少过往我站的旅客都称赞我站确实变了。

希望我站广大职工继续努力，为建设我站社会主义物质文明和精神文明做出新贡献。

发送范围：车站全体职工　　共印：××份

简析：该简报格式规范，选材集中，引用旅客来信说明情况，十分真实。

例文二

广 州 科 技 简 报

第 2 期(总第 50 期)

广州市科学技术局 2004 年 3 月 15 日

1. 广州市高新技术产业基地龙头作用显著
2. 广州市崛起高新技术产业群

广州市高新技术产业基地龙头作用显著

广州高新技术产业区按照"一区多园"的布局，建设与发展各具特色，高新技术产业基地对高新技术产业发展的龙头作用显著。据 2003 年科技部的综合评价，广州高新区技术创新综合排名在 53 个国家级高新区中列第 8 位，经济发展综合排名第 4 位。全年高新区实现技工贸总收入 555 亿元，同比增长 47%，其中工业总产值 385.1 亿元；外贸出口 12 亿美元，同比增长 56%。

一、广州科学城建设与发展势头迅猛。（略）

二、天河软件园高唐新建区规划建设进展顺利。高唐新建区 6.69 平方公里的前期开发工作已基本完成；软件产业孵化中心首期 2.8 万平方米的建设工程将于今年春季竣工并陆续投入使用。目前，天河软件园共有软件企业约 830 家，较建园前（1998 年）增加 646 家。软件企业管理和产品开发迈向规范化、标准化，通过 ISO9000 质量体系认证和 CMM 等级认证的软件企业分别有 95 家和 5 家。

三、花岗信息园专业化特色明显。

黄花岗信息园在有限的地域范围内，积极利用社会力量，整合周边资源，以一年一个新园区的发展速度，相继开发了汇华、华盛、丰伟、云山等 4 个基地。（略）

四、民营科技园建设步伐明显加快。（略）

五、南沙资讯科技园建设进入新阶段。随着大南沙开发区的建设启动，南沙资讯科技园也开始迎来前所未有的发展契机。首期开发的 26 万平方米建设用地，以及园内约 3000 米主干道路和绿化工程已相继建成投入使用；建筑面积为 6 万平方米的办公服务中心和孵化中心也已建成，目前正在进行对外招商工作。

（办公室）

广州市崛起高新技术产业群

一、软件产业集群快速发展。（略）

二、生物医药产业起步发展。

广州市在加强研究开发、保持创新优势，组织重点攻关，研发一批技术成果的同时，着力推进Ⅰ、Ⅱ类新药的产业化，扶持一批生物医药企业上规模，推动生物医药产业发展。（略）

三、电子信息产业成为三大支柱产业之一。（略）

四、新材料产业稳步发展。（略）

五、光电子产业异军突起。随着 2000 年"广东光谷"的提出和建设发展，广州市光电子产业相继涌现出龙马光盘、富通、亚一光电、恒光电子等一批活跃企业，初步形成了以 LED、LCD 为主的光显示产业群和以光盘片为主的光存储产业群，在光显示、光存储以及激光加工等领域形成了一定州地区拥有从事光电行业研发和生产的相关企业约 150 家，实现产值约 150 亿的产业规模和特色。

（办公室）

报：×××

送：×××

发：××、××、×× 共印 150 份

简析：这是一份科技简报，全文包括"广州市高新技术产业基地龙头作用显著"和"广州市崛起高新技术产业群"两部分内容。正文前加了小标题作为目录，用以说明简报的内容。

主体部分内容分层叙述，每个层次前用一句话来概括段旨，起到提纲挈领的作用，让人一目了然。简报的报头、报尾也齐全，符合简报的格式要求。

任务四　调查报告

一、调查报告的概念、特点

调查报告是对某一事件、某一人物、某一问题，通过深入细致的调查研究之后所写出的真实地反映情况的书面报告。

调查报告的运用范围十分广泛，凡制定正确的方针政策，解决各种实际问题，弄清事情真相，交流典型经验，吸取教训，推动工作等都离不开调查报告。调查报告有以下特点：

1. 针对性

调查报告的针对性体现在撰写目的上，撰写调查报告，一是为了给决策者提供决策的依据，二是发现典型，总结经验，指导工作，三是为领导机关了解情况，处理实际问题。因此，从实际出发，有针对性地调查研究，总结经验，回答人们最关心的问题，提出现实生活中迫切需要解决的问题是调查报告的关键所在。调查报告的针对性越强，社会作用越大。

2. 真实性

调查报告的主旨是调查研究后所揭示的客观事物的本质和规律。因此，写调查报告必须是自己亲自调查了解到的情况，绝不能道听途说、东拼西凑一些虚伪的材料。在调查报告中，不仅主要人物和事实要真实，就是事件的时间、地点、过程及各种细节，也要绝对真实，不能有半点浮夸和歪曲。

3. 叙议结合

调查报告的表达采用叙议结合的方式，简明扼要、条理清楚地叙述事实。调查报告不追求事件的曲折波澜，只求叙说清楚。调查报告还要对调查材料中得出的结论进行适当的分析、议论，但只是画龙点睛式的，点到即止，不做展开，不反复论证，有时甚至观点于事实之中，用事实说话。

二、调查报告的种类

调查报告从内容上分以下几种：

1. 反映情况的调查报告

这类调查报告因调查目的、范围和用途的差异，有两种情况：一种是反映具体情况的个案性调查报告。其调研目的是为了把一个具体问题界定清楚，调研范围单一、具体，报告的内容一般用来处理某一具体问题的依据或重要参考。另一种是反映基本情况的综合性调查报告。调研的目的是为了掌握某一领域或某一方面的概貌，调研范围相对宽泛，涉及的对象较多，报告的内容主要用作宏观决策参考，或者用于说明某种客观现象，某一观点。

2. 总结经验的调查报告

这类调查报告要求把一个地区、一个部门、一个单位、一个方面的成功经验全面地总结、介绍出来，找出其中带有规律性的东西，供有关方面学习借鉴。常发挥以点带面，典型引路的作用。

3. 揭露问题的调查报告

这类调查报告是针对存在的问题展开深入细致、全面的调查，弄清问题发生的原因，分析问题的实质、危害，并提出今后如何避免同类问题的发生。它既可作为公正严肃处理问题的依据，又能起到用典型教育他人的作用，引起人们的警觉，接受教训，少犯或不犯错误。

三、调查报告的一般写法

从结构形式上看，无论哪种调查报告都包括标题、正文和落款三个部分。

1．标题

调查报告常见的标题形式有两种：

（1）公文式。由调查单位（或调查对象）调查内容、文种三个要素组成。也有的省略调查单位，只写调查内容、文种二项。

（2）文章式。文章式标题有单双之分，单行标题有的突出调查报告的内容，有的突出调查报告的主旨。双行标题一般用正标题突出调查报告的主旨，用副标题表明调查的对象、范围、性质、特点等，对正标题起补充作用。

调查报告无论采用哪种标题，都应做到具体、醒目、简明。

2．正文

调查报告的正文由前言、主体和结尾三部分组成。

（1）前言。前言是调查报告的开头部分，通常是简要地叙述为什么对这个问题（工作、事件、人物等）进行调查；调查的时间、地点、对象、范围、经过以及采用什么方法；调查对象的基本情况、历史背景；调查后的结论等。这些方面的侧重点由调查人根据调查目的来确定，不必面面俱到。

前言部分常见的写法有：说明式、概述式、提问式、结论式等，写作时不论采用何种方法，都要简明扼要，具有吸引力，便于引出下文。

（2）主体。主体是调查报告的核心部分。是前言的引申展开，是结论的根据所在。主体的内容一般包括三个方面：一是调查到的事实情况，包括事情产生的前因后果、发展经过、具体做法等；二是研究、分析事实材料所揭示的事物本质及其特点、规律；三是提出具体建议或应采取的一些具体措施。

主体部分内容丰富，结构安排力求条理清晰、简洁明快。调查报告主体部分的结构框架有：一是根据逻辑关系安排结构如：纵式结构、横式结构、纵横式结构。这三种结构，以纵横式结构常为人们采用。二是按照内容安排结构如："情况——成果——问题——建议"式结构，多用于反映基本情况的调查报告；"成果——具体做法——经验"式结构，多用于介绍经验的调查报告；"问题——原因——意见或建议"式结构，多用于揭露问题的调查报告；"事件过程——事件性质结论——处理意见"式结构，多用于揭示案件是非的调查报告。

（3）结尾。调查报告可以有结尾部分也可以不写结尾部分。

一般而言，结尾也叫结论。有四种情况需要写结尾：一是主体报告情况，介绍经验，需要结论；二是主体中没有提到的问题、希望、要求、建议等，需在结尾中提及；三是附带说明有关情况，如调查过程中遇到的一些情况，主体中没有提及，需在末尾加以说明；四是有附带材料需要加以说明的，如一些典型材料、专题报告、统计图表等。无论采用哪种形式，都必须简洁有力，切忌拖泥带水，画蛇添足。

3．落款

为了对调查的内容负责，最后在正文的右下角写上作者名称和成文时间。如已在标题下面写明，此处可省略。

四、调查报告的写作要求

1．深入调查，占有材料是写好调查报告的基础调查报告是用事实说明道理的，而事实是客观存在的，有些事实对于写作者来说可能知之甚少或一无所知，只有经过深入细致的调查研究，详尽的占有材料，写作者才能对事物的本质有所了解、有所掌握，才能进行分析，才有写作的资本。因此，写作前一定要做好调查，详尽的占有材料。

2．认真分析，把握事物的本质特征是写好调查报告的前提

收集材料时难免菁芜并存，纷繁复杂，写作时要对材料经过"去粗取精，去伪存真，由此及彼，由表及里"的分析、判断、归纳、综合，才能分清现象与本质，真实与虚假，从而找出事物的内在联系和发展变化规律，把握本质，引出正确的结论。这样的调查报告才能发挥指导作用。

3．精心筛选，做到材料与观点的统一是写好调查报告的保证

调查报告的观点是从大量材料中提炼出来的，观点一旦形成就要统率材料，做到观点与材料的一致。因此，写作时对材料要进行认真筛选，筛选那些最能充分说明观点的材料，尤其要典型材料，用以支撑观点，说明观点，使材料与观点形成有机整体。

五、调查报告与总结的区别

1．行文的目的不同

调查报告行文的目的是对事件真相的探讨，或进行工作研究，或总结先进单位的工作经验，树立典型，推动面上工作的开展。总结的目的是对自身工作的检查和评价，肯定成绩，找出不足，总结经验教训，以指导自身工作的开展。

2．反映的范围不同

调查报告所反映的范围，可以是本单位、本系统的，也可以是外单位、跨行业的。而总结主要写本单位、本系统的工作经验或教训，一般不涉及外单位的情况。

3．使用的人称不同

调查报告的作者不是以当事人的身份出现，常用第三人称写作，文中多用"他（他们）"、"她（她们）"。总结因为是当事人对自身工作的回顾、分析，所以常用第一人称写作，文中多用"我（我们）"。

4．写作的重点不同

调查报告以陈述事实为主，具体地叙述典型事例和事物发展的过程，然后再根据事实进行适当的评议。总结则着重论述有哪些成绩和经验、教训，对取得成绩或经验的过程，常用概述的方式表达。

例文一

大学生课余生活的调查报告

在如今的大学校园里，属于大学生们自由支配的时间越来越多了。于是，我不禁要问：大学生们在课余时间都在做些什么？他们是如何点缀和丰富自己的课余生活的？学习？工作？逛街？上网？……大学生是校园文化建设的主体，营造一个活跃、向上、丰富的文化气氛，有利于学生身心健康发展。然而，随着社会竞争的日益加剧，学生面临着来自校园内外的多重压力，课业负担繁重。如何充分利用自己四年的大学课余时间，发展自己的个性，培养技能，增长知识，修养身心，使自己的综合素质有所提高，圆满地度过自己的大学生活，这是我们必须思考的问题。

近日，针对大学生课余时间活动这个话题。了解我校同学的课余活动状况，我展开了对

我校大一大二各专业的 200 名学生的调查(其中大一 110 人，大二 90 人)这次调查，我采取了任意抽样问卷调查，主要调查了大学生课余活动的内容。现在，结合一项专项调查结果，对我校学生课余活动情况进行对比分析。

一、课余活动内容取向概况

根据一项专项调查，从中可以看出大学生在参加课余活动方面存在内容上的不同取向。在给出课余活动的 12 个选项之后，大学生做出了如下的选择。

体育锻炼 11%校系活动和工作 13%聊天、社交 19% 课余学习 21% 阅读课外书刊报纸 12.5% 勤工助学 5% 上网、打游戏 10% 棋牌活动 4% 睡懒觉 3% 无所事事 1%其他 0.5%。

从中可以看出，大学生课余活动取向表现出有主次之分和多元化的特点。"课余学习"、"聊天、社交"、"阅读课外书刊报纸"、"体育锻炼"和"上网玩游戏"五项是大学课余时间参加的主要活动。而我校学生课余活动取向是以 "课余学习"、"聊天、社交"、"体育锻炼"为主要活动。由于大学学习方式和信息传递方式的改变，加之大学生活更加开放和丰富多彩，使得大学生的课余活动不再是传统的 "三点一线" 模式，呈现出多元化的取向。值得注意的是，与以往的调查结论相比，"聊天、社交"成为大学生课余活动取向的第二位。我校学生也普遍承认用在这方面的时间不少。这表明，大学生已经意识到建立和谐的人际关系，提高人际交往能力在现实生活中的重要作用，对社会性价值观的认可程度正在提高。

二、大学课余生活取向表现出年级和性别差异

各年级大学生由于心理发展水平、对大学生的适应性以及学习任务不同，在课余活动取向上存在一定的差异。专项调查表明，大学生课余活动取向的年级差异主要表现在三个方面：

一是各活动项目加权选择率的排序不同，"课余学习"被二、三年级学生排在第一位，被一年级学生排在第二位，而"聊天、社交"被一年级学生排在第一位，而在二、三年级学生那里却退居第三位;二是年级主导取向有差异，二、三年级的主导取向为"课业学习"，一年级的主导取向却是"聊天、社交";三是各年级对"课业学习"、"聊天、社交"、"上网、打游戏"、"校系活动和工作"、"勤工助学"等五项的取向有明显的差异。而我校大一大二学生课余活动的主导取向普遍是"课业学习"，其次为"娱乐社交"。这反映了我校的学习气氛还是不错的。在与大一新生交谈中，我发现他们大部分对大学生活充满热情，积极参与各种社团、交际活动。在娱乐身心的同时，也紧紧抓住学习不放。反而大二学生经历了一年的大学生活后，感觉到那种当初汹涌澎湃的热情有所减弱。但许多学生称会更加抓紧学生称会更加抓紧学习，同时也会积极参与一些有利于培养能力又有意义的校内外活动。

从整体看，我校大一大二学生在课余时间还是十分重视学习的，特别是大一新生。究其原因主要是，对于我校刚刚入学的新生们，不熟悉大学学习的方式加上还保留着高中学习时的状态，使他们主要把时间用在学习上，不允许自己落下。

例文二

大学生消费结构调查分析总结报告

——调查大连市部分高校在校大学生

前言

随着社会经济的飞跃发展，大学生作为一个特殊的消费群体正受到越来越大的关注。由于大学生年纪较轻，群体较特别，有着不同于社会其他消费群体的消费心理和行为。一方面，

他们有着旺盛的消费需求，另一方面，他们尚未获得经济上的独立，消费受到很大的制约。消费观念的超前和消费实力的滞后，都对他们的消费有很大影响。因此，关注大学生消费状况，把握大学生消费的心理特征、行为和结构，培养和提高他们的消费观念和理财能力，引导在校大学生最终走向健康消费成为一个重要的课题。

那么我们大连地区的高校大学生的消费情况、消费理念又是怎样的呢？带着这样的问题，我们在大连地区选取了几所具有代表性的高校对其校的大学生的消费情况进行了调查。关注大连地区大学生消费状况，把握大学生消费的心理特征、行为和结构，引导在校大学生最终走向健康消费。

一、调查目的：

大学生消费问题正逐年为高校及国人所重视，作为收入很少的学生群体其购买力却在逐年增加，奢靡攀比之风日益增长，其消费结构和消费能力是否合理发人深省，我们即以此为出发点，以问卷调查及采访等形式确定"大连市高校大学生消费结构调查与分析"为课题的社会实践，其意义和目的在于通过对部分高校的实地调研及调查、研究、分析：

调查当代大学生的实际消费与自身条件之间的联系及冲突；

调查当代大学生消费的合理规划性、理性成熟性；

调查当代大学生消费结构和主要消费项目及消费心态及各人心目中理想的消费状况。

实地调查之后做出分析总结规划，能够真实反映大连市大学生消费状况，为大学生消费提供合理的参考方案。

倡导"节约型校园文化"。当然作为调查人员的我们要从自身做起，并影响到周围的同学。

深层次地讲，通过调查并对结果的发布，希望结果能令当代大学生发人深省，意识到合理消费的重要性。这对形成我们正确的人生观价值观起到重要作用，合理理财更对整个社会消费有不可忽视的影响力。

二、问卷及采访概况

1. 问卷的发放

本次问卷共发放 450 份，有效问卷 410 份，占所有问卷的 91.1%。发放时，我们以大连理工大学、大连外国语学院、大连大学、大连海事大学、大连职业技术学院的学生为主，随机发放，基本上做到了男女生 1:1 的比例发放。

2. 问卷的内容

问卷内容包括消费结构和消费理念两大部分，问题大致包括：月消费额及伙食费用、通讯及网络费用、恋爱支出、文娱方面、储蓄方面、购物态度和理念以及消费的自我满意度。

3. 采访的内容

采访采取随机的形式，与问卷的发放和填写同时进行，随机选取同学进行交谈，内容与问卷内容相关，采访问题大致包括家庭经济状况、生活费来源状况、兼职方面、自我消费结构的评价及谈谈自身条件与自我消费合理性的联系等，问题由组员随机提出，在交谈中获取有效信息。

三、数据统计与采访的分析

1. 大学生消费结构分析

（1）大学生消费结构总体概况

统计结果表明：消费总额主要集中在 500~800 元和 500 以下。其中有 54.07% 的同学月消费集中在 500~800 元，23.98% 集中在 500 元以下，而伙食费又占总消费的 74.80%。由此看来，我们身边的大学生的消费还算合理。

（2）恩格尔系数

1857年，世界著名的德国统计学家恩思特·恩格尔阐明了一个定律：随着家庭和个人收入增加，收入中用于食品方面的支出比例将逐渐减小，这一定律被称为恩格尔定律，反映这一定律的系数被称为恩格尔系数。其公式表示为：

恩格尔系数（%）= 食品支出总额 /家庭或个人消费支出总额×100%

根据联合国粮农组织提出的标准，恩格尔系数在59%以上为贫困，50～59%为温饱，40～50%为小康，30～40%为富裕，低于30%为最富裕。

由表中的数据可看出，伙食方面支出居于 400～500 元的人数最多，"吃饭消费"占总消费的比例最高，因此，大学生这一群体的恩格尔系数较高，这可能是这一群体的特点。虽然考虑到，这一数据受限于大连地区的物价水平，并且与个人饭量及喜好的关系较大，但还是可以反映大连地区大学生消费支出的大概情况。

（3）通讯及网络费用

根据随机问卷得到的结果，在拥有手机的同学当中，每月通讯及网络费用为 65～150 元的同学约占总人数的一半。在拥有手机的群体中，月花费高于 100 元的占到 23%。对于这部分人，按照每条短信 0.1 元，话费每分钟 0.3 元计算，月平均支出在 250 元以上，就意味着每天要打十几分钟电话或是发几十条短信，显然，这些不是都有必要的。以我们的感觉，似乎大一的时候电话方面支出较多，而大二除了极个别人外似乎这方面的支出锐减，而我们的数据也基本反映了这个特点，月支出在 20～50 元和 20 元以下的分别达到 78%，接近八成的同学每月都很少打电话，或每个电话时间较短。即使考虑到目前的手机普及率，大家这方面的消费还是比较合理的，这可能与在校生平时时间紧张有关。

（4）恋爱支出

在调查和小组讨论会后发现，一部分谈恋爱的大学生每月大约多支出 100～200 元，最少的也有 50 元左右，最高的达到 500 元(比如送名贵礼物给对方)。他们大多承认为了追求情感需要物质投入，经常难以理性把握适度消费的原则。这是让人感到忧虑的方面。有趣的是，传统意义上谈恋爱的费用支出一般由男方承担的局面已经完全被打破，而出现三种情况，即男方全部承担、男女方共同承担和女方主动全部承担，女生的恋爱支出甚至有超过男方的情况。传统与现代生活方式在当代大学生中被充分演绎。

（5）储蓄方面

数据表明，37.40%的同学在拿到一个时期的生活费时，不会做什么安排，随意取用。占调查人数的大多数大学生无预期的计划和目标，从未思考过钱应该怎么花、花多少，而且消费的随意性很强，面对有奖销售、打折等促销手段容易冲动，不知不觉就把钱都花了。在调查中，只有 24.39%的大学生选择先存一定数额的钱，剩下的当作此时期生活费，所以说大连地区的大学生储蓄观念并不强。

（6）生活资金来源

其实出这个问题之前，答案就在我们意料之中了，不过九成以上的被调查者资金主要是由父母或家庭提供这个数据还是说明了一切，这种情况是当代中国大学生的普遍情况。很多社会因素我们无法改变，但是我们需要关注的是，很多人居然认为这是天经地义的事，即使做家教，也不是为了减轻父母的负担，或是尽早经济独立，大家经济独立意识之差可见一斑。

大部分同学的家庭月收入都比较高，因此，再回头看前面大额的、惊人的月支出，就也可以理解了。但是，我们还要问一个问题，是不是赚得多了，就可以毫无顾忌的大手大脚的花钱？

（7）兼职方面

在采访调查中，大部分大学生做兼职和家教的目的不在于经济方面，而只是为增加社会阅历，从中我们可以看出大家普遍的经济状况较好，有足够的资金应付日常支出。

（8）自我评价

结果显示，53.25%的大学生认为自己消费结构比较合理，同时不合理和非常糟糕也占到了28.86%，也是一个不可小视的数字。

综上所述，在消费结构方面，伙食费占去了生活费的很大一部分，有74%之多，其次是休闲娱乐和日常用品的花销，学习费用与人情交际费用排于其后，文娱方面消费逐渐增加，大学生受社会及周围同学的消费影响，攀比及虚荣心有滋长的苗头，这满足大学生作为纯消费群体的生活费状况，有强烈的消费欲望但尚未能获得经济独立所以在消费上又受到了很多的制约，消费结构是合情合理的又是满足大连当地物价等状况的。

2. 大学生消费理念

（1）合理消费是主流

从调查结果来看，讲求实际、理性消费仍是当前大学生主要的消费观念，41.46%的学生在购买商品时最注重的是价格合理，其次的是质量问题。因为中国的大学生与国外的不同，其经济来源主要是父母的资助，自己兼职挣钱的不多，这使他们每月可支配的钱是固定的，大约在400～800元之间，家境较好的一般也不超过1000元，而这笔钱主要是用来支付饮食和日常生活用品开销的。由于消费能力有限，大学生们在花钱时往往十分谨慎，力求"花得值"，他们会尽量搜索那些价廉物美的商品。无论是在校内还是在校外，73.98%的大学生遇见促销的商品只是偶尔购买，所以总体来说上大学生的消费比较理性，合理消费还是主流。

（2）时尚名牌"永葆青春"

大学生处于时代的前沿，追求新异，敏锐地把握时尚，唯恐落后于潮流。最突出的消费就是使用手机，所以我们在问卷中也提到了相关问题。在调查过程中我们发现学生手机拥有率不低于85%。此外，电脑及相关消费也是他们的追求，小至一张几十元的上网卡，大至电脑都是当代大学生的宠物，用计算机系同学的话来形容，他们简直就把电脑当成自己的"情人知己"。再次是发型、服装、饰物等大学校园中都不乏追"新"族。在采访中，有同学介绍，有的女同学为了买名牌产品，以自己的身体为代价，节食——不仅保持身体苗条而且省钱。可见大学生对时尚名牌的热衷非同一斑。

（3）消费方式多元化

如今的大学已不再是宿舍、教室两点一线的单调生活，尽管书籍仍是主要的消费对象，但已不是首选的，更不是唯一的消费项目。大学生的消费已呈现明显的多元化趋势，手机、旅游、电脑、影音娱乐是大学生的消费热点。调查中，当问及"在经济条件许可情况下，最想做的事情是什么"时，大部分学生选择了"旅游"，其次是"买电脑"，反映出大学生具有想走出校园、融入社会与自然、拥有高质量生活的渴望。

（4）消费方式信息化

随着社会经济的飞跃发展，社会消费方式已经从原来单一的现金交易向现金、信用卡、支票等多样化的交易方式转变，使人们的生活方式更趋方便快捷。大学生有着开放的思想意识，从不落后于时代的发展。那么在消费方式上是怎样的状况呢？在调查中发现，作为特殊的消费群体，当代大学生的消费方式已经进入了网络电子时代。许多大学生都有交通IC卡、银行取款卡、上网卡甚至运动健身卡等，"刷卡"逐渐在取代现金交易，刷卡逐渐成为现代大学生主要的支付手段。

总的来说，大连地区高校大学生的消费理念符合社会经济的整体发展情况，与其他地区大学生的理念基本保持一致，力求合理消费、追求时尚名牌、消费方式多元化、消费方式信息化是我们身边大学生共有的特征。作为几乎的纯消费群体，我们都希望能够合理地安排自己的生活费，进行理性的消费，但在现实中往往又不能够很好地控制自己的消费欲，这是我们的弊病。绝大多数的同学不会很受外界广告的影响而大量地购买促销产品，更重视的是商品的质量即是否耐用、价格是否合理，当然也有少部分同学购买衣物及用品时讲求"稀奇有趣张扬个性"，这于家庭环境和个人的消费理念有很大的联系。在问及勤俭节方面时，51.22%的同学认为在一定范围内可以提倡勤俭节约，43.50%的同学认同"勤俭节约是一种美德永远不会过时"，这是欣慰的。而追求时尚品牌又永远都是一个不老的话题，男女生装扮方面观念相当，有约12%的同学每月将要用去400元以上的费用来包装自己。消费理念影响着大家消费结构安排的合理性，我们要联系家庭的实际情况，不攀比，不盲从，不冲动，不盲目，针对需要的、必要的进行消费，将钱花在刀刃上，做到精打细算，才是正确消费理念塑造的关键步骤。

四、大学生消费存在的问题

1. 消费两极分化

在关于月平均消费一栏的调查中，有23.98%的同学在500元以下的生活线上坚持学业；有54.07%的同学月消费在500～800元之间，有18.70%的同学月消费在800～1200元之间，有3.25%的同学有1200元以上高消费。可见，大学生的消费差距增大，两极分化比较分明。现在高校校园里，不乏这样的"新新人类"，他们身上穿着阿迪达斯的T恤，脚蹬耐克运动鞋，胸前挂着新款手机或MP3，出入高级的娱乐场所，一个月消费5000元是常事。当然高校校园里也不乏这样的贫困生，他们一个月的生活费不到100元，有的甚至去拾别的同学吃剩的馒头或是完全不吃晚饭，他们的消费仅仅停留在生存这一层次。在采访中发现很大一部分的大学生生活消费主要来源于家庭供给、亲友资助，只有一小部分是勤工助学。由于生源来自不同地区，加之大学生生活的家庭背景也不尽相同，大多数学生勉强维持学业，只有月消费在800元以上者才比较自由、潇洒，才可以衣、食、游无忧。

一般来讲，农村学生与家庭经济困难学生这两个集合的交集较大，从某种意义上讲，城市及城镇生源与农村生源在消费上的差异，更多地体现为经济状况良好的生源与经济状况困难的生源的消费差异。大学生的消费差距增大，两极分化也比较分明，这在我国经济转型的背景下有一定的必然性，随着社会的发展和人民生活水平的进一步提高，这一差距会逐渐缩小，问题会逐步得到改善。

2. 储蓄观念淡薄

(1) 先存起一定数额的钱，剩下的当做此时期的生活费

(2) 进行该时期的预算，做出一个消费计划

(3) 马上去买或马上想去买自己想要的东西

(4) 先还欠别人的钱

(5) 没什么安排，随意

当问及一学期结束后经济情况如何时，大部分同学都坦然承认自己的消费已经超出计划范围，甚至有些同学还需要向别人借回家的路费，略有剩余的同学也想着如何把剩余的钱花完，只有极少数同学有储蓄的意识。可见，当前大学生的财商需要培养和加强。

3. 追求时尚品牌，存在攀比心理

在调查中，不少同学说，他们之间的攀比远不止是学习，还表现在生活(吃穿住用)、娱乐、人际交往等方面。他们为了争得所谓的面子与其他同学比高低，就会不顾实际需要以及家庭的经济能力，超前购物消费，这是当前大学生消费行为中一种很普遍的不良现象。同时还指出有时为了拥有一款时尚手机或者换上一款最流行 MP4，不少的同学情愿节衣缩食，甚至牺牲自己的其他必要开支；有些男同学为了一双名牌运动鞋，有些女同学为了一套名牌化妆品或者一件名牌衣服，不惜向别人借钱满足自己的欲望。这使得他们自觉或不自觉地放弃自己的意见而采取与大多数人一致的行为，有意无意、自觉不自觉的"随大流"。这种从众行为是日常生活中普遍存在的一种现象。

4. 恋爱支出过多

数据统计显示，谈恋爱的大学生占 29.02%，其中 15.85% 的大学生每月大约多支出 100～300 元左右，4.88% 的大学生达到 300 元以上。他们大多承认为了追求情感需要物质投入，经常难以理性把握适度消费的原则。这是让人感到忧虑的方面。在调查中发现有趣的事情，传统意义上谈恋爱的费用支出一般由男方承担的局面已经完全被打破，而出现三种情况，即男方全部承担、男女方共同承担和女方主动全部承担，女生的恋爱支出甚至有超过男方的情况。传统与现代生活方式在当代大学生中被充分演绎。

5. 人情交际消费愈演愈烈

随着交通条件的改善、通讯手段的便捷，大学生的社交活动越来越多，同学、朋友之间的来往越来越密切。值得注意的一个现象是，大学生人情消费有蔓延之势。同学过生日、入党提干、比赛获奖、评上奖学金等都要请客，否则便视为不够人情。请客者档次越高，被请者的随礼也就越高。在调查中，有七成以上的大学生有"人性消费"，每月的人情消费超过了 100 元。人情"包袱"给一些并不富裕的家庭增添了沉重的经济负担，也给大学生带来了巨大的精神压力。

五、大学生消费状况原因与分析

当前大学生在消费上出现无计划消费、消费结构不合理、攀比、奢侈浪费、恋爱支出过度等问题，既与社会大环境的负面影响有关，也与家庭、学校教育缺乏正确引导不无关系。

1. 家庭熏陶

父母在日常生活消费的原则立场是子女最初始的效仿对象。有些父母本身消费观念存在误区，又何以正确指导自己的孩子呢？所以家庭是培养自己孩子的第一环境，要重视家庭的熏陶。

2. 社会影响

大学生受到享乐主义、拜金主义、奢侈浪费等不良社会风气的侵袭时，如果没有及时得到学校老师和父母的正确引导，容易形成心理趋同的倾向，当学生所在家庭可以在经济上满足较高的消费条件时，这些思想就会在他们的消费行为上充分体现。更糟糕的情况是，有些家庭经济状况不允许高消费的学生，为了满足自己的消费欲望，不惜做出一些损人利己甚至丧失人格、法理不容的犯罪行为。

3. 学校风气

高校思想政治教育对学生消费观教育还没有形成足够的重视，对大学生消费心理和行为研究不足，"两课"教学中对大学生消费观的教育指导不够。由于对大学生的消费心理和行为了解不够全面和客观以及课程设置等因素，与人生观、劳动观、金钱观、国情观等重要思想观念紧密相关的消费观的专题教育在思想品德修养课中没有充分开展，从而也难以达到真正的指导目的。

六、总结与对问题的应对之策

1. 引导大学生树立科学的消费观

科学消费观是指人们在正确的人生观指导下，根据经济文化发展水平，自觉地运用科学知识进行合理消费，以实现消费者身心健康和全面发展的一种消费态度和消费观念。当今的大学生在消费时往往比较冲动，他们缺少消费的理性，缺少消费中的算计，因而常易发生不自量力、盲目追潮、大手大脚无端浪费等不会花钱的现象，他们敢花钱但不会花钱，缺乏理财方面的知识。因此要引导大学生树立科学的消费观，在消费实践中学会花钱，克服不自量力、盲目追潮、大手大脚无端浪费等毛病。另外我们认为大学可以在合适的课程中加入一些理财的内容，以指导大学生合理消费，使在校大学生懂得遵守一定的生活消费原则，吃要营养均衡，穿要耐穿耐看，住要简单实用，行要省钱方便。引导学生花钱要花在刀刃上，不要一味追求档次讲究攀比，更多地应考虑所购物品的性价比和自己的承受能力，教会学生学会记账和编制预算等。大学时代是理财的起步阶段，也是学习理财的黄金时期。在大学时期养成良好的理财习惯，往往可以受益终生。

2. 社会要积极开拓大学生消费市场，确立公正的市场环境

对于社会而言，要积极开拓大学生消费市场，从产品的种类、价格、服务多方面满足不同经济条件大学生的需求，同时要规范市场秩序。为大学生确立一个公正的市场环境让其消费。

3. 学校加强学生对消费观念的培养，形成大学生良好消费风气

良好校风是师德师风和学生学习、生活作风的有机组合。其中学生的消费心理和行为是体现学生生活作风的重要部分。一旦良好的消费习惯得到培养和加强，就会对良好校风的塑造起促进作用，并形成校风助学风的良性循环。因此，应该把大学生良好消费心理和行为的培养作为校园文化建设的重要组成部分。在校园文化建设中设计有关大学生健康消费理念的活动专题，并且持之以恒，以大学生良好的消费心理和行为促进良好生活作风的形成，进而促进良好学风、校风的巩固与发展。

建筑工程学院

2007 年 8 月 30 日

任务五　规章制度

一、规章制度的概念

用人单位的规章制度是用人单位制定的组织劳动过程和进行劳动管理的规则和制度的总和。也称为内部劳动规则，是企业内部的"法律"。规章制度内容广泛，包括了用人单位经营管理的各个方面。

二、规章制度的种类

规章制度包括行政法规、章程、制度、公约四大类。不同的类别，反映不同的需要，适用于不同的范围，起着不同的作用。

（一）行政法规类

1. 条例

条例是具有法律性质的文件，是对有关法律、法令做辅助性、阐释性的说明和规定；

是对国家或某一地区政治、经济、科技等领域的某些重大事项的管理和处置做出比较全面、系统的规定；是对某机关、组织的机构设置、组织办法、人员配备、任务职权、工作原则、工作秩序和法律责任作出规定或对某类专门人员的任务、职责、义务权利、奖惩做出系统的规定。它的制发者是国家最高权力机关、最高行政机关（国务院各部委和地方人民政府制度的规章不得称"条例"）。例如：《失业保险条例》、《中华人民共和国人民币管理条例》。

2. 规定

规定是为实施贯彻有关法律、法令和条例，根据其规定和授权，对有关工作或事项做出局部的具体的规定。是法律、政策、方针的具体化形式，是处理问题的法则。主要用于明确提出对国家或某一地区的政治经济和社会发展的某一方面或某些重大事故的管理或限制。规定重在强制约束性。它的制发者是国务院各部委、各级人民政府及所属机构。例如：《关于制止低价倾销工业品的不正当价格行为的规定》、《关于出版物上数字用法的试行规定》。

3. 办法

办法是对有关法令、条例、规章提出具体可行的实施措施；是对国家或某一地区政治、经济和社会发展的有关工作、有关事项的具体办理、实施提出切实可行的措施。办法重在可操作性。它的制发者是国务院各部委、各级人民政府及所属机构。例如：《南方工业学校班主任工作考核办法》、《广东省普及九年制义务教育实施办法》。

4. 细则

细则是为实施"条例"、"规定"、"办法"作详细、具体或补充的规定，对贯彻方针、政策起具体说明和指导的作用。它的制发者是国务院各部委、各级人民政府及所属机关。例如：《〈对外汉语教师资格审定办法〉实施细则》、《审批个人外汇申请施行细则》。

（二）章程类

章程是政府或社会团体用以说明该组织的宗旨、性质、组织原则、机构设置、职责范围等的纲领性文件，具有准则性与约束性的作用。它的制发者是政党或社会团体。例如：《中国共产党章程》、《中国写作学会章程》。

（三）制度类

1. 制度

制度是有关单位和部门制订的要求所属人员共同遵守的准则，是机关单位对某项具体工作、具体事项制订的必须遵守的行为规范。它的制发者是机关团体、企事业单位及其部门。例如：《安全生产制度》、《××地区环保局廉政制度》。

2. 规则

规则是机关单位为维护劳动纪律和公共利益而制定的要求大家遵守的关于工作原则、方法和手续等的条规。它的制发者是机关团体、企事业单位及其部门。例如：《全国安全生产委员会专家组工作规则》、《南方工业学校图书馆借书规则》。

3. 规程

规程是生产单位或科研机构，为了保证质量，使工作、试验、生产按程序进行而制订的一些具体规定。它的制发者是机关团体、企事业单位及其部门。例如：《车间操作规程》、《计算机操作规程》。

4．守则

守则是机关团体、企事业单位要求其成员遵守的行为准则，它倡导有关人员遵守一定的行为、品德规范。它的制发者是机关团体、企事业单位及其部门。例如：《全国职工守则》、《汽车驾驶员守则》、《高等学校学生守则》。

5．须知

须知是有关单位、部门为了维护正常秩序，搞好某项具体活动，完成某项工作而制订的具有指导性、规定性的守则。它的制发者是有关单位、部门。例如：《观众须知》、《参加演讲赛须知》。

（四）公约类

公约是人民群众或社会团体经协商决议而制订出的共同遵守的准则。是人们为了维护公共秩序，经集体讨论，把约定要做到的事情或不应做的事情，应该宣传的事情或必须反对的事情明确写成条文，作为共同遵守的事项。它的制发者是人民群众、社会团体。例如：《居民文明公约》、《北京市各界人民拥军优属公约》。

例文

××公司规章制度

前　言

为了保障劳资双方的合理利益，加强公司的治理工作，维护和保障正常生产，提高生产效益，结合我厂实际情况，要求每位应聘者必须具体了解和自觉遵守公司的各种规章制度。

第一章　总　则

第一条　为完善公司管理制度，逐步健全现代化管理机制，使内部管理走向科学化、系统化、规范化，使之管理有法可依、违章可究，从而督导全体员工遵纪守法，共同维护、保障公众生活及各项工作有序进行，特制定本管理章程。

第二条　在当地政府有关部门领导下，本厂最高领导权力属于总经办，并由以总经理为首的办公室领导机构开展具体工作，聘用职工解雇职工和开除职工以及其他重大事项由行政部共同批核。

第三条　凡属本公司职员都必须遵守和执行本管理章程的各有关条款，同时享有本章程所规定的一切权益。

第四条　凡违犯本章程的职员，由有关部门依有关制度为准绳，按程序公正处理。

第五条　各部门可依据本章程有关指导原则，根据本部门实际具体情况，制定相关的管理细则，报公司审核批准生效。

第六条　各部门单位负责人，应当经常教育所属人员遵守本管理章程。

第七条　对违犯本管理章程的行为者，任何人都有劝阻和投诉的权力。

第八条　本章程由颁发之日起生效，凡与之相抵触的旧条款，一律作废。

第九条　本章程经公司扩大会议集体讨论通过，公司总经理签署生效，其解释权及修改权归本公司。

第十条　本章程于二零一零年九月一日正式颁布实施。

第二章　员工守则

第一条　员工守则是职员在公司从业期间，所必须遵守的基本行为准则。

第二条　努力学习科学知识，认真钻研生产技能、工艺技术，不断提高自身素质，做一名现代化企业有用之才。

第三条　遵守国家法律、法规和公司的有关规章制度，做遵纪守法的优秀社会公民和企业员工。

第四条　服从领导，听从指挥和分工，树立团结协作、积极奉献、顾全大局的集体主义精神。

第五条　严禁参与煽动他人怠工、罢工、打架斗殴及违犯厂规和任何危害社会安定的违法行为。

第六条　树立关心、互助、团结、文明、礼貌、尊重同事工友的处世作风，严禁拉帮结派、损人利己、破坏公司集体凝聚力的各种不良言行。

第七条　热爱公司、忠于公司、忠于事业，以厂为家，树立"厂兴我荣、厂衰我贫"的正确创业观念，反对"淘金"庸俗思想，自觉维护集体利益和公司声誉，积极为厂的各项改善工作提供合理化建议。

第八条　热爱本职工作，忠于职守、勤奋工作，对工作认真负责，对技术精益求精，按时、保质、高效、低耗出色完成工作任务，做公司出色员工。

第九条　加强个人品德、职业道德修养，严禁偷窃公司和同事的财物，以及聚众赌博的一切道德品质败坏的行为。

第十条　遵章守纪、服从大局。严禁任何人以个人理由抗拒、威胁、恐吓、殴打执行公务人员。

第十一条　积极配合公司各项管理工作，出入车间大门和仓库等公共区域都必须自觉规范佩戴工作证(厂牌)，要自觉维护公共区域的环境卫生，不乱吐乱扔，并服从执勤保安人员的检查、监督，自觉维护公共区域整洁环境。

第十二条　按时上下班；不迟到早退，不无故缺勤，自觉遵守签到制度。未经主管同意不得擅自外出或接待亲友和外宾

第十三条　工作时间内，员工严禁看报纸杂志、闲谈、窜岗、打闹、大声喧哗，不得接听私人电话，有事应长话短说，以免扰乱工作秩序。

第十四条　公司提倡勤俭节约，能源、用品及各种材料，不损坏公共财物、因个人原因造成损失的，公司将据情节轻重予以处理。

第十五条　每天生产操作之前先检查机器是否正常。操作之后或下班后收好各种文件、资料、工具、零件、产品、关好门窗、水、电、气源。按规定位置摆放工具及物品。每个星期三、五、日为清洁日，搞好个人及集体卫生，经主管检查后合格方可下班。

第十六条　按质、按量、按时完成任务，不得借故、拖延、敷衍、推委。严格按照安全规格操作，严禁违章操作，一旦发现严肃处理。

第十七条　在厂员工必须服从主管人员的合理指挥和调动，如有异议应及时与领导商议，无理由不服从主管调动者按情节轻重给予处理。

第十八条　各部门主管，必须注意自身涵养，以身作则，与公司员工同舟共济，提高工作热情，团结协作精神。

第十九条　本厂员工均有责任和义务保守本厂经营秘密，维护本厂利益，未经领导书面批准同意，任何人不得擅自向外泄露本厂所有秘密，否则作盗用和侵权行为论处，本厂将追究违反者的经济责任。未经批准，不得带外来人员到处参观。

第二十条　任何员工在其上班时间及厂内出现突发性的个人疾病、非本职业引起的职业病、打架伤亡等非因工受伤均与本厂无关的疾病一律不负任何责任与费用。本厂工人与外人打架，在厂外偷窃等犯罪行为，均属刑事犯罪，本厂不负任何责任。

第二十一条　违犯本章第五、九、十、二十条有关规定者追究责任，情节严重者送司法机关处理。同时，并做开除出厂处理。

第二十二条　本厂不有任何的歧视行为存在，即：

本厂在雇用、薪酬、升迁、训练机会、解雇或退休事务上，不可存在或支持任何基于种簇、社会阶层、国籍、宗教、残疾、性别、性别取向、工会会员资格或政治关系的歧视行为。

本厂不可干涉员工遵奉信仰和风俗的权利，和满足涉及种族、社会阶层、国籍、残疾、性别取向和工会的信条、政治需要的权利。

本厂不可允许带有强迫性、威胁性、凌辱性或剥削性的行为，包括姿势、语言和身体的接触。

第三章　员工薪酬制度

第一条　公司采用 28 天/月上班制，全年正常工作时间为 8 小时，上午 8:00—12:00，下午 13:00—17:30，需晚上加班的均为 18:30—21:00。

第二条　本厂员工分计时和计件两种，如发现计时员工在主管未做登记的情况下帮计件员做事，计时与计件双方皆 1 天扣 3 天工资。

第三条　公司薪酬发放采用隔月结算制，即当月月底发放上月工资，一般情况下厂方及时发工资，特殊情况需延时的，最多不能超过 15 天。

第四条　每月加班时间平均不能多于 36 小时。工厂加班薪酬按照薪酬制度给予：

$$\frac{月工资}{30(天) \times 8(小时)} = 加班薪酬(元/小时)$$

(计件工人加班薪酬除外)

如果，公司因出货紧急必须加班时，部门主管会提前通知员工加班，希望员工配合工作。

第四章　安全生产管理制度

第一条　贯彻"安全为了生产，生产必须安全"的预防方针，认真遵守各项安全生产规则。

第二条　各部门应根据本部门所使用的机械设备性能，操作使用方法，制定出安全操作规程，供操作者安全指南。

第三条　学徒应在师傅、新工应在组长的指导下，依照《安全操作规程》操作机电设备和危险工种。

第四条　作业员应严格学习、遵守本部门有关安全细则，并做好日常保养维护工作，确保机械安全性能正常稳定。

第五条　非机电操作人员，不准私自使用机电设备；非专业机电维修人员，严禁私自拆卸、安装机电设备。

第六条　危险机电设备或工种，必须经培训熟悉本岗位机电设备性能和本工种安全规程后，方可独立上岗作业。

第七条　各机电操作者在作业前，要检查机电设备运转是否正常，各种保险设施是否齐整牢固，确认正常方可作业。

第八条　机电设备出现故障时，应立即关闭电源，并报部门负责人及时维修，禁止使用带故障的机械设备。

第九条　严禁安排带有妨碍安全性疾病的人员从事机电操作作业、酒后人员及过度疲劳者、精力不集中的状况下操作机电设备。

第十条　严禁任何人或单位私自拆卸、破坏各种安全标识和其它安全设施。

第十一条　各部门机电设备应制订安全检查制度，指定安全维护人员和实行安全监护责任人制度。

第十二条　安全监护人有权依章监督作业，对本安全区域内的违章作业人员不听劝告者，监护人应向人事部申报执罚和当即中止违章者作业。

第十三条　安全监护责任人发现员工违章作业应及时制止，安全监护责任人失职者，应追究相关责任。

第十四条　员工违犯本章有关条款，造成他人伤残的视情节《人事制度》第十三节有关程序规定处理。

第十五条　如发现有遗失情况，必须立即上报部门主管及经理部作处理措施：对所生产产品进行严格检查及金属检测并对场地进行清理。

第五章　人事制度
第一节　员工的招聘

第一条　各部门因生产需要增员时，应由部门组长口头申请或者填写《增员申请表》，报部门部门主管核定生产量情况批准后，再经公司核准，由人事部统一组织招聘。

第二条　普通员工由人事部按规定核实身份证等有关证件，已便安排适当的工作，再进行技能测试。

第三条　技术人员、文员、各级管理人员的招聘，除进行上述普工考试程序合格后，报总经理或经理面试批准。

第四条　年龄不满18周岁的为童工，本厂不允许招请或使用童工和不支持招请或使用童工。

第五条　凡来应聘人员须真实填写应聘申请表，本厂会先对所填写内容进行审核确认无误后才可录用。

第二节　员工的录用

第一条　凡被我厂聘请的职员工必须有本人的身份证及复印件、年满18周岁，身体健康、无传染病及不良嗜好，需交免冠2寸/1寸照片1张、清楚了解我厂的厂规并无任何异议后方可办理入厂手续。

第二条　被录用的员工，凭人事部的录用通知书到人事部领考勤卡、安排住宿等上班手续。

第三条　新录用的员工一律采用试用制，普通员工的试用期为二个月，技术人员、文员、各级管理职员试用期为三个月，并签订试用合同。

第四条　试用期满合格者，员工可继续留厂工作者，必须与厂方签订劳务合同。

第五条　被公司开除的员工，未得到公司总经理的特许，一律不准重新录用。

第六条　辞职员工要求重新回厂工作的，由部门主管同意后，报公司或人事部批准，并按程序重新办理入厂手续；从本厂辞工次数达两次及两次以上者一律不得录用。

第三节　员工证件办理

第一条　员工进厂后试用合同、劳务合同、厂牌、劳动保险、考勤卡等证件手续由人事部统一办理。

第二条　员工厂牌、考勤丢失或损坏时，应即刻到人事部补办。

第三条　员工故意损坏，丢失厂牌和考勤卡的，要自费缴纳对应卡工本费，并据情节严重程度相应处罚

第四节　员工培训

第一条　凡经录用的员工，统一由人事部发放此规章制度。

第二条　各部门必须根据情况对刚上班的员工进行岗位责任、安全规程、产品质量基础知识进行严格的岗上辅导培训，造就一支技术过硬、工人纪律观念强的职工队伍。

第三条　试用培训期内的员工享有正式员工同等待遇。

第四条　在职员工必须按人事要求，参加各种培训，促进企业管理不断升级进步。

第五条　在职员工表现良好者，申请参加本厂技术工程培训的(电焊工、油漆工、车床工)等，经厂方批准后，在厂方提供带薪金培训条件下，必须双方签订技术培训、服务合同。

第五节　人员调动

第一条　公司因工作需要对人员进行调动时，任何部门和个人都必须服从，手续由人事部办理。

第二条　部门主管可根据本部门的生产需要对所属进行工种或班组调动，组长、员工必须服从安排，并报人事更改人事资料。

第三条　跨部门调动，必须填写《人员调动申请表》，经双方部门负责人同意，再报公司批准，呈人事部办理调动手续。

第六节　考勤打卡规则

第一条　员工必须自行打卡记录上下班时间，包括上下班因公因私离开厂的时间。

第二条　上班时间一天内(不含一天)因公或因私离开厂的，要在《员工上班离开时间登记表》上注明离开时间和事由，并有部门主管的签名同意，主管人员外出由考勤员签名确认。

第三条　上班时间超过一天(含一天)因公或因私离开厂，要在《员工上班离开时间登记表》上注明天数和事由，部门主管签名同意；部门主管需经厂级领导签名同意。若厂级领导外出无法报告，应向办公室考勤员请假备案。

第四条　每月底考勤员提交考勤表若与办公室收取的《个人电脑打卡钟专用表》出现不相符情况时，则按照《考勤制度》处理。

第五条　考勤员每月底要认真核对本部门管理人员上班离开时间登记表与打卡牌的情况，发现违反厂有关考勤机使用规定以及厂的考勤制度应如实记录在《考勤表》上，并经主管或领导签名，才能交至办公室。如有意或无意将矛盾上交，不在本部门《考勤表》上记录的违纪情况，由办公室或其他部门发现的每次则以双倍扣罚当事人。

第六条　打卡机真实记录员工出勤、外勤(或因私外出)时间，上至总经理、下至一般人员上、下班要打卡，回厂后外出(无论因公因私，也无论时间长短)也要打卡，否同，轻者作忘记打卡处理(本部门自报每次扣50元，抽查发现每次扣100元)，重者视为早退或离岗。

第七条　各级管理人员应以身作则遵守以上规定，各部领导有责任指导考勤员执行考勤制度，若考勤员徇私失责，则酌情另行处理。

第八条　因公外出或其他特殊情况未打卡的，可由部门主管核实报人事部补签卡，其余未打卡者不准补卡(签卡)。

第九条　补卡事宜一律需由签卡部门或部门主管送人事部专职办理，禁止任何非职能部门和个人代签，违者除将代签卡作废外，人事部应对违章部门有关人员进行教育批评。

第十条　工卡应保持整洁完好，禁止涂改、弄脏、盖贴任何标识或折叠。

第十一条　员工迟到或早退者给予书面警告，警告无效者按有关规定处理。

第十二条　凡无故旷工一天者，通知后仍未到岗，作警告、检讨教育处理，连续旷工十五天者通告后仍未到岗的作自动离厂处理，若有意外事故不能到岗的，必须提供相关证明。

第十三条　本规定自实行打卡制之日实施。

第十四条　本规定由人事部负责解释及修改，并由人事部负责安排检查与考核。

第七节　请假规则

第一条　员工请假需经该部门主管批准后，再到人事部办理签章、放行手续，部门主管级请假需经公司领导批准，再到人事部办理签卡、放行手续；假期七天以上者，一律需经公司领导批准方可有效。

第二条　任何人在上班期间请短假外出，必须经人事部相关程序和放行手续。

第三条　员工请病假，未提前提出请假，第二天可补假或电话请假。时间较长者须持医生证明补假。

第四条　员工试用期满合格转正可请婚假，婚假期要和部门主管或公司领导协商，婚假期满回厂需到人事部销假。

第五条　在厂工作满两年的所有女性员工享有 90 天的产假。

第八节　员工投诉规则

第一条　员工在尊重事实的前提下，可用书面形式向公司或人事部投诉，任何人都有投诉的权利。

第二条　员工投诉书可直接递交有关部门负责人受理，也可交与公司领导。

第三条　接诉部门原则上二日作出调查处理答复，对特大事件二日内无法落实，可以另议。

第四条　对滥用职权、损害公司集体利益、徇私舞弊、盗窃他人财务事件的举报者，一经调查证明举报属实，由人事部向公司申报给予举报人重罚。

第五条　接诉部门必须为投诉人进行保密，泄密的有关人员将由人事部或公司从严处理。

第九节　奖励种类

1. 书面通报表扬　　2. 颁发奖品、奖金　　3. 提级提薪

第十节　惩罚种类

1. 口头警告　　2. 书面警告、批评或罚款　　4. 辞退或开除

第十一节　辞工制度

第一条　任何员工辞工需提前半月(15 天)用书面形式提出申请(如无特殊情况)，详写辞工原因交到部门主管审批，经公司领导批准后再交人事部备案，由人事部与当事人进行协商，适当安排时间办理辞工手续。离厂时应上缴个人工具及钥匙清点无误后 15 日内结算个人全部工资，否则不予结算工资。

第二条　在厂工作未满整年且公司为其购买保险的，请参照本章第十七节保险制度扣除相关费用。

第三条　员工在厂方接受辞工期间，仍需遵守厂纪和各项制度，否则将按有关规定处理。

第四条　如发现盗窃工厂财物或宿舍同事财物，立即无条件开除，不计工资，严重者送当地派出所处理

第五条　员工如受到第十节所规定的制度被开除或辞退的，由部门组长上报部门主管审批呈交人事部办理离厂手续(结清所有工资)。

第六条　如有违反第十节所规定的制度主动要求辞职的，则按照第十一节第1条的规定，上缴个人工具及钥匙清点无误后，15内日结算个人全部工资

第十二节　解除劳动关系条款

第一条　有下列情形之一的，公司可以解除劳动合同，但是应当提前15日以书面形式通知劳动者本人。

1. 劳动者患病或者非因工负伤，医疗期满后，不能从事原工作也不能从事由公司另行安排的工作的。

2. 劳动者不能胜任工作，经过培训或者调整工作岗位，仍不能胜任工作的。

3. 劳动合同订立时所依据的客观情况发生重大变化，致使原劳动合同无法履行，经当事人协商不能就变更劳动合同达成协议的。

第二条　公司濒临破产进行法定整顿期间或者生产经营状况发生严重困难，确需裁减人员的，应当提前15日向工会或者全体职工说明情况，听取工会或者职工的意见，经向劳动行政部门报告后，可以裁减人员。

公司依据本条规定裁减人员，在六个月内录用人员的，应当优先录用被裁减的人员。

第三条　劳动者有下列情形之一的，公司不能按以上两条规定解除劳动合同。

1. 患职业病或者因工负伤并被确认丧失或者部分丧失劳动能力的。

2. 患病或者负伤，在规定的医疗期内的。

3. 女职工在孕期、产期、哺乳期内的。

4. 法律、行政法规规定的其他情形。

第四条　劳动者解除劳动合同，应当提前15日以书面形式通知公司。

第五条　有下列情形之一的，劳动者可以随时通知公司解除劳动合同：

1. 在试用期内的。

2. 公司以暴力、威胁或者非法限制人身自由的手段强迫劳动的。

3. 公司未按照劳动合同约定支付劳动报酬或者提供劳动条件的。

第十三节　奖惩处理程序

第一条　由部门把事实的经过报人事部，人事部再对该部门呈报人事项进行调查审核。

第二条　属第八、九节1、2项由人事部直接处理。

第三条　属第八九节3、4、5项由人事部核实后呈报公司，按照公司指示执行。

第四条　违纪人接口头批评后，顶撞主管的、态度不好的，人事部可在宣传栏公开通知批评，态度较为恶劣者由人事部可向公司申报执罚违纪人。

第十四节　厂服管理规定

为规范公司厂服的管理，使其制定、发放、领用纳入程序化管理轨道，确保提高此项工作的有效性与合理性，更好地树立公司形象，特制订本规定。

第一条　公司厂服的面料、颜色、等级、样式、数量、品种、发放的时间、范围、条件所有标准由总经办负责制定，由人事部负责具体实施。

第二条　本厂建议所有员工着厂服上班，厂服由工厂统一发放，按冬装两件，夏装两件提供给员工。

第三条　任何人不得擅自更改厂服款式，颜色等。

第四条　发放标准：公司员工每人发放冬装两套，夏装两套；新员工办理完入厂手续后才可领取厂服(临时工均不发)，发放夏装2件、冬装2件。

第五条　厂服领用程序

1. 厂服发放由人事部人员负责，员工领取厂服须出示厂牌，并登记领取数量、类型、日期、领取人签名；人事部人员需将记录备案存档。

2. 工作服的使用期限：夏装厂服使用期限为一年，冬装厂服使用期限为二年；按员工领用之日起算。如公司统一换款式将另行通知。

3. 厂服使用期到期后，若员工需要再领取厂服，须填写《厂服领用申请单》经部门主管核准、审批后，方可到人事部重新领取新的厂服。

4. 如在厂服使用期限内，如属人为破损或丢失需填写《厂服补领申请单》呈部门主管核准后，并照人事公告价自行补买（费用在当月工资中扣除）。如因公破损可填写《厂服补领申请单》，由部门主管核准，总经理审批后，至人事部补领厂服。

第六条　每年换发厂服发放时间根据每年实际情况而定。

第七条　超额领取的厂服的成本费用均在当月工资中扣除。

第八条　从领用日期算起，夏装领用满一年后可以领换一件新厂服，冬装满二年后可以换一件新厂服，换装后不再扣除厂服成本费。但必须提前三天向人事申请，并填写厂服领用申请表。

第九条　有下列情况，不扣厂服费用：

工作服发放之日满3个月后，员工离职，可带走工衣，离职时不扣厂服费用。

第十条　有下列情况，离职扣回厂服费用：

1. 入厂不满一年的新员工，领取厂服之日起不满3个月，如员工离职，厂服由员工带走。扣回厂服费用。

2. 人为损坏或丢失，扣回厂服费用。

3. 试用期内，把厂服带走的，扣回厂服费用。

第十一条　穿厂服即代表本公司形象，必须保持整洁，不得遗失或损坏，上班时间必须穿着厂服，假日可以不穿。为方便工作，厂服可以穿出厂外。

第十二条　本规定自首次发放厂服之日起施行。

第十三条　本规定由人事部负责解释及修改，并由人事部负责安排检查与考核。

第十五节　员工福利待遇

第一条　公司为每位员工提供补助用餐和住宿。餐补8元/天，住宿费、水、电费全免。

第二条　公司负责为员工购买企业员工综合福利保障保险。

第三条　法定假日公司放假，并发放节日礼品。

第四条　因工受伤的，公司承担一切医疗费用。

第五条　工龄单方满一年的员工结婚，双方入厂满三月合格转正员工，结婚可享有十天新婚假期。

第六条　员工工作1～5年的可享有5天有薪假期，工作6～10年的可享有7天有薪假期，工作11～20年的可享有10天有薪假期，按国家规定有薪假最低工资为580元/月。

第七条　厂方免费为员工提供体育娱乐器材和影视服务等。

第八条　在公司生产超标盈利的情况下组织员工外出旅游。

第九条　三个月试用期考核合格员工，可享受正式员工级工资待遇。

……

任务六　述职报告

一、述职报告的概念、特点

述职报告是各级机关、社会团体和企事业单位的领导及工作人员，向所在单位的组织人事部门、主管领导机关或本单位职工群众，陈述自己在一定时期内履行岗位职责情况而写成的书面报告。

述职报告是干部人事制度改革，引进竞争机制后兴起的一种新的应用文体。写好述职报告对于各级各类领导干部发扬成绩、纠正错误、改进工作，自觉接受上级机关审议、群众监督，都具有重要意义。

述职报告有以下特点：

1. 自我评述性

述职报告是报告的一种特殊形式，它的着眼点是"述"自己"职"，自己在一定时期内履行岗位职责情况，称职与否、功过、得失，报自己的"告"，局限于个人职责范围之内的工作的自我回顾、检查、评价。

2. 时间限制性

述职报告有严格的时间界限：一是述职内容必须是本人的职务、岗位、任职期内的，不是这一期间做的工作不需写入。二是报告时间的限制性，述职者必须在考核期间，按考核时间的要求写出书面报告，向本部门群众宣读并上交上级有关部门。

二、述职报告的种类

按照不同的标准，述职报告可分为不同类型：

1. 按时间分，有年度述职报告、任期述职报告、临时述职报告。
2. 按内容分，有综合性述职报告、专题性述职报告。
3. 按述职者分，有个人述职报告、集体述职报告。
4. 按性质分，有晋职述职报告、例行性述职报告。
5. 按表达方式分，有口头述职报告、书面述职报告。

三、述职报告的一般写法

1. 标题

述职报告的标题有单标题和双标题两种写法：

（1）单标题　一种是由文种做标题或在文种前加人称。如《述职报告》或者《我的述职报告》。另一种是由时间、所任职务、文种组成。如《2003 年至 2004 年任教育厅厅长职务的述职报告》。

（2）双标题　双标题包括正副标题。正标题提示内容主题，副标题由"人称、文种"组成或"时间、文种"组成。如《恪尽职守搞活经济——我的述职报告（或 2004 年述职报告）》。

2. 主送机关或称谓

述职报告以书面形式向组织呈送，要写主送机关名称，如果是向有关领导、群众进行口头陈述，则可写称谓。

3. 正文

正文由前言、主体、结尾三部分组成。

（1）前言。述职报告的前言部分一般包括三个方面的内容：一是岗位职责，包括自己从何时起担任何职，主要负责什么工作，并对内容和范围作必要交代；二是指导思想，说明自己在什么样的思想原则、方针政策指导下进行工作的；三是概括评价，是对自己工作的基本评价。前言部分应写得简明扼要。

（2）主体。述职报告的核心部分。对于不同的行业、不同级别的领导来说，其述职报告的内容各不相同，写法也各异，但一般来说包括四个方面的内容：一是任职期间所做的主要工作，取得的主要成绩；二是存在的问题、缺点；三是个人的认识和体会，主要经验、教训；四是今后工作的设想、意见和建议等。主体部分的内容应该是在前言部分的基础上具体展开，各层次间的结构方式可以按时间顺序排列，也可按工作内容排列，还可以按照对问题的认识，由此及彼、由表及里、层层推进的逻辑顺序排列。述职报告不论采用哪种方式，主体部分的内容都要求观点鲜明、事实确凿、分析合理、归纳精辟。

（3）结尾。结尾一般用几句表态性的话语结束全文；也有的写今后打算或表述自己恪尽职守、胜任职位的决心等；还可用"特此报告"、"专此述职"或"以上报告，请领导和同志们批评指正"之类的句子结束全文。

（4）落款。落款主要包括署名和成文时间两项内容。署名要写明述职人的单位、职务和姓名，此项可放在标题下，也可与成文时间一起署在正文末右下角。

四、述职报告的写作要求

1. 突出重点

写述职报告不要事无巨细地把一切情况都一一加以反映，而要有意识地抓住核心问题，突出重要成绩，总结主要教训。凡重点部分要精心组织材料，写得详细、具体、充分、全面；次要部分可略写，有时还一笔带过。

2. 突出个性

干部的岗位层次不同，述职内容自然各异。即使同一职务的干部或领导也会因分工的不同有不同的工作重点，至于工作方法，就更是各具特色。鉴于这种情况，述职者要突出自己工作的特点，显示自己的工作个性，尽量避免那种千部一腔、千人一面，没有特点和个性的写法。

3. 客观评价

写述职报告不管是叙述成绩还是问题，都要客观、公正、实事求是地加以评价。写成绩，不虚夸，恰如其分，符合客观实际；讲问题，直截了当，不掩饰，抓住要害；讲经验，要有理有据，严谨求实，一分为二。述职报告最忌一味为自己唱赞歌，大谈特谈自己的成绩，对工作中存在的问题和矛盾有意遮掩。

五、述职报告与个人总结的区别

1. 从陈述范围看

个人总结陈述的范围很宽泛，思想修养、业务进修、工作进展、为人处世等方面，都可以写成总结，都可以单独成篇；而述职报告陈述的范围仅限于履行职责的情况。在陈述履行职责的情况下，也可以涉及到思想修养、业务进修等方面，但那是为履行职责提供思想和业务基础。

2. 从陈述角度看

个人总结可以按照时间、空间不同，既可从做法的角度写，也可以从体会的角度写；而述职报告只能从履行职责的情况着眼，落脚到干了哪些事克服了哪些困难，取得了什么效果。述职报告中可以有体会，但不能从体会的角度写。

3．从陈述内容看

个人总结，特别是工作经验总结，可以只讲成绩、经验，至于缺点、不足可以几笔带过，也可以不谈；而述职报告要求成绩和不足并重，实事求是，对履行职责过程中存在的问题不能轻描淡写，更不能文过饰非。

4．从作者范围看

个人总结是谁都可以写的，普通学生可以写学习总结，普通农民可以写生产总结，而述职报告的作者仅限于有职有责者。

例文一

述 职 报 告

储备局党委：

我是1999年协助局长分管劳动人事处、监察审计处、机关党委和离退休人员管理处等四个部门的工作。一年来在自治区党委和国家局的领导下，在分管部门的共同努力下，我局的党建工作、思想政治工作、劳动人员管理工作和监察审计工作以及离退休管理人员的管理等工作得到了加强，我的自身素质也得到了提高，主要工作如下：

一、认真学习马列主义、毛泽东思想和邓小平理论，坚持党的"一个中心，两个基本点"的基本路线，坚持民主集中制原则和全心全意为人民服务的宗旨，自觉遵守中纪委有关领导干部廉洁自律的政策和规定，处理问题大事讲原则、办事公道正派，工作认真负责，注意搞好局领导之间的团结与协作。通过"三讲"教育，受到了一次较为深刻的马克思主义党性教育，提高了自身素质，增强了党性修养，思想上、政治上、作风上、纪律上都有明显进步。

二、我局的党建工作和政治思想工作，我在思想上和行动上是重视的，按照自治区党委和区直工委的部署和要求，紧紧围绕以经济建设为中心和做好储备部门的各项工作来开展，坚持对学员和干部职工进行政治理论、党的路线方针政策、形势任务、爱国主义、集体主义和社会主义教育，宣传先进典型，引导党员和干部职工树立正确的世界观、人生观、价值观，调动党员和干部职工的积极性、创造性，培养有理想、有道德、有文化、有纪律的职工队伍。

三、劳动人事管理工作着重抓好以下三方面的工作：

1．把握好政策。如工资政策、招工和安置政策、社会保障政策以及其他有关劳动人事方面的政策。特别是一些政策强而且又涉及职工切身利益的政策，做到严格把关，按政策规定办理，能够公开的政策就不搞神秘化。让职工懂得政策，有利于相互监督，执行好政策。在执行政策中发现办错后及时纠正。

2．抓好各基层单位班子的建设。平时重视对局中层干部的管理、考察和考核。尽可能参加基层单位的党委民主生活会，及时掌握和了解班子的情况。对中层干部的任用，严格执行《党政领导干部选拔任用工作暂行条例》的规定。坚持德才兼备，任人唯贤，反对任人唯亲。考核干部坚持客观公正的原则，坚持按照考核程序和规定，听取有关层次人员的意见，在局党组没有研究决定任用前不许愿，不承诺。

3．抓×××处"三项制度"的改革试点。×××处从××年×月开始进行机构、劳动人事、分配制度改革。在改革中，通过会议形式和个别谈话，听取×××处干部职工的意见，并做好改革动员工作。改革后，机构设置合理，管理工作进一步理顺，劳动用工实行双向选择，分配上与单位效益挂钩，乱发钱物问题基本得以纠正，逐步改变了干部职工旧的计划经济传统观念，为今后进一步深化改革打下基础。

四、监察审计工作方面，按照中纪委和上级纪检监察部门的要求，把继续抓好领导干部廉政建设、抓大案要案和纠正行业不正之风等作为纪检监察部门的主要任务。一年来我局没有发生违法违纪案件，没有发现行业不正之风和乱收费现象，没有收到群众举报的信件。我局在执行中共中央国务院关于党政机关厉行节约、制止奢侈浪费行为的八项规定方面是好的，如我局的各种会议做到了控制会议人员、控制会议时间，吃住基本是安排在内招。总之储备系统艰苦奋斗、勤俭节约的老传统还没有丢。

五、对离退休人员管理方面，主要是落实好他们的政治、生活待遇政策。组织他们学习，安排一些集体活动等。凡是政策规定的待遇都得到落实，我局对他们的生活是关心的，如一些文件要求给他们传达的，都能及时传达；过年过节除慰问外，还就近安排一些活动；有病住院的，组织有关部门去看望问候等。

在过去的一年里，自己做了一些工作，但大量具体的工作是同志们做的。自己在工作中也存在一些不足，主要是工作不够大胆，业务不够熟悉，思想政治工作有做不到家的地方，如机关个别同志纪律性不强等。在新的一年里，我将通过"三讲"教育，加强学习，克服不足，大胆管理，协助局长做好分管部门的工作，努力提高理论水平、业务水平和领导水平。

以上述职报告，请审查。

储备局副局长　邵南
×××年×××月×××日

简析：这份述职报告是一篇年终例行述职报告，能围绕领导本人的岗位职责和目标，从五个方面的内容，以实绩表述为主，进行实事求是的自我评介，表述简明精当，语言质朴平易。

例文二

2001—2002 学年述职报告

各位领导、各位老师：

紧张、忙碌的一学期即将结束。本学期，在吴校长的直接领导下，在生活教师、夜班护理员和保洁员阿姨的共同努力下，生活区的整体工作取得了一定的进展和提高。但是，与吴校长开学初提出的"稳中有进，稳中改革；服务育人，管理育人；管理工作要规范化、程序化"的工作原则及四条工作重点和十条要解决存在的问题，还有一定差距，需要在今后工作中不断加强和改进。下面把本学期的工作向领导和全体老师汇报如下：

一、听从领导，服从分配，统一理念，找准定位

本学期因工作调整，有幸与在座各位再次一起共事。生活区的工作对我来说，不太陌生，但是，也是一次新的挑战。它与总务处的工作不同，一个是管理任人摆布的物，一个是管理有个性、有思想、活生生的人。所以，面对两千多名学生的服务与管理，要说没有压力，那是不现实的。我把这份压力变成动力，接受了这次挑战，并且只有一个目标，把这份工作做好，力争保一方平稳，让领导放心。

本学期，通过学校多次对岗位负责人的培训，我的观念有了很大的转变，对学校的办学理念更加理解，对生活区的工作有了新的认识，对自己的定位更加明确。1. 认真贯彻落实学校的办学理念，认真执行校长对生活区工作的决议、指示和各种规章制度。2. 加强生活教师队伍建设，调动全体员工的积极性。3. 做好协调工作，协调好生活区内部的关系（生活教师、组长、干事），协调好与其他部门的关系（学部、膳食中心、医务室、总务处等）。4. 做好服务工作，为学生服务，为教育、教学服务，为在座的各位服务。5. 制定相应的规章制度。

二、深入实际，调查研究，不断完善管理方法

要做好这份工作，尤其是要做好一份自己不太熟悉的工作，必须深入实际，调查研究。本学期，我几乎每天都到学生寝室、餐厅、操场，观察问题，发现问题，与老师、学生交流沟通，虚心听取他们的意见和建议，只有这样，才可以证实自己的管理是否正确，因为服务对象和服务者，是管理者一切指令的受益者和实行者，只有他们的反映和实施的结果，才能准确地检验自己的指令是否正确，是否完善，以此来改变自己的管理工作。另外，还可以及时了解他们的需要、愿望和要求，可以从他们那里吸取智慧和营养，还能够使我尽快了解、熟悉生活区工作性质和特点，以最佳状态进入工作角色。

三、加强生活教师队伍建设，发扬团队精神，营造良好的工作氛围

生活区的工作要做到"学生满意、家长满意、学校满意"，生活教师队伍的整体素质很关键。必须有一支与学校办学理念保持一致的管理队伍和具有高尚品德，脚踏实地，热爱本职工作，热爱学生，具有服务意识和管理学生能力的生活教师队伍。本学期，通过竞聘，让能力较强的教师从事管理工作兼生活教师，加强了管理队伍的力量。为了提高全体员工的整体素质，我们加强了统一理念培训，业务（常规工作）培训等，基本上统一了思想，统一了认识，统一了观念，能够把学校的办学思想、办学思路，得到进一步的贯彻和落实，提高了对工作的责任感和责任心，提高了服务意识和管理能力。

四、建立健全各项规章制度，力求管理工作规范化、程序化

俗话说：没有规矩不成方圆，一个部门如果没有相应的规章制度，这个部门就会出现无序的混乱局面，如同一盘散沙，没有任何凝聚力和战斗力。本学期，根据生活区的工作性质和生活教师的工作特点，制定了生活教师奖金分配制度。目的是通过奖金的调整，调动大家的工作积极行、主动性和创造性，体现优质优酬、多劳多得的分配原则。对生活教师的考核，采用三级量化考核办法。

五、在生活管理中，加强德育服务含量，为学生打好做人的基础

"准军事化管理，平民化教育，德育人人，人人德育"是我校的办学理念。根据我校学生的情况，他们思想活跃，接受新事物快，家庭条件优越（物质生活、文化生活、教育条件、接受信息条件）。而现在他们正处在长身体、长知识时期，分辨是非能力较低，可塑性很强。在信息渠道多、传播快、覆盖面大的环境条件下，有些不健康的思想观念和生活方式，都会对他们产生不良影响。一些学生信仰模糊、法制观念淡薄，在前途理想、劳动观念、集体主义、组织纪律、艰苦奋斗、行为习惯、道德风貌等方面，都不同程度的存在一些问题。针对学生所存在的问题，我们采取了一下方法：

1. 对学生要"导"。（1）生活教师要以身作则，以自身良好品德修养，良好的行为习惯，文明的言谈举止，潜移默化地对学生产生着积极的影响。（2）对学生导理、导情、导行、导向。"晓之以理"从传授道德行为规范知识入手；"动之以情"从陶冶情感入手；"导之以行"从培养行为习惯入手；"炼之以志"从磨练意志入手。（3）引导学生自我教育、自我意识、自我评价、自我检查、自我体验、自我反省、自我监督、自我控制，提高学生自律能力。

2. 对学生要"管"。惰性，人皆有之，战胜惰性的关键就是训练。习惯的养成也只能不间

断的操练和约束。学生是教育的对象，严格要求，严格管理，坚持不懈是行为训练的必由之路。要使人的偶然行为巩固下来成为经常性习惯行为，一定要在明理中强化，在强化中明理。事实上这就是对学生爱的具体体现，当然，严格要求和管理，并不是简单、粗暴的体罚或训斥。

六、加强安全教育，消除安全隐患

安全是我们学校赖以生存和发展的基本保障体系，责任重于泰山。如何保障两千多名学生不发生安全事故，是对我们在座各位的严峻考验。本学期在全体员工的共同努力下，到目前为止，学生在生活区还没有发生一例人身安全事故。主要做了以下工作：

1. 贯彻落实校长对安全工作的要求和指示，加强安全意识，从思想上引起高度重视。

2. 建立安全事故责任制，进行从级管理，签订了助理、干事、组长安全责任书，生活教师对组长负责。形成从上之下的安全网络管理体系，使安全工作的落实得到了可靠的保障。

3. 安全工作重在教育，重在防范。我们加强对生活教师安全意识培训，更主要的是教育学生提高自身安全防范意识。

4. 在关键时段，我们进行重点防范。如下午第八节课后，有部分学生回寝室洗澡、洗衣服，这段时间是生活教师的松动时间，但是，为了学生的安全，只好牺牲休息时间，在楼层走动管理。

七、存在的问题

1. 对生活区的管理工作了解不够、认识不够，管理力度不够，有些工作检查、落实不到位。发生学生寝室物品丢失，浪费粮食现象，早操质量不高等。

2. 培训力度还不够，特别是在统一理念方面做得不够，导致个别员工工作责任心差，上班睡觉，空岗现象，对学生服务意识淡薄，管理学生方法粗暴简单，体罚学生等。

八、下学期工作打算

随着下学期学生人数的增加，工作难度和压力越来越大，怎样才能确保生活区这一方平稳，我认为应从以下几方面入手：

1. 首先要加强自身素质的提高，进一步熟悉生活区工作性质，研究生活区的工作的特点，根据学校的教学规律，做好各项工作的安排，重在抓落实。

2. 加强员工的理念培训和业务培训，不断完善对员工的考核制度和评价机制，加强常规工作(寝室、餐厅、早操)的检查力度，使劳动制度和工资制度有效的结合，奖惩分明，充分调动全体员工的工作积极性、主动性和创造性。

3. 加强学生的德育工作，从小事入手，培养学生良好的行为习惯。对学生要严格要求，严格管理，动之以情，晓之以理。继续加大对"六不规定"的检查力度，从源头杜绝学生的攀比之风和钱、物丢失现。

以上述职报告请各位领导、各位老师批评指正。

××学校校长助理　××

××××年××月××日

例文三

×××述职报告

市委组织部：

我于××××年元月调××市水利电力局任局长兼党委书记，至今刚满一年。一年来，在上级领导支持下，在局党委班子和全体同志们的共同努力下，我市水利建设在全省夺得"三连冠"。成绩的取得，虽与我个人的努力分不开，但原有的较好的工作基础和协调的领导班子，为我的工作提供了优越的客观环境，这是述职之前所要说明的。

下面，我依据个人目标管理责任制要求，将一年的主要工作陈述报告如下：

一、思想政治工作

作为单位负责人，我认为，要搞好其他各项工作，首先要善于抓好思想政治工作。如何抓好思想政治工作，我着重抓了以下两个方面：一是抓好领导班子自身以及所属单位领导班子的政治理论学习和组织生活会；二是通过机关党委抓好机关全体员工的政治理论学习和谈心活动。这方面的详细情况在这里就不赘述了。

二、机关建设和管理

在机关建设和管理方面，我注意从抓目标管理责任制入手，将省厅和市政府下达的水电工作任务，结合本市水利现状，把全局主要工作分为水利建设、水利管理、多种经营和企业生产、党的建设和精神文明建设四个方面，确定29项目标，层层分解，逐项落实到人。另外，我还注意抓好岗位责任制考核。今年我参与了两次大的考核活动（半年考核与年度考核），按照一级考核一级的原则，年终我考了四位副局长。考核力求客观准确、实事求是。如某副局长由于决策失误，给工作造成较大损失，考核时，按考核标准扣了10分。如何抓好考核成果的应用，我坚持了"三挂钩"原则，即考核结果与评先、评奖、干部升降挂钩。今年年终评选的先进工作者、记功人员都是在"优等"中产生。新提拔的两名科长也是在"优等"中选拔的。

三、水利管理和水利建设

这两项工作在全局工作中占的比重很大。如何搞好水利管理和建设，我做了以下几件事：水利建设方面。今年年初，我带领有关技术人员，下乡100多天，深入工地200多处，进行村组调查研究，创造性地提出了"四季办水利，常年不断线"的改革建议。四季办水利，充分利用了劳力资源，赢得了主动。为水利建设探索了新的路子。我市被评为全省水利建设先进市。××、××、××三县被评为全省先进县。××、××二县还被水利部授予全国水利先进县称号。当然，这些成绩的取得，不能归功于我个人，但其中有我的一份贡献，如在某些重大事情的决策指挥和组织协调过程中是起了一定作用的。

水利管理工作，农村实行责任制后，给水利管理带来了很多不利因素。如水利设施无人管，坏了无人修，尤其是盗窃水电器材的现象比较严重。如何克服这种水利管理上的混乱局面，我决定从"法治"入手，依据《水法》治水，并与有关部门联系，尝试在各县建立水利公安派出所。今年7个县的派出所已全部建立，有力地打击了破坏犯罪活动，这在全省是首创。另外，水费改革探索了新途径。我在××县搞了个水费改革试点，采用以物计费的办法，已取得成功，现在全市推广应用，其经验受到省里的高度评价。

四、出勤情况

我今年出勤计325天，下基层150天，防汛抗旱和夏秋冬修期间，基本上是吃住在第一线。

五、不足和教训

一是交流学习不够，全年未外出一次参观学习，耳目比较闭塞。如有些外地已取得的经验，没能及时了解学习，致使走了不少弯路；二是对全局干部的福利关心得不够，如住房、乘车等未按年初目标完成；三是工作方法不够讲究。对有些问题的处理不够冷静，做耐心细致的思想工作不够，造成一些不应产生的误会。今后需加强学习，提高领导艺术水平，明年工作争取更上一个台阶。

特此报告，请审查。

述职人：×××

××××年××月××日

简评：这是一篇书面述职报告。文章结构合理，行文符合写作要求，比较规范。

正文开头，简述政绩并予评价，但很快转入主体部分，用"下面，我依据……"一句作过渡，并用冒号领起。主体部分，采用并列结构，将材料分为五个方面表述，并以小标题标示各方面的内容要点，给人予清晰的印象。结尾使用"特此报告，请审查"作结。落款签署姓名和成文日期。

任务七　演讲稿

一、演讲稿的概念

演讲稿也叫演说辞，它是在较为隆重的仪式上和某些公众场所发表的讲话文稿。

演讲稿是进行演讲的依据，是对演讲内容和形式的规范和提示，它体现着演讲的目的和手段，演讲的内容和形式。

二、演讲稿的特点

1．内容上的现实性

演讲稿是为了说明一定的观点和态度的。这个观点和态度一定要与现实生活紧密相关。它讨论的应该是现实生活中存在的并为人们所关心的问题。它的观点要来自身边的生活或学习，材料也是如此。它得是真实可信，是为了解决身边的问题而提出和讨论的。

2．情感上的说服性

演讲的目的和作用就在于打动听众，使听者对讲话者的观点或态度产生认可或同情。演讲稿作为这种具有特定目的的讲话稿，一定要具有说服力和感染力。很多著名的政治家都是很好的演讲者，他们往往借肋于自己出色的演讲，为自己的政治斗争铺路。

3．特定情景性

演讲稿是为演讲服务的，不同的演讲有不同的目的、情绪，有不同的场合和不同的听众，这些构成演讲的情景，演讲稿的写作要与这些特定情景相适应。

4．口语化

演讲稿的最终目的是用于讲话，所以，它是有声语言，是书面化的口语。因此，演讲稿要"上口"、"入耳"，它一方面是把口头语言变为书面语言，即化声音为文字，起到规范文字、有助演讲的作用；另一方面，演讲稿要把较为正规严肃的书面语言转化为易听易明的口语，以便演讲。同时，演讲稿的语言应适应演讲人的讲话习惯，同演讲者的自然讲话节奏一致。

三、演讲稿的格式写法

演讲稿的结构通常包括开场白、正文、结尾三部分。

开场白是演讲稿中很重要的部分。好的开场白能够紧紧地抓住听众的注意力，为整场演讲的成功打下基础。常用的开场白有点明主题、交代背景、提出问题等。不论哪种开场白，目的都是使听众立即了解演讲主题、引入正文、引起思考。

演讲稿的正文也是整篇演讲的主体。主体必须有重点、有层次、有中心语句。演讲主体的层次安排可按时间或空间顺序排列，也可以平行并列、正反对比、逐层深入。由于演讲材料是通过口头表达的，为了便于听众理解，各段落应上下连贯，段与段之间有适当的过渡和照应。

结尾是演讲内容的收束。它起着深化主题的作用。结尾的方法有归纳法、引文法、反问法等。归纳法是概括一篇演讲的中心思想，总结强调主要观点；引文法则是引用名言警句，升华主题、留下思考；反问法是以问句引发听众思考和对演讲者观点的认同。此外，演讲稿的结尾也可以用感谢、展望、鼓舞等语句作结，使演讲能自然收束，给人留下深刻印象。

大多数演讲稿如同一篇议论文，有主要观点，有对主要观点的论证。一篇演讲稿最好只有一个主题，这是由演讲稿的特定情景性和时间性所决定的。在一个有限的时间段内，完全借助于语言、手势等向听众讲明一个问题或道理，同时又要说服听众，就要求在写作演讲稿时一定要突出主题、观点鲜明。

四、演讲稿对于演讲的作用

主要体现在以下几方面：

1. 整理演讲者的思路、提示演讲的内容、限定演讲的速度；
2. 引导听众，使听众能更好地理解演讲的内容；
3. 通过对语言的推究提高语言的表现力，增强语言的感染力。

例文一

莫言在法兰克福"感知中国"论坛上的演讲

2009 年 9 月 13 日

女士们、先生们：

下午好！

开了两天会，终于谈到了文学。（笑声）上个月，我因为胃出血住进了医院，出院以后身体虚弱，本来想跟有关方面打个招呼，在家养病，不来参加这个会议。但我妻子说：既然已经答应了别人，就应该信守承诺，尽管你一爬楼梯就冒虚汗，但我建议你还是要去。你若不去，对会议主办方很不尊重。听妻子话，我来了。我临出门的时候，妻子对我说：听说德国的高压锅特别好，你买一个带回来。（笑声）我这才明白她让我来的真正目的是让我来买锅。（笑声）我前天上午已经完成了任务，买了个高压锅在床头放着。（笑声）这次来呢，我还知道德国某些媒体给我上背上了一个黑锅——非常抱歉，可能给同传翻译的女士增加了困难，中国人将强加于自己的不实之词称为'背黑锅'——中国有一些小报经常这样干，经常造我的谣言。我没想到像德国这样号称严谨的国家的媒体也会这么干。（笑声，掌声）由此我也明白，全世界的新闻媒体都差不多。（笑声，掌声）这次我来法兰克福，收获很大，买回了一个银光闪闪的高压锅，同时卸下了一个黑锅。我是山东人，山东人大男子主义，如果一个男人听老婆的话会被人瞧不起的，我这次来才体会到老婆的话一定要听。（笑声，掌声）我如果不来，第一买不回高压锅，第二我的黑锅就要背到底了。我老婆的话体现了两个很宝贵的原则，一个是要履行承诺，答应了别人一定要做到；第二个就是别人好的东西我们要拿过来。德国的锅好，我们就买德国的锅。（掌声）我老婆的这两点宝贵品质值得很多人学习。前天晚上我给她发了个短信，把我这次的行动做了汇报。她给我回短信：再买一个高压锅。(笑声)两个高压锅太沉了！我就给她撒了一个谎：德国海关规定每个人只能买一个高压锅。假如我们的德国朋友不反对，不怕中国人把德国的高压锅买得涨价的话，我回去会利用我在中国的影响，写文章宣传德国锅的好处，让全中国的家庭主妇都让她们的丈夫来买锅。(笑声，掌声)

光说锅也不行，我们还得说文学。我认为优秀的文学作品是应该超越党派、超越阶级、超越政治、超越国界的。(掌声)作家是有国籍的，这毫无疑问，但优秀的文学是没有国界的。(掌声)优秀的文学作品是属于人的文学，是描写人的感情，描写人的命运的。它应该站在全人类的立场上，应该具有普世的价值。(掌声)像德国的作家：歌德的作品，托马斯·曼的作品、伯尔的作品、君特·格拉斯的作品、马丁·瓦尔泽的作品还有西格弗里德·伦茨的作品，这些作品我大部分都读过。我认为他们的作品就是具有普世价值的、超越了国界的文学。尽管他们描写的是中国读者并不熟悉的德国生活，讲的是德国的故事，但因为他们的作品在描述了德国生活的特殊性的同时，也表现了人类情感的共同性，因此他们的作品就获得了走向世界的通行证，因此他们的文学既是德国的文学也是世界的文学。我必须坦率地承认，中国当代文学中也就是从1949年到现在的文学当中，确实有一批作品是不具备世界文学的素质的。因为这批作品的作者受到了时代的限制，不敢也不愿意把他们心中的真实的情感表露出来。这种情况从上个世界的80年代发生了变化。尽管有很多人对中国最近30年来的文学的评价不高，包括德国的著名汉学家顾彬先生，他对我们最近30年来的当代文学评价很低。他有很多非常有名的说法，我在这里就不重复了。但是我个人认为最近30年来的中国当代文学取得了很大的成绩。我们写出了很多具有世界文学品质的优秀作品。中国当代文学之所以能在30年来取得了显著的进步和巨大的成绩，是因为我们中国作家30年来大胆地谦虚地向西方文学进行了学习，包括向德国作家的作品学习。但是向西方文学的学习并不意味着要照着西方文学的模式来克隆我们自己的小说、诗歌。在上世纪80年代中期，我们确实经过了简单模仿的阶段，但是这个阶段很快就过去了，因为我们很快就认识到了这样的模仿是没有出路的。你模仿君特·格拉斯模仿得再像，那有什么意义呢？那顶多说你是中国的君特·格拉斯；模仿马丁·瓦尔泽模仿得再像，也没有意义，顶多说你是中国的马丁·瓦尔泽。要取得自己的文学地位，就必须写出属于自己的与别人不一样的东西，一个国家的文学想要取得在世界文学中的地位，同样也要具备自己的鲜明的风格，跟别的文学在基本点上有共同的地方，但某些特性要十分鲜明。所以我想，中国文学既是世界文学一个构成部分，也是属于中国自己的，这才是对的。那如何实现这一个目标，这就需要我们在向中国古典文学、西方文学包括德国文学学习的同时，去发掘我们中国的老百姓日常生活当中所蕴藏着的创作资源，包括我们每一个人与别人不一样的亲身经验。然后在我们个人独特经验的基础之上，塑造出我们自己的人物系列，使用或者锤炼出属于我们自己的文学语言，创作出具有鲜明个性的小说或者诗歌。这样的话，作为一个作家才有可能取得自己在文坛当中的地位，作为一个国家的文学才有可能取得在世界文坛上的地位，但是这个目标目前还远远未能实现。我们尽管取得了很大的成绩，但是离我所想象的伟大的文学还有很大的差距。这就要求我们确实还是要继续谦虚地学习所有国家、所有民族的优秀文学作品，学习我们中国传统文学作品，更要深入到日常的最普遍的生活当中去，亲身体验，写出自己感触最深的、心中最痛的感觉，那么我们作品才有可能具有世界文学的价值，否则很难说我们写的到底是什么东西。

另外，我想谈一下文学多样化的问题。高压锅可以批量生产，而且越符合标准越好，便于修理嘛。文学最怕的就是批量生产。我确实没有资格对中国当代文学进行评价，因为在这

30 年来出现了成千上万的文学作家，出现了可以说是汗牛充栋的文学作品。如果一个人没有大量地阅读文学作品，要对它做一个总体性的评价是很冒险的也是很不负责的。我也没有兴趣过多地评论别人的作品，但是我有自己关于文学的标准，而且我按这个标准把作家分成好的和比较好的。我可以不喜欢某个作家，但是我无权干涉他的创作方式。如果我作为一个批评家，当然要尽量排除掉我个人的审美偏好，尽量客观地评价别人。但是我作为一个作家，我就可以非常个性化地选择我所喜欢的，不读我不喜欢的。刚才一位先生提到了作家和社会生活的关系，尤其是和政治之间的关系。好的文学、好的作家当然离不开社会生活。作为一个中国作家必须对中国社会所发生的一切保持一种高度的兴趣，而且有深入的了解和体验。你要对社会上所发生的各种各样的问题有一个自己的看法，这种看法可以和所有人都不一样。对于一个作家、对于文学来讲，最可贵的就在于它和所有人都不一样。如果我们所有的作家的看法都一样，那么这么多作家的存在价值就值得怀疑。在社会中，有的时候我们要强调一种共性，但是在文学当中确实要高度地强调个性。在国内，我做过的很多演讲都以文学的个性化与作家的个性化为题目。这也是 30 年来中国作家所做的巨大的努力，就是要从模式化的、公式化的、雷同的作品的套路中解脱出来。作家对社会上存在的黑暗现象，对人性的丑和恶当然要有强烈的义愤和批评，但是我们不能让所有的作家用统一的方式表现正义感。有的作家可以站在大街上高呼口号，表达他对社会上不公正的现象的看法，但是我们也要容许有的作家躲在小房子里用小说或者诗歌或者其他文学的样式来表现他对社会上这些不公正的黑暗的事情的批评，而且我想说对于文学来讲，有个巨大的禁忌就是过于直露地表达自己的政治观点，作家的政治观点应该是用文学的、形象化的方式来呈现出来。如果不是用形象化的、文学的方式，那么我们的小说就会变成口号，变成宣传品。所以我想，作家的政治态度，他对社会热点问题的关注确实跟政治家、社会学家的表现方式不一样，即便是作家队伍里面也应该有很多差异。我们确实没有必要强行要求所有的人都一样。最终我还是认为，归根结底，一个作家还是要用作品来说话，因为作家的职业决定了写作才是他最神圣的职责。如果一个人只有作家的名号，没有小说、诗歌，没有其他的文学作品，那么算个什么作家呢？什么叫作家？因为他写了作品。什么叫著名作家？因为他写了产生巨大影响的作品。什么是伟大作家？因为他写出了能够影响全人类的伟大作品。所以作家的名号是建立在作品的基础之上的。没有作品，那么你这个作家的身份是非常值得怀疑的。当然我想每个人都不彻底，我也不彻底。如果我彻底的话，那么我就应该像我的名字一样不要说话。所以我也不彻底，我也要说话。

最后我要再讲一个题外话，就是德国报纸所报道的关于我对某某参加会议的看法。有的报纸讲的很具体，什么我"不愿意跟他在一个房间"，等等。我看到这些报道有点莫名其妙。我 11 号下午下了飞机才知道这件事，而关于我对这件事的看法在 11 号之前已经在媒体上公布了，是怎么得来的？是谁采访的我？这件事我还真得谢谢我妻子，谢谢她让我来，如果我不来，真的说不清楚了。我觉得论坛嘛，谁都可以说话。已经是 21 世纪了，没有任何人能把谁的发言权剥夺。谁都可以发言，谁都可以在不影响到别人自由的情况下发表自己对所有问题的见解。当然，谁也都可以不发言。如果有人想用强制的手段剥夺别人这种权利，这是违反最基本的准则的。我是一个 50 多岁的人啦，也是一个号称写了很多小说的所谓的"著名作家"，不至于连最基本的常识都没有，说出那么荒唐的话来。

最后，我讲一个小故事。听说法兰克福是歌德的出生地。在中国，流传着一个非常有名的关于歌德的故事。有一次，歌德和贝多芬在路上并肩行走。突然，对面来了国王的仪仗队。

贝多芬昂首挺胸，从国王的仪仗队面前挺身而过。歌德退到路边，摘下帽子，在仪仗队面前恭敬肃立。我想，这个故事向我们传达的就是对贝多芬的尊敬和对歌德的蔑视。在年轻的时候，我也认为贝多芬了不起，歌德太不像话了。但随着年龄的增长，我慢慢意识到，在某种意义上，像贝多芬那样做也许并不困难。但像歌德那样，退到路边，摘下帽子，尊重世俗，对着国王的仪仗恭恭敬敬地行礼反而需要巨大的勇气。

谢谢大家！（热烈掌声）

例文二

人格是最高的学位

白岩松

很多年前，有一位学大提琴的年轻人去向本世纪最伟大的大提琴家卡萨尔斯讨教：我怎样才能成为一名优秀的大提琴家？卡萨尔斯面对雄心勃勃的年轻人，意味深长地回答：先成为优秀而大写的人，然后成为一名优秀和大写的音乐人再后就会成为一名优秀的大提琴家。

听到这个故事的时候我还年少，老人回答时所透露出的含义我还理解不多，然而随着采访中接触的人越来越多，这个回答就在我脑海中越印越深。

在采访北大教授季羡林的时候，我听到一个关于他的真实故事。有一个秋天，北大新学期开始了，一个外地来的学子背着大包小包走进了校园，实在太累了，就把包放在路边。这时正好一位老人走来，年轻学子就拜托老人替自己看一下包，而自己则轻装去办入学手续。老人爽快地答应。近一个小时过去，学子归来，老人还在尽职尽责地看守。谢过老人，两人分别！几日后是北大的开学典礼，这位年轻的学子惊讶地发现，主席台上就坐的北大副校长季羡林正是那一天替自己看行李的老人。

我不知道这位学子当时是一种怎样的心情，但在我听过这个故事之后却强烈地感觉到：人格才是最高的学位。这之后我又在医院采访了世纪老人冰心。我问先生，您现在最关心的是什么？老人的回答简单而感人：是老年病人的状况。

当时的冰心已接近人生的终点，而这位在"五四"爆发那一天开始走上文学创作之路的老人心中对芸芸众生的关爱之情历经近80年的岁月而依然未老。这又该是怎样的一种传统！

冰心的身躯并不强壮，即使年轻时也少有飒爽英姿的模样，然而她这一生却用自己当笔，拿岁月当稿纸，写下了一篇关于爱是一种力量的文章，然后在离去之后给我留下了一个伟大的背影。

今天我们纪念五四，80年前那场运动中的呐喊、呼号、血泪都已变成一种文字留在典籍中，每当我们这些后人翻阅的时候，历史都是平静地看着我们，这个时候，我们觉得80年前的事已经距今太久了。

然而，当你有机会和经过五四或受过五四影响的老人接触后，你就知道，历史和传统其实一直离我们很近。世纪老人在陆续地离去，他们留下的爱国心和高深的学问却一直在我们心中不老。但在今天，我还想加上一条，这些世纪老人所独具的人格魅力是不是也该作为一种传统被我们向后代延续？

前几天我在北大听到一个新故事，清新而感人。一批刚刚走进校园的年轻人，相约去看季羡林先生，走到门口，却开始犹豫，他们怕冒失地打扰了先生。最后决定，每人用竹子在季老家门口的土地上留下问候的话语。然后才满意地离去。

这该是怎样美丽的一幅画面！在季老家不远，是北大的博雅塔在未名湖中留下的投影，而在季老家门口的问候语中，是不是也有先生的人格魅力在学子心中留下的投影呢？只是在生活中，这样的人格投影在我们的心中还是太少。

听多了这样的故事，便常常觉得自己是只气球，仿佛飞得很高，仔细一看却是被浮云拖着；外表看上去也还饱满，肚子里却是空空。这样想着就有些担心了，怎么能走更长的路呢？于是，"渴望年老"四个字对于我就不再是幻想中的白发苍苍或身份证上改成 60 岁，而是如何在自己还年轻的时候，便能吸取优秀老人身上所具有的种种优秀品质。于是，我也更加知道了卡萨尔斯回答中所具有的深意。怎样才能成为一个优秀的主持人呢？心中有个声音在回答：先成为一个优秀的人，然后成为一个优秀的新闻人，再然后是自然地成为一名优秀的节目主持人。

我知道，这条路很长，但我将执着地前行。

例文三

竞选班长的演讲（演讲稿）

同学们：

你们好！

大家一定很惊奇，生性腼腆的我怎么会有胆量站在这里参加本届班长的竞选。在此之前，我也问过自己同样的问题，但经过激烈的思想斗争后，我终于战胜了自己，鼓足了勇气，报了名，我庆幸自己的选择，面对大家一双双充满希望。信任的眼睛，我更有信心了。

我是一个沉默寡言的人，不擅交际，有的同学说我清高，其实并不是这样。我很想为同学做点什么，为班级添一份光彩，也很想缩短与大家的距离，但我始终没有这个勇气。我很珍惜这次难得的机会，假如我当上班长，一定全心全意地为班级服务，我衷心地希望大家给我支持和帮助。

我没当过班干部，没有丰富的工作经验，没有一技之长，但我有颗为同学们服务的真心，有向同学们学习的诚心，有不断进取的信心。我想这些足以弥补我的不足，使我在工作中一帆风顺。

我们班在前几届班委会的领导下，在同学们的协助下，取得了很大成绩，受到学校和老师的好评。假如我当班长，不但要保持光荣传统，还要发扬光大；争创文明优秀班，争当升旗班，使大家在一种积极上进、心情舒畅的氛围中学习、生活。具体地讲，首先要加强纪律性，没有严格纪律的班级就像一盘散沙，没有战斗力，给我们的学习也必然会带来不良后果；其次，要在班级开展一系列活动，丰富同学们的课余生活，我打算每月举办一次演讲比赛，每周办一期黑板报，开一堂阅读欣赏课。我们班还要成立兴趣小组，利用课外时间开展科技活动，培养大家广泛的兴趣和各种能力，为祖国明天的辉煌打下坚实的基础。

这些只是我的初步设想，还有待于进一步与老师和同学们商量，使之完善。我深信：凭着一颗赤诚的心，凭着一腔沸腾的血，再加上我们的共同努力，我一定能把工作做好，我们一定能把班级建设好。不信吗？那就请给我一次证实的机会吧！

谢谢大家！

例文四

竞选生活部部长演讲稿

尊敬的老师，同学们：

大家好！

首先，感谢各位领导及学生会给我这次锻炼自我、展示自我的机会。我是来自××系××班的×××。今天我要竞选的是生活部部长。

我是一个责任心强，做事一丝不苟，能团结同学、助人为乐的人。大一期间，顺利进入我基础部学生会分会生活部。在此期间，积极配合我系领导及学生会工作，脚踏实地，认真对待每一件事。我将在各方面综合发展自己，提高自身修养，扎实专业知识成为可造之材。成为优秀的人，可能永远只是我的梦想，但我相信，让全基础部同学在我的努力下，变得更加优秀，这绝不是梦想！在我心目中学生会不是凌驾于同学之上的一个机构，而是大家的得力助手。换句话说，学生会就是在同学们最需要帮助的时候，能够挺身而出的代表学生利益的组织！生活部则负责文明寝食的评比；关心全体同学的归寝情况和人身、财产安全，以便在生活中发现问题，解决问题等事项。经过半学期的学生会工作更加肯定了我的这种想法。

现在，我觉得，我不是在竞争一个职位，而是在争取一个可以让自己更加努力奋斗的机会，一个能为别人多做点什么的平台。我肯定不是各方面最强的，但我可能是所有学生会的同学中，最好的组织者或服务者，自愿做出最大努力的人选。如果大家给我这个平台，我会还给大家一份满意。如果这其中的一个不是我，你们可以相信：我这一份努力的愿望会依然伴随着我，直到成功。我觉得，我已经从很多人的目光中读到了两个字，就是：信任！谢谢大家！有了这种信任，我觉得，结果，已经不重要了！

倘若有幸成为学生会中的一员，我会进一步完善自己，提高自己各方面的素质，要进一步提高自己的工作热情，以饱满的热情和积极的心态去对待每一件事情；要进一步提高责任心，在工作中大胆创新，锐意进取，虚心地向别人学习，广纳贤言，做到有错就改，及时接受好的意见，同时坚持自己的原则。充分利用自己的工作经验，制订合理完善的工作计划，对本部的各项工作进行全局的通盘考虑和部署。为本部门的工作能够得到最优化的安排尽自己最大的力量！

下面，先向各位老师介绍一下我的生活部简单工作计划：

一、和谐的环境，温馨的家，举行"文明宿舍，最佳宿舍，特色宿舍"评比月活动。

二、一如既往地开展好日常工作，做好宿舍卫生检查等与同学们生活密切相关的各项工作。

三、举行"雷锋学习日"活动，帮助身边每一位需要帮助的人，关爱他人，快乐自己。

四、为了强健身体增加同学间友谊，我们特举行"羽毛球联谊赛"，在运动中得到锻炼，体会乐趣。

五、看到校园道路上白色垃圾到处都有，教室垃圾随处可见，特举办"文明大学生，环境卫生不可少"签名活动，让大家重视起来，身体力行，努力做一名合格的高素质大学生。

这仅是我的初步计划，如果当选，在征得领导和学生会的同意后会进一步改革、创新。

我知道，再多的豪言壮语也只不过是一瞬间的智慧与激情，朴实的行动才是开在成功之路上的鲜花。我想，如果我当选的话，一定会言必行，行必果。

请各位评委给我一张信任的投票，给我一个施展才能的机会吧！再次谢谢大家。

例文五

学生会宣传部部长竞选演讲稿

尊敬的学校领导、老师、亲爱的同学们：

大家好！

我是来自××系××班的×××。我性格活泼开朗，处事沉着、果断，能够顾全大局。今天我很荣幸地站在这里表达自己由来已久的愿望："我要竞选学生会宣传部部长"。我在这里郑重承诺："我将尽全力完成学校领导和同学们交给我的任务，使学生会成为一个现代化的积极团体，成为学校的得力助手和同学们信赖的组织。"

我已经在宣传部工作了近一年的段时间，从工作中，我学会了怎样为人处世、怎样学会忍耐，怎样解决一些矛盾，怎样协调好纪检部各成员之间的关系，怎样处理好宣传部与其他部门之间的关系，怎样动员一切可以团结的力量，怎样提拔和运用良才，怎样处理好学习与工作之间的矛盾。这一切证明：我有能力胜任学生会宣传部部长一职，并且有能力把学生会发扬光大。

假如我当上了学生会宣传部部长，我要进一步完善自己，提高自己各方面的素质，要进一步提高自己的工作热情，以饱满的热情和积极的心态去对待每一件事情；要进一步提高责任心，在工作中大胆创新，锐意进取，虚心地向别人学习；要进一步的广纳贤言，做到有错就改，有好的意见就接受，同时坚持自己的原则。

假如我当上了学生会宣传部部长，我要改革学生会的体制。真正做到"优胜劣汰"，做到"日日清，周周结"，每周都对各部门的负责人进行考核，通过其部门的成员反应情况，指出他在工作中的优点和缺点，以朋友的身份与他商讨解决方案并制定出下阶段的计划。经常与他们谈心，彼此交流对生活、工作的看法，为把学生会工作做好而努力。开展主席团成员和各部长及负责人常做自我批评，自我检讨的活动，每月以书面材料形式存入档案。我还将常常找各部门的成员了解一些情况，为做出正确的策略提供可靠的保证。还要协调好各部门之间的关系，团结一切可团结的力量，扩大学生会的影响及权威。

假如我当上了学生会宣传部部长，我将以"奉献校园，服务同学"为宗旨，真正做到为同学们服务，代表同学们行使合法权益，为校园的建设尽心尽力。在学生会利益前，我们坚持以学校、大多数同学的利益为重，决不以公谋私。努力把学生会打造成一个学生自己管理自己，高度自治，体现学生主人翁精神的团体。

我知道，再多灿烂的话语也只不过是一瞬间的智慧与激情，朴实的行动才是开在成功之路上的鲜花。我想，如果我当选的话，一定会言必行，行必果。

请各位评委给我一张信任的投票，给我一个施展才能的机会！

例文六

我的中国梦演讲稿

现在，大家都在讨论中国梦，我以为，实现中华民族伟大复兴，就是中华民族近代以来最伟大的梦想。这是习近平总书记的中国梦。作为当代的大学生，身为天之骄子的我们的中国梦是什么呢？而我们又敢不敢梦呢？

答案是肯定的，我们大学生有什么不敢梦的，我们不仅要勇敢地梦，还要狠狠地梦。每一个时代，每一个人，都有自己的梦想。梦想因人而异，但我们的梦想都是建立在中国这块热土之上，我们可以统称为我的中国梦。我是文学院的一名大三学生，前一段时间莫言获得诺贝尔文学奖的消息给国人打了一针强心剂，终于圆了国人的诺贝尔情结。作为文学院的一名大学生，闻此消息，甚是欢喜。中国的现当代文学终于能够站上世界的舞台了。而以当一名作家为目标的我，更是欢呼雀跃。以莫言为榜样，以获得诺贝尔文学奖为最高追求目标，成了我的中国梦。在我迷茫，不知所措的时候，莫言得奖的消息给了我希望，让我重新燃起了斗志，重拾了最初的梦想。虽然我可能永远无法达到莫言的高度，我的这个中国梦也可能无法实现。但是这将成为我为之奋斗的目标，我前进的动力和毕生的追求。

我的中国梦，我的文学梦。很多人认为不能实现的梦想都是口号，没有任何实际意义。有时候梦想存在的价值并不在于它能否实现，而在于追逐的过程。我的中国梦建立在我们日益繁荣发展的文化之上，以祖国的强大为依托，为此我感到骄傲和自豪。我，一个新时代的大学生，我为我的中国梦自豪，为我们的祖国骄傲。当梦想照进现实，身处一个能让年轻人实现自我理想的时代，我很幸福！

习题：

1. 概念单选题（每个选择题有四个备选答案，其中只有一个是正确的）

（1）表述全局性的长远设想的文件，称作_____。

    A. 规划　　　　　　　B. 方案　　　　　　　C. 安排　　　　　　　D. 设想

（2）撰写的草案性计划，也可以称作_____。

    A. 打算　　　　　　　B. 要点　　　　　　　C. 安排　　　　　　　D. 设想

2. 概念多选题（每个选择题有四个备选答案，其中至少有两个是正确的）

（1）计划的特点是_____。

    A. 具有预见性　　　B. 具有计划性　　　C. 具有可行性　　　D. 具有指导性

（2）计划的写作要求是_____。

    A. 切合实际，统筹兼顾　　　　　　　　B. 突出重点，主次分明

    C. 层次清楚，格式规范　　　　　　　　D. 目标明确，步骤具体

3. 简述事务文书的特点和作用。

4. 写一份个人学习计划与学习总结。

5. 按照调查报告的要求，写一篇高职生课外阅读状况调查报告。

6. 按照述职报告的要求写一篇述职报告。

7. 述职报告与个人总结的区别有哪些？

8. 简报的特点有哪些？

9. 简报的写作内容有哪些？

项目三 行 政 公 文

项目要求：掌握行政公文的概念、特点、种类、行文规则及结构，学会写通知、通报、公告、通告、请示、批复、报告、函。

行政公文，即行政机关的公文，是行政机关在行政管理过程中形成的具有法定效力和规范体式的文书，是依法行政和进行公务活动的重要工具。

一、行政公文的特点

1. 公文由法定作者制发。
2. 公文的制发具有程序性。
3. 公文具有法定效力。
4. 公文具有规范的体式。

二、行政公文的种类

行政公文从不同的角度分类，可从不同的方面，揭示了公文的特征或属性。

（一）按适用范围来划分

公文一般有十三种：命令(令)、决定、公告、通告、通知、通报、议案、报告、请示、批复、意见、函和会议纪要。

（二）按行文方向来划分

可分为下行文、上行文和平行文。

（三）按缓急程度来划分

可分为特急、急件、一般文件三类。

（四）按保密级别来划分

可分为三个等级：绝密、机密和秘密。

三、行政公文的行文规则

（一）下行文规则

1. 政府各部门依据部门职权可以互相行文和向下一级政府的相关业务部门行文；除以函的形式商洽工作、询问和答复问题、审批事项外，一般不得向下一级政府正式行文。

2. 部门之间对有关问题未经协商一致，不得各自向下行文。如擅自行文，上级机关应当责令纠正或撤销。

3. 上级机关向受双重领导的下级机关行文，必要时应当抄送其另一上级机关。

4. 向下级机关或者本系统的重要行文，应当同时抄送直接上级机关。

（二）上行文规则

1. 请示应当一文一事；一般只写一个主送机关，需要同时送其他机关的，应当用抄送形式，但不得抄送其下级机关。

2. "报告"不得夹带请示事项。

3. 一般不得越级请示和报告。

4. 除上级机关负责人直接交办的事项外，不得以机关名义向上级机关负责人报送请示、意见和报告。

5. 受双重领导的机关向上级机关行文，应当写明主送机关和抄送机关。

（三）联合行文规则

1. 同级政府、同级政府各部门、上级政府部门与下一级政府可以联合行文；

2. 政府与同级党委和军队机关可以联合行文；

3. 政府部门与相应的党组织和军队机关可以联合行文；

4. 政府部门与同级人民团体和具有行政职能的事业单位也可以联合行文。

（四）其他行文规则

1. 属于部门职权范围的事务，应当由部门自行行文或联合行文。联合行文应明确主办部门。须经政府审批的事项，经政府同意也可以部门行文，文中应注明经政府同意。

2. 属于主管部门职权范围内的具体问题，应当直接报送主管部门处理。

四、行政公文的结构及组成

公文的结构指公文的组织构造，具有规范性和相对确定性。

1. 公文的基本组成部分

（1）标题。一份公文用以与其他公文相区别的名称。其主要作用是：概括揭示为受文者所关注的几方面内容，为查找利用与管理公文提供一个检索标识。

（2）正文。正文即公文的主体部分。用于系统表达受文者对特定事物获得明确认识所需要的信息。

（3）作者。又称发文机关，制发公文并对其负全责的机关的全称或规范化简称。

（4）日期。又称成文日期，指公文形成的具体时间，通常以领导者签发的时间为准，联合行文时以最后签发机关的领导人签发日期为准，特殊情况下以会议通过的时间、印发时间、批准时间作为公文形成的时间。

（5）印章或签署。印章实际上是指作为机关权力象征的印信在公文上留下的印记；签署则是指签发公文的领导人亲笔在正式发出的公文上所签注的姓名。

（6）主题词。主题词用以揭示公文基本内容并经过规范化处理的名词术语。

2. 公文的其他组成部分

（1）文头。又称版头，用于强调公文责任归属和权威性的标记。一般由作者全称或规范化简称后加"文件"二字构成。

（2）发文字号。它是指由作者对其制发的公文依次编排的顺序代码。

（3）签发人。代表机关核准并签发文稿的机关主要负责人的姓名。

（4）保密等级。它是公文涉密程度的标志。

（5）紧急程度。它是表明公文送达和办理时间要求的标志。

（6）主送机关。它是对所收受公文负实际责任的机关的全称、简称或统称。

（7）附件及其标记。附件指附属于正文的其他公文或材料，它使正文内容具体和完整化。

（8）抄送机关。对所收受公文一般不需承担直接办理、答复责任，而只需了解公文内容或者协助办理的机关或组织的全称、简称或统称。

（9）注释。又称为附注。主要用于标注秘密文件的阅读、传达范围，以适应工作和保密需要；也用于对正文中确需解释的名词术语或有关事项的解释说明。其作用是使正文更加简明。

（10）印发说明。它是对公文印制发出情况进行介绍。

任务一　通知

一、通知的概念

通知是上级机关向下级机关传达指示、批转下级机关的公文、转发上级机关和不相隶属机关的公文，布置工作与周知事项时所用的一种下行公文，有时也是告知有关单位需要周知或共同执行的事项的平行文种。

二、通知的种类

1. 发布性通知

法规性文件经有关部门制定以后，需要用通知的形式予以发布。这类通知的正文一般包括四个方面的内容：一是文件的由来；二是文件名称；三是希望和要求；四是附件。

2. 指示性通知

上级单位向下级单位对某一项工作的布置、要求、意见等往往用通知的形式传达。这种通知带有指令性，必须有根据、有目的、有任务、有要求。

3. 传达性通知

这种通知带有指示性、规定性，多用于上下级之间，职能部门与有关部门之间。对通知中的有关精神，必须遵照办理、贯彻执行。在写法上，一般是先交代问题的来龙去脉，再讲有关指示、意见、规定等，最后谈希望或要求。

4. 转发和批转性通知

上级或同级的来文要传达到下属单位贯彻执行，需要用通知的形式，这种通知叫转发型通知。其写法一般有二种：其一是照转照发。其二是除转发文件以外，再根据本地区、本部门的具体情况，提出一些具体要求和希望。上级领导部门转发下属单位的来文，如报告、请示、意见等所用的通知称为批转型通知。有的照批照转，有的加些指示性的意见。

5. 会议通知

会议通知要求以极其简短的文字，写明会议名称、目的、内容（日期、时间、地点、出席对象以及对出席者的要求等）。

6. 任免通知

即上级机关对于所任免的人员需要用通知行文任免和聘用。有的行政机关负责人的任免，除向规定范围发通知外，还要向社会公布。

三、通知的结构、写法

各种类型的通知各有不同的写法。以下介绍各类通知标题和正文的一般写法：

1. 标题

通知的标题有完全式和省略式两种。完全式标题是发文机关、事由、文种齐全的标题，省略式标题则根据需要省去其中的一项或两项。省略式标题有如下三种情况：

（1）省略发文机关。如果标题太长，可省略发文机关。如"关于县级市经济管理权限的通知"，这个标题便省略了发文机关。省略发文机关的标题很常见。如果是两个单位以上联合发文，不能省略发文机关。

（2）省略多余的"关于"和"通知"字样。发布性和批转性通知的标题由"发文机关＋发布（批转、转发）＋被发布文件标题＋通知"构成。被发布、批转、转发公文为法规、规章时，一般应加上书名号，有时由于被批转、转发公文标题中已有"关于"和"通知"字样，或者被批转、转发的公文标题比较长，这时，通知的标题一般可保留末次发布（批转、转发）文件机关和始发文件机关，省略去多余的"关于"和"通知"字样。否则，就会出现一个标题中有多个"关于"和"通知"的现象，显得很长，读起来也拗口。如："××县人民政府关于转发《××市人民政府关于转发〈××省人民政府关于转发人事部关于×××同志恢复名誉后享受××级待遇的通知〉的通知》"。这个标题有四个层次，用了三个"关于转发"，两个的"通知"，很不顺口。可把这个标题简化为"××县人民政府转发人事部关于×××同志恢复名誉后享受××级待遇的通知"。至于被省、地区等转发过的内容，可在转发意见中交待清楚。

（3）省略发文机关和事由。如果通知发文范围很小，内容简单，甚至张贴都可以，这样的通知标题可以省略发文机关和事由，只写文种"通知"二字。

2．正文

通知的正文主要包括原由、事项、要求三部分。主体在事项部分。下面分别介绍几种通知正文的写法。

（1）指示性通知的写法。指示性通知的正文，一般先写发文的原由、背景、依据；在事项部分，或写发布行政法规、规章制度、办法、措施等，或写带有强制性、指挥性、决策性的原则（或指示性意见）、具体工作要求等。指示性通知的事项，一般具有影响面较大、比较紧急和有一定的政策性的特点。

（2）批示性通知（批转、转发性通知）的写法。批转与转发性通知正文写法大体相同。可以把这两种通知称为"批语"，把被批转、转发的文件看做是通知的主体内容。批语的内容主要有如下三个方面：说明批转的目的或陈述转发的理由；对受文单位提出贯彻执行的具体要求；根据具体情况做出补充性的规定。

（3）事项性通知的写法。事项性通知正文的写作，要使受文单位了解通知的内容（即事项），以及做什么，怎样做，有什么要求。正文一般分三部分：

1）开头，一般是说明为什么要发此通知，目的是什么。

2）主体，即事项部分，将通知的具体内容一项一项列出，把布置的工作或需周知的事项，阐述清楚，并讲清要求、措施、办法等。这类通知多数用于布置工作，因此也有人称之为"工作通知"。

3）结尾，多提出贯彻执行要求，如"请遵照执行"，"请认真贯彻执行"，"请研究贯彻"等习惯用语，也有的通知结尾不写习惯用语。

（4）知照性通知的写法　知照性通知的正文，只要写清楚行文的依据、目的和事项即可。要求文字简练、明白。

（5）会议通知的写法　会议通知依据其不同类型，有不同的写法。通过文件传递渠道发出的会议通知，一般应写明召开会议的原因、目的、会议名称、主要议题、到会人员、会议及报到时间、地点、需要的材料等，通常采用条文式写法，要求内容周密、语言清楚、表述准确，不致产生歧义。

供机关、单位内部张贴或广播的周知性会议通知，正文开头可不写受文对象，应在通知事项中说明会议时间、地点、内容、准备材料及出席人员等。语言力求简短、明白。

（6）任免通知的写法。任免通知的写法比会议通知更为简单，一般的固定格式是：按任免决定写上任免人员即可。

四、特点

1. 使用范围具有广泛性

通知不受发文机关级别高低的限制；对通知的行文路线限制不严，主要作上级机关对下级机关、组织对所属成员的下行文，但平行机关之间、不相隶属的机关之间，有时也可使用通知知照有关事项；通知写作灵活自由，使用比较方便。

2. 文种功用多具有指导性

上级机关和组织向下级机关、组织用通知行文，都明显体现出指导性。特别是部署和布置工作、批转和转发文件等，都需明确阐述处理某些问题的原则和方法，说明需要做什么，怎样做，达到什么要求等。一部分通知对下级或有关人员有约束力，起指挥、指导作用；另一部分通知则主要起知照作用。

3. 有明显的时效性

通知事项一般是要求立即办理、执行或知晓的，不容拖延。有的通知如会议通知，只在指定的一段时间内有效。

例文一

指示性通知：

深圳市人民政府关于宝安龙岗两个市辖区有关税收政策问题的通知

深府[1993]1号

各区人民政府、市府直属各单位：

为了贯彻统一税法、公平税负、平等纳税的原则，以利于建立市场经济体制，促进经济的发展，现就宝安县撤县后的有关税收政策问题通知如下：

一、设在宝安、龙岗两区的所有企事业单位（含个体工商业户，下同），对其生产、经营的收入，统一征收产品税、增值税和营业税，具体政策按深圳经济特区现行有关规定执行。

二、设在宝安、龙岗两区的所有企事业单位，按照深圳经济特区的规定，一律按15%的税率征收企业所得税，免征地方所得税和地方附加税。

三、设在宝安、龙岗两区的所有企事业单位和个人，按照深圳经济特区的规定，统一征收房产税、车船使用税、城市维护建设税、印花税、特别消费税。

四、宝安、龙岗两区按照深圳经济特区的有关规定，征收个人所得税和个人收入调节税。

五、宝安、龙岗两区的各项税收优惠政策，除对地产地销产品减免税的规定不能执行外，其余均按照深圳经济特区的有关优惠政策执行。

六、深圳经济特区没有开征的税种，宝安、龙岗两区同样不予开征。

七、上述通知，从一九九三年一月一日起执行，过去的规定与本通知有抵触的，以本通知为准。

深圳市人民政府
××××年×月×日

简析：这是一篇指示性通知，正文第 1 段写通知原由，其后 7 段写通知事项，写得具体明确，语气肯定，条理清晰。须指出的是：成文时间应用汉字书写；发文字号应放在标题上方。

例文二

指示性通知：

关于开展职工读书月活动的通知

各县市区总工会（工会工委），市产业（企业集团）工会，市直机关工会，××学院工会、职业技术学院工会，中央、省驻德单位工会，市直各基层工会：

为进一步掀起职工学习热潮，推动全市"建高地、创和谐、做贡献"、"建高地、抓维权、促发展"、"建高地、亮绝活、争先锋" 三项活动（以下简称"三项活动"）深入开展，建设一支学习型、知识型、创新型职工队伍，市总工会决定，在 6 月份开展全市职工读书月活动。现将有关事项通知如下：

一、指导思想

以提高职工的思想道德素质和科学文化素质、建设学习型、知识型、创新型职工队伍为目标，通过职工读书月活动，履行工会的教育职能，培养职工的学习兴趣，养成以学习推动工作、以工作促进学习的行为习惯，增强学习能力、工作能力、创新能力，提高职工的科学文化水平和技术技能水平，激励更多的职工岗位成才、自学成才，推动"三项活动"的深入开展，为打造区域经济文化高地做出更大地贡献。

二、活动形式和内容

（一）开展"五个一"活动

在职工中开展"读一本好书、写一篇读后感、提一项合理化建议、练一项绝活（技能）、提升一个技术等级"为主要内容的"五个一"学习活动。

各基层工会可结合本单位、本系统的实际情况，根据提高经营管理水平、培育先进文化的实际需要，向职工推荐读一本好书。要帮助职工制定学习计划，并进行有效的检查和指导。要通过读书报告会、读书知识竞赛、读书论坛、读书辅导、读书沙龙、读书辩论会等多种形式，促进职工读书活动的深入开展。

各县市区、各产业工会要根据本地、本行业实际，制定切实可行的实施方案，周密部署，确保"五个一"活动取得实效。市总工会将适时对活动开展情况进行抽查。

（二）举办征文活动

以"三项活动"为主题，市总工会举办一次"亮亮我的绝活"、"和谐畅想"主题征文评选活动。记述广大职工参与"建高地、亮绝活、争先锋"活动的经验体会或令人难忘的故事，畅谈感想、感受。体裁不限，字数 1500 字左右。力求主题鲜明、观点正确、事例生动详实。每个县市区上报 3~5 篇征文，每个产业上报 2~3 篇征文，参与"建高地、亮绝活、争先锋"活动的 10 部门各上报 1~2 篇征文。市总工会将组织专人对征文进行评审，评选一、二、三等奖 20 篇，对优秀作品和获奖者进行通报表彰，并在《德州工会通讯》专刊上进行刊登。征文活动自 2010 年 6 月 10 起，至 2010 年 9 月 30 日止。

（三）开展职工书屋建设结对捐助活动

1. 结对捐助对象

市直机关工会结对捐助水电十三局国外工程以及国内重点项目建设工地农民工流动书屋建设。

市医务工会、市教育工会结对捐助市住建局市级重点项目建设工地农民工流动书屋建设。

市直其他产业工会可自愿结合，帮扶重点项目建设工地农民工流动书屋建设。各县市区可根据本地具体情况自行安排。

2. 捐赠要求

每名干部职工至少捐赠一本纸质书籍或影碟、光盘等电子类书籍。所捐书籍类别不限，如政治理论、法律法规、安全生产常识、科普知识、卫生保健、文化生活、文学艺术作品(小说、杂志)以及外语等方面图书，内容健康向上，适合广大职工阅读，能增长知识、陶冶情操、催人奋进。所捐书籍必须是正规出版社出版，书籍干净整洁、无残破污损，八成新以上。

3. 捐赠时间

市直机关工会、市医务工会、市教育工会按照捐赠要求分别收集捐赠图书，并对图书进行分类、归纳、整理、保管。市总工会将于6月上旬举办捐书仪式。

各县市区、各产业工会要抓好已建、新建职工书屋的规范化建设，充分利用职工书屋这一平台，积极引导职工开展读书自学活动，今年各单位至少要新建一处职工书屋，并于6月底建设完成投入使用。各单位新建职工书屋自建点名单请于6月10日前报市总工会宣教部。

(四) 举办"三项活动"宣传骨干摄影培训班

为使各级工会新闻宣传骨干能熟练地运用图片新闻的方式宣传报道"三项活动"，留存影像资料，市总工会决定举办"三项活动"宣传骨干摄影培训班。

1. 培训时间

2010年6月7日，培训地点另行通知。

2. 参加人员

各县市区总工会、各产业工会以及参与"建高地、亮绝活、争先锋"活动10部门具体负责新闻宣传的工作人员，自带数码相机参加培训。

3. 培训内容

(1) 理论授课：新闻摄影的基本理论知识；如何从新闻角度选取报道的题材和角度；新闻摄影技巧。由授课老师对学员带来的作品进行针对性点评，并进行重点讲解。

(2) 实际操作：根据老师传授的知识和技巧，选择一个企业的生产车间进行现场拍摄，再由老师进行点评。

4. 培训要求

(1) 各单位参加培训人员名单、联系电话于6月3日前报市总工会宣教部。

(2) 参加培训的人员自行拍摄照片5张，于6月3日前报市总工会宣教部。

三、几点要求

(一) 提高认识，精心部署，加强对职工读书月活动的组织领导。各级工会组织要从履行工会的教育职能、发挥工会"大学校"作用、全面提升职工队伍整体素质的高度，充分认识开展"职工读书月"活动的重要意义。把"职工读书月"活动作为推动"三项活动"深入开展、建设学习型、知识型、创新型职工队伍的重要措施，列入议事日程、精心组织、专人负责、周密计划、扎实推进。

(二) 发现和培养学习型职工典型，树立学习榜样，发挥典型的示范、引领作用。各级工会组织要及时发现和培养学习型职工典型，总结他们读书自学、成才立业的经验、做法，在广大职工中宣传、推广，以吸引更多的职工参与到读书活动中来，激发广大职工学习求知、建功立业热情。

（三）努力做好结合的文章。要把开展职工读书月活动与开展"三项活动"相结合，与"创建学习型组织、争做知识型职工"活动相结合，与职工职业道德建设活动相结合，与职工书屋规范化建设相结合，使职工读书月活动与其他工作相互促进，相得益彰，取得更大实效。

××市总工会办公室

××年×月××日

例文三

批示性通知（批转、转发性通知）：

国务院批转财政部等部门关于粮食政策性财务挂账停息报告的通知

国发[1994]62 号

各省、自治区、直辖市人民政府，国务院各部委、各直属机构：

按照《中共中央、国务院关于当前农业和农村经济发展的若干政策措施》（中发［1993］11 号）的要求，财政部、审计署、中国人民银行、国家粮食储备局针对各地清理 1991 年度粮食财务挂账的情况，对挂账停息的有关政策问题进行了认真研究，提出了处理意见。国务院同意财政部等部门《关于粮食政策性财务挂账停息的报告》，现批转给你们，请认真贯彻执行。

中华人民共和国国务院

一九九四年十一月二十九日

简析：这是一篇批转性通知。正文写对于各地清理 1991 年度粮食财务挂账的情况和挂账停息的有关政策问题，财政部等部门经认真研究之后，写出了《关于粮食政策性财务挂账停息的报告》，国务院批准、认可了这一报告，现将之转发给下属各机关执行。国务院的批转意见，使该报告具有了行政约束力。发文字号应放在标题之上。

例文四

事项性通知：

上海市第一商业局关于催报商品流通中不正之风检查处理情况的通知

各站、司、店、校、所：

今年 9 月 7 日，市人民政府曾以沪府发[20××]73 号文通知各单位，要求切实贯彻国务院《关于制止商品流通中不正之风的通知》，并将检查处理情况逐级上报市府。为此，请你单位按照市府通知要求，将有关情况，连同我局 8 月 25 日大会贯彻情况，于 11 月 20 日前书面汇报我局一式三份。要求如下：

一、汇报材料中，请着重说明局大会以后开展了哪几方面的工作，调查和处理了多少案件，重点案例的进展情况，收到了哪些效果等。

二、汇报内容应包括中纪委通知"关于杜绝'关系户'不正之风的要求"。

三、福利产品的检查情况，请各单位按市委"沪委[20××]26 号"通报精神，在 11 月 15 日前将清理情况另行报局(前已发文通知)。

以上各点希望按照执行。

××××年×月×日(公章)

简析：这是一则事项性通知。上级机关需要下级机关知道或办理某些事情时制发这种通知。通知事项要将要求下级机关知道或办理的事情写清楚，并具体说明如何办理，达到什么目的。本通知正文将催报查处情况的要求分条列项，以便下属单位遵照执行。文中个别字句尚有待推敲。

例文五

知照性(告谕性)通知：

关于公布我省国家级、省级文物保护单位保护范围和建设控制地带的通知

各市、县、自治县人民政府，省府直属有关单位：

根据《中华人民共和国文物保护法》有关规定，省人民政府同意省文化厅、文物管理委员会办公室制定的《广东省国家级、省级文物保护单位保护范围和建设控制地带》(共 154 处)，现予公布，请认真贯彻执行。

附：广东省国家级、省级文物保护单位保护范围和建设控制地带

广东省人民政府
××××年×月×日

简析：这是一则知照性通知。广东省人民政府根据《中华人民共和国文物保护法》规定，公布广东省国家级、省级文物保护范围和建设控制地带，要求下属各单位认真贯彻执行。正文文字简练，阐明了行文的依据、发文单位态度、事项和要求。

例文六

会议通知：

关于召开全省社会主义精神文明建设工作会议的通知

各市、县(区)党委和人民政府，省直有关单位：

省委、省政府决定召开的广东省社会主义精神文明建设工作会议，现定于 11 月 24 至 26 日在广州召开。现将有关事项通知如下：

一、会议的议题。

总结交流在深化改革、扩大开放，发展社会主义市场经济条件下，加强精神文明建设，促进两个文明建设协调发展的新经验；表彰一批在精神文明建设中取得显著成绩的文明单位和文明户标兵；研究在发展社会主义市场经济的新形势下，进一步加强社会主义精神文明建设的任务、对策和措施。

二、参加会议的人员。

1. 各地级市来 4 人，其中：市委或市政府主管精神文明建设工作的负责同志 1 人，市文明办或市委宣传部主管精神文明建设工作的负责同志 1 人，文明单位和文明户标兵代表各 1 人。

2. 各县(市、区)党委或政府主管精神文明建设工作的负责同志 1 人。

3. 省精神文明建设委员会成员。

4. 省直有关单位负责同志，省直文明单位代表和新闻记者（名单附后）。

三、请各市以地级市为单位，省直机关以省委机关工委、省府机关工委、省委高校工委、省军区、省农垦总局、民航中南管理局、广州铁路（集团）公司为单位，将参加会议同志的姓名、职务、性别于×月×日前用书面或电传送省委办公厅第二秘书处。参加会议的同志请于 11 月 23 日到××宾馆××号楼报到。

四、各市可来一辆工作用车。其余自带车辆司机食宿自理，大会不予安排。

五、需接车接机和需要购买回程车、机票的同志，请于×月×日在报名单时一并告知，亦可电话告知省委办公厅行政处。

中共广东省委办公厅
广东省人民政府办公厅
××××年×月×日

简析：这是一篇会议通知。正文先写依据、开会时间、地点。文种承启语后的事项部分，具体、周到地写了会议的议题、与会人员及有关问题。为与会人员赴会考虑得比较周到是本会议通知的一大特点，值得借鉴。

任务二　通报

一、通报的概念

通报适用于表彰先进、批评错误、传达重要精神或者情况。通报属下行公文。

二、通报的种类

1. 表彰性通报

主要用来表彰先进，介绍单位或个人成功的经验、做法，以学习先进，见贤思齐，改进与推动工作。

2. 批评性通报

用来批评后进，纠正错误，打击歪风，指出有关单位或个人存在的错误事实，提出解决办法或处理意见。

3. 情况通报

用于传达上级重要精神与重要情况；引起人们的警觉与注意，对当前的工作起指导作用。

三、通报的格式和写作要求

通报由标题、主送单位、正文、发文机关和日期组成。

1. 标题

由发文机关、事由、文种或事由、文种构成，如《国务院关于一份国务院文件周转情况的通报》、《关于人大建议、政协提案办理情况的通报》等。

2. 正文

表彰性通报和批评性通报一般分为四部分：

（1）主要事实。表彰性通报要突出主要先进事迹，批评性通报要抓住主要错误事实。

（2）分析指出事例的教育意义。表彰性通报，有在阐述先进事迹的基础上，提炼出主要经验、意义和值得学习与发扬的精神。批评性通报要分析错误的性质、危害，产生的根源和责任，指出应吸取的主要教训等。

（3）决定要求。表彰性和批评性的通报，应写明组织结论与予以表彰或处理的决定，同时提出对表彰或批评对象与读者的希望、要求。为了防范和杜绝类似错误发生，批评性通报的结尾处，通常要有针对性地提出防范的措施或规定。传达性通报一般不写决定要求。

（4）生效标识。在正文右下方标明发文机关名称，加盖印章，写明发文日期。

情况通报是用来传达重要精神、沟通重要情况。情况通报正文由三个部分构成：

（1）缘由与目的。情况通报的开头要首先叙述基本事实，阐明发布通报的根据、目的、原因等。

（2）情况与信息。主体部分主要用来叙述有关情况、传达某些信息，通常内容较多，篇幅较长，要注意梳理归类，合理安排结构。

（3）希望与要求。在明确情况的基础上，对受文单位提出一些希望和要求。这部分是全文思想的归结之处，写法因文而异，总的原则是抓住要点，切实可行，简练明白。

例文一

共青团××铁路局委员会
关于表彰周××等同志英勇救险事迹的通报

共青团员周××是××铁路局××分局××火车站客运三班的服务员。今年 4 月 30 日上午 9 时 30 分，她和班里的同志们正在站台上迎接即将进站的 365 次旅客列车。突然，在相距行进中的 356 次列车仅 50 余米的地方，一辆装有维修工具的三轮车经过道口时，因车轮卡入轨隙，连人带车翻倒在接车轨道的道心。眼看一场事故就要发生，周××同志迅疾冲上前去，扶起运送维修工具的骑车者，并拼尽全力将散落在轨道上的维修工具移到道旁。此时，客运三班的共青团员王××，服务公司青年职工赵××也火速赶来援救，合力将三轮车推出道外。356 次列车从他们身边呼啸而过，一场事故得以避免。

周××等三位同志不顾个人安危，英勇抢救同志生命，保护了列车的安全，充分体现了现代青年的精神面貌，为广大共青团员树立了好榜样。

为表彰周××等同志的英勇事迹，共青团××铁路局委员会决定，授予周××模范共青团员的光荣称号，同时给予共青团员王××、青年职工赵××通报表扬，并给予他们物质奖励。

希望全局共青团员、广大青年学习周××等三位同志将个人安危置之度外，奋力抢救同志生命和国家财产的无畏精神，积极做好本职工作，努力为社会主义现代化建设事业做出更大贡献。

特此通报。

共青团××铁路局委员会
二○××年×月×日

例文二

关于表彰××县粮食系统职工
干部抗洪救灾先进事迹的通报

各县粮食局、市粮食局各直属机关：

今年夏天，××遭受百年未遇的特大洪灾，该县粮食系统干部职工在滔滔洪水面前毫不退缩，奋不顾身抢救国家库存粮食 100 多万公斤，饲料 5 万多公斤，洪灾退后又清理库前淤泥 2000 多立方米，抢修电机 6 台。他们在灾难面前，以国家利益为重，充分表现了公而忘私、舍己为公的爱国精神和优秀品质。

为了表彰先进，市粮食局决定授予××县粮食局"粮食系统抗洪救灾先进集体"荣誉称号。

希望××县粮食系统戒骄戒躁，再接再厉，为国家的粮食事业做出更大贡献。全市粮食系统各单位和职工要以先进典型为榜样，讲大局，比贡献，积极参予灾后重建工作，为社会的和谐稳定奉献心血和力量。

特此通报。

××市粮食局（公章）

××××年×月×日

例文三

××省××厅

关于××油库漏油事故的通报

各地区（自治州）、市、县××局，省级各公司：

××石油供应站××油库，今年 2 月 25 日，先后进 60 槽车××××吨汽油，因输油管线爆裂，造成漏油××吨的严重事故。事故发生后，××市××局和省石油公司的领导以及有关人员先后几次到现场调查，并采取了善后措施，到 4 月 13 日回收漏油××吨。××地区××局于 5 月 11 日将此事故通报全区，指出："这次漏油事故的发生，是由于思想麻痹，忽视安全生产，岗位责任不清，制度不健全，安全措施不落实造成的。"

从省石油公司三次现场调查的情况看，这次事故发生的原因，既有油库安装工程质量问题，也有油库安全生产管理问题，而后者是主要的。

一、安装油管不注意工程质量，铺设油管下面泥土软硬不均，致面上复土下沉压弯油管；焊接油管使用可熔性差的焊条，焊接质量又不合格，以致油管受压爆裂。这是造成事故的间接原因。施工部门必须从这次事故中吸取教训，今后油库安装工程应严格按照质量标准施工，把好质量关。使用单位验收时，应严肃认真，不能马虎了事。

二、新油库第一次进油，按规定应在进油前进行设备带水负荷试运转和输油管线试泵压，并应根据工人技术熟练程度安排操作人员，组织接卸班子，制定工作措施。但××石油站有关领导没有这样做，这说明站的领导思想麻痹，忽视油库安全生产，这是造成事故的直接原因。

三、卸油长达 29 小时，漏油量大至××吨，中间经过几道环节，换了几次班，但参加卸油操作的工人、班组长、油库领导均没有发现漏油；事故发生后，责任分不清，究竟哪道环节，哪个人应负什么责任，都不明确。这说明油库的安全管理工作、工作制度均不健全，纪律不严，职责不清。

我们对事故发生原因的分析和事故责任的划分，主要是按照"三不放过"原则，弄清原因，吸取教训，并针对这些原因，采取有效措施，加强薄弱环节，改进工作，消除隐患，以保证今后安全生产。

××石油站和××油库，必须从这次事故中吸取教训，除继续处理好这次事故的善后工作外，更重要的是根据目前存在的问题，订出油库管理和安全生产的措施，并将具体内容于六月底前以书面形式报告我厅。

现随文转发省石油公司对这次事故的调查报告。各地商业部门也应从××油库发生的事故中吸取教训，对干部和职工进行安全教育，加强安全防范工作。

附件：省石油公司《关于××油库发生漏油事故的调查报告》

（公章）

二○××年×月×日

任务三　公告与通告

一、公告与通告的异同

《国家行政公文处理办法》明确规定，"公告"适用于向国内外宣布重要事项或者法定事项，"通告"适用于在一定范围内公布应当遵守或者周知的事项。

从上述定义和实际运用的情况来看，公告和通告有两个共同的特点：一是它们都属于公开性文件，在有效的范围，了解其内容的人越多越好。二是在写法上要求篇幅简短，语言通俗易懂、质朴庄重。当然，这两个文种也有比较明显的的区别：

1. 内容属性不同。公告用于"向国内外宣布重要事项或者法定事项"，兼有消息性和知照性的特点；与公告相比，通告的内容是"在一定范围内应当遵守或周知的事项"，具有鲜明的执行性、知照性。

2. 告启的范围不同。公告面向国内外的广大读者、听众，告启面广；通告的告启面则相对较窄，只是面向"一定范围内的"的有关单位和人员。

3. 使用权限不同。公告通常是党和国家高级领导机关宣布某些重大事项时才用，新华社、司法机关以及其他一些政府部门也可以根据授权使用公告。而通告则适用于各级行政机关和企事业单位。

目前，公告和通告这两个文种在实际运用中存在着比较严重的混乱现象。在报纸杂志中，在公共场所的招贴栏上，常常可以看到某某企业开业的《鸣谢公告》，《宣传产品质量的公告》，《补交电话费的公告》，《桥牌大赛通告》，《老干部体检的通告》，等等。无论从哪个角度来看，这些做法都是不规范、不妥当的，"鱼目混珠"的后果，使得这样两种具有法定效力的文件失了其对公众应有权威性和约束力。这种现象应该引起各级政府和企事业单位的注意。

二、公告与通告的一般写法

1. 公告的写法

地方各级政府和企事业单位是不能使用公告这一文种的。因此，对于公告的写法这里只做简要的介绍。首先，公告的标题通常是发文机关加文种。有的只写"公告"两字，落款写发文机关的名称，加盖公章。其次，公告的正文由公告的事由和公告事项两部分组成。一般情况下，不写结束语，全文要直陈意向，文字凝炼，不加议论。

2. 通告的一般写法

相对于公告，通告的使用比较普遍。对于现实生活中或工作中已经出现或可能出现的问题，如果机关团体、企事业单位认为需要让一定范围的人员明白或遵守，常常可以使用通告，如《××市人民政府关于公共场所禁止吸烟的通告》，《××市供电局、公安局关于严禁窃电的通告》、《××市劳动局关于禁止私招外地劳动力的通告》等。

（1）标题。通告的标题有三种形式：

1）发文机关+事由+文种。

2）发文机关+文种。

3）只标明文种名称，落款写发文机关全称，加盖公章。

（2）正文。通告正文的语气一般应比较平缓，语句平实，有时需要带上恳切要求协助或办理的语态。在结构上，通常可以分为三部分：

1）开头。说明发布通告的原因和目的。这部分提出的根据要充分，目的要明确，为下文提出"应该遵守和执行的事项"奠定基础。

2）中间。写通告的具体事项。如果通告事项涉及到的要求、措施较多，应该分项予以说明。分项说明宜采取递减法，由主及次，由大到小，以便读者或听众能够迅速、正确地领会文件的精神实质。通告的具体事项是要面向公众，要求公众周知和执行的。因此，要力戒表述上的主次不分或忽轻忽重，否则就会使人产生繁杂无序的感觉，不利于读者或听众迅速地、准确地理解文件的精神实质。

3）结尾。写执行的具体要求（包括时间、程度、范围等）。最后可以"特此通告"收束，也可以省略。

例文一

中国人民银行通告

明日起发行 1990 年版壹圆券人民币

经国务院批准，我行定于 1995 年 3 月 1 日起发行 1990 年版壹圆券人民币。

一、1990 年版壹圆券与 1980 年版壹圆券比较，总体设计不变，对局部图案和色调稍有调整，具有以下特征：

1. 由双面凹印改为正面单面凹印。

2. 正面：中间部位的底纹全部由假金色底纹代替了原来的黄色和桔黄色底纹。两侧部分的底纹全部由大红色代替了原来的大红色和黄色。背面：以桔黄色代替了假金色。

3. 年号由 1980 改为 1990。

二、新发行的 1990 年版壹圆券人民币与现行壹圆券人民币在市场上同时流通使用，任何单位和个人不得拒收其中任何一种人民币。

行长×××

一九九五年二月二十二日

例文二

国家税务总局公告

根据九届全国人大常委会第 11 次会议的决定和国务院第 272 号令，从 1999 年 11 月 1 日开始，我国恢复对储蓄存款利息征收个人所得税。按照有关规定，储蓄机构在 12 月 20 日对活期存款结息时，应依法代扣代缴储户应纳的个人所得税。为了正确执行我国政府与有关国家政府签订的税收协定，维护协定缔约国居民的合法权益，特公告如下：

一、凡在我国境内各内资商业银行、城乡信用社、邮政储蓄机构、外资银行等储蓄机构（以下简称储蓄机构) 存有人民币、外币活期存款的外籍储户，应在 2000 年 6 月 30 日前，持能证明其税收协定缔约国居民身份的有效证件，到开立储蓄存款账户的储蓄机构办理确认税收协定缔约国居民身份的手续，以便在活期存款结息时，按照税收协定规定的税率计算代扣代缴储户应纳的储蓄存款利息所得个人所得税。

二、对 2000 年 6 月 30 日前，仍未到储蓄机构办理确认税收协定缔约国居民身份手续的外籍储户，各储蓄机构在对其活期存款结息时，一律按 20%的法定税率计算代扣代缴储户应缴纳的储蓄存款利息所得个人所得税。

特此公告。

《中华人民共和国国务院公报》2000 年第 7 号

例文三

中华人民共和国财政部公告

（第 1 号）

根据《中华人民共和国国库券条例》，现就发行 1995 年 3 年期凭证式国库券公告如下：

一、1995 年 3 年期凭证式国库券从 3 月 1 日起开始发行，7 月 31 日结束。

二、凭证式国库券从购买之日起开始计息，到期一次还本付息，持满三年的，年利率为 14%，并实行保值贴补。

三、凭证式国库券可以计名、可以挂失，不上市流通。发行期结束后，持券人可以随时到原购买网点提前兑取。

四、凭证式国库券面向全社会公开发行，居民个人和其他投资者可到中国工商银行、中国农业银行、中国银行、中国人民建设银行、交通银行、邮政部门的储蓄网点和财政部门的国债服务部购买。

五、凭证式国库券采取单利方式计息，不计复利。

有关具体办法另行颁布。

特此公告。

中华人民共和国财政部
一九九五年二月二十二日

（第 2 号）

根据《中华人民共和国国库券条例》，现就发行 1995 年 3 年期无记名国库券公告如下：

一、1995 年 3 年期无记名国库券，票面年利率为 14.5%，从 3 月 1 日开始发行，3 月 20 日结束。

二、无记名国库券由证券经营机构承购包销后向社会公开销售，各类投资者均可购买。

三、无记名国库券发行结束后可以上市流通，但不记名，不挂失。

四、无记名国库券从 3 月 1 日起开始计息，采取单利方式，不计复利，到期一次还本付息，不实行保值贴补。

特此公告。

中华人民共和国财政部
一九九五年二月二十二日

任务四　请示、批复

一、请示

1. 请示的概念

请示是下级机关向上级机关请示指示和批准的公文文种。请示主要用于：

(1) 在实际工作中，遇到缺乏明确政策规定的情况需要处理。

(2) 工作中遇到需要上级批准才能办理的事情。

(3) 超出本部门职权之外，涉及多个部门和地区的事情，请示上级予以指示。

请示和报告既有相同之处，又有区别。相同之处是两个都是写给上级的上行文，公文里都有陈述意见，反映情况的内容。区别是：

(1) 时间有别。请示跟报告相比，时间要求更紧迫。请示写的情况是未解决的，属于将来时，报告写的情况是已做过的，属于过去时。

(2) 内容的侧重点有别。请示着重于请示批准，报告着重于汇报工作。

(3) 要求有别。请示要求上级必须回复，报告则不必，只供上级参考。

2. 请示的特点

(1) 期复性。在公文体系中，请示是为数不多的双向对应文体之一，与它相对应的文体是批复。下级有一份请示报上去，上级就会有一份批复发下来。不管上级是不是同意下级的请示事项，都必须给请示单位一个回复。因此可以说，写请示最直接的目的就是得到批复。

尽管请示者都有急于得到答复的心理，但是，也必须遵循行文规则，一般不得越级请示。特殊情况确实需要越级请示的，如经多次请示上级机关而长期未能解决问题，可以越级请示，但必须同时抄报给被越过的直接上级机关。

(2) 单一性。跟其他上行文相比，请示更要强调遵循"一事一报"的原则。在一份请示中，只能就一项工作或一种情况、一个问题做出请示，不得在一份公文中就若干事项请求指示和批准。如果确有若干事项都需要同时向同一上级机关请示，可以同时写出若干份请示，它们各自都是独立的文件，有不同的发文字号和标题。而上级机关则会分别对不同的请示做出不同的批复。

(3) 针对性。请示的行文，有很强的针对性。必须针对本机关没有对策、没有把握或没有能力解决的重要事件和问题，才能运用请示。不得动辄就向上级请示，那样看起来像是尊重上级，实际上却是把矛盾交给上级，而自己躲避责任的表现。

(4) 时效性。请示所涉及的情况和问题，都有一定的迫切性，应该及时写作、及时发出，如有延误，就有可能耽误解决的时机。相应地，上级机关在处理下级的请示时，也会注意到时效性问题，对请示做出及时的批复。

3. 请示的写法

(1) 标题。请示的标题可以由发文机关、事由、文种构成，如《××省人民政府关于增拨防汛抢险救灾用油的请示》。也可以由事由和文种构成，如《关于成立老干部办公室的请示》。

(2) 主送机关。请示的主送机关就是负责受理和答复请示的机关。请示在确定主送机关时，要注意以下三点：

1) 主送机关只能有一个。

2) 只能主送上级机关，不能送领导者个人。

3) 不得越级。

（3）正文。请示的正文由开头、主体、结语三部分构成。

1）开头。开头主要表述请示的缘由，是上级机关批复的主要依据。一般而言，这部分要写明所遇到的新情况、新问题，或自身没有能力解决的困难，要写得充分、恰当、具体。

2）主体。主体是表明请示事项的部分，也是请示最核心、最重要的部分。请求指示的请示，主体要写明想在哪些具体问题、哪些方面得到指示。请求批准的请示，要把要求批准的事项分条列款一一写明。如果在请求批准的同时还需要人、财、物等方面的支持和帮助，更需要把编制、数量、途径等表达清楚、准确，以便上级及时批准。

3）结语。请示的结语比较简单，在主体之后，另起一段，按程式化语言写明期复请求即可。期复请求用语常见的有"当否，请批示"，"妥否，请批复"。

例文一

关于申请对外承包劳务经营权资格的请示

××建工集团：

我公司是经国家建设部核定的工业与民用建筑工程施工一级资质企业，成立于 19××年×月。公司注册资本××××万元，现有职工××××多人，其中高级职称××人，中级职称×××人，机械设备 1000 多台，总功率 2.2 万千瓦。公司在区内外设有土建、设计、装饰、机械施工、设备水电安装、房地产、建筑工程监理、电脑软件开发等 10 多个分公司。在几内亚、赞比亚等国家设有经理部和全合资企业。20 世纪 90 年代以来，公司生产经营实现跨越式发展，主要经济技术指标位居××省同行业前列，被评为我省最大经营规模建筑企业十强第一名、中国 500 家最大规模和最佳经济效益施工企业，连续 9 年被评为"省重合同守信用企业"，荣获"全国先进建筑施工企业"、"全国施工技术进步先进企业"、"全国工程质量管理先进单位"、"全国建设系统精神文明建设先进单位"等光荣称号，两次荣获中国建筑工程质量最高奖"鲁班奖"。公司现年施工能力可完成工作量××亿元，竣工面积××多万平方米。

1998 年，我公司通过了 ISO-9002 国际质量体系认证，取得了走向国内外市场质量保证的通行证，企业管理与国际接轨。为拓展经营渠道，搞活国有企业，提高国有资产增值率，我公司现申请对外承包劳务经营权资格，申请对外经营范围为：

一、承包境外工业与民用建筑工程及境内国际招标工程。

二、建筑材料(产品)、设备出口。

三、对外派遣实施境外工程需要的劳务人员。

妥否，请批复。

××建工集团第×建筑工程有限责任公司

××××年××月××日

简析：这份请示充分陈述申请经营范围的理由，主要是表明公司的实力，展示公司获奖的状况，以充分的理由说服上级。

例文二

××××关于××项目招标方案核准的请示

××发展和改革委员会：

根据《××市招标投标条例》有关规定，现将××项目的《建设项目招标方案核准申报表》

及相关材料报送贵委，并就有关事项说明如下，请予以核准：

一、项目基本情况：包括项目建设内容、建设规模、投资估算、资金来源等。

二、……

附：相关材料目录

×××× (盖章)

××××年××月××日

例文三

关于××公司××项目申请核准的请示

××市发展和改革委：

××公司 (中方) 与××公司 (外方国别) 拟在我市 (合资/合作/独资) 设立××公司××项目，特上报关于该项目的请示、项目申请报告及其他相关附件。

项目情况概括如下：

一、项目概况：该项目属于××行业 (请参照产业指导目录查询对应行业)，项目中的×× (所生产的具体产品) 符合《外商投资产业指导目录 (2007 年修订)》鼓励类第××条第××款第××项中的 "……" (只针对性列明对应内容)，×× (所生产的具体产品) 符合允许类。

二、建设规模：项目建成后，主要产品为××，年产××个/套/吨/件，(各类主要产品年产能一一列出)；产品规格范围：×× (详细列出各类产品规格)。

三、主要建设内容：项目采用××原料，××技术，建设××生产线××条，建设××公用辅助设施 (公用工程)；引进××等进口设备××台套，采购××等国产设备××台套；新增/租赁××等建筑物总建筑面积××平方米，用工人数为××人；产品的工艺流程为：(各类主要产品的工艺流程一一列出)××　××　××　××。

四、项目投资及资金来源：

项目总投资××万美元，其中：设备采购 (含实物投资)××万美元 (进口设备××万美元、国产设备××万元[折××万美元])，流动资金××万美元，基建投资 (含交通及办公费用)××万美元。

注册资本为××万美元，其中：××公司以设备/现汇形式出资××万美元，占注册资本的××%；××公司以设备/现汇形式出资××万美元，占注册资本的××%，(各投资方出资情况一一列出)。总投资与注册资本的差额部分采用 (向××银行贷款/境外借款/发行股票或债券/企业自筹) 等方式筹措解决。

五、建设地点：按省国土厅/昆山市国土局《关于××项目的用地预审意见》(或《土地出让合同》) (文号)、××市规划局《建设项目选址意见书》(文号)，该项目选址位于××，用地总规模控制在××公顷 (亩) 以内。

六、环保及其他事项：按省环保厅/××市环保局《关于××的环评审批意见》(文号)，全面落实环保措施，做好环保工作，并按国家和省有关法律、法规的规定，做好消防、安全生产、职业卫生等其他相关工作。

七、经营期限和建设期：项目经营期限为××年；建设期为××年，自××年××月至××年××月。

特此请示，请予核准。

×× (企业/乡镇外资办) (签章)

××××年××月××日

二、批复

1．批复的性质和特点

批复是上级机关答复下级机关请示事项的答复性公文，具有权威性、针对性和指示性等特点：

（1）权威性。批复发自上级机关，代表着上级机关的权力和意志，对请示事项的单位有约束力，特别是那些关于重要事项或问题的批复，常常具有明显的法规作用。

（2）针对性。凡是批复，必须是针对下级机关请示事项而发，内容单纯，针对性强。

（3）指示性。批复的目的是指导下级机关的工作，因此批复在表明态度以后，还应当概括地说明方针、政策以及执行中的注意事项。

2．批复的写作

（1）标题。

1）关于发文单位。批复的发文单位即行文主体，既不能不写，也不能随意略写或简化。

2）关于事由。批复的事由大致有两种写法，一种是用表示关联范围的介词"关于"加上请示或批复的事项来表述，如《国务院关于1991—2000年全国治沙工程规划要点的批复》；另一种是在"关于"和请示或批复事项中间再插入一个表态动词"同意"来表述，如《国务院关于同意开放×××航空口岸的批复》。

（2）正文。批复的正文一般由三个部分组成：

1）引语。批复的开头通常要引述来文作为批复的依据，引述的方法有四种：

第一种是结合请示的日期引述，如"×年×月×日来文收悉"。

第二种是结合来文的日期和文号引述，如"×年×月×日×号文收悉"。

第三种是引来文日期和来文名称，如"×年×月×日《关于……的请示》收悉"。

第四种是引述来文日期和请示事项，如"×年×月×日关于……问题的请示收悉"。

2）主文。主文是批复的主体，这部分应针对下级机关请示的事项，表示同意与否的态度，有时还要阐述同意或不同意的理由。答复请示事项针对性要强，答复要明确具体，简明扼要，表达要准确无误。

3）结尾。是批复正文的最后部分，它的写法有三种：

第一种是提行写"此复"或"特此批复"。

第二种是写希望和要求，给执行请求事项的答复指明方向。

第三种是秃尾，就是请示事项答复完毕就告结束，此种结尾方法使用的频率越来越高。

要写好批复还应注意以下几点：

1）要核实请示缘由的真实性，研究请示所提意见或建议的可行性，有些情况应先做调查研究。

2）凡请示事项涉及其他部门或地区的问题，批复前都要与其协商，取得一致意见。

3）及时批复，以免贻误工作。对不按行文的正常渠道办理或一文多头的请示，应予以纠正，以免误事。

例文一

关于××××××有关问题的批复

××××××：

你公司《关于×××××××》（文号）收悉。鉴于××××××××××，根据××××××有关规定（依据），现就×××××××（主旨）有关问题批复如下：

一、原则同意××××××××。

二、××××××××(具体要求)。

请你们×××××××(提出进一步做好此项工作的要求，以及从长远或整体上提出有关要求)。

中国××(集团)总公司(印　章)

××××年××月××日

例文二

关于同意本市整顿住房建设收费取消部分收费项目的批复

京政函〔2001〕106号

市计委、市财政局、市物价局：

你们《关于贯彻落实〈国家计委、财政部关于全面整顿住房建设收费取消部分收费项目的通知〉有关问题的请示》(京计投资字〔2001〕1950号，以下简称《请示》)收悉。现批复如下：

一、原则同意你们的《请示》，具体工作由市计委、市财政局、市物价局负责组织实施。

二、取消外地企业进京施工管理费、预制构件质量监督费、建筑设计卫生评价费、勘察设计监督管理费、公园建设费、绿化建设费等收费项目；对成建制的从事建筑业的外来人员免收外地来京务工经商人员管理服务费。

三、对国家规定降低征收标准的收费项目，按以下标准征收：工程定额编制管理费，按管理工作量的 0.02%征收；征地管理费，按征地总费用的 1.5%征收；房屋拆迁管理费，按拆迁安置补偿费的 0.3%征收；对工程质量监督费，凡实行监理的工程，按监理工作量的 0.05%征收，凡不实行监理的工程，按监理工作量的 0.07%～0.175%征收。

四、同意将市政公用设施建设费和城市基础设施"四源"建设费合并为城市基础设施建设费。具体征收办法由市计委、市财政局、市物价局制订，报市政府批准。

北京市人民政府

二〇〇一年十一月二十七日

简析：这是一则既表态又有指示的批复。来文先引标题和文号，便于收文者明确这是自己哪篇请示的批复。然后对请示表态，并对实施中的部分问题作了指示。

任务五　报告

一、报告的概念

报告适用于向上级机关汇报工作、反映情况、提出意见或者建议，答复上级机关的询问。报告属上行文，一般产生于事后和事情过程中。

二、报告的种类

1. 综合性报告

是将全面工作或一个阶段许多方面的工作综合起来写成的报告。它在内容上具有综合性、广泛性，写作难度较大，要求较高。

2. 专题性报告

是针对某项工作、某一问题、某一事件或某一活动写成的报告，在内容上具有专一性。

3．回复报告

是根据上级机关或领导人的查询、提问作出的报告。

三、报告的写作格式

1．综合性报告的写法

（1）标题。事由加文种，如《关于 2003 年上半年工作情况的报告》；报告单位、事由加文种，如《东北师范大学教务处关于 2003 年度工作情况的报告》。

（2）正文。把握三点：

1）开头，概括说明全文主旨，开门见山，起名立意。将一定时间内各方面工作的总情况，如依据、目的，对整个工作的估计、评价等作概述，以点明主旨。

2）主体，内容要丰富充实。作为正文的核心，将工作的主要情况、主要做法，取得的经验、效果等，分段加以表述，要以数据和材料说话，内容力求既翔实又概括。

3）结尾，要具体切实。写工作上存在的问题，提出下步工作具体意见。最后可写"请审阅"或"特此报告"等语作结。

2．专题报告的写法

（1）标题。由事由、文种组成，如《关于招商工作有关政策的报告》。有的报告标题也可标明发文机关。标题要明显反映报告专题事由，突出其专一性。

（2）正文。可采用"三段式"结构法。以反映情况为主的专题工作报告主要写情况、存在的问题、今后的打算和意见；以总结经验为主的专题工作报告主要写情况、经验，有的还可略写不足之处和改进措施；因工作失误向上级写的检查报告主要写错误的事实、产生错误的主客观原因、造成错误的责任、处理意见及改进措施等。结尾通常以"请审核"、"请审示"等语作结。

3．回复报告的写法

（1）标题。与前两种报告大体相同。

（2）正文。根据上级机关或领导的查询、提问，有针对性作出报告，要突出专一性、时效性。

四、报告的写作要求

（1）写综合报告应注意抓住重点，突出主要矛盾和矛盾的主要方面。在此基础上列出若干观点，分层次阐述。说明观点的材料要详略得当，以观点统领材料。

（2）专题报告，要一事一报，体现其专一性，切忌在同一专题报告中反映几件各不相干的事项和问题。

（3）切忌将报告提出的建议或意见当作请示，要求上级指示或批准。

例文一

中国人民银行××市××区分行关于发现变相货币的报告

银×字〔2001〕××号

市人行：

　　最近，我区内××专科学校用计划外收入资金，发给教职工每人 100 元购物券。据了解，这是该校与××百货商场商妥，用支票付给××百货商场20000元，教职工凭该校发给的购物券到××百货商场选购商品。据了解该购物券共印一百张，上有编号和学校财务公章，但未标明金额，购物有效时间为12月15日—12月25日。因购物券已在规定时间内购齐商品而销毁，故我们未见到实样。

为此我们先后向××专科学校和××百货商场指出，上述购物券虽未标明金额，但仍属于变相货币，是违反国家现金管理规定的。这两个单位表示承认错误，并保证今后不再发生此类问题。

根据总行关于"禁止发行变相货币的规定"，特此报告。

中国人民银行××市××区分行

××××年××月××日

简析：这则情况报告写得简明。现报告情况，在写他们对该事情的处理过程，最后写报告依据。需要说明的是，报告依据可写在开头，但根据该报告内容，写在结尾，充当尾语，可使报告更为简洁。

例文二

××省人民政府办公厅

关于我省清理整顿统一着装工作情况的报告

×政办函〔1992〕223号

国务院统一着装管理委员会：

根据你委着装办字〔1992〕5号要求，现将我省清理整顿统一着装工作情况报告如下：

1991年7月26日省政府办公室下发了《关于进一步清理整顿统一着装的通知》(×政办发〔1991〕55号)，省监察厅、财政厅、审计局根据通知精神，组成了省清理整顿统一着装办公室，开展了全省性的清装工作。经过我省各级监察、财政、审计部门的共同努力，1991年12月，整个清装工作基本结束。

今年2月20日，省财政厅根据国务院着装委《关于印发〈国务院统一着装管理委员会第一次全体会议纪要〉的通知》要求，以×财行字〔1992〕3号文上报了《关于清理整顿统一着装工作情况的报告》，省监察厅也于3月25日向监察部报告了此项工作情况。国务院着装委〔1992〕国着装委字2号、3号文下发后，鉴于我省前段清装工作与上述文件精神基本一致，省财政厅、监察厅已分别写了专门报告，所以未再报告工作情况。

关于养路费征收和路政管理人员的着装问题，因当时有关规定不够明确，故确定"暂缓清理"。今年8月接到国务院着装委〔1992〕国着装委字4号文后，我们立即着手进行调查研究，并部署开展了清理工作，目前正在进行中。待工作结束后，另文上报清理情况。特此报告。

××省人民政府办公厅

一九九×年×月×日

简析：这则答复报告写得简明。文分三层：一是报告工作进程；二是解释前面工作已由两厅报告过情况；三是就其中未能完成项陈述原因。

例文三

关于××××××××有关工作情况的报告

××××(主送单位)：

根据×××××要求(或××××以来)，我们××××××(概述工作背景或基本情况)。现将有关工作的进展报告如下：

一、××××××(工作进展情况)。

二、××××××(主要做法及存在的问题)。

三、××××××(下一步的工作思路)。

特此报告。

联系人：×××　　　电话：×××

附件：

一、××××××

二、××××××

三、××××××

（印　章）

××××年××月××日

例文四

××市商务局

关于××百货大楼发生重大火灾事故的报告

××省商务厅：

××××年2月20日上午9点20分，××市××百货大楼发生重大火灾事故，现将有关情况报告如下：

事故的直接原因是××××事故发生后，市消防队××××事故未造成人员伤亡××××。

市商务局副局长带领有关人员赶到现场调查处理××××。

这次事故的发生与××百货公司领导及员工安全意识淡薄××××，商务局已下令该百货公司认真整改，杜绝隐患，并通报全市商务系统吸取教训，防患于未然。

专此报告。

××市商务局(公章)

××××年二月二十五日

例文五

国务院总理温家宝政府工作报告

各位代表：现在，我代表国务院，向大会报告政府工作，请各位代表审议，并请全国政协委员提出意见。

一、2011 年工作回顾

过去的一年，面对复杂多变的国际政治经济环境和艰巨繁重的国内改革发展任务，全国各族人民在中国共产党领导下，同心同德，团结奋进，改革开放和社会主义现代化建设取得新的重大成就。

国内生产总值 47.2 万亿元，比上年增长 9.2%；公共财政收入 10.37 万亿元，增长 24.8%；粮食产量 1.14 万亿斤，再创历史新高；城镇新增就业 1221 万人，城镇居民人均可支配收入和农村居民人均纯收入实际增长 8.4% 和 11.4%。我们巩固和扩大了应对国际金融危机冲击成果，实现了"十二五"时期良好开局。

一年来，我们主要做了以下工作：

（一）加强和改善宏观调控，遏制物价过快上涨，实现经济平稳较快发展。

我们实施积极的财政政策和稳健的货币政策，坚持正确处理保持经济平稳较快发展、调整经济结构和管理通胀预期的关系，更加注重把握好政策实施的重点、力度和节奏，努力做到调控审慎灵活、适时适度，不断提高政策的针对性、灵活性和前瞻性。

在全球通胀预期不断增强，国际市场大宗商品价格高位波动，国内要素成本明显上升，部分农产品供给偏紧的严峻形势下，我们把稳定物价总水平作为宏观调控的首要任务，坚持综合施策，合理运用货币政策工具，调节货币信贷增速，大力发展生产，保障供给，搞活流通，加强监管，居民消费价格指数、工业生产者出厂价格指数涨幅从 8 月份起逐月回落，扭转了一度过快上涨势头。

下半年，世界经济不稳定性不确定性上升，国内经济运行出现一些新情况新问题，我们一方面坚持宏观调控的基本取向不变，保持宏观经济政策基本稳定，继续控制通货膨胀；一方面适时适度预调微调，加强信贷政策与产业政策的协调配合，加大结构性减税力度，重点支持实体经济特别是小型微型企业，重点支持民生工程特别是保障性安居工程，重点保证国家重大在建、续建项目的资金需要，有针对性地解决经济运行中的突出矛盾。

我们坚定不移地加强房地产市场调控，确保调控政策落到实处、见到实效。投机、投资性需求得到明显抑制，多数城市房价环比下降，调控效果正在显现。我们高度重视防范和化解财政金融领域的潜在风险隐患，及时对地方政府性债务进行全面审计，摸清了多年形成的地方政府性债务的总规模、形成原因、偿还时限和区域分布。这些债务在经济社会发展中发挥了积极作用，形成了大量优质资产；也存在一些风险隐患，特别是部分偿债能力较弱地区存在局部性风险。

我们认真开展债务清理整顿和规范工作，严格控制增量，积极稳妥解决债务偿还和在建项目后续融资问题。目前，我国政府性债务水平是可控的、安全的。总的看，我国国民经济继续朝着宏观调控预期方向发展，抗风险能力不断增强，呈现增长较快、价格趋稳、效益较好、民生改善的良好态势。

（二）加快转变经济发展方式，提高发展的协调性和产业的竞争力。

我们坚持有扶有控，促进结构调整和优化升级，增强发展后劲。巩固和加强农业基础。全面落实强农惠农富农政策，加大农业生产补贴力度，稳步提高粮食最低收购价，加强以农田水利为重点的农业农村基础设施建设，开展农村土地整治，加强农业科技服务和抗灾减灾，中央财政"三农"支出超过 1 万亿元，比上年增加 1839 亿元。农业全面丰收，粮食总产量实现了历史罕见的"八连增"，连续 5 年超万亿斤，标志着我国粮食综合生产能力稳定跃上新台阶。

继续推进农村危房改造，解决了 6398 万农村人口的饮水困难和 60 万无电地区人口的用电问题，农村生产生活条件进一步改善。加快产业结构优化升级。大力培育战略性新兴产业，新能源、新材料、生物医药、高端装备制造、新能源汽车快速发展，三网融合、云计算、物联网试点示范工作步伐加快。企业兼并重组取得新进展。

支持重点产业振兴和技术改造，中央预算投资安排150亿元，支持4000多个项目，带动总投资3000亿元。加快发展信息咨询、电子商务等现代服务业，新兴服务领域不断拓宽。交通运输产业快速发展，经济社会发展的基础进一步夯实。

推进节能减排和生态环境保护。发布实施"十二五"节能减排综合性工作方案、控制温室气体排放工作方案和加强环境保护重点工作的意见。清洁能源发电装机达到2.9亿千瓦，比上年增加3356万千瓦。加强重点节能环保工程建设，新增城镇污水日处理能力1100万吨，5000多万千瓦新增燃煤发电机组全部安装脱硫设施。加大对高耗能、高排放和产能过剩行业的调控力度，淘汰落后的水泥产能1.5亿吨、炼铁产能3122万吨、焦炭产能1925万吨。

实施天然林保护二期工程并提高补助标准，实行草原生态保护奖补政策，开展湖泊生态环境保护试点。植树造林9200多万亩。

促进区域经济协调发展。深入实施区域发展总体战略和全国主体功能区规划。出台实施促进西藏、新疆等地区跨越式发展的一系列优惠政策。制定实施新10年农村扶贫开发纲要和兴边富民行动规划。区域发展协调性进一步增强，中西部和东北地区主要经济指标增速高于全国平均水平，东部地区产业转型升级步伐加快。

城镇化率超过50%，这是中国社会结构的一个历史性变化。胜利完成四川汶川特大地震灾后恢复重建任务，积极推进青海玉树、甘肃舟曲、云南盈江抗灾救灾和恢复重建工作。

(三) 大力发展社会事业，促进经济社会协调发展。

各级政府加大对科技、教育、文化、卫生、体育事业的投入，全国财政支出2.82万亿元。持续提升科技创新能力。加强基础研究和前沿技术研究。实施国家科技重大专项，突破一些关键核心技术，填补了多项重大产品和装备的空白。天宫一号目标飞行器与神舟八号飞船先后成功发射并顺利交会对接，成为我国载人航天发展史上新的里程碑。

扎实推进教育公平。深入贯彻落实教育改革和发展规划纲要。经过25年坚持不懈的努力，全面实现"两基"目标。免除3000多万名农村寄宿制学生住宿费，其中1228万名中西部家庭经济困难学生享受生活补助。建立起完整的家庭经济困难学生资助体系。初步解决农民工随迁子女在城市接受义务教育的问题。

推动实施"学前教育三年行动计划"，提高幼儿入园率。大力发展职业教育。加强中小学教师培训工作，扩大中小学教师职称制度改革试点，提高中小学教师队伍整体素质。首届免费师范生全部到中小学任教，90%以上在中西部。

大力加强文化建设。中央财政加大对文化惠民工程的支持，各地对公益性文化事业投入显著增加。扩大公共文化设施免费开放范围，服务面逐步拓展。文化体制改革继续推进，文化产业快速发展。文物保护、非物质文化遗产保护和传承取得重要进展。大力加强群众体育设施建设，全民健身活动蓬勃开展，体育事业取得新成绩。

积极稳妥推进医药卫生事业改革发展。基本医疗保险覆盖范围继续扩大，13亿城乡居民参保，全民医保体系初步形成。政策范围内住院费用报销比例提高，重大疾病医疗保障病种范围进一步扩大。各级财政对城镇居民医保和新农合的补助标准由每人每年120元提高到200元。国家基本药物制度在政府办基层医疗卫生机构实现全覆盖，基本药物安全性提高、价格下降。公立医院改革试点有序进行。基层医疗卫生服务体系基本建成。基本公共卫生服务均等化取得新进展。

（四）切实保障和改善民生，解决关系群众切身利益的问题。

我们坚持民生优先，努力使发展成果惠及全体人民，促进社会公平正义。实施更加积极的就业政策。多渠道开发就业岗位，全力推动以创业带动就业，加强职业技能培训和公共就业服务体系建设。加大财政、税收、金融等方面支持力度，着力促进高校毕业生、农民工等重点人群就业。高校毕业生初次就业率 77.8%，同比提高 1.2 个百分点。农民工总量 2.53 亿人，比上年增长 4.4%，其中，外出农民工 1.59 亿人，增长 3.4%。

积极调整收入分配关系。着力提高低收入群众收入。农村居民人均纯收入实际增速为 1985 年以来最高，连续两年快于城镇居民；各地普遍较大幅度调高最低工资标准；连续第 7 年提高企业退休人员基本养老金，全年人均增加 1680 元，5700 多万人受益；进一步提高城乡低保补助水平以及部分优抚对象抚恤和生活补助标准，对全国城乡低保对象、农村五保供养对象等 8600 多万名困难群众发放一次性生活补贴；建立社会救助和保障标准与物价上涨挂钩的联动机制。扩大中等收入者所占比重。

个人所得税起征点从 2000 元提高到 3500 元。降低 900 多万个体工商户税负。中央决定将农民人均纯收入 2300 元(2010 年不变价)作为新的国家扶贫标准，比 2009 年提高 92%，把更多农村低收入人口纳入扶贫范围，这是社会的巨大进步。

加强社会保障体系建设。社会保障覆盖范围继续扩大，全国参加城镇基本养老保险、失业保险、工伤保险和生育保险人数大幅增加。2147 个县(市、区)实施城镇居民社会养老保险试点，1334 万人参保，641 万人领取养老金。2343 个县(市、区)开展新型农村社会养老保险试点，3.58 亿人参保，9880 万人领取养老金，覆盖面扩大到 60%以上。

解决了 500 多万名集体企业退休人员养老保障的历史遗留问题。将 312 万名企业"老工伤"人员和工亡职工供养亲属纳入工伤保险统筹管理。养老保险跨地区转移接续工作有序推进。社会保障体系不断健全，向制度全覆盖迈出重大步伐，这是推进基本公共服务均等化取得的重要成就。

大力推进保障性安居工程建设。出台关于保障性安居工程建设和管理的指导意见，完善财政投入、土地供应、信贷支持、税费减免等政策，着力提高规划建设和工程质量水平，制定保障性住房分配、管理、退出等制度和办法。中央财政安排资金 1713 亿元，是 2010 年的 2.2 倍，全年城镇保障性住房基本建成 432 万套，新开工建设 1043 万套。

努力维护社会公共安全。加强安全生产监管，做好重特大安全事故的处置、调查、问责工作。完善食品安全监管体制机制，集中打击、整治非法添加和违法生产加工行为。坚持以人为本、服务为先，加强和创新社会管理，着力排查化解各类社会矛盾，依法打击违法犯罪活动，保持社会和谐稳定。

（五）深入推进改革开放，为经济社会发展注入新的活力和动力。

我们按照"十二五"规划提出的改革任务，加大攻坚力度，推动重点领域和关键环节的改革。完善公共财政体系特别是预算管理制度，把预算外资金全部纳入预算管理，扩大国有资本经营预算实施范围，深化部门预算改革，推进政府预算、决算公开，98 个中央部门和北京、上海、广东、陕西等省市公开"三公经费"。在全国范围实施原油、天然气资源税从价计征改革，出台营业税改征增值税试点方案。把跨境贸易人民币结算范围扩大到全国，启动境外直接投资人民币结算试点，开展外商直接投资人民币结算业务。

深化集体林权制度改革，启动国有林场改革试点，依法开展草原承包经营登记。推进水利建设管理体制改革，创新水资源管理体制。深化国有企业改革。启动实施电网主辅分离改革重组以及上网电价和非居民用电价格调整方案。基本完成乡镇机构改革。事业单位分类改革有序开展。

我们坚持出口和进口并重，利用外资和对外投资并举，全面提升开放型经济水平。积极推进市场多元化战略，努力优化贸易结构。全年货物进出口总额3.64万亿美元，增长22.5%，其中，出口增长20.3%，进口增长24.9%，贸易顺差进一步下降。实际使用外商直接投资1160亿美元，服务业和中西部地区比重提高。企业"走出去"步伐加快，非金融类对外直接投资601亿美元。积极参与国际和区域经济合作，多边双边经贸关系继续深化。我们在民主法制建设、国防和军队建设、港澳台工作和外交工作等方面，都取得了卓有成效的进展。

过去一年的成绩来之不易，显示了中国特色社会主义的优越性和生命力，增强了中华民族的自豪感和凝聚力。这是以胡锦涛同志为总书记的党中央科学决策、正确领导的结果，是全党全军全国各族人民齐心协力、顽强拼搏的结果。

我代表国务院，向全国各族人民，向各民主党派、各人民团体和各界人士，表示诚挚的感谢！向香港特别行政区同胞、澳门特别行政区同胞、台湾同胞和海外侨胞，表示诚挚的感谢！向关心和支持中国现代化建设的各国政府、国际组织和各国朋友，表示诚挚的感谢！

我们也清醒地看到，我国经济社会发展仍然面临不少困难和挑战。从国际看，世界经济复苏进程艰难曲折，国际金融危机还在发展，一些国家主权债务危机短期内难以缓解。主要发达经济体失业率居高难下，增长动力不足，新兴经济体面临通货膨胀和经济增速回落的双重压力。主要货币汇率剧烈波动，大宗商品价格大幅震荡。国际贸易投资保护主义强化。从国内看，解决体制性结构性矛盾，缓解发展不平衡、不协调、不可持续的问题更为迫切、难度更大，经济运行中又出现不少新情况新问题。

主要是：经济增长存在下行压力，物价水平仍处高位，房地产市场调控处于关键阶段，农业稳定发展、农民持续增收难度加大，就业总量压力与结构性矛盾并存，一些企业特别是小型微型企业经营困难增多，部分行业产能过剩凸显，能源消费总量增长过快。一些长期矛盾与短期问题相互交织，结构性因素和周期性因素相互作用，国内问题和国际问题相互关联，宏观调控面临更加复杂的局面。

政府工作仍存在一些缺点和不足，节能减排、物价调控目标没有完成；征地拆迁、安全生产、食品药品安全、收入分配等方面问题还很突出，群众反映强烈；政府管理和服务水平有待提高，廉政建设亟需加强。我们一定要以对国家和人民高度负责的精神，采取更加有力的措施，切实解决存在的问题，努力把各项工作做得更好，决不辜负人民的重托。

二、2012 年工作总体部署

今年是"十二五"时期承前启后的重要一年，也是本届政府任期的最后一年。我们要恪尽职守、锐意进取、攻坚克难、决不懈怠，交出一份人民满意的答卷。

我国发展仍处于重要战略机遇期，在较长时期内继续保持经济平稳较快发展具备不少有利条件。工业化、城镇化和农业现代化快速推进，消费结构和产业结构升级蕴藏着巨大的需求潜力；经过30多年改革开放，我国发展建立了良好的物质基础和体制条件，宏观调控经验不断丰富，企业竞争力和抗风险能力明显提高；东部地区创新发展能力增强，中西部地区和东北等老工业基地发展潜力有序释放；经济发展的传统优势依然存在，劳动力资源丰富、素质提高；财政收支状况良好，金融体系运行稳健，社会资金比较充裕。

世界经济政治格局正在发生深刻变化，和平、发展、合作仍然是时代潮流，总体上有利于我国和平发展。我们要坚定信心，善于运用有利条件和积极因素，继续抓住和用好重要战略机遇期，推动经济平稳较快发展，不断增强我国的综合国力和国际影响力。

我们要高举中国特色社会主义伟大旗帜，以邓小平理论和"三个代表"重要思想为指导，深入贯彻落实科学发展观，坚持稳中求进，加强和改善宏观调控，继续处理好保持经济平稳较快发展、调整经济结构和管理通胀预期的关系，加快推进经济发展方式转变和经济结构调整，着力扩大国内需求特别是消费需求，着力加强自主创新和节能减排，着力深化改革开放，着力保障和改善民生，全面推进社会主义经济建设、政治建设、文化建设、社会建设以及生态文明建设，努力实现经济平稳较快发展和物价总水平基本稳定，保持社会和谐稳定，以经济社会发展的优异成绩迎接党的十八大胜利召开。

今年经济社会发展的主要预期目标是：国内生产总值增长 7.5%；城镇新增就业 900 万人以上，城镇登记失业率控制在 4.6%以内；居民消费价格涨幅控制在 4%左右；进出口总额增长 10%左右，国际收支状况继续改善。同时，要在产业结构调整、自主创新、节能减排等方面取得新进展，城乡居民收入实际增长和经济增长保持同步。

这里要着重说明，国内生产总值增长目标略微调低，主要是要与"十二五"规划目标逐步衔接，引导各方面把工作着力点放到加快转变经济发展方式、切实提高经济发展质量和效益上来，以利于实现更长时期、更高水平、更好质量发展。提出居民消费价格涨幅控制在 4%左右，综合考虑了输入性通胀因素、要素成本上升影响以及居民承受能力，也为价格改革预留一定空间。综合考虑各方面情况，要继续实施积极的财政政策和稳健的货币政策，根据形势变化适时适度预调微调，进一步提高政策的针对性、灵活性和前瞻性。

继续实施积极的财政政策。保持适度的财政赤字和国债规模。今年拟安排财政赤字 8000 亿元人民币，赤字率下降到 1.5%左右，其中中央财政赤字 5500 亿元人民币，代发地方债 2500 亿元人民币。优化财政支出结构、突出重点，更加注重向民生领域倾斜，加大对教育、文化、医疗卫生、就业、社会保障、保障性安居工程等方面的投入。更加注重加强薄弱环节，加大对"三农"、欠发达地区、科技创新和节能环保、水利、地质找矿等的支持。更加注重勤俭节约，严格控制"三公经费"，大力精简会议和文件，深化公务用车制度改革，进一步降低行政成本。

继续控制楼堂馆所建设规模和标准，压缩大型运动会场馆建设投入。全面加强对重点领域、重点部门和重点资金的审计。实施结构性减税。认真落实和完善支持小型微型企业和个体工商户发展的各项税收优惠政策，开展营业税改征增值税试点。继续对行政事业性收费和政府性基金进行清理、整合和规范。加强地方政府性债务管理和风险防范。按照分类管理、区别对待、逐步化解的原则，继续妥善处理存量债务。进一步清理规范地方政府融资平台公司。坚决禁止各级政府以各种形式违规担保、承诺。同时，把短期应对措施和长期制度建设结合起来，严格控制地方政府新增债务，将地方政府债务收支分类纳入预算管理。

继续实施稳健的货币政策。按照总量适度、审慎灵活的要求，兼顾促进经济平稳较快发展、保持物价稳定和防范金融风险。综合运用各种货币政策工具，调节好货币信贷供求，保持社会融资规模合理增长。广义货币预期增长 14%。优化信贷结构，支持国家重点在建、续建项目和保障性安居工程建设，加强对符合产业政策、有市场需求的企业特别是小型微型企业的信贷支持，切实降低实体经济融资成本。

继续严格控制对高耗能、高污染和产能过剩行业的贷款。完善人民币汇率形成机制，增强人民币汇率双向浮动弹性，保持人民币汇率在合理均衡水平上的基本稳定。大力发展外汇市场，丰富外汇产品。为市场主体提供更多的汇率避险工具，管好用好外汇储备。建立健全系统性金融风险防范和监管协调机制，增强抵御风险能力。加强跨境资本流动监控。规范各类借贷行为，引导民间融资健康发展。

全面做好今年的工作，必须坚持突出主题、贯穿主线、统筹兼顾、协调推进，把稳增长、控物价、调结构、惠民生、抓改革、促和谐更好地结合起来。稳增长，就是要坚持扩大内需、稳定外需，大力发展实体经济，努力克服国内外各种不稳定不确定因素的影响，及时解决苗头性、倾向性问题，保持经济平稳运行。控物价，就是要继续采取综合措施，保持物价总水平基本稳定，防止价格走势反弹。

调结构，就是要有扶有控，提高经济增长质量和效益，增强发展的协调性和可持续性。惠民生，就是要坚持把保障改善民生作为工作的根本出发点和落脚点，把促进社会公平正义放在更加突出的位置，切实办成一些让人民群众得实惠的好事实事。抓改革，就是要以更大的决心和气力推进改革开放，着力解决影响经济长期健康发展的体制性、结构性矛盾，在一些重点领域和关键环节取得新突破。以开放促改革、促发展、促创新。促和谐，就是要正确处理改革、发展、稳定三者关系，积极有效化解各种矛盾和风险隐患，防止局部性问题演变成全局性问题，促进社会和谐稳定。

三、2012 年主要任务

（一）促进经济平稳较快发展

扩大内需特别是消费需求是我国经济长期平稳较快发展的根本立足点，是今年工作的重点。着力扩大消费需求。加快构建扩大消费的长效机制。大力调整收入分配格局，增加中低收入者收入，提高居民消费能力。完善鼓励居民消费政策。大力发展社会化养老、家政、物业、医疗保健等服务业。鼓励文化、旅游、健身等消费，落实好带薪休假制度。积极发展网络购物等新型消费业态。支持引导环保建材、节水洁具、节能汽车等绿色消费。扩大消费信贷。加强城乡流通体系和道路、停车场等基础设施建设。加强产品质量安全监管。改善消费环境，维护消费者合法权益。

不断优化投资结构。保持投资稳定增长，促进投资和消费良性互动。认真落实国务院关于鼓励引导民间投资新 36 条，出台具有可操作性的实施细则。加强政府投资对结构调整的引领作用，优先保证重点在建、续建项目，有序推进国家重大项目开工建设。把好土地、信贷、节能、环保、安全、质量等准入和审核关，加强对重大项目特别是政府和国有投资项目的监管、督查，提高投资质量和效益。

（二）保持物价总水平基本稳定

这是关系群众利益和经济社会发展全局的重点工作。要在有效实施宏观经济政策、管好货币信贷总量、促进社会总供求基本平衡的基础上，搞好价格调控，防止物价反弹。

增加生产、保障供给。继续把控制食品价格过快上涨作为稳定物价的重点。落实好"米袋子"省长负责制和"菜篮子"市长负责制，保障主要农产品供给。大中城市要有合理的菜地保有量，稳定和提高本地应季蔬菜自给水平，同周边地区和优势产区协作建设"菜篮子"产品基地。加强重要商品产运销衔接，完善政府储备和商业储备体系，做好主要农产品收储和投放，增强市场调控能力。

搞活流通、降低成本。严格执行蔬菜等鲜活农产品运输绿色通道政策。认真落实对农产品批发市场、集贸市场、社区平价菜店等的扶持政策，鼓励城市连锁超市、高校、大型企业、社区与农产品流通企业、专业合作社、种养大户对接，减少流通环节，增加零售网点，充分发挥流通主渠道作用。

深化流通体制改革。扩大物流企业营业税差额纳税试点范围，完善大宗商品仓储设施用地税收政策。调整完善部分农产品批发、零售增值税政策，推动流通标准化、信息化建设。要多管齐下，切实把流通效率提上去、中间成本降下来，真正让生产者和消费者都得到好处。

加强监管、规范秩序。重点加强对食品、药品价格和医疗、通信、教育等服务收费的监督检查，坚决治理交通运输领域乱收费乱罚款，纠正大型零售商业企业违规收费行为，严厉查处发布虚假信息、囤积居奇、操纵价格、恶意炒作等违法行为。把握好舆论导向，正确引导社会预期。

（三）促进农业稳定发展和农民持续增收

在工业化和城镇化发展进程中，要更加重视农业现代化。必须坚持把解决好"三农"问题作为各项工作的重中之重，进一步加大强农惠农富农政策力度，巩固和发展农业农村好形势。

稳定发展农业生产，多渠道增加农民收入。继续开展粮食稳定增产行动，稳定粮食种植面积，着力提高单产。引导农民调整结构，扩大紧缺、优质农产品生产，支持蔬菜、肉蛋奶、水产品等生产。农业补贴要继续增加总量，提高标准，扩大范围，完善机制，新增补贴重点向种养大户、农民专业合作社及各种生产服务组织倾斜。

继续提高粮食最低收购价，今年小麦、稻谷最低收购价平均每50公斤分别提高7.4元和16元。健全主产区利益补偿机制，增加粮油、生猪等重要农产品生产大县奖励补助资金。实施新10年农村扶贫开发纲要，按照新的国家扶贫标准，全面做好扶贫开发工作，加大集中连片特殊困难地区扶贫开发力度，让扶贫对象更多地分享改革发展成果。

加快农业科技进步。农业的根本出路在科技。要大力推动农业科技创新，加大对良种繁育、疫病防控、农产品质量安全等关键技术研发和应用的支持力度。加快推进基层农技推广服务体系改革和建设，健全乡镇或区域性农业公共服务机构。完善农业技术补贴制度，促进先进适用农业技术到田到户。建好现代农业示范区，推进高产创建和标准化创建。加快农业机械化步伐。

加强农业农村基础设施建设。今年中央财政用于"三农"的投入拟安排12287亿元，比上年增加1868亿元。要搞好灌区配套改造和小型农田水利建设，大力发展节水农业，加大土地开发整理复垦力度，大规模建设旱涝保收高标准基本农田。加快中小河流治理、小型水库除险加固和山洪地质灾害综合防治。加强农村水电路气以及文化体育等基础设施建设，推进农村环境治理，加快农村危房改造，继续改善农村生产生活条件。

深化农村改革。坚持农村基本经营制度不动摇。要认真搞好土地确权登记颁证。土地承包经营权、宅基地使用权、集体收益分配权是法律赋予农民的财产权利，任何人都不能侵犯。加强土地承包经营权流转管理和服务，发展适度规模经营。严格保护耕地。制定出台农村集体土地征收补偿条例。扶持发展农民专业合作社、产业化龙头企业，开展多种形式的农业社会化服务，发展农业保险，提高农业产业化、组织化程度。深化农村综合改革。推进国有农场、林场体制改革。

（四）加快转变经济发展方式

解决发展不平衡、不协调、不可持续的问题，关键在于加快转变经济发展方式，推进经济结构战略性调整，这既是一个长期过程，也是当前最紧迫的任务。

促进产业结构优化升级。推动战略性新兴产业健康发展。建立促进新能源利用的机制，加强统筹规划、项目配套、政策引导，扩大国内需求，制止太阳能、风电等产业盲目扩张。发展新一代信息技术，加强网络基础设施建设，推动三网融合取得实质性进展。大力发展高端装备制造、节能环保、生物医药、新能源汽车、新材料等产业。扩大技改专项资金规模，促进传统产业改造升级。

以汽车、钢铁、造船、水泥等行业为重点，控制增量，优化存量，推动企业兼并重组，提高产业集中度和规模效益。落实并完善促进小型微型企业发展的政策，进一步减轻企业负担，激发科技型小型微型企业发展活力。实施有利于服务业发展的财税、金融政策，支持社会资本进入服务业，促进服务业发展提速、比重提高、水平提升。

推进节能减排和生态环境保护。节能减排的关键是节约能源，提高能效，减少污染。要抓紧制定出台合理控制能源消费总量工作方案，加快理顺能源价格体系。综合运用经济、法律和必要的行政手段，突出抓好工业、交通、建筑、公共机构、居民生活等重点领域和千家重点耗能企业节能减排，进一步淘汰落后产能。加强用能管理，发展智能电网和分布式能源，实施节能发电调度、合同能源管理、政府节能采购等行之有效的管理方式。

优化能源结构，推动传统能源清洁高效利用，安全高效发展核电，积极发展水电，加快页岩气勘查、开发攻关，提高新能源和可再生能源比重。加强能源通道建设。深入贯彻节约资源和保护环境基本国策。开展节能认证和能效标识监督检查，鼓励节能、节水、节地、节材和资源综合利用，大力发展循环经济。加强环境保护，着力解决重金属、饮用水源、大气、土壤、海洋污染等关系民生的突出环境问题。努力减少农业面源污染。严格监管危险化学品。

今年在京津冀、长三角、珠三角等重点区域以及直辖市和省会城市开展细颗粒物(PM2.5)等项目监测，2015年覆盖所有地级以上城市。推进生态建设，促进生态保护和修复，巩固天然林保护、退耕还林还草、退牧还草成果，加强草原生态建设，大力开展植树造林，推进荒漠化、石漠化、坡耕地治理，严格保护江河源、湿地、湖泊等重要生态功能区。加强适应气候变化特别是应对极端气候事件能力建设，提高防灾减灾能力。坚持共同但有区别的责任原则和公平原则，建设性推动应对气候变化国际谈判进程。我们要用行动昭告世界，中国绝不靠牺牲生态环境和人民健康来换取经济增长，我们一定能走出一条生产发展、生活富裕、生态良好的文明发展道路。

促进区域经济协调发展。实施区域发展总体战略和主体功能区规划，充分发挥各地特色和优势，进一步提高区域发展的协调性和基本公共服务均等化水平。认真落实西部大开发新10年的政策措施，加大实施中部地区崛起战略的力度，加快推进东北地区等老工业基地振兴，积极支持东部地区转型发展、在更高层次上参与国际竞争与合作。要加大对革命老区、民族地区、边疆地区和贫困地区的扶持力度。

更好地发挥经济特区、上海浦东新区、天津滨海新区在改革开放中先行先试的重要作用。制定和实施海洋发展战略，促进海洋经济发展。加强和完善跨区域合作机制，消除市场壁垒，促进要素流动，引导产业有序转移，推动区域经济良性互动、协调发展。

积极稳妥推进城镇化。要遵循城市发展规律，从各地实际出发，促进大中小城市和小城镇协调发展。根据资源环境和人口承载能力，优化全国生产力布局，形成合理的城镇体系和与国土规模、资源分布、发展潜力相适应的人口布局。各类城市都要夯实经济基础，创造就业机会，完善基础设施，改善人居环境，加强管理服务，提升城镇化质量和水平。

更加注重把在城镇稳定就业和居住的农民工有序转变为城镇居民；放宽中小城市落户条件，合理引导人口流向，让更多农村富余劳动力就近转移就业。加强对农民工的人文关怀和服务，着力解决农民工在就业服务、社会保障、子女入园上学、住房租购等方面的实际问题，逐步将城镇基本公共服务覆盖到农民工。关爱留守儿童、留守妇女和留守老人。让农民无论进城还是留乡，都能安居乐业、幸福生活。

（五）深入实施科教兴国战略和人才强国战略

大力发展科技、教育事业，培养高素质的人才队伍，是国家强盛、民族复兴的必由之路。

坚持优先发展教育。中央财政已按全国财政性教育经费支出占国内生产总值的4%编制预算，地方财政也要相应安排，确保实现这一目标。教育经费要突出保障重点，加强薄弱环节，提高使用效益。深入推进教育体制改革，全面实施素质教育，逐步解决考试招生、教育教学等方面的突出问题。推进学校民主管理，逐步形成制度。

促进义务教育均衡发展，资源配置要向中西部、农村、边远、民族地区和城市薄弱学校倾斜。继续花大气力推动解决择校、入园等人民群众关心的热点难点问题。农村中小学布局要因地制宜，处理好提高教育质量和方便孩子们就近上学的关系。办好农村寄宿学校，实施好农村义务教育学生营养改善计划。加强校车安全管理，确保孩子们的人身安全。加强学前教育、继续教育和特殊教育，建设现代职业教育体系。

办好民族教育。高等教育要与经济社会发展和国家战略需要紧密结合，提高教育质量和创新能力。完善国家助学制度，逐步将中等职业教育免学费政策覆盖到所有农村学生，扩大普通高中家庭经济困难学生资助范围。大力发展民办教育，鼓励和引导社会资本进入各级各类教育领域。教育寄托着人民的希望，关系国家的未来，我们一定要把这项事业办得更好！

大力推进科技创新。加强国家创新体系建设。深化科技体制改革，推动企业成为技术创新主体，促进科技与经济紧密结合。支持企业加强研发中心建设，承担国家和地区重大科技项目。引导科研机构、高等院校的科研力量为企业研发中心服务，更好地实现产学研有机结合，提高科技成果转化和产业化水平。推动基础研究和前沿技术研究，提高原始创新能力。完善科技评价和奖励制度。倡导学术诚信，鼓励独立思考，保障学术自由，弘扬科学精神。坚定不移地实施国家知识产权战略。

全面加强人才工作。深化人才体制改革，大力培养造就高水平创新创业人才、青年人才和急需紧缺人才，引进高层次人才。完善人才培养、任用、评价、激励机制。努力营造人才辈出、人尽其才、才尽其用的良好社会环境。

（六）实保障和改善民生

实现好、维护好、发展好最广大人民的根本利益是以人为本理念的具体体现。要把保障和改善民生作为政府工作的重要任务。

千方百计扩大就业。就业是关系国家发展和人民福祉的大事。今年就业压力仍然很大，各级政府务必坚持就业优先战略，继续实施更加积极的就业政策。重点扶持就业容量大的现代服务业、创新型科技企业和小型微型企业，创造更多就业岗位。鼓励以创业带动就业。抓好高校毕业生、农民工和城镇就业困难人员就业，加强退役军人技能培训与就业安置工作。

鼓励高校毕业生投身农村、基层、中西部地区建设。加强职业培训和公共就业服务工作。加快建立健全统一规范灵活的人力资源市场。积极构建和谐劳动关系，加强对劳务派遣的规范管理，开展劳动关系争议排查，加强劳动监察和调解仲裁，维护劳动者合法权益。

加快完善社会保障体系。今年年底前实现新型农村社会养老保险和城镇居民社会养老保险制度全覆盖。扩大各项社会保险覆盖面。增加企业退休人员基本养老金。加强城乡低保和社会救助工作，加快发展社会福利事业和慈善事业。加强各项社会保障制度衔接。多渠道增加社会保障基金，加强社会保险基金、社会保障基金投资监管，实现保值增值。加强社保服务能力建设，有条件的地方可对各类社保经办机构进行整合归并，有些服务可委托银行、商业保险机构代办。加快全国统一的社会保障卡发放。

大力推进医药卫生事业改革发展。加快健全全民医保体系，巩固扩大基本医保覆盖面，提高基本医疗保障水平和管理服务水平。城镇居民医保和新农合补助标准提高到每人每年240元。全面推开尿毒症等8类大病保障，将肺癌等12类大病纳入保障和救助试点范围。巩固完善基本药物制度，加强基层医疗卫生服务体系建设。

推进公立医院改革，实行医药分开、管办分开，破除以药补医机制。鼓励引导社会资本办医，加快形成对外开放的多元办医格局。充分调动医务工作者积极性，建立和谐的医患关系。加强公共卫生服务，预防控制严重威胁群众健康的重大传染病、慢性病、职业病。加强药品安全工作。扶持和促进中医药和民族医药事业发展。

全面做好人口和计划生育工作。继续稳定低生育水平，综合治理出生人口性别比偏高问题，提高出生人口质量。加快实现计划生育优质服务全覆盖，将免费孕前优生健康检查试点范围扩大到 60%的县（市、区）。提高农村部分计划生育家庭奖励扶助、特殊扶助标准。加强流动人口计划生育服务管理。

做好妇女儿童工作，扩大农村妇女宫颈癌、乳腺癌免费检查覆盖面，提高妇女儿童发展和权益保障水平。进一步完善残疾人社会保障体系和服务体系。积极发展老龄事业，加快建设社会养老服务体系，努力让城乡老年人都老有所养，幸福安度晚年。

继续搞好房地产市场调控和保障性安居工程建设。严格执行并逐步完善抑制投机、投资性需求的政策措施，进一步巩固调控成果，促进房价合理回归。继续推进保障性安居工程建设，在确保质量的前提下，基本建成 500 万套，新开工 700 万套以上。抓紧完善保障性住房建设、分配、管理、退出等制度。采取有效措施，增加普通商品住房供给。加快建设城镇住房信息系统，改革房地产税收制度，促进房地产市场长期平稳健康发展。

加强和创新社会管理。加强社会矛盾化解、社会管理创新、公正廉洁执法。强化政府社会管理和公共服务职能。提高城乡基层群众性自治组织的自治能力。积极稳妥推进户籍管理制度改革，推动实行居住证制度，为流动人口提供更好服务。以信息共享、互联互通为重点，加快建设国家电子政务网。大力推进政务诚信、商务诚信、社会诚信建设，构建覆盖全社会的征信系统。

加强和改进互联网管理，营造健康的网络环境。健全重大决策社会稳定风险评估机制和突发事件应急管理机制。实施安全发展战略，加强安全生产监管，防止重特大事故发生。深入开展打击侵犯知识产权和制售假冒伪劣商品行动。增强食品安全监管能力，提高食品安全水平。加强和改进信访工作。加强法律服务和法律援助。严密防范和依法打击违法犯罪活动，保障人民群众生命财产安全。

（七）进文化大发展大繁荣

文化是人类的精神家园，优秀文化传承是一个民族生生不息的血脉。要提供优质丰富的文化产品，不断满足人民群众的精神文化需求。深入推进社会主义核心价值体系建设。加强社会公德、职业道德、家庭美德和个人品德教育，做好青少年思想道德教育工作，努力形成知荣辱、讲正气、守诚信、作奉献、促和谐的良好风尚。大力发展公益性文化事业。以农村和中西部地区为重点，加强基层文化设施建设。

推动哲学社会科学繁荣发展，积极发展新闻出版、广播影视、文学艺术和档案事业。加强文化遗产保护，繁荣发展少数民族文化事业。深化文化体制改革，继续推动经营性文化单位转企改制。提高文化产业规模化、集约化、专业化水平，推动文化产业成为国民经济支柱性产业。深入开展对外人文交流，促进中外文化相互借鉴。广泛开展全民健身活动，增强人民体质，促进体育事业和体育产业协调发展。中华文化具有强大的向心力和震撼力，当代中华儿女一定要肩负起弘扬中华文化的历史重任。

（八）入推进重点领域改革

改革开放是决定中国前途命运的正确抉择。必须按照科学发展观要求，尊重群众首创精神，大胆探索，以更大决心和勇气继续全面推进经济体制、政治体制等各项改革，破解发展难题。当前和今后一段时期，改革的重点领域和关键环节是：

进一步转变政府职能，完善宏观调控体系，理顺政府与市场的关系，更好地发挥市场配置资源的基础性作用；推进财税体制改革，理顺中央与地方及地方各级政府间财政分配关系，更好地调动中央和地方两个积极性；深化土地、户籍、公共服务改革，理顺城市与农村的关系，推动工业化、城镇化和农业现代化协调发展；推进社会事业、收入分配等改革，理顺经济与社会发展的关系，有效保障社会公平正义；推进依法行政和社会管理创新，理顺政府与公民和社会组织的关系，建设服务、责任、法治、廉洁政府。

今年改革的重点任务是：深化财税金融体制改革。完善分税制，健全转移支付制度，提高一般性转移支付规模和比例。完善县级基本财力保障机制。稳步推进地方财政预算、决算公开。深化国库集中收付、政府采购及国债管理制度改革。健全消费税制度。全面深化资源税改革，扩大从价计征范围。深入推进国有控股大型金融机构改革，规范发展小型金融机构，健全服务小型微型企业和"三农"的体制机制。

推动多种所有制经济共同发展。毫不动摇地巩固和发展公有制经济，毫不动摇地鼓励、支持、引导非公有制经济发展。深入推进国有经济战略性调整，完善国有资本有进有退、合理流动机制。研究推进铁路、电力等行业改革。完善和落实促进非公有制经济发展的各项政策措施，打破垄断，放宽准入，鼓励民间资本进入铁路、市政、金融、能源、电信、教育、医疗等领域，营造各类所有制经济公平竞争、共同发展的环境。

深化价格改革。稳妥推进电价改革，实施居民阶梯电价改革方案，完善水电、核电及可再生能源定价机制。逐步理顺煤电价格关系。完善成品油价格改革，推进天然气价格改革。实行最严格的水资源管理制度，合理制定和调整各地水资源费征收标准，推进农业水价综合改革。开展碳排放和排污权交易试点。加快建立完善生态补偿机制。

深化收入分配制度改革。抓紧制定收入分配体制改革总体方案。努力提高居民收入在国民收入分配中的比重，提高劳动报酬在初次分配中的比重。完善工资制度，建立工资正常增长机制，稳步提高最低工资标准。创造条件增加居民财产性收入。建立公共资源出让收益的全民共享机制。加大对高收入者的税收调节力度，严格规范国有企业、金融机构高管人员薪酬管理，扩大中等收入者比重，提高低收入者的收入，促进机会公平。规范收入分配秩序，有效保护合法收入，坚决取缔非法收入，尽快扭转收入差距扩大的趋势。

积极稳妥推进事业单位分类改革。科学划分事业单位类别，分类指导、分业推进、分级组织、分步实施，深化事业单位管理体制和人事、收入分配、社会保障制度改革。

加快推进政府改革。扩大社会主义民主，依法实行民主选举、民主决策、民主管理、民主监督，保障人民的知情权、参与权、表达权和监督权。全面贯彻依法治国基本方略，尊重和维护宪法和法律的权威，严格依法行政，坚决纠正有法不依、执法不严、违法不究、粗暴执法、渎职失职和执法腐败等行为。

加强廉政建设，深入开展反腐败斗争，扎实推进惩治和预防腐败体系建设的各项长期性、基础性工作，着力解决人民群众反映强烈的突出问题。严格依法设定、实施、清理、规范行政审批事项。严禁领导干部插手政府采购、工程招标、土地矿业权拍卖等经济活动。严格执行领导干部廉洁从政各项规定。加强行政监督、民主监督、舆论监督。坚决查处各类违纪违法案件，严厉惩治腐败分子。

（九）力提高对外开放的质量和水平

我国对外开放已进入新的阶段，进出口贸易、双向投资的地位和作用发生了深刻变化。必须适应新的形势，创新对外经济工作思路，转变对外经济发展方式，提升开放型经济水平，形成开放型经济新格局。

保持对外贸易稳定发展。我们强调扩大内需，但决不能忽视外需对我国经济发展的重要作用。要保持外贸政策基本稳定。稳定出口退税政策，扩大贸易融资和信用保险，改进海关、质检、外汇等方面的监管和服务，帮助企业克服订单不足、成本升高、摩擦增多等多重困难和压力。要加快转变外贸发展方式。深入实施科技兴贸、以质取胜和市场多元化战略，支持企业培育自主品牌、营销网络和研发中心，引导加工贸易向产业链高端延伸、向中西部转移。巩固美日欧传统市场，开拓新兴市场。

稳定劳动密集型产品出口，扩大高技术、高附加值产品出口，控制高耗能、高污染产品出口。大力发展服务贸易，承接服务外包。制定加强进口、促进贸易平衡的指导意见，完善进口政策，搭建更多的进口促进平台，推动进出口平衡发展。

提高利用外资质量。坚持积极有效利用外资的方针，更加注重优化结构和提高质量。实施新修订的外商投资产业指导目录，引导外资更多投向先进制造业、高新技术产业、节能环保产业、现代服务业和中西部地区。

实施"走出去"战略。我国正处于对外投资加快发展的重要阶段，要加强宏观指导，强化政策支持，简化审批手续，健全服务保障。引导各类所有制企业有序开展境外能源、原材料、农业、制造业、服务业、基础设施等领域投资合作和跨国并购。创新境外经贸合作区发展模式，支持"走出去"的企业相互协同、集群发展。放宽居民境外投资限制。加强对外投资风险管理，维护我境外企业人员和资产安全。

参与全球经济治理和区域合作。努力保持与发达国家经贸关系稳定发展，全面深化与发展中国家的互利合作。继续推进自贸区建设和区域经济一体化进程。积极参与二十国集团等全球经济治理机制建设，加强与主要经济体宏观经济政策协调，反对各种形式的保护主义，继续在多哈回合谈判、国际金融体系改革中发挥建设性作用。

各位代表！我国是统一的多民族国家，各民族共同团结奋斗、共同繁荣发展，国家才能兴旺发达。要坚持和完善民族区域自治制度，认真贯彻落实中央支持少数民族和民族地区发展的政策措施，大力实施扶持人口较少民族发展、推进兴边富民行动和发展少数民族事业规划。坚定不移地巩固和发展平等团结互助和谐的社会主义民族关系。

认真贯彻党的宗教工作基本方针。维护宗教团体、宗教界人士和信教群众的合法权益，充分发挥他们在促进经济发展、文化繁荣、社会和谐中的积极作用。全面贯彻党的侨务政策。维护海外侨胞和归侨侨眷合法权益，支持他们积极参与祖国现代化建设与和平统一大业。

各位代表！巩固的国防和强大的军队，是维护国家主权、安全和发展利益的坚强后盾。要着眼全面履行新世纪新阶段军队历史使命，全面加强军队革命化现代化正规化建设，不断提高以打赢信息化条件下局部战争能力为核心的完成多样化军事任务的能力。加强思想政治建设，坚持党对军队绝对领导的根本原则和人民军队的根本宗旨。积极开展信息化条件下军事训练。

加快全面建设现代后勤步伐。大力提高国防科技和武器装备自主创新能力。着力培养高素质新型军事人才。积极稳妥地实施国防和军队改革。坚持依法治军、从严治军。全面建设现代化武装警察力量。加强国防动员和后备力量建设。坚决完成反恐维稳、处置突发事件、抢险救灾等任务。坚持军民结合、寓军于民，走中国特色军民融合式发展路子。巩固发展军政军民团结。

各位代表！香港、澳门与祖国休戚相关、荣辱与共。我们将坚定不移地贯彻"一国两制"、"港人治港"、"澳人治澳"、高度自治的方针，全力支持香港、澳门发展经济，改善民生，推进民主。支持特区政府积极应对国际经济风险挑战，维护经济金融稳定和长期繁荣发展。衔接和落实好支持港澳经济社会发展的系列政策措施，大幅提升内地对港澳服务贸易开放水平，加快推进港珠澳大桥等基础设施建设和对接，深化合作，支持港澳参与国际和区域经济合作。

支持香港巩固和提升国际金融、贸易、航运中心地位，建设离岸人民币业务中心。支持澳门建设世界旅游休闲中心，推进横琴新区建设，促进经济适度多元发展。我们相信，有伟大祖国作为坚强后盾，香港、澳门同胞一定能够把自己的家园建设得更加美好！

过去的一年，两岸关系经受了严峻考验，取得了积极进展。反对"台独"、认同"九二共识"，巩固交流合作成果，促进两岸关系和平发展，日益成为两岸同胞的共同意愿。新的一年，我们要继续坚持中央对台工作的大政方针，增强两岸关系发展的政治、经济、文化和民意基础，拓展两岸关系和平发展新局面。

要全面深化经济金融合作，推动两岸经济合作框架协议后续商谈取得新进展。加快海峡西岸经济区建设。积极扩大各界往来，开展文化、教育等交流，使两岸同胞联系更紧密，感情更贴近，利益更融合。全体中华儿女要更加紧密地团结起来，为完成祖国统一大业、实现中华民族伟大复兴而努力奋斗！

各位代表！新的一年，外交工作要更好地服务于改革开放和社会主义现代化建设大局，为促进世界经济增长、维护和平稳定作出更大贡献。我们将继续深化同周边国家的睦邻友好关系，积极参与周边各种合作机制，推动区域合作深入发展，共同营造和平稳定、平等互信、合作共赢的地区环境。我们将与广大发展中国家加强团结合作，深化传统友谊，扩大互利合作，推动实现联合国千年发展目标，维护发展中国家的正当权益和共同利益。

我们将加强与各大国的战略对话，增进战略互信，拓展合作领域，推进相互关系长期稳定健康发展。我们将积极参与多边事务和全球治理，推动国际秩序朝着更加公正合理的方向发展。我们将坚定不移地走和平发展道路，坚持独立自主的和平外交政策，奉行互利共赢的开放战略，同世界各国一道，为促进人类文明进步，增进各国人民的福祉和建设一个持久和平、共同繁荣的和谐世界而不懈努力！

各位代表！回顾过去，我们拼搏奋进，取得显著成就；展望未来，我们任重道远，仍须不懈努力。让我们紧密团结在以胡锦涛同志为总书记的党中央周围，解放思想，开拓创新，扎实工作，奋力开创社会主义现代化建设新局面！

例文六

坚定不移沿着中国特色社会主义道路前进　为全面建成小康社会而奋斗

（胡锦涛在中国共产党第十八次全国代表大会上的报告，2012 年 11 月 8 日）

同志们：

现在，我代表第十七届中央委员会向大会作报告。

中国共产党第十八次全国代表大会，是在我国进入全面建成小康社会决定性阶段召开的一次十分重要的大会。大会的主题是：高举中国特色社会主义伟大旗帜，以邓小平理论、"三个代表"重要思想、科学发展观为指导，解放思想，改革开放，凝聚力量，攻坚克难，坚定不移沿着中国特色社会主义道路前进，为全面建成小康社会而奋斗。

此时此刻，我们有一个共同的感觉：经过九十多年艰苦奋斗，我们党团结带领全国各族人民，把贫穷落后的旧中国变成日益走向繁荣富强的新中国，中华民族伟大复兴展现出光明前景。我们对党和人民创造的历史伟业倍加自豪，对党和人民确立的理想信念倍加坚定，对党肩负的历史责任倍加清醒。

当前，世情、国情、党情继续发生深刻变化，我们面临的发展机遇和风险挑战前所未有。全党一定要牢记人民信任和重托，更加奋发有为、兢兢业业地工作，继续推动科学发展、促进社会和谐，继续改善人民生活、增进人民福祉，完成时代赋予的光荣而艰巨的任务。

一、过去五年的工作和十年的基本总结

十七大以来的五年，是我们在中国特色社会主义道路上奋勇前进的五年，是我们经受住各种困难和风险考验、夺取全面建设小康社会新胜利的五年。

十七大对推进改革开放和社会主义现代化建设、实现全面建设小康社会宏伟目标作出全面部署。为贯彻十七大精神，中央先后召开七次全会，分别就深化行政管理体制改革、推进农村改革发展、加强和改进新形势下党的建设、制定"十二五"规划、推进文化改革发展等关系全局的重大问题作出决定和部署。五年来，我们胜利完成"十一五"规划，顺利实施"十二五"规划，各方面工作都取得新的重大成就。

经济平稳较快发展。综合国力大幅提升，二〇一一年国内生产总值达到四十七点三万亿元。财政收入大幅增加。农业综合生产能力提高，粮食连年增产。产业结构调整取得新进展，基础设施全面加强。城镇化水平明显提高，城乡区域发展协调性增强。创新型国家建设成效显著，载人航天、探月工程、载人深潜、超级计算机、高速铁路等实现重大突破。生态文明建设扎实展开，资源节约和环境保护全面推进。

改革开放取得重大进展。农村综合改革、集体林权制度改革、国有企业改革不断深化，非公有制经济健康发展。现代市场体系和宏观调控体系不断健全，财税、金融、价格、科技、教育、社会保障、医药卫生、事业单位等改革稳步推进。开放型经济达到新水平，进出口总额跃居世界第二位。

人民生活水平显著提高。改善民生力度不断加大，城乡就业持续扩大，居民收入较快增长，家庭财产稳定增加，衣食住行用条件明显改善，城乡最低生活保障标准和农村扶贫标准大幅提升，企业退休人员基本养老金持续提高。

民主法制建设迈出新步伐。政治体制改革继续推进。实行城乡按相同人口比例选举人大代表。基层民主不断发展。中国特色社会主义法律体系形成，社会主义法治国家建设成绩显著。爱国统一战线巩固壮大。行政体制改革深化，司法体制和工作机制改革取得新进展。

文化建设迈上新台阶。社会主义核心价值体系建设深入开展，文化体制改革全面推进，公共文化服务体系建设取得重大进展，文化产业快速发展，文化创作生产更加繁荣，人民精神文化生活更加丰富多彩。全民健身和竞技体育取得新成绩。

社会建设取得新进步。基本公共服务水平和均等化程度明显提高。教育事业迅速发展，城乡免费义务教育全面实现。社会保障体系建设成效显著，城乡基本养老保险制度全面建立，新型社会救助体系基本形成。全民医保基本实现，城乡基本医疗卫生制度初步建立。保障性住房建设加快推进。加强和创新社会管理，社会保持和谐稳定。

国防和军队建设开创新局面。中国特色军事变革取得重大成就，军队革命化现代化正规化建设协调推进、全面加强，军事斗争准备不断深化，履行新世纪新阶段历史使命能力显著增强，出色完成一系列急难险重任务。

港澳台工作进一步加强。香港、澳门保持繁荣稳定，同内地交流合作提高到新水平。推动两岸关系实现重大转折，实现两岸全面直接双向"三通"，签署实施两岸经济合作框架协议，形成两岸全方位交往格局，开创两岸关系和平发展新局面。

外交工作取得新成就。坚定维护国家利益和我国公民、法人在海外合法权益，加强同世界各国交流合作，推动全球治理机制变革，积极促进世界和平与发展，在国际事务中的代表性和话语权进一步增强，为改革发展争取了有利国际环境。

党的建设全面加强。党的执政能力建设和先进性建设继续推进，思想理论建设成效明显，学习实践科学发展观活动取得重要成果，党的建设改革创新迈出重要步伐。党内民主进一步扩大。干部队伍建设取得重要进展，人才工作开创新局面。创先争优活动和学习型党组织建设深入进行，基层党组织不断加强。党风廉政建设和反腐败斗争取得新成效。

同时，必须清醒看到，我们工作中还存在许多不足，前进道路上还有不少困难和问题。主要是：发展中不平衡、不协调、不可持续问题依然突出，科技创新能力不强，产业结构不合理，农业基础依然薄弱，资源环境约束加剧，制约科学发展的体制机制障碍较多，深化改革开放和转变经济发展方式任务艰巨；城乡区域发展差距和居民收入分配差距依然较大；社会矛盾明显增多，教育、就业、社会保障、医疗、住房、生态环境、食品药品安全、安全生产、社会治安、执法司法等关系群众切身利益的问题较多，部分群众生活比较困难；一些领域存在道德失范、诚信缺失现象；一些干部领导科学发展能力不强，一些基层党组织软弱涣散，少数党员干部理想信念动摇、宗旨意识淡薄，形式主义、官僚主义问题突出，奢侈浪费现象严重；一些领域消极腐败现象易发多发，反腐败斗争形势依然严峻。对这些困难和问题，我们必须高度重视，进一步认真加以解决。

过去五年的工作，是十六大以来全面建设小康社会十年实践的重要组成部分。

这十年，我们紧紧抓住和用好我国发展的重要战略机遇期，战胜一系列重大挑战，奋力把中国特色社会主义推进到新的发展阶段。进入新世纪新阶段，国际局势风云变幻，综合国力竞争空前激烈，我们深化改革开放，加快发展步伐，以加入世界贸易组织为契机，变压力为动力，化挑战为机遇，坚定不移推进全面建设小康社会进程。前进过程中，我们战胜突如其来的非典疫情，认真总结我国发展实践，准确把握我国发展的阶段性特征，及时提出和全面贯彻科学发展观等重大战略思想，开拓了经济社会发展的广阔空间。二〇〇八年以后，国际金融危机使我国发展遭遇严重困难，我们科学判断、果断决策，采取一系列重大举措，在全球率先实现经济企稳回升，积累了有效应对外部经济风险冲击、保持经济平稳较快发展的重要经验。我们成功举办北京奥运会、残奥会和上海世博会，夺取抗击汶川特大地震等严重自然灾害和灾后恢复重建重大胜利，妥善处置一系列重大突发事件。在十分复杂的国内外形势下，党和人民经受住严峻考验，巩固和发展了改革开放和社会主义现代化建设大局，提高了我国国际地位，彰显了中国特色社会主义的巨大优越性和强大生命力，增强了中国人民和中华民族的自豪感和凝聚力。

十年来，我们取得一系列新的历史性成就，为全面建成小康社会打下了坚实基础。我国经济总量从世界第六位跃升到第二位，社会生产力、经济实力、科技实力迈上一个大台阶，人民生活水平、居民收入水平、社会保障水平迈上一个大台阶，综合国力、国际竞争力、国际影响力迈上一个大台阶，国家面貌发生新的历史性变化。人们公认，这是我国经济持续发展、民主不断健全、文化日益繁荣、社会保持稳定的时期，是着力保障和改善民生、人民得到实惠更多的时期。我们能取得这样的历史性成就，靠的是党的基本理论、基本路线、基本纲领、基本经验的正确指引，靠的是新中国成立以来特别是改革开放以来奠定的深厚基础，靠的是全党全国各族人民的团结奋斗。

在这里，我代表中共中央，向全国各族人民，向各民主党派、各人民团体和各界爱国人士，向香港特别行政区同胞、澳门特别行政区同胞和台湾同胞以及广大侨胞，向一切关心和支持中国现代化建设的各国朋友，表示衷心的感谢！

总结十年奋斗历程，最重要的就是我们坚持以马克思列宁主义、毛泽东思想、邓小平理论、"三个代表"重要思想为指导，勇于推进实践基础上的理论创新，围绕坚持和发展中国特色社会主义提出一系列紧密相连、相互贯通的新思想、新观点、新论断，形成和贯彻了科学发展观。科学发展观是马克思主义同当代中国实际和时代特征相结合的产物，是马克思主义关于发展的世界观和方法论的集中体现，对新形势下实现什么样的发展、怎样发展等重大问题做出了新的科学回答，把我们对中国特色社会主义规律的认识提高到新的水平，开辟了当代中国马克思主义发展新境界。科学发展观是中国特色社会主义理论体系最新成果，是中国共产党集体智慧的结晶，是指导党和国家全部工作的强大思想武器。科学发展观同马克思列宁主义、毛泽东思想、邓小平理论、"三个代表"重要思想一道，是党必须长期坚持的指导思想。

面向未来，深入贯彻落实科学发展观，对坚持和发展中国特色社会主义具有重大现实意义和深远历史意义，必须把科学发展观贯彻到我国现代化建设全过程、体现到党的建设各方面。全党必须更加自觉地把推动经济社会发展作为深入贯彻落实科学发展观的第一要义，牢牢扭住经济建设这个中心，坚持聚精会神搞建设、一心一意谋发展，着力把握发展规律、创新发展理念、破解发展难题，深入实施科教兴国战略、人才强国战略、可持续发展战略，加快形成符合科学发展要求的发展方式和体制机制，不断解放和发展社会生产力，不断实现科学发展、和谐发展、和平发展，为坚持和发展中国特色社会主义打下牢固基础。必须更加自觉地把以人为本作为深入贯彻落实科学发展观的核心立场，始终把实现好、维护好、发展好最广大人民根本利益作为党和国家一切工作的出发点和落脚点，尊重人民首创精神，保障人民各项权益，不断在实现发展成果由人民共享、促进人的全面发展上取得新成效。必须更加自觉地把全面协调可持续作为深入贯彻落实科学发展观的基本要求，全面落实经济建设、政治建设、文化建设、社会建设、生态文明建设五位一体总体布局，促进现代化建设各方面相协调，促进生产关系与生产力、上层建筑与经济基础相协调，不断开拓生产发展、生活富裕、生态良好的文明发展道路。必须更加自觉地把统筹兼顾作为深入贯彻落实科学发展观的根本方法，坚持一切从实际出发，正确认识和妥善处理中国特色社会主义事业中的重大关系，统筹改革发展稳定、内政外交国防、治党治国治军各方面工作，统筹城乡发展、区域发展、经济社会发展、人与自然和谐发展、国内发展和对外开放，统筹各方面利益关系，充分调动各方面积极性，努力形成全体人民各尽其能、各得其所而又和谐相处的局面。

解放思想、实事求是、与时俱进、求真务实，是科学发展观最鲜明的精神实质。实践发展永无止境，认识真理永无止境，理论创新永无止境。全党一定要勇于实践、勇于变革、勇于创新，把握时代发展要求，顺应人民共同愿望，不懈探索和把握中国特色社会主义规律，永葆党的生机活力，永葆国家发展动力，在党和人民创造性实践中奋力开拓中国特色社会主义更为广阔的发展前景。

二、夺取中国特色社会主义新胜利

回首近代以来中国波澜壮阔的历史，展望中华民族充满希望的未来，我们得出一个坚定的结论：全面建成小康社会，加快推进社会主义现代化，实现中华民族伟大复兴，必须坚定不移走中国特色社会主义道路。

道路关乎党的命脉，关乎国家前途、民族命运、人民幸福。在中国这样一个经济文化十分落后的国家探索民族复兴道路，是极为艰巨的任务。九十多年来，我们党紧紧依靠人民，把马克思主义基本原理同中国实际和时代特征结合起来，独立自主走自己的路，历经千辛万苦，付出各种代价，取得革命建设改革伟大胜利，开创和发展了中国特色社会主义，从根本上改变了中国人民和中华民族的前途命运。

以毛泽东同志为核心的党的第一代中央领导集体带领全党全国各族人民完成了新民主主义革命，进行了社会主义改造，确立了社会主义基本制度，成功实现了中国历史上最深刻最伟大的社会变革，为当代中国一切发展进步奠定了根本政治前提和制度基础。在探索过程中，虽然经历了严重曲折，但党在社会主义建设中取得的独创性理论成果和巨大成就，为新的历史时期开创中国特色社会主义提供了宝贵经验、理论准备、物质基础。

以邓小平同志为核心的党的第二代中央领导集体带领全党全国各族人民深刻总结我国社会主义建设正反两方面经验，借鉴世界社会主义历史经验，做出把党和国家工作中心转移到经济建设上来、实行改革开放的历史性决策，深刻揭示社会主义本质，确立社会主义初级阶段基本路线，明确提出走自己的路、建设中国特色社会主义，科学回答了建设中国特色社会主义的一系列基本问题，成功开创了中国特色社会主义。

以江泽民同志为核心的党的第三代中央领导集体带领全党全国各族人民坚持党的基本理论、基本路线，在国内外形势十分复杂、世界社会主义出现严重曲折的严峻考验面前捍卫了中国特色社会主义，依据新的实践确立了党的基本纲领、基本经验，确立了社会主义市场经济体制的改革目标和基本框架，确立了社会主义初级阶段的基本经济制度和分配制度，开创全面改革开放新局面，推进党的建设新的伟大工程，成功把中国特色社会主义推向二十一世纪。

新世纪新阶段，党中央抓住重要战略机遇期，在全面建设小康社会进程中推进实践创新、理论创新、制度创新，强调坚持以人为本、全面协调可持续发展，提出构建社会主义和谐社会、加快生态文明建设，形成中国特色社会主义事业总体布局，着力保障和改善民生，促进社会公平正义，推动建设和谐世界，推进党的执政能力建设和先进性建设，成功在新的历史起点上坚持和发展了中国特色社会主义。

在改革开放三十多年一以贯之的接力探索中，我们坚定不移高举中国特色社会主义伟大旗帜，既不走封闭僵化的老路、也不走改旗易帜的邪路。中国特色社会主义道路，中国特色社会主义理论体系，中国特色社会主义制度，是党和人民九十多年奋斗、创造、积累的根本成就，必须倍加珍惜、始终坚持、不断发展。

中国特色社会主义道路，就是在中国共产党领导下，立足基本国情，以经济建设为中心，坚持四项基本原则，坚持改革开放，解放和发展社会生产力，建设社会主义市场经济、社会主义民主政治、社会主义先进文化、社会主义和谐社会、社会主义生态文明，促进人的全面发展，逐步实现全体人民共同富裕，建设富强民主文明和谐的社会主义现代化国家。中国特色社会主义理论体系，就是包括邓小平理论、"三个代表"重要思想、科学发展观在内的科学理论体系，是对马克思列宁主义、毛泽东思想的坚持和发展。中国特色社会主义制度，就是人民代表大会制度的根本政治制度，中国共产党领导的多党合作和政治协商制度、民族区域自治制度以及基层群众自治制度等基本政治制度，中国特色社会主义法律体系，公有制为主体、多种所有制经济共同发展的基本经济制度，以及建立在这些制度基础上的经济体制、政治体制、文化体制、社会体制等各项具体制度。中国特色社会主义道路是实现途径，中国特色社会主义理论体系是行动指南，中国特色社会主义制度是根本保障，三者统一于中国特色社会主义伟大实践，这是党领导人民在建设社会主义长期实践中形成的最鲜明特色。

建设中国特色社会主义，总依据是社会主义初级阶段，总布局是五位一体，总任务是实现社会主义现代化和中华民族伟大复兴。中国特色社会主义，既坚持了科学社会主义基本原则，又根据时代条件赋予其鲜明的中国特色，以全新的视野深化了对共产党执政规律、社会主义建设规律、人类社会发展规律的认识，从理论和实践结合上系统回答了在中国这样人口多底子薄的东方大国建设什么样的社会主义、怎样建设社会主义这个根本问题，使我们国家快速发展起来，使我国人民生活水平快速提高起来。实践充分证明，中国特色社会主义是当代中国发展进步的根本方向，只有中国特色社会主义才能发展中国。

发展中国特色社会主义是一项长期的艰巨的历史任务，必须准备进行具有许多新的历史特点的伟大斗争。我们一定要毫不动摇坚持、与时俱进发展中国特色社会主义，不断丰富中国特色社会主义的实践特色、理论特色、民族特色、时代特色。

在新的历史条件下夺取中国特色社会主义新胜利，必须牢牢把握以下基本要求，并使之成为全党全国各族人民的共同信念。

——必须坚持人民主体地位。中国特色社会主义是亿万人民自己的事业。要发挥人民主人翁精神，坚持依法治国这个党领导人民治理国家的基本方略，最广泛地动员和组织人民依法管理国家事务和社会事务、管理经济和文化事业、积极投身社会主义现代化建设，更好保障人民权益，更好保证人民当家作主。

——必须坚持解放和发展社会生产力。解放和发展社会生产力是中国特色社会主义的根本任务。要坚持以经济建设为中心，以科学发展为主题，全面推进经济建设、政治建设、文化建设、社会建设、生态文明建设，实现以人为本、全面协调可持续的科学发展。

——必须坚持推进改革开放。改革开放是坚持和发展中国特色社会主义的必由之路。要始终把改革创新精神贯彻到治国理政各个环节，坚持社会主义市场经济的改革方向，坚持对外开放的基本国策，不断推进理论创新、制度创新、科技创新、文化创新以及其他各方面创新，不断推进我国社会主义制度自我完善和发展。

——必须坚持维护社会公平正义。公平正义是中国特色社会主义的内在要求。要在全体人民共同奋斗、经济社会发展的基础上，加紧建设对保障社会公平正义具有重大作用的制度，逐步建立以权利公平、机会公平、规则公平为主要内容的社会公平保障体系，努力营造公平的社会环境，保证人民平等参与、平等发展权利。

——必须坚持走共同富裕道路。共同富裕是中国特色社会主义的根本原则。要坚持社会主义基本经济制度和分配制度，调整国民收入分配格局，加大再分配调节力度，着力解决收入分配差距较大问题，使发展成果更多更公平惠及全体人民，朝着共同富裕方向稳步前进。

——必须坚持促进社会和谐。社会和谐是中国特色社会主义的本质属性。要把保障和改善民生放在更加突出的位置，加强和创新社会管理，正确处理改革发展稳定关系，团结一切可以团结的力量，最大限度增加和谐因素，增强社会创造活力，确保人民安居乐业、社会安定有序、国家长治久安。

——必须坚持和平发展。和平发展是中国特色社会主义的必然选择。要坚持开放的发展、合作的发展、共赢的发展，通过争取和平国际环境发展自己，又以自身发展维护和促进世界和平，扩大同各方利益汇合点，推动建设持久和平、共同繁荣的和谐世界。

——必须坚持党的领导。中国共产党是中国特色社会主义事业的领导核心。要坚持立党为公、执政为民，加强和改善党的领导，坚持党总揽全局、协调各方的领导核心作用，保持党的先进性和纯洁性，增强党的创造力、凝聚力、战斗力，提高党科学执政、民主执政、依法执政水平。

我们必须清醒认识到，我国仍处于并将长期处于社会主义初级阶段的基本国情没有变，人民日益增长的物质文化需要同落后的社会生产之间的矛盾这一社会主要矛盾没有变，我国是世界最大发展中国家的国际地位没有变。在任何情况下都要牢牢把握社会主义初级阶段这个最大国情，推进任何方面的改革发展都要牢牢立足社会主义初级阶段这个最大实际。党的基本路线是党和国家的生命线，必须坚持把以经济建设为中心同四项基本原则、改革开放这两个基本点统一于中国特色社会主义伟大实践，既不妄自菲薄，也不妄自尊大，扎扎实实夺取中国特色社会主义新胜利。

只要我们胸怀理想、坚定信念，不动摇、不懈怠、不折腾，顽强奋斗、艰苦奋斗、不懈奋斗，就一定能在中国共产党成立一百年时全面建成小康社会，就一定能在新中国成立一百年时建成富强民主文明和谐的社会主义现代化国家。全党要坚定这样的道路自信、理论自信、制度自信！

三、全面建成小康社会和全面深化改革开放的目标

综观国际国内大势，我国发展仍处于可以大有作为的重要战略机遇期。我们要准确判断重要战略机遇期内涵和条件的变化，全面把握机遇，沉着应对挑战，赢得主动，赢得优势，赢得未来，确保到二〇二〇年实现全面建成小康社会宏伟目标。

根据我国经济社会发展实际，要在十六大、十七大确立的全面建设小康社会目标的基础上努力实现新的要求。

——经济持续健康发展。转变经济发展方式取得重大进展，在发展平衡性、协调性、可持续性明显增强的基础上，实现国内生产总值和城乡居民人均收入比二〇一〇年翻一番。科技进步对经济增长的贡献率大幅上升，进入创新型国家行列。工业化基本实现，信息化水平大幅提升，城镇化质量明显提高，农业现代化和社会主义新农村建设成效显著，区域协调发展机制基本形成。对外开放水平进一步提高，国际竞争力明显增强。

——人民民主不断扩大。民主制度更加完善，民主形式更加丰富，人民积极性、主动性、创造性进一步发挥。依法治国基本方略全面落实，法治政府基本建成，司法公信力不断提高，人权得到切实尊重和保障。

——文化软实力显著增强。社会主义核心价值体系深入人心，公民文明素质和社会文明程度明显提高。文化产品更加丰富，公共文化服务体系基本建成，文化产业成为国民经济支柱性产业，中华文化走出去迈出更大步伐，社会主义文化强国建设基础更加坚实。

——人民生活水平全面提高。基本公共服务均等化总体实现。全民受教育程度和创新人才培养水平明显提高，进入人才强国和人力资源强国行列，教育现代化基本实现。就业更加充分。收入分配差距缩小，中等收入群体持续扩大，扶贫对象大幅减少。社会保障全民覆盖，人人享有基本医疗卫生服务，住房保障体系基本形成，社会和谐稳定。

——资源节约型、环境友好型社会建设取得重大进展。主体功能区布局基本形成，资源循环利用体系初步建立。单位国内生产总值能源消耗和二氧化碳排放大幅下降，主要污染物排放总量显著减少。森林覆盖率提高，生态系统稳定性增强，人居环境明显改善。

全面建成小康社会，必须以更大的政治勇气和智慧，不失时机深化重要领域改革，坚决破除一切妨碍科学发展的思想观念和体制机制弊端，构建系统完备、科学规范、运行有效的制度体系，使各方面制度更加成熟更加定型。要加快完善社会主义市场经济体制，完善公有制为主体、多种所有制经济共同发展的基本经济制度，完善按劳分配为主体、多种分配方式并存的分配制度，更大程度更广范围发挥市场在资源配置中的基础性作用，完善宏观调控体系，完善开放型经济体系，推动经济更有效率、更加公平、更可持续发展。加快推进社会主义民主政治制度化、规范化、程序化，从各层次各领域扩大公民有序政治参与，实现国家各项工作法治化。加快完善文化管理体制和文化生产经营机制，基本建立现代文化市场体系，健全国有文化资产管理体制，形成有利于创新创造的文化发展环境。加快形成科学有效的社会管理体制，完善社会保障体系，健全基层公共服务和社会管理网络，建立确保社会既充满活力又和谐有序的体制机制。加快建立生态文明制度，健全国土空间开发、资源节约、生态环境保护的体制机制，推动形成人与自然和谐发展现代化建设新格局。

如期全面建成小康社会任务十分艰巨，全党同志一定要埋头苦干、顽强拼搏。国家要加大对农村和中西部地区扶持力度，支持这些地区加快改革开放、增强发展能力、改善人民生活。鼓励有条件的地方在现代化建设中继续走在前列，为全国改革发展做出更大贡献。

四、加快完善社会主义市场经济体制和加快转变经济发展方式

以经济建设为中心是兴国之要，发展仍是解决我国所有问题的关键。只有推动经济持续健康发展，才能筑牢国家繁荣富强、人民幸福安康、社会和谐稳定的物质基础。必须坚持发展是硬道理的战略思想，决不能有丝毫动摇。

在当代中国，坚持发展是硬道理的本质要求就是坚持科学发展。以科学发展为主题，以加快转变经济发展方式为主线，是关系我国发展全局的战略抉择。要适应国内外经济形势新变化，加快形成新的经济发展方式，把推动发展的立足点转到提高质量和效益上来，着力激发各类市场主体发展新活力，着力增强创新驱动发展新动力，着力构建现代产业发展新体系，着力培育开放型经济发展新优势，使经济发展更多依靠内需特别是消费需求拉动，更多依靠现代服务业和战略性新兴产业带动，更多依靠科技进步、劳动者素质提高、管理创新驱动，更多依靠节约资源和循环经济推动，更多依靠城乡区域发展协调互动，不断增强长期发展后劲。

坚持走中国特色新型工业化、信息化、城镇化、农业现代化道路，推动信息化和工业化深度融合、工业化和城镇化良性互动、城镇化和农业现代化相互协调，促进工业化、信息化、城镇化、农业现代化同步发展。

（一）面深化经济体制改革。深化改革是加快转变经济发展方式的关键。经济体制改革的核心问题是处理好政府和市场的关系，必须更加尊重市场规律，更好发挥政府作用。要毫不动摇巩固和发展公有制经济，推行公有制多种实现形式，深化国有企业改革，完善各类国有资产管理体制，推动国有资本更多投向关系国家安全和国民经济命脉的重要行业和关键领域，不断增强国有经济活力、控制力、影响力。毫不动摇鼓励、支持、引导非公有制经济发展，保证各种所有制经济依法平等使用生产要素、公平参与市场竞争、同等受到法律保护。健全现代市场体系，加强宏观调控目标和政策手段机制化建设。加快改革财税体制，健全中央和地方财力与事权相匹配的体制，完善促进基本公共服务均等化和主体功能区建设的公共财政体系，构建地方税体系，形成有利于结构优化、社会公平的税收制度。建立公共资源出让收益合理共享机制。深化金融体制改革，健全促进宏观经济稳定、支持实体经济发展的现代金融体系，加快发展多层次资本市场，稳步推进利率和汇率市场化改革，逐步实现人民币资本项目可兑换。加快发展民营金融机构。完善金融监管，推进金融创新，提高银行、证券、保险等行业竞争力，维护金融稳定。

（二）实施创新驱动发展战略。科技创新是提高社会生产力和综合国力的战略支撑，必须摆在国家发展全局的核心位置。要坚持走中国特色自主创新道路，以全球视野谋划和推动创新，提高原始创新、集成创新和引进消化吸收再创新能力，更加注重协同创新。深化科技体制改革，推动科技和经济紧密结合，加快建设国家创新体系，着力构建以企业为主体、市场为导向、产学研相结合的技术创新体系。完善知识创新体系，强化基础研究、前沿技术研究、社会公益技术研究，提高科学研究水平和成果转化能力，抢占科技发展战略制高点。实施国家科技重大专项，突破重大技术瓶颈。加快新技术新产品新工艺研发应用，加强技术集成和商业模式创新。完善科技创新评价标准、激励机制、转化机制。实施知识产权战略，加强知识产权保护。促进创新资源高效配置和综合集成，把全社会智慧和力量凝聚到创新发展上来。

（三）推进经济结构战略性调整。这是加快转变经济发展方式的主攻方向。必须以改善需求结构、优化产业结构、促进区域协调发展、推进城镇化为重点，着力解决制约经济持续健康发展的重大结构性问题。要牢牢把握扩大内需这一战略基点，加快建立扩大消费需求长效机制，释放居民消费潜力，保持投资合理增长，扩大国内市场规模。牢牢把握发展实体经济这一坚实基础，实行更加有利于实体经济发展的政策措施，强化需求导向，推动战略性新兴产业、先进制造业健康发展，加快传统产业转型升级，推动服务业特别是现代服务业发展壮大，合理布局建设基础设施和基础产业。建设下一代信息基础设施，发展现代信息技术产业体系，健全信息安全保障体系，推进信息网络技术广泛运用。提高大中型企业核心竞争力，支持小微企业特别是科技型小微企业发展。继续实施区域发展总体战略，充分发挥各地区比较优势，优先推进西部大开发，全面振兴东北地区等老工业基地，大力促进中部地区崛起，积极支持东部地区率先发展。采取对口支援等多种形式，加大对革命老区、民族地区、边疆地区、贫困地区扶持力度。科学规划城市群规模和布局，增强中小城市和小城镇产业发展、公共服务、吸纳就业、人口集聚功能。加快改革户籍制度，有序推进农业转移人口市民化，努力实现城镇基本公共服务常住人口全覆盖。

（四）推动城乡发展一体化。解决好农业农村农民问题是全党工作重中之重，城乡发展一体化是解决"三农"问题的根本途径。要加大统筹城乡发展力度，增强农村发展活力，逐步缩小城乡差距，促进城乡共同繁荣。坚持工业反哺农业、城市支持农村和多予少取放活方针，加大强农惠农富农政策力度，让广大农民平等参与现代化进程、共同分享现代化成果。加快发展现代农业，增强农业综合生产能力，确保国家粮食安全和重要农产品有效供给。坚持把国家基础设施建设和社会事业发展重点放在农村，深入推进新农村建设和扶贫开发，全面改善农村生产生活条件。着力促进农民增收，保持农民收入持续较快增长。坚持和完善农村基本经营制度，依法维护农民土地承包经营权、宅基地使用权、集体收益分配权，壮大集体经济实力，发展农民专业合作和股份合作，培育新型经营主体，发展多种形式规模经营，构建集约化、专业化、组织化、社会化相结合的新型农业经营体系。改革征地制度，提高农民在土地增值收益中的分配比例。加快完善城乡发展一体化体制机制，着力在城乡规划、基础设施、公共服务等方面推进一体化，促进城乡要素平等交换和公共资源均衡配置，形成以工促农、以城带乡、工农互惠、城乡一体的新型工农、城乡关系。

（五）全面提高开放型经济水平。适应经济全球化新形势，必须实行更加积极主动的开放战略，完善互利共赢、多元平衡、安全高效的开放型经济体系。要加快转变对外经济发展方式，推动开放朝着优化结构、拓展深度、提高效益方向转变。创新开放模式，促进沿海内陆沿边开放优势互补，形成引领国际经济合作和竞争的开放区域，培育带动区域发展的开放高地。坚持出口和进口并重，强化贸易政策和产业政策协调，形成以技术、品牌、质量、服务为核心的出口竞争新优势，促进加工贸易转型升级，发展服务贸易，推动对外贸易平衡发展。提高利用外资综合优势和总体效益，推动引资、引技、引智有机结合。加快走出去步伐，增强企业国际化经营能力，培育一批世界水平的跨国公司。统筹双边、多边、区域次区域开放合作，加快实施自由贸易区战略，推动同周边国家互联互通。提高抵御国际经济风险能力。

我们一定要坚定信心，打胜全面深化经济体制改革和加快转变经济发展方式这场硬仗，把我国经济发展活力和竞争力提高到新的水平。

五、坚持走中国特色社会主义政治发展道路和推进政治体制改革

人民民主是我们党始终高扬的光辉旗帜。改革开放以来，我们总结发展社会主义民主正反两方面经验，强调人民民主是社会主义的生命，坚持国家一切权力属于人民，不断推进政治体制改革，社会主义民主政治建设取得重大进展，成功开辟和坚持了中国特色社会主义政治发展道路，为实现最广泛的人民民主确立了正确方向。

政治体制改革是我国全面改革的重要组成部分。必须继续积极稳妥推进政治体制改革，发展更加广泛、更加充分、更加健全的人民民主。必须坚持党的领导、人民当家作主、依法治国有机统一，以保证人民当家作主为根本，以增强党和国家活力、调动人民积极性为目标，扩大社会主义民主，加快建设社会主义法治国家，发展社会主义政治文明。要更加注重改进党的领导方式和执政方式，保证党领导人民有效治理国家；更加注重健全民主制度、丰富民主形式，保证人民依法实行民主选举、民主决策、民主管理、民主监督；更加注重发挥法治在国家治理和社会管理中的重要作用，维护国家法制统一、尊严、权威，保证人民依法享有广泛权利和自由。要把制度建设摆在突出位置，充分发挥我国社会主义政治制度优越性，积极借鉴人类政治文明有益成果，绝不照搬西方政治制度模式。

（一）支持和保证人民通过人民代表大会行使国家权力。人民代表大会制度是保证人民当家作主的根本政治制度。要善于使党的主张通过法定程序成为国家意志，支持人大及其常委会充分发挥国家权力机关作用，依法行使立法、监督、决定、任免等职权，加强立法工作组织协调，加强对"一府两院"的监督，加强对政府全口径预算决算的审查和监督。提高基层人大代表特别是一线工人、农民、知识分子代表比例，降低党政领导干部代表比例。在人大设立代表联络机构，完善代表联系群众制度。健全国家权力机关组织制度，优化常委会、专委会组成人员知识和年龄结构，提高专职委员比例，增强依法履职能力。

（二）健全社会主义协商民主制度。社会主义协商民主是我国人民民主的重要形式。要完善协商民主制度和工作机制，推进协商民主广泛、多层、制度化发展。通过国家政权机关、政协组织、党派团体等渠道，就经济社会发展重大问题和涉及群众切身利益的实际问题广泛协商，广纳群言、广集民智，增进共识、增强合力。坚持和完善中国共产党领导的多党合作和政治协商制度，充分发挥人民政协作为协商民主重要渠道作用，围绕团结和民主两大主题，推进政治协商、民主监督、参政议政制度建设，更好协调关系、汇聚力量、建言献策、服务

大局。加强同民主党派的政治协商。把政治协商纳入决策程序，坚持协商于决策之前和决策之中，增强民主协商实效性。深入进行专题协商、对口协商、界别协商、提案办理协商。积极开展基层民主协商。

（三）完善基层民主制度。在城乡社区治理、基层公共事务和公益事业中实行群众自我管理、自我服务、自我教育、自我监督，是人民依法直接行使民主权利的重要方式。要健全基层党组织领导的充满活力的基层群众自治机制，以扩大有序参与、推进信息公开、加强议事协商、强化权力监督为重点，拓宽范围和途径，丰富内容和形式，保障人民享有更多更切实的民主权利。全心全意依靠工人阶级，健全以职工代表大会为基本形式的企事业单位民主管理制度，保障职工参与管理和监督的民主权利。发挥基层各类组织协同作用，实现政府管理和基层民主有机结合。

（四）全面推进依法治国。法治是治国理政的基本方式。要推进科学立法、严格执法、公正司法、全民守法，坚持法律面前人人平等，保证有法必依、执法必严、违法必究。完善中国特色社会主义法律体系，加强重点领域立法，拓展人民有序参与立法途径。推进依法行政，切实做到严格规范公正文明执法。进一步深化司法体制改革，坚持和完善中国特色社会主义司法制度，确保审判机关、检察机关依法独立公正行使审判权、检察权。深入开展法制宣传教育，弘扬社会主义法治精神，树立社会主义法治理念，增强全社会学法尊法守法用法意识。提高领导干部运用法治思维和法治方式深化改革、推动发展、化解矛盾、维护稳定能力。党领导人民制定宪法和法律，党必须在宪法和法律范围内活动。任何组织或者个人都不得有超越宪法和法律的特权，绝不允许以言代法、以权压法、徇私枉法。

（五）深化行政体制改革。行政体制改革是推动上层建筑适应经济基础的必然要求。要按照建立中国特色社会主义行政体制目标，深入推进政企分开、政资分开、政事分开、政社分开，建设职能科学、结构优化、廉洁高效、人民满意的服务型政府。深化行政审批制度改革，继续简政放权，推动政府职能向创造良好发展环境、提供优质公共服务、维护社会公平正义转变。稳步推进大部门制改革，健全部门职责体系。优化行政层级和行政区划设置，有条件的地方可探索省直接管理县(市)改革，深化乡镇行政体制改革。创新行政管理方式，提高政府公信力和执行力，推进政府绩效管理。严格控制机构编制，减少领导职数，降低行政成本。推进事业单位分类改革。完善体制改革协调机制，统筹规划和协调重大改革。

（六）健全权力运行制约和监督体系。坚持用制度管权管事管人，保障人民知情权、参与权、表达权、监督权，是权力正确运行的重要保证。要确保决策权、执行权、监督权既相互制约又相互协调，确保国家机关按照法定权限和程序行使权力。坚持科学决策、民主决策、依法决策，健全决策机制和程序，发挥思想库作用，建立健全决策问责和纠错制度。凡是涉及群众切身利益的决策都要充分听取群众意见，凡是损害群众利益的做法都要坚决防止和纠正。推进权力运行公开化、规范化，完善党务公开、政务公开、司法公开和各领域办事公开制度，健全质询、问责、经济责任审计、引咎辞职、罢免等制度，加强党内监督、民主监督、法律监督、舆论监督，让人民监督权力，让权力在阳光下运行。

（七）巩固和发展最广泛的爱国统一战线。统一战线是凝聚各方面力量，促进政党关系、民族关系、宗教关系、阶层关系、海内外同胞关系的和谐，夺取中国特色社会主义新胜利的重要法宝。要高举爱国主义、社会主义旗帜，巩固统一战线的思想政治基础，正确处理一致性和多样性的关系。坚持长期共存、互相监督、肝胆相照、荣辱与共的方针，加强同民主党派和无党派人士团结合作，促进思想上同心同德、目标上同心同向、行动上同心同行，加强党外代表人士队伍建设，选拔和推荐更多优秀党外人士担任各级国家机关领导职务。全面正确贯彻落实党的民族政策，坚持和完善民族区域自治制度，牢牢把握各民族共同团结奋斗、共同繁荣发展的主题，深入开展民族团结进步教育，加快民族地区发展，保障少数民族合法权益，巩固和发展平等团结互助和谐的社会主义民族关系，促进各民族和睦相处、和衷共济、和谐发展。全面贯彻党的宗教工作基本方针，发挥宗教界人士和信教群众在促进经济社会发展中的积极作用。鼓励和引导新的社会阶层人士为中国特色社会主义事业做出更大贡献。落实党的侨务政策，支持海外侨胞、归侨侨眷关心和参与祖国现代化建设与和平统一大业。

中国特色社会主义政治发展道路是团结亿万人民共同奋斗的正确道路。我们一定要坚定不移沿着这条道路前进，使我国社会主义民主政治展现出更加旺盛的生命力。

六、扎实推进社会主义文化强国建设

文化是民族的血脉，是人民的精神家园。全面建成小康社会，实现中华民族伟大复兴，必须推动社会主义文化大发展大繁荣，兴起社会主义文化建设新高潮，提高国家文化软实力，发挥文化引领风尚、教育人民、服务社会、推动发展的作用。

建设社会主义文化强国，必须走中国特色社会主义文化发展道路，坚持为人民服务、为社会主义服务的方向，坚持百花齐放、百家争鸣的方针，坚持贴近实际、贴近生活、贴近群众的原则，推动社会主义精神文明和物质文明全面发展，建设面向现代化、面向世界、面向未来的，民族的科学的大众的社会主义文化。

建设社会主义文化强国，关键是增强全民族文化创造活力。要深化文化体制改革，解放和发展文化生产力，发扬学术民主、艺术民主，为人民提供广阔文化舞台，让一切文化创造源泉充分涌流，开创全民族文化创造活力持续迸发、社会文化生活更加丰富多彩、人民基本文化权益得到更好保障、人民思想道德素质和科学文化素质全面提高、中华文化国际影响力不断增强的新局面。

（一）加强社会主义核心价值体系建设。社会主义核心价值体系是兴国之魂，决定着中国特色社会主义发展方向。要深入开展社会主义核心价值体系学习教育，用社会主义核心价值体系引领社会思潮、凝聚社会共识。推进马克思主义中国化时代化大众化，坚持不懈用中国特色社会主义理论体系武装全党、教育人民，深入实施马克思主义理论研究和建设工程，建设哲学社会科学创新体系，推动中国特色社会主义理论体系进教材进课堂进头脑。广泛开展理想信念教育，把广大人民团结凝聚在中国特色社会主义伟大旗帜之下。大力弘扬民族精神和时代精神，深入开展爱国主义、集体主义、社会主义教育，丰富人民精神世界，增强人民精神力量。倡导富强、民主、文明、和谐，倡导自由、平等、公正、法治，倡导爱国、敬业、诚信、友善，积极培育和践行社会主义核心价值观。牢牢掌握意识形态工作领导权和主导权，坚持正确导向，提高引导能力，壮大主流思想舆论。

（二）全面提高公民道德素质。这是社会主义道德建设的基本任务。要坚持依法治国和以德治国相结合，加强社会公德、职业道德、家庭美德、个人品德教育，弘扬中华传统美德，弘扬时代新风。推进公民道德建设工程，弘扬真善美、贬斥假恶丑，引导人们自觉履行法定义务、社会责任、家庭责任，营造劳动光荣、创造伟大的社会氛围，培育知荣辱、讲正气、作奉献、促和谐的良好风尚。深入开展道德领域突出问题专项教育和治理，加强政务诚信、商务诚信、社会诚信和司法公信建设。加强和改进思想政治工作，注重人文关怀和心理疏导，培育自尊自信、理性平和、积极向上的社会心态。深化群众性精神文明创建活动，广泛开展志愿服务，推动学雷锋活动、学习宣传道德模范常态化。

（三）丰富人民精神文化生活。让人民享有健康丰富的精神文化生活，是全面建成小康社会的重要内容。要坚持以人民为中心的创作导向，提高文化产品质量，为人民提供更好更多精神食粮。坚持面向基层、服务群众，加快推进重点文化惠民工程，加大对农村和欠发达地区文化建设的帮扶力度，继续推动公共文化服务设施向社会免费开放。建设优秀传统文化传承体系，弘扬中华优秀传统文化。推广和规范使用国家通用语言文字。繁荣发展少数民族文化事业。开展群众性文化活动，引导群众在文化建设中自我表现、自我教育、自我服务。开展全民阅读活动。加强和改进网络内容建设，唱响网上主旋律。加强网络社会管理，推进网络依法规范有序运行。开展"扫黄打非"，抵制低俗现象。普及科学知识，弘扬科学精神，提高全民科学素养。广泛开展全民健身运动，促进群众体育和竞技体育全面发展。

（四）增强文化整体实力和竞争力。文化实力和竞争力是国家富强、民族振兴的重要标志。要坚持把社会效益放在首位、社会效益和经济效益相统一，推动文化事业全面繁荣、文化产业快速发展。发展哲学社会科学、新闻出版、广播影视、文学艺术事业。加强重大公共文化工程和文化项目建设，完善公共文化服务体系，提高服务效能。促进文化和科技融合，发展新型文化业态，提高文化产业规模化、集约化、专业化水平。构建和发展现代传播体系，提高传播能力。增强国有公益性文化单位活力，完善经营性文化单位法人治理结构，繁荣文化市场。扩大文化领域对外开放，积极吸收借鉴国外优秀文化成果。营造有利于高素质文化人才大量涌现、健康成长的良好环境，造就一批名家大师和民族文化代表人物，表彰有杰出贡献的文化工作者。

我们一定要坚持社会主义先进文化前进方向，树立高度的文化自觉和文化自信，向着建设社会主义文化强国宏伟目标阔步前进。

七、在改善民生和创新管理中加强社会建设

加强社会建设，是社会和谐稳定的重要保证。必须从维护最广大人民根本利益的高度，加快健全基本公共服务体系，加强和创新社会管理，推动社会主义和谐社会建设。

加强社会建设，必须以保障和改善民生为重点。提高人民物质文化生活水平，是改革开放和社会主义现代化建设的根本目的。要多谋民生之利，多解民生之忧，解决好人民最关心最直接最现实的利益问题，在学有所教、劳有所得、病有所医、老有所养、住有所居上持续取得新进展，努力让人民过上更好生活。

加强社会建设，必须加快推进社会体制改革。要围绕构建中国特色社会主义社会管理体系，加快形成党委领导、政府负责、社会协同、公众参与、法治保障的社会管理体制，加快形成政府主导、覆盖城乡、可持续的基本公共服务体系，加快形成政社分开、权责明确、依法自治的现代社会组织体制，加快形成源头治理、动态管理、应急处置相结合的社会管理机制。

（一）努力办好人民满意的教育。教育是民族振兴和社会进步的基石。要坚持教育优先发展，全面贯彻党的教育方针，坚持教育为社会主义现代化建设服务、为人民服务，把立德树人作为教育的根本任务，培养德智体美全面发展的社会主义建设者和接班人。全面实施素质教育，深化教育领域综合改革，着力提高教育质量，培养学生社会责任感、创新精神、实践能力。办好学前教育，均衡发展九年义务教育，基本普及高中阶段教育，加快发展现代职业教育，推动高等教育内涵式发展，积极发展继续教育，完善终身教育体系，建设学习型社会。大力促进教育公平，合理配置教育资源，重点向农村、边远、贫困、民族地区倾斜，支持特殊教育，提高家庭经济困难学生资助水平，积极推动农民工子女平等接受教育，让每个孩子

都能成为有用之才。鼓励引导社会力量兴办教育。加强教师队伍建设，提高师德水平和业务能力，增强教师教书育人的荣誉感和责任感。

（二）推动实现更高质量的就业。就业是民生之本。要贯彻劳动者自主就业、市场调节就业、政府促进就业和鼓励创业的方针，实施就业优先战略和更加积极的就业政策。引导劳动者转变就业观念，鼓励多渠道多形式就业，促进创业带动就业，做好以高校毕业生为重点的青年就业工作和农村转移劳动力、城镇困难人员、退役军人就业工作。加强职业技能培训，提升劳动者就业创业能力，增强就业稳定性。健全人力资源市场，完善就业服务体系，增强失业保险对促进就业的作用。健全劳动标准体系和劳动关系协调机制，加强劳动保障监察和争议调解仲裁，构建和谐劳动关系。

（三）千方百计增加居民收入。实现发展成果由人民共享，必须深化收入分配制度改革，努力实现居民收入增长和经济发展同步、劳动报酬增长和劳动生产率提高同步，提高居民收入在国民收入分配中的比重，提高劳动报酬在初次分配中的比重。初次分配和再分配都要兼顾效率和公平，再分配更加注重公平。完善劳动、资本、技术、管理等要素按贡献参与分配的初次分配机制，加快健全以税收、社会保障、转移支付为主要手段的再分配调节机制。深化企业和机关事业单位工资制度改革，推行企业工资集体协商制度，保护劳动所得。多渠道增加居民财产性收入。规范收入分配秩序，保护合法收入，增加低收入者收入，调节过高收入，取缔非法收入。

（四）统筹推进城乡社会保障体系建设。社会保障是保障人民生活、调节社会分配的一项基本制度。要坚持全覆盖、保基本、多层次、可持续方针，以增强公平性、适应流动性、保证可持续性为重点，全面建成覆盖城乡居民的社会保障体系。改革和完善企业和机关事业单位社会保险制度，整合城乡居民基本养老保险和基本医疗保险制度，逐步做实养老保险个人账户，实现基础养老金全国统筹，建立兼顾各类人员的社会保障待遇确定机制和正常调整机制。扩大社会保障基金筹资渠道，建立社会保险基金投资运营制度，确保基金安全和保值增值。完善社会救助体系，健全社会福利制度，支持发展慈善事业，做好优抚安置工作。建立市场配置和政府保障相结合的住房制度，加强保障性住房建设和管理，满足困难家庭基本需求。坚持男女平等基本国策，保障妇女儿童合法权益。积极应对人口老龄化，大力发展老龄服务事业和产业。健全残疾人社会保障和服务体系，切实保障残疾人权益。健全社会保障经办管理体制，建立更加便民快捷的服务体系。

（五）提高人民健康水平。健康是促进人的全面发展的必然要求。要坚持为人民健康服务的方向，坚持预防为主、以农村为重点、中西医并重，按照保基本、强基层、建机制要求，重点推进医疗保障、医疗服务、公共卫生、药品供应、监管体制综合改革，完善国民健康政策，为群众提供安全有效方便价廉的公共卫生和基本医疗服务。健全全民医保体系，建立重特大疾病保障和救助机制，完善突发公共卫生事件应急和重大疾病防控机制。巩固基本药物制度。健全农村三级医疗卫生服务网络和城市社区卫生服务体系，深化公立医院改革，鼓励社会办医。扶持中医药和民族医药事业发展。提高医疗卫生队伍服务能力，加强医德医风建设。改革和完善食品药品安全监管体制机制。开展爱国卫生运动，促进人民身心健康。坚持计划生育的基本国策，提高出生人口素质，逐步完善政策，促进人口长期均衡发展。

（六）加强和创新社会管理。提高社会管理科学化水平，必须加强社会管理法律、体制机制、能力、人才队伍和信息化建设。改进政府提供公共服务方式，加强基层社会管理和服务体系建设，增强城乡社区服务功能，强化企事业单位、人民团体在社会管理和服务中的职责，引导社会组织健康有序发展，充分发挥群众参与社会管理的基础作用。完善和创新流动人口和特殊人群管理服务。正确处理人民内部矛盾，建立健全党和政府主导的维护群众权益机制，完善信访制度，完善人民调解、行政调解、司法调解联动的工作体系，畅通和规范群众诉求表达、利益协调、权益保障渠道。建立健全重大决策社会稳定风险评估机制。强化公共安全体系和企业安全生产基础建设，遏制重特大安全事故。加强和改进党对政法工作的领导，加强政法队伍建设，切实肩负起中国特色社会主义事业建设者、捍卫者的职责使命。深化平安建设，完善立体化社会治安防控体系，强化司法基本保障，依法防范和惩治违法犯罪活动，保障人民生命财产安全。完善国家安全战略和工作机制，高度警惕和坚决防范敌对势力的分裂、渗透、颠覆活动，确保国家安全。

全党全国人民行动起来，就一定能开创社会和谐人人有责、和谐社会人人共享的生动局面。

八、大力推进生态文明建设

建设生态文明，是关系人民福祉、关乎民族未来的长远大计。面对资源约束趋紧、环境污染严重、生态系统退化的严峻形势，必须树立尊重自然、顺应自然、保护自然的生态文明理念，把生态文明建设放在突出地位，融入经济建设、政治建设、文化建设、社会建设各方面和全过程，努力建设美丽中国，实现中华民族永续发展。

坚持节约资源和保护环境的基本国策，坚持节约优先、保护优先、自然恢复为主的方针，着力推进绿色发展、循环发展、低碳发展，形成节约资源和保护环境的空间格局、产业结构、生产方式、生活方式，从源头上扭转生态环境恶化趋势，为人民创造良好生产生活环境，为全球生态安全做出贡献。

（一）优化国土空间开发格局。国土是生态文明建设的空间载体，必须珍惜每一寸国土。要按照人口资源环境相均衡、经济社会生态效益相统一的原则，控制开发强度，调整空间结构，促进生产空间集约高效、生活空间宜居适度、生态空间山清水秀，给自然留下更多修复空间，给农业留下更多良田，给子孙后代留下天蓝、地绿、水净的美好家园。加快实施主体功能区战略，推动各地区严格按照主体功能定位发展，构建科学合理的城市化格局、农业发展格局、生态安全格局。提高海洋资源开发能力，发展海洋经济，保护海洋生态环境，坚决维护国家海洋权益，建设海洋强国。

（二）全面促进资源节约。节约资源是保护生态环境的根本之策。要节约集约利用资源，推动资源利用方式根本转变，加强全过程节约管理，大幅降低能源、水、土地消耗强度，提高利用效率和效益。推动能源生产和消费革命，控制能源消费总量，加强节能降耗，支持节能低碳产业和新能源、可再生能源发展，确保国家能源安全。加强水源地保护和用水总量管理，推进水循环利用，建设节水型社会。严守耕地保护红线，严格土地用途管制。加强矿产资源勘查、保护、合理开发。发展循环经济，促进生产、流通、消费过程的减量化、再利用、资源化。

（三）加大自然生态系统和环境保护力度。良好生态环境是人和社会持续发展的根本基础。要实施重大生态修复工程，增强生态产品生产能力，推进荒漠化、石漠化、水土流失综合治理，扩大森林、湖泊、湿地面积，保护生物多样性。加快水利建设，增强城乡防洪抗旱排涝能力。加强防灾减灾体系建设，提高气象、地质、地震灾害防御能力。坚持预防为主、综合治理，以解决损害群众健康突出环境问题为重点，强化水、大气、土壤等污染防治。坚持共同但有区别的责任原则、公平原则、各自能力原则，同国际社会一道积极应对全球气候变化。

（四）加强生态文明制度建设。保护生态环境必须依靠制度。要把资源消耗、环境损害、生态效益纳入经济社会发展评价体系，建立体现生态文明要求的目标体系、考核办法、奖惩机制。建立国土空间开发保护制度，完善最严格的耕地保护制度、水资源管理制度、环境保护制度。深化资源性产品价格和税费改革，建立反映市场供求和资源稀缺程度、体现生态价值和代际补偿的资源有偿使用制度和生态补偿制度。积极开展节能量、碳排放权、排污权、水权交易试点。加强环境监管，健全生态环境保护责任追究制度和环境损害赔偿制度。加强生态文明宣传教育，增强全民节约意识、环保意识、生态意识，形成合理消费的社会风尚，营造爱护生态环境的良好风气。

我们一定要更加自觉地珍爱自然，更加积极地保护生态，努力走向社会主义生态文明新时代。

九、加快推进国防和军队现代化

建设与我国国际地位相称、与国家安全和发展利益相适应的巩固国防和强大军队，是我国现代化建设的战略任务。我国面临的生存安全问题和发展安全问题、传统安全威胁和非传统安全威胁相互交织，要求国防和军队现代化建设有一个大的发展。必须坚持以国家核心安全需求为导向，统筹经济建设和国防建设，按照国防和军队现代化建设"三步走"战略构想，加紧完成机械化和信息化建设双重历史任务，力争到二○二○年基本实现机械化，信息化建设取得重大进展。

国防和军队现代化建设，必须以毛泽东军事思想、邓小平新时期军队建设思想、江泽民国防和军队建设思想、党关于新形势下国防和军队建设思想为指导。要适应国家发展战略和安全战略新要求，着眼全面履行新世纪新阶段军队历史使命，贯彻新时期积极防御军事战略方针，与时俱进加强军事战略指导，高度关注海洋、太空、网络空间安全，积极运筹和平时期军事力量运用，不断拓展和深化军事斗争准备，提高以打赢信息化条件下局部战争能力为核心的完成多样化军事任务能力。

坚持以推动国防和军队建设科学发展为主题，以加快转变战斗力生成模式为主线，全面加强军队革命化现代化正规化建设。毫不动摇坚持党对军队的绝对领导，坚持不懈用中国特色社会主义理论体系武装全军，持续培育当代革命军人核心价值观，大力发展先进军事文化，永葆人民军队性质、本色、作风。坚定不移把信息化作为军队现代化建设发展方向，推动信息化建设加速发展。加强高新技术武器装备建设，加快全面建设现代后勤，培养大批高素质新型军事人才，深入开展信息化条件下军事训练，增强基于信息系统的体系作战能力。加大依法治军、从严治军力度，推动正规化建设向更高水平发展。

紧跟世界新军事革命加速发展的潮流，积极稳妥进行国防和军队改革，推动中国特色军事变革深入发展。坚持以创新发展军事理论为先导，着力提高国防科技工业自主创新能力，深入推进军队组织形态现代化，构建中国特色现代军事力量体系。

坚持走中国特色军民融合式发展路子，坚持富国和强军相统一，加强军民融合式发展战略规划、体制机制建设、法规建设。加快建设现代化武装警察力量。增强全民国防观念，提高国防动员和后备力量建设质量。巩固和发展军政军民团结。

中国奉行防御性的国防政策，加强国防建设的目的是维护国家主权、安全、领土完整，保障国家和平发展。中国军队始终是维护世界和平的坚定力量，将一如既往同各国加强军事合作、增进军事互信，参与地区和国际安全事务，在国际政治和安全领域发挥积极作用。

十、丰富"一国两制"实践和推进祖国统一

香港、澳门回归以来，走上了同祖国内地优势互补、共同发展的宽广道路，"一国两制"

实践取得举世公认的成功。中央政府对香港、澳门实行的各项方针政策，根本宗旨是维护国家主权、安全、发展利益，保持香港、澳门长期繁荣稳定。全面准确贯彻"一国两制"、"港人治港"、"澳人治澳"、高度自治的方针，必须把坚持一国原则和尊重两制差异、维护中央权力和保障特别行政区高度自治权、发挥祖国内地坚强后盾作用和提高港澳自身竞争力有机结合起来，任何时候都不能偏废。

中央政府将严格依照基本法办事，完善与基本法实施相关的制度和机制，坚定支持特别行政区行政长官和政府依法施政，带领香港、澳门各界人士集中精力发展经济、切实有效改善民生、循序渐进推进民主、包容共济促进和谐，深化内地与香港、澳门经贸关系，推进各领域交流合作，促进香港同胞、澳门同胞在爱国爱港、爱国爱澳旗帜下的大团结，防范和遏制外部势力干预港澳事务。

我们坚信，香港同胞、澳门同胞不仅有智慧、有能力、有办法把特别行政区管理好、建设好，也一定能在国家事务中发挥积极作用，同全国各族人民一道共享做中国人的尊严和荣耀。

解决台湾问题、实现祖国完全统一，是不可阻挡的历史进程。和平统一最符合包括台湾同胞在内的中华民族的根本利益。实现和平统一首先要确保两岸关系和平发展。必须坚持"和平统一、一国两制"方针，坚持发展两岸关系、推进祖国和平统一进程的八项主张，全面贯彻两岸关系和平发展重要思想，巩固和深化两岸关系和平发展的政治、经济、文化、社会基础，为和平统一创造更充分的条件。

我们要始终坚持一个中国原则。大陆和台湾虽然尚未统一，但两岸同属一个中国的事实从未改变，国家领土和主权从未分割、也不容分割。两岸双方应恪守反对"台独"、坚持"九二共识"的共同立场，增进维护一个中国框架的共同认知，在此基础上求同存异。对台湾任何政党，只要不主张"台独"、认同一个中国，我们都愿意同他们交往、对话、合作。

我们要持续推进两岸交流合作。深化经济合作，厚植共同利益。扩大文化交流，增强民族认同。密切人民往来，融洽同胞感情。促进平等协商，加强制度建设。希望双方共同努力，探讨国家尚未统一特殊情况下的两岸政治关系，作出合情合理安排；商谈建立两岸军事安全互信机制，稳定台海局势；协商达成两岸和平协议，开创两岸关系和平发展新前景。

我们要努力促进两岸同胞团结奋斗。两岸同胞同属中华民族，是血脉相连的命运共同体，理应相互关爱信赖，共同推进两岸关系，共同享有发展成果。凡是有利于增进两岸同胞共同福祉的事情，我们都会尽最大努力做好。我们要切实保护台湾同胞权益，团结台湾同胞维护好、建设好中华民族共同家园。

我们坚决反对"台独"分裂图谋。中国人民绝不允许任何人任何势力以任何方式把台湾从祖国分割出去。"台独"分裂行径损害两岸同胞共同利益，必然走向彻底失败。

全体中华儿女携手努力，就一定能在同心实现中华民族伟大复兴进程中完成祖国统一大业。

十一、继续促进人类和平与发展的崇高事业

当今世界正在发生深刻复杂变化，和平与发展仍然是时代主题。世界多极化、经济全球化深入发展，文化多样化、社会信息化持续推进，科技革命孕育新突破，全球合作向多层次全方位拓展，新兴市场国家和发展中国家整体实力增强，国际力量对比朝着有利于维护世界和平方向发展，保持国际形势总体稳定具备更多有利条件。

同时，世界仍然很不安宁。国际金融危机影响深远，世界经济增长不稳定不确定因素增多，全球发展不平衡加剧，霸权主义、强权政治和新干涉主义有所上升，局部动荡频繁发生，粮食安全、能源资源安全、网络安全等全球性问题更加突出。

人类只有一个地球，各国共处一个世界。历史昭示我们，弱肉强食不是人类共存之道，穷兵黩武无法带来美好世界。要和平不要战争，要发展不要贫穷，要合作不要对抗，推动建设持久和平、共同繁荣的和谐世界，是各国人民共同愿望。

我们主张，在国际关系中弘扬平等互信、包容互鉴、合作共赢的精神，共同维护国际公平正义。平等互信，就是要遵循联合国宪章宗旨和原则，坚持国家不分大小、强弱、贫富一律平等，推动国际关系民主化，尊重主权，共享安全，维护世界和平稳定。包容互鉴，就是要尊重世界文明多样性、发展道路多样化，尊重和维护各国人民自主选择社会制度和发展道路的权利，相互借鉴，取长补短，推动人类文明进步。合作共赢，就是要倡导人类命运共同体意识，在追求本国利益时兼顾他国合理关切，在谋求本国发展中促进各国共同发展，建立更加平等均衡的新型全球发展伙伴关系，同舟共济，权责共担，增进人类共同利益。

中国将继续高举和平、发展、合作、共赢的旗帜，坚定不移致力于维护世界和平、促进共同发展。

中国将始终不渝走和平发展道路，坚定奉行独立自主的和平外交政策。我们坚决维护国家主权、安全、发展利益，决不会屈服于任何外来压力。我们根据事情本身的是非曲直决定自己的立场和政策，秉持公道，伸张正义。中国主张和平解决国际争端和热点问题，反对动辄诉诸武力或以武力相威胁，反对颠覆别国合法政权，反对一切形式的恐怖主义。中国反对各种形式的霸权主义和强权政治，不干涉别国内政，永远不称霸，永远不搞扩张。中国将坚持把中国人民利益同各国人民共同利益结合起来，以更加积极的姿态参与国际事务，发挥负责任大国作用，共同应对全球性挑战。

中国将始终不渝奉行互利共赢的开放战略，通过深化合作促进世界经济强劲、可持续、平衡增长。中国致力于缩小南北差距，支持发展中国家增强自主发展能力。中国将加强同主要经济体宏观经济政策协调，通过协商妥善解决经贸摩擦。中国坚持权利和义务相平衡，积极参与全球经济治理，推动贸易和投资自由化便利化，反对各种形式的保护主义。

中国坚持在和平共处五项原则基础上全面发展同各国的友好合作。我们将改善和发展同发达国家关系，拓宽合作领域，妥善处理分歧，推动建立长期稳定健康发展的新型大国关系。我们将坚持与邻为善、以邻为伴，巩固睦邻友好，深化互利合作，努力使自身发展更好惠及周边国家。我们将加强同广大发展中国家的团结合作，共同维护发展中国家正当权益，支持扩大发展中国家在国际事务中的代表性和发言权，永远做发展中国家的可靠朋友和真诚伙伴。我们将积极参与多边事务，支持联合国、二十国集团、上海合作组织、金砖国家等发挥积极作用，推动国际秩序和国际体系朝着公正合理的方向发展。我们将扎实推进公共外交和人文交流，维护我国海外合法权益。我们将开展同各国政党和政治组织的友好往来，加强人大、政协、地方、民间团体的对外交流，夯实国家关系发展社会基础。

中国人民热爱和平、渴望发展，愿同各国人民一道为人类和平与发展的崇高事业而不懈努力。

十二、全面提高党的建设科学化水平

我们党担负着团结带领人民全面建成小康社会、推进社会主义现代化、实现中华民族伟大复兴的重任。党坚强有力，党同人民保持血肉联系，国家就繁荣稳定，人民就幸福安康。形势的发展、事业的开拓、人民的期待，都要求我们以改革创新精神全面推进党的建设新的伟大工程，全面提高党的建设科学化水平。

全党必须牢记，只有植根人民、造福人民，党才能始终立于不败之地；只有居安思危、

勇于进取，党才能始终走在时代前列。新形势下，党面临的执政考验、改革开放考验、市场经济考验、外部环境考验是长期的、复杂的、严峻的，精神懈怠危险、能力不足危险、脱离群众危险、消极腐败危险更加尖锐地摆在全党面前。不断提高党的领导水平和执政水平、提高拒腐防变和抵御风险能力，是党巩固执政地位、实现执政使命必须解决好的重大课题。全党要增强紧迫感和责任感，牢牢把握加强党的执政能力建设、先进性和纯洁性建设这条主线，坚持解放思想、改革创新，坚持党要管党、从严治党，全面加强党的思想建设、组织建设、作风建设、反腐倡廉建设、制度建设，增强自我净化、自我完善、自我革新、自我提高能力，建设学习型、服务型、创新型的马克思主义执政党，确保党始终成为中国特色社会主义事业的坚强领导核心。

（一）坚定理想信念，坚守共产党人精神追求。对马克思主义的信仰，对社会主义和共产主义的信念，是共产党人的政治灵魂，是共产党人经受住任何考验的精神支柱。要抓好思想理论建设这个根本，学习马克思列宁主义、毛泽东思想、中国特色社会主义理论体系，深入学习实践科学发展观，推进学习型党组织创建，教育引导党员、干部矢志不渝为中国特色社会主义共同理想而奋斗。抓好党性教育这个核心，学习党的历史，深刻认识党的两个历史问题决议总结的经验教训，弘扬党的优良传统和作风，教育引导党员、干部牢固树立正确的世界观、权力观、事业观，坚定政治立场，明辨大是大非。抓好道德建设这个基础，教育引导党员、干部模范践行社会主义荣辱观，讲党性、重品行、作表率，做社会主义道德的示范者、诚信风尚的引领者、公平正义的维护者，以实际行动彰显共产党人的人格力量。

（二）坚持以人为本、执政为民，始终保持党同人民群众的血肉联系。为人民服务是党的根本宗旨，以人为本、执政为民是检验党一切执政活动的最高标准。任何时候都要把人民利益放在第一位，始终与人民心连心、同呼吸、共命运，始终依靠人民推动历史前进。围绕保持党的先进性和纯洁性，在全党深入开展以为民务实清廉为主要内容的党的群众路线教育实践活动，着力解决人民群众反映强烈的突出问题，提高做好新形势下群众工作的能力。完善党员干部直接联系群众制度。坚持问政于民、问需于民、问计于民，从人民伟大实践中汲取智慧和力量。坚持实干富民、实干兴邦，敢于开拓，勇于担当，多干让人民满意的好事实事。坚持艰苦奋斗、勤俭节约，下决心改进文风会风，着力整治庸懒散等不良风气，坚决克服形式主义、官僚主义，以优良党风凝聚党心民心、带动政风民风。支持工会、共青团、妇联等人民团体充分发挥桥梁纽带作用，更好反映群众呼声，维护群众合法权益。

（三）积极发展党内民主，增强党的创造活力。党内民主是党的生命。要坚持民主集中制，健全党内民主制度体系，以党内民主带动人民民主。保障党员主体地位，健全党员民主权利保障制度，开展批评和自我批评，营造党内民主平等的同志关系、民主讨论的政治氛围、民主监督的制度环境，落实党员知情权、参与权、选举权、监督权。完善党的代表大会制度，提高工人、农民代表比例，落实和完善党的代表大会代表任期制，试行乡镇党代会年会制，深化县(市、区)党代会常任制试点，实行党代会代表提案制。完善党内选举制度，规范差额提名、差额选举，形成充分体现选举人意志的程序和环境。强化全委会决策和监督作用，完善常委会议事规则和决策程序，完善地方党委讨论决定重大问题和任用重要干部票决制。扩大党内基层民主，完善党员定期评议基层党组织领导班子等制度，推行党员旁听基层党委会议、党代会代表列席同级党委有关会议等做法，增强党内生活原则性和透明度。

（四）深化干部人事制度改革，建设高素质执政骨干队伍。坚持和发展中国特色社会主义，关键在于建设一支政治坚定、能力过硬、作风优良、奋发有为的执政骨干队伍。要坚持党管干部原则，坚持五湖四海、任人唯贤，坚持德才兼备、以德为先，坚持注重实绩、群众公认，深化干部人事制度改革，使各方面优秀干部充分涌现、各尽其能、才尽其用。全面准确贯彻民主、公开、竞争、择优方针，扩大干部工作民主，提高民主质量，完善竞争性选拔干部方式，提高选人用人公信度，不让老实人吃亏，不让投机钻营者得利。完善干部考核评价机制，促进领导干部树立正确政绩观。健全干部管理体制，从严管理监督干部，加强党政正职、关键岗位干部培养选拔，完善公务员制度。优化领导班子配备和干部队伍结构，注重从基层一线培养选拔干部，拓宽社会优秀人才进入党政干部队伍渠道。推进国有企业和事业单位人事制度改革。加强和改进干部教育培训，提高干部素质和能力。加大培养选拔优秀年轻干部力度，重视培养选拔女干部和少数民族干部，鼓励年轻干部到基层和艰苦地区锻炼成长。全面做好离退休干部工作。

（五）坚持党管人才原则，把各方面优秀人才集聚到党和国家事业中来。广开进贤之路，广纳天下英才，是保证党和人民事业发展的根本之举。要尊重劳动、尊重知识、尊重人才、尊重创造，加快确立人才优先发展战略布局，造就规模宏大、素质优良的人才队伍，推动我国由人才大国迈向人才强国。统筹推进各类人才队伍建设，实施重大人才工程，加大创新创业人才培养支持力度，重视实用人才培养，引导人才向科研生产一线流动。充分开发利用国内国际人才资源，积极引进和用好海外人才。加快人才发展体制机制改革和政策创新，建立国家荣誉制度，形成激发人才创造活力、具有国际竞争力的人才制度优势，开创人人皆可成才、人人尽展其才的生动局面。

（六）创新基层党建工作，夯实党执政的组织基础。党的基层组织是团结带领群众贯彻党的理论和路线方针政策、落实党的任务的战斗堡垒。要落实党建工作责任制，强化农村、城市社区党组织建设，加大非公有制经济组织、社会组织党建工作力度，全面推进各领域基层党建工作，扩大党组织和党的工作覆盖面，充分发挥推动发展、服务群众、凝聚人心、促进和谐的作用，以党的基层组织建设带动其他各类基层组织建设。健全党的基层组织体系，加强基层党组织带头人队伍建设，加强城乡基层党建资源整合，建立稳定的经费保障制度。以服务群众、做群众工作为主要任务，加强基层服务型党组织建设。以增强党性、提高素质为重点，加强和改进党员队伍教育管理，健全党员立足岗位创先争优长效机制，推动广大党员发挥先锋模范作用。严格党内组织生活，健全党员党性定期分析、民主评议等制度。改进对流动党员的教育、管理、服务。提高发展党员质量，重视从青年工人、农民、知识分子中发展党员。健全党员能进能出机制，优化党员队伍结构。

（七）坚定不移反对腐败，永葆共产党人清正廉洁的政治本色。反对腐败、建设廉洁政治，是党一贯坚持的鲜明政治立场，是人民关注的重大政治问题。这个问题解决不好，就会对党造成致命伤害，甚至亡党亡国。反腐倡廉必须常抓不懈，拒腐防变必须警钟长鸣。要坚持中国特色反腐倡廉道路，坚持标本兼治、综合治理、惩防并举、注重预防方针，全面推进惩治和预防腐败体系建设，做到干部清正、政府清廉、政治清明。加强反腐倡廉教育和廉政文化建设。各级领导干部特别是高级干部必须自觉遵守廉政准则，严格执行领导干部重大事项报告制度，既严于律己，又加强对亲属和身边工作人员的教育和约束，决不允许搞特权。严格规范权力行使，加强对领导干部特别是主要领导干部行使权力的监督。深化重点领域和关键环节改革，健全反腐败法律制度，防控廉政风险，防止利益冲突，更加科学有效地防治腐败。加强反腐败国际合作。严格执行党风廉政建设责任制。健全纪检监察体制，完善派驻机构统一管理，更好发挥巡视制度监督作用。始终保持惩治腐败高压态势，坚决查处大案要案，着力解决发生在群众身边的腐败问题。不管涉及什么人，不论权力大小、职位高低，只要触犯党纪国法，都要严惩不贷。

（八）严明党的纪律，自觉维护党的集中统一。党的集中统一是党的力量所在，是实现经济社会发展、民族团结进步、国家长治久安的根本保证。党面临的形势越复杂，肩负的任务越艰巨，就越要加强党的纪律建设，越要维护党的集中统一。各级党组织和广大党员、干部特别是主要领导干部一定要自觉遵守党章，自觉按照党的组织原则和党内政治生活准则办事，任何人都不能凌驾于组织之上。要坚决维护中央权威，在思想上政治上行动上同党中央保持高度一致，坚决贯彻党的理论和路线方针政策，保证中央政令畅通，决不允许"上有政策、下有对策"，决不允许有令不行、有禁不止。加强监督检查，严肃党的纪律特别是政治纪律，对违反纪律的行为必须认真处理，切实做到纪律面前人人平等、遵守纪律没有特权、执行纪律没有例外，形成全党上下步调一致、奋发进取的强大力量。

同志们！在中国特色社会主义道路上实现中华民族伟大复兴，寄托着无数仁人志士、革命先烈的理想和夙愿。在长期艰苦卓绝的奋斗中，我们党紧紧依靠人民，付出了最大牺牲，书写了感天动地的壮丽史诗，不可逆转地结束了近代以后中国内忧外患、积贫积弱的悲惨命运，不可逆转地开启了中华民族不断发展壮大、走向伟大复兴的历史进军，使具有五千多年文明历史的中华民族以崭新的姿态屹立于世界民族之林。在新的征程上，我们的责任更大、担子更重，必须以更加坚定的信念、更加顽强的努力，继续实现推进现代化建设、完成祖国统一、维护世界和平与促进共同发展这三大历史任务。

面对人民的信任和重托，面对新的历史条件和考验，全党必须增强忧患意识，谦虚谨慎，戒骄戒躁，始终保持清醒头脑；必须增强创新意识，坚持真理，修正错误，始终保持奋发有为的精神状态；必须增强宗旨意识，相信群众，依靠群众，始终把人民放在心中最高位置；必须增强使命意识，求真务实，艰苦奋斗，始终保持共产党人的政治本色。

中国特色社会主义事业是面向未来的事业，需要一代又一代有志青年接续奋斗。全党都要关注青年、关心青年、关爱青年，倾听青年心声，鼓励青年成长，支持青年创业。广大青年要积极响应党的号召，树立正确的世界观、人生观、价值观，永远热爱我们伟大的祖国，永远热爱我们伟大的人民，永远热爱我们伟大的中华民族，在投身中国特色社会主义伟大事业中，让青春焕发出绚丽的光彩。

中国特色社会主义事业需要全体中华儿女万众一心、团结奋斗。团结就是大局，团结就是力量。全党同志要用坚强的党性保证团结，用共同的事业促进团结，自觉维护全党的团结统一，巩固全国各族人民大团结，加强海内外中华儿女大团结，促进中国人民同世界各国人民大团结。

让我们高举中国特色社会主义伟大旗帜，更加紧密地团结在党中央周围，为全面建成小康社会而奋斗，不断夺取中国特色社会主义新胜利，共同创造中国人民和中华民族更加幸福美好的未来！

任务六　函

一、函的含义和特点

1. 函的含义

函是公文中惟一的平行文，适用于不相隶属机关之间商洽工作，询问和答复问题，请求批准和答复审批事项。

2．函的特点

灵活性和广泛性；单一性和实用性。

3．函的分类

按内容和目的分类，函可以分为多种类型。主要是商洽函、询问和答复函、请批函。此外，还有通知事项的函、催办事宜的函、转送材料的函等。

二、函的写法

1．函的标题、字号和主送机关

（1）函的标题。作为正式公文的函，其标题和一般公文的写法一样，由发文机关名称、主要内容(事由)、文种组成。

（2）函的发文字号。公函要有正规的发文字号，写法与一般公文相同，由机关代字、年号、顺序号组成。

（3）函的主送机关。函的行文对象一般情况下是明确、单一的，所以多数函的主送机关只有一个。但有时内容涉及部门多，也有排列多个主送机关的情况，如《国务院办公厅关于羊毛产销和质量等问题的函》(国办函〔1993〕2 号)的主送机关，有七个之多："国家计委、经贸办、农业部、商业部、经贸部、纺织部、技术监督局"。

2．函的正文

（1）发函缘由。这是函的开头部分，主要用来说明发函的根据、目的、原因等。如果是复函，则先引用对方来函的标题、发文字号，然后再交代根据，说明缘由。这部分结束时，常用一些习用的套语转入下一部分，如"现将有关情况说明如下"、"现就有关问题函复如下"等。

（2）事项。这是函的主体部分，有关某项工作展开商洽、有关某一事件提出询问或做出答复、有关事项提请批准等主要内容，都在这一部分予以表达。

（3）希望请求。这是结尾部分，向对方提出希望或请求。或希望对方给予支持和帮助，或希望对方给予合作，或请求对方提供情况，或请求对方给予批准等。最后，另起一行以"特此函商"、"特此函询"、"请即复函"、"特此函告"、"特此函复"等惯用结语收束。

3．落款

将发文机关、日期写在正文右下角。

三、函的写作要求

（1）要一函一事，切忌一函数事。

（2）要体现平等坦诚精神，文字恳切得体、简洁朴实，用语谦和有礼，切不可盛气凌人。

例文一

中国科学院××研究所

致××大学商洽建立全面协作关系的函

××大学：

近年来，我们研究所与贵校在一些科学研究项目上互相支持，取得了令人满意的成绩，建立了良好的协作基础。为了巩固已取得的成果，取得更大的成就，建议我们双方今后能进一步在学术思想、科学研究、人员培训、仪器设备等方面建立全面的交流协作关系，特提出如下意见：

一、定期就共同关心的学术问题举行所、校之间的学术讨论与学术交流；共同分析国内外同行的项目动态和发展趋势；互相参加对方组织的学术年会及专家讲学活动；互派专家参加对方的学术组织对科研发展方向、任务和学位、学术论文及重大科研成果的评审工作。

二、根据所、校各自的科研发展方向和特点，对双方共同感兴趣的课题进行协作。协作形式和办法视课题性质和双方条件，制定单项协议。

三、根据所、校各自人员配备情况，校方在可能条件下对所方研究生、科研人员的培训予以帮助，所方为学校学生、研究生的毕业论文提供指导。校、所双方教学科研人员对等地承担对方一定的教学科研工作，享受同原单位职称相应的待遇。

四、双方每年进行科研计划交流以便掌握方向，协调分工，避免重复。共商协作项目，使双方有所侧重与分工。

五、双方科研教学所需高、精、尖仪器设备，在可能情况下向对方提供利用，并协助做好测试工作。双方的附设工厂车间，相互给予科研和实验设备加工的方便。

六、加强图书资料和情报的交流。

以上各项，如蒙同意，建议互派科研主管人员就有关内容进一步磋商，达成协议，以利工作。

特此函达，请即研究函复。

中国科学院××研究所
二○××年×月×日

简析：这则商洽函，希望两家建立全面协作关系。为了实现协作，商洽函还就具体问题提出建议，使得商洽内容有针对性。

例文二

关于请求解决我校进修教师住宿问题的函

××大学校长办公室：

为了培养师资，提高教学水平，我校拟派×名教师到××学院进修学习，因该院宿舍紧张，无力解决住宿问题，特向贵校联系住宿事宜。

据悉，贵校宿舍尚宽余，恳切希望予以大力支持与帮助。如能解决这一问题，住宿的几名教师尚可为贵校做些辅导和批改作业等义务工作。

特此函复。

××省××学校
二○××年×月×日

简析：这是一份工作商洽函。该函第一段能够抓住要领，突出要求解决事宜；第二段开门见山地直陈需要帮助的理由，且注意与不相隶属单位的关系，语气谦恭而委婉。

例文三

北京市农工商联合总公司
关于 2001 年各级管理费列支办法的函

京农管〔2002〕1 号

北京市财政局：

根据北京市财政局《关于印发北京市国有企业上交主管部门管理费税前扣除审批管理办法的通知》（京财税〔1998〕171 号）文件精神，根据我总公司的管理情况，我们拟订了《关于 2001 年各级管理费列支办法》，请求按此办法对所属公司在其销售收入的 2% 的范围内收取管理费，并在上缴企业所得税前扣除。

此请妥否，请函复。

附：北京市农工商联合总公司关于 2001 年各级管理费列支办法

北京市农工商联合总公司
二〇〇二年×月×日

简析： 这是一则请求函。因向不相隶属单位请求，故用函。写法同请示。

例文四

××市人民政府办公厅关于临时工、合同工
能否执行处罚问题请示的复函

市政办函〔1996〕40 号

市容环境卫生管理局：

你局《关于明确临时工、合同工能否执行处罚问题的请示》收悉。现复函如下：

《中华人民共和国行政处罚法》于 1996 年 10 月 1 日起执行。该法对行政执法主体及执法人员做出了明确而严格的规定。按照行政处罚法和国务院《关于贯彻实施〈中华人民共和国行政处罚法〉的通知》，从今年 10 月 1 日起，合同工、临时工再不能从事行政处罚工作。

你局应按照上述精神，对全市市容卫生执行处罚人员进行清理，理顺执行处罚体制，保证行政处罚法的贯彻实施，促进市容卫生管理工作。

此复。

××市人民政府办公室
一九九六年十月七日

简析： 这是不相隶属机关之间请示政策的复函。该局的请示，是报给市政府的，故用请示。而复函是市办公厅办理的（"××市人民政府办公厅"与"市容环境卫生管理局"之间属于同级不相隶属机关），故回文用函。该复函开头先引请示标题，表示来文收到。然后明确复函的否定意见，指出否定的根据。

习题：

1. 将下面一则新闻改写成通报。

李坚　舍己救人　英勇献身

共青团全国铁道委员会和团省委决定
授予"优秀少先队员"光荣称号并追认为共青团员

本报讯：5月28日下午，共青团程度铁路局委员会在局工会俱乐部召开大会，宣读共青团全国铁道委员会和共青团四川省委的决定，授予为抢救落水同学而英勇献身的李坚同学"优秀少先队员"称号，并根据他生前要求，追认他为共青团员。

李坚同学生前是西昌铁路中学学生，刚满14岁。2004年5月2日，李坚和另外四名小朋友在河边玩耍，忽然，张昆同学不慎落入水中，李坚当即跳下水去营救，献出了年轻的生命。

团委副书记等领导在讲话中分别号召全国铁路系统和省内各地的小朋友向李坚同学学习，做一个有道德、无私无畏的好孩子。

2. 修改下面这则通知。

××县水电局关于召开局
系统2003年上半年生产会议的通知

××局办发(2003)字第18号

局属各单位：

为了及时总结我局系统半年来的生产情况，更好地完成和超额完成下半年生产任务，经2003年7月15日第9次局务会议研究决定，定于7月26日召开局系统上半年生产会议。现将会议有关事项通知于后：

一、参加会议人员：各单位主要负责人。

二、会议时间：7月26日一天。

三、会议地点：局本部会议室。

四、准备下列内容的材料：

1. 今年1—6月份生产进度数字及存在的主要问题。

2. 下半年生产进度安排意见及完成任务的各项具体措施。

3. 安全生产情况及存在的主要问题和解决方法。

4. 职工思想状况及需要解决的主要问题。

局办公室

2003年7月6日

3. 指出下列公文文稿的错误之处，并根据公文写作与处理的要求，改写为一份正确的公文。

请　示

因工作需要，我县急需购买小轿车一辆，请批准调拨经费××××元。另：我县尚缺专业对口技术人员××名，请在制定明年人员编制时一并考虑。上述意见与要求如无不妥，请批复。

此致、敬礼！

××县人民政府

××县财政局

4. 修改下面的批复

关于修建新办公楼请示的批复

×× 字[2005]24 号

×× 厂：

　　有关请示已悉。关于修建新办公大楼一事，经研究，还是以不建为宜。

　　此复。

×× 公司（章）

　　5. 根据下列素材，以 ×× 市机械工业局的名义，给 ×× 市财政局写一份请批函；再以 ×× 市财政局的名义写一份答复函。

　　×× 市机械工业局机关办公楼于 20 世纪 60 年代初建成并投入使用。现因年久失修，许多门窗玻璃已破损不堪，有些地方漏雨、渗水，有的墙体裂缝，影响正常办公，急需修复。为此，需向 ×× 市财政局发函，请求拨款 10 万元人民币，作为修缮费用。随函应附一份工程预算表。×× 市财政局收到 ×× 市机械工业局的请批函后，派人前往实地勘察，并经例会研究，复函表示同意拨给 10 万元修缮费，通过 ×× 市建设银行划拨。

项目四 会议文书

项目要求：掌握会议通知、开幕词、讲话稿、会议记录、闭幕词、会议纪要的格式写法。

会议文书是指在会议活动中形成和使用的文件材料。会议文书主要包括会议通知、开幕词、会议记录、闭幕词、会议纪要等材料。

任务一 会议通知

会议通知一般应写明召开会议的原因、目的、会议名称、主要议题、到会人员、会议及报到时间、地点、需要的材料等，通常采用条文式写法，要求内容周密、语言清楚、表述准确，不致产生歧义。

供机关、单位内部张贴或广播的周知性会议通知，正文开头可不写受文对象，应在通知事项中说明会议时间、地点、内容、准备材料及出席人员等。语言力求简短、明白。

例文一

关于召开 2012 年全国职业院校技能大赛筹备工作会议的通知

教职成司函〔2012〕59 号

各省、自治区、直辖市教育厅(教委)，各计划单列市教育局，新疆生产建设兵团教育局：

为使各地及时了解 2012 年全国职业院校技能大赛筹备工作进展情况，帮助各地做好备赛工作，经研究，决定召开 2012 年全国职业院校技能大赛筹备工作会。现将有关事项通知如下：

一、会议时间

2012 年 5 月 3 日，会期一天。5 月 2 日全天报到。

二、会议内容

1. 2012 年全国职业院校技能大赛筹备工作情况通报。

2. 2012 年全国职业院校技能大赛同期举办的"2012 年民族地区职业院校教学成果展演"、"2012 年全国职业院校学生技能作品展洽会"、"全国职业院校德育与校园文化建设工作会议"筹备工作通报。

3. 赛项专家分组现场答疑。

4. 在津赛项与天津市承办校对接，津外赛项与分赛区负责人对接。

5. 2012 年全国职业院校技能大赛报名管理系统培训(今年大赛报名工作采用信息化管理系统)。

三、出席人员

1. 各省、自治区、直辖市教育厅(教委)，各计划单列市教育局，新疆生产建设兵团教育局负责大赛工作的处长和工作人员各一人。

2. 各分赛区负责人一人。

3. 各赛项负责人。

4. 在津赛项承办单位负责人一人。

5. 参加大赛报名管理系统培训的人员：分赛区报名工作负责人、赛项承办单位负责报名系统操作的工作人员各一人(请参加培训人员自带具备无线上网功能的笔记本电脑，并提前登录 jnds.northedu.com.cn 或网站下载《软件使用说明书》)。

四、会议地点

会议地点：天津××××××××

联系地址：天津××××××××××××××××

电话：022-××××××××

五、其他

1. 会议期间食宿统一安排，费用自理。

2. 请于 4 月 28 日前反馈电子回执并电话确认，以便安排接送站及住宿事宜。接收回执电子邮箱××××。

会务工作联系人：×××、×××

联系电话：××××××××，××××××××，××××××××

传真：022 - ××××××××

教育部职成教司联系人：×××、×××

联系电话：××××××××

大赛报名系统培训联系人：×××、×××

联系电话：××××××××，××××××××，××××××××

教育部职业教育与成人教育司

二〇一二年四月二十三日

例文二

××集团关于召开专场人才招聘会的通知

××集团有限责任公司创建于××年，二十几年来始终坚持"××××，××××"的经营理念奋力开拓，自××年开始成为全国机械密封行业的龙头企业，国内机械密封产品第一品牌，是中国最大的机械密封和大功率磁力驱动泵的研发、制造企业。主导产品有机械密封及辅助系统、大功率磁力驱动泵、挠性膜片联轴器、焊接金属波纹管、精密铸造产品等五大系列上千个品种，广泛应用于石油化工、冶金、制药、发电、造纸、食品、航空、航海等众多领域并远销世界五大洲三十多个国家和地区。公司为发展需要，决定召开专场人才招聘会，诚邀天下有志之士加盟××集团。具体安排如下：

一、会议安排：

1. 会议时间：××××年××月××日(周日)早 8:30

2. 会议地点：××市人才中心(×××对面)

二、招聘岗位如下：

1. 一线岗位人员：车工、数控车工、钳工、铣工、插工、装配工、氩弧焊工、电工、维修工、镗工、波纹管焊接工；

2. 管理岗位：董事长助理(3 年以上驾龄)、人事主管、会计、采购员、6S 管理员、生产管理人员、技术文秘；

3. 技术岗位：机械工程师、材料工程师、电气工程师、工艺员、Solidworks 制图员；

4. 生产辅助岗位：移工员、领料员、库工；

5. 其他岗位：机械密封、磁力泵销售员（试用期××元、转正后××元底薪+提成）。

三、员工福利：

转正后，签订劳动合同，缴纳五险一金。外地工程技术人员、一线机加人员免费提供标准间宿舍，内设宽带、有线电视、独立卫生间、淋浴。

四、报名要求：

1. 一寸红底照片一张；

2. 身份证、毕业证书原件及复印件。

五、联系方式：

1. ××集团人力资源部

2. 发送个人简历至××@××.com

3. 联系电话：××××××

4. 传真：××××××

××集团有限责任公司

二○××年××月××日

任务二　开幕词

一、开幕词的概念

开幕词是在重要会议开始时，为会议主持人或主要领导人讲话所用的文稿。

二、开幕词的特点

开幕词的主要特点是宣告性和引导性。不论召开什么重要会议，或开展什么重要活动，按照惯例，一般都要由主持人或主要领导人致开幕词，这是一个必不可少的程序，标志着会议或活动的正式开始。开幕词通常要阐明会议或活动的性质、宗旨、任务、要求和议程安排等，集中体现了大会或活动的指导思想，起着定调的作用，对引导会议或活动朝着既定的正确方向顺利进行，保证会议或活动的圆满成功，有着重要的意义。

三、开幕词结构、内容和写法

开幕词由首部、正文和结束语三部分组成，各部分的项目内容与写作要求如下：

（一）首部

包括标题、时间、称谓三项。

1. 标题

一般由事由和文种构成，如《中国共产党第十二次全国人民代表大会开幕词》；有的标题由致词人、事由和文种构成，其形式是《×××同志在××××会上的开幕词》；有的采用复式标题，主标题揭示会议的宗旨、中心内容，副标题与前两种标题的构成形式相同，如《我们的文学应该站在世界的前列——中国作家协会第四次会员代表大会开幕词》；也有的只写文种《开幕词》。

2. 时间

标题之下，用括号注明会议开幕的年、月、日期。

3．称谓

一般根据会议的性质及与会者的身份确定称谓，如"同志们"、"各位代表、各位来宾"、"同学们"等。

（二）正文

包括开头，主体和结尾三部分：

1．开头部分

一般开门见山地宣布会议开幕。也可以对会议的规模及与会者的身份等作简要介绍，如"参加这次大会的代表有×××人，其中有来自……"，并对会议的召开及对与会人员表示祝贺。需要说明的是，开头部分即使只有一句话，也要单独列为一个自然段，将其与主体部分分开。

2．主体部分

这是开幕词的核心部分。通常包括以下内容：

阐明会议的意义，通过对以往工作情况的概括总结，和对当前形势的分析，说明会议是在什么形势下，为了解决什么问题和达到什么目的召开的；

阐明会议的指导思想，提出大会任务，说明会议主要议程和安排；

为保证会议顺利举行，向与会者提出会议的要求。

3．结尾部分。

提出会议任务、要求和希望。

（三）结束语

开幕词的结束语要简短、有力，并要有号召性和鼓动性。写法上常以呼告语领起一段，用"预祝大会圆满成功"。

四、开幕词的写作要求

1．要具有鲜明的针对性。

针对会议主题和需要解决的问题旗帜鲜明地表明态度。

2．突出重点，掌握会议基本精神。

掌握会议基本精神是写好开幕词的基础。凡需会议讨论的问题，不必展开讨论，留待会议中充分讨论。

3．文字简洁，篇幅不宜过长。

例文一

江泽民主席在世界石油大会开幕式上的致辞

主席先生、女士们、先生们、朋友们：

第15届世界石油大会在北京隆重举行，这是国际石油界的一次盛会。我谨代表中华人民共和国政府，并以我个人的名义，向大家表示衷心的祝贺！对来自世界各地的朋友们表示热烈的欢迎！

石油是人类社会赖以生存和发展的重要能源之一。20世纪石油工业的发展，与国家战略、全球政治和经济发展紧密地交织在一起，使世界经济和人们的生活发生了巨大的变化。当今，保持世界石油工业的繁荣，实现石油工业与全球经济可持续发展，是国际石油界和各国政府的共同愿望和崇高使命。我相信，世界各国之间按照平等互利的原则加强石油领域的交流与合作，将会为世界石油工业的发展带来更大的生机和活力。

中国是世界上最早发现和利用石油和天然气的国家之一。有文献记载的历史，迄今已有2000多年。中华人民共和国成立以来，特别是近20年来，中国石油工业的发展，取得了巨大的成就。随着经济持续快速健康发展，社会消费水平不断提高，我国对石油天然气资源和产品的需求将会日益扩大。中国政府和人民有信心保持国内石油天然气生产的稳定增长。我们将继续坚持立足国内，扩大开放，走向世界，在平等相待、互利互惠的基础上，积极推动中国与世界各国石油界的交流与合作，实现共同发展。

石油天然气是不可再生的资源，是人类极为宝贵的财富。我们要科学开采和合理利用石油、天然气，实行油气并重、开发与节约并重、环境保护与油气加工利用并重的方针，确保石油工业更好地为经济建设服务，更好地造福于人民。

在世界正朝着多极化方向发展的重要历史时期，各国的经济联系不断加深，在石油工业领域的合作日益加强。人们可以预见，石油工业在即将到来的21世纪的世界经济中，在人类和平与发展的伟大事业中，将会继续产生深远的影响和发挥更大的作用。在国际石油界和世界各国政府的共同努力下，未来的世界石油工业充满希望，必将为世界经济的繁荣和人类社会的进步作出新的贡献。

预祝大会圆满成功！

现在我宣布：第15届世界石油大会开幕！

例文二

李鹏总理在第23届国际人口科学大会开幕式上发表讲话

各位来宾、各位朋友、女士们、先生们：

值此第23届国际人口科学大会开幕之际，我代表中国政府和中国人民，对会议的召开表示衷心的祝贺，向出席会议的各位来宾表示热烈的欢迎。

这次大会是国际人口科学工作者的一次盛会。现在，世界总人口已超过58亿。如何协调人口与经济、社会、资源、环境的关系，是各国政府共同关心的问题。今天，如此众多的国际人口学专家和学者齐集北京，围绕科学认识人口与各方面的相互关系，促进人类社会可持续发展的主题进行广泛交流和探讨，是一件意义深远的事情。我相信这次会议一定会取得积极的成果。

20世纪以来，特别是第二次世界大战以后，随着经济和社会的发展，对人口问题的科学研究也不断深入。国际人口科学联盟作为一个重要的国际性学术组织，为促进人口问题的研究、交流与合作，推动联合国和各国政府制定并实施正确的人口政策，做了大量工作，产生了积极影响。我们赞赏国际人口科学联盟为发展人口科学所做的贡献。

中国是世界上人口最多的发展中国家，原来的经济基础薄弱，有些资源相对不足，地区间发展不平衡，生产力还不发达，这是中国的基本国情。在推进现代化建设的进程中，中国政府把正确处理经济建设和人口、资源、环境的关系摆在重要位置，逐步形成了一套行之有效的、符合中国实际的政策和措施。我们注重通过教育的方法，不断提高全民的人口意识，在人民自觉自愿的基础上实施计划生育政策，以达到控制人口增长、提高人口素质的目的。由于中国坚持不懈地实行计划生育政策，从20世纪70年代初到现在，大约少生育3亿人。

这不但缓解了对中国经济和社会发展的压力，而且对世界人口控制也是一个贡献。世界上越来越多的人对中国的计划生育政策表示理解、同情和支持，我们对此表示感谢。

在积极实施计划生育政策的同时，中国还大力发展教育、卫生、文化等事业，实施九年制义务教育，健全医疗保健网络，开展文化建设。我们鼓励和支持广大妇女参与社会各项事业，进一步提高妇女的地位。我们实施扶贫计划，逐步完善社会保障制度。采取上述一系列措施，促进了中国经济社会的发展和人民生活水平的提高，效果是明显的，人民是欢迎的。

尽管中国计划生育政策取得了如此重大的成就，但由于我们国家人口基数大，这几年年均净增人口仍在 1300 万左右。这相当于一个中等国家人口的总和。中国政府需要为新出生的人口提供生活必需品以及受教育和就业的机会，这仍然是一个沉重的负担。

中国政府在长期实践中认识到，坚持综合治理人口问题，走可持续发展的道路，促进人口与经济、社会、资源、环境的协调发展，是中国现代化建设的必然选择。进入 21 世纪以后，中国经济将继续保持发展的势头，社会将走向全面进步。但我们也看到，中国在人口问题上将面临新的挑战。人口总量将继续增加，就业问题的压力将进一步增大，人口老龄化将日益突出。现在，中国还有 5000 万人生活在最低生活水平线以下，要使他们在本世纪末基本解决温饱问题，这是一项艰巨而又必须完成的任务。如何保持较低的生育水平，全面提高人口素质，妥善解决就业、老龄化、贫困人口、医疗保健以及社会保障等问题，都是中国政府认真对待的重要课题。在这一进程中，中国人口科学的研究及其实践将发挥更加重要的作用。

和平与发展是当今世界的两大主题。人口问题与这两大主题有着密切的关系。研究和解决人口问题，发展人口科学，需要各国政府和人口科学工作者的共同努力，需要广泛的国际交流与合作。中国作为国际社会的一员，在认真解决好本国人口问题的同时，愿意同各国政府，同国际人口科学联盟和各国人口科学工作者一道，为发展人口科学，促进人类的全面进步与发展做出不懈的努力。

谢谢大家。

例文三

在"辉煌的五年"成就展开幕式上的讲话

(1997 年 9 月 6 日)

胡锦涛

同志们：

"辉煌的五年——十四大以来经济建设和精神文明建设成就展"，今天开幕了。我代表党中央、国务院，对展览的开幕表示热烈的祝贺！并借此机会，向五年来为创造两个文明建设的辉煌成就付出辛勤劳动和智慧的广大工人、农民、知识分子、干部、解放军指战员、武警官兵、公安干警，以及各民主党派、各族各界爱国人士，表示崇高的敬意！向五年来关心、支持祖国的经济发展，为促进祖国统一大业而努力的海内外中华儿女，表示亲切的问候！向五年来关心和帮助我国现代化建设的国际友人，表示衷心的感谢！党的十四大以来的五年，是不平凡的五年，是全党全国各族人民继续沿着建设有中国特色社会主义道路阔步前进的五年。五年来，以江泽民同志为核心的党中央团结带领全党全国各族人民，高举邓小平建设有中国特色社会主义理论的伟大旗帜，坚持党的基本路线，抓住机遇，深化改革，扩大开放，促进发展，保持稳定，使我们党和国家经受住了新的考验，把改革开放和社会主义现代化建设推进到了一个历史新阶段，各个领域都取得了举世瞩目的巨大成就。国民经济持续快速健康发展，改革开放取得新的突破，精神文明建设出现新的局面，党的建设、民主法制建设和国防现代化建设进一步加强，我国的国际地位日益提高。特别令中国人民振奋的是，历经沧桑的香港回到祖国怀抱，中华民族洗雪百年耻辱，祖国统一大业迈出重要一步。经过全国各族人民团结奋斗，艰苦创业，五年来，我国的社会生产力、综合国力、人民生活水平又上了一个新的台阶，建设有中国特色社会主义事业展现出更加光明的前景。

五年来的实践再次证明，建设有中国特色社会主义道路是实现国家富强、民族振兴的唯一正确的道路。在中国共产党的领导下，坚定不移地沿着这条道路前进，是历史的选择，人民的选择。回顾改革开放以来的历程，我们最可宝贵的经验，就是坚定不移地高举邓小平建设有中国特色社会主义理论的伟大旗帜，坚持用这一理论武装全党，教育干部和人民，指导我们整个事业和各项工作。在跨越世纪的新征途上，只要坚持高举这一伟大旗帜，无论遇到什么困难，什么风险，都不动摇，我们的事业就一定能够从胜利走向新的胜利，我们的目标就一定能够达到。

同志们，我国改革开放和社会主义现代化建设事业正处在承前启后、继往开来的重要时期。即将召开的党的第十五次全国代表大会，将高举邓小平建设有中国特色社会主义理论的伟大旗帜，对我国改革开放和现代化建设跨越世纪的发展提出奋斗纲领，作出战略部署。我们的任务光荣而又艰巨，我们的责任神圣而又重大。我们一定要紧密地团结在以江泽民同志为核心的党中央周围，高举邓小平建设有中国特色社会主义理论的伟大旗帜，解放思想，实事求是，艰苦奋斗，开拓进取，为进一步促进物质文明建设和精神文明建设的发展，为把建设有中国特色社会主义的伟大事业全面推向二十一世纪，为把我国建设成为富强、民主、文明的社会主义现代化国家而努力奋斗。

最后，祝展览圆满成功！

例文四

在"中国国际××展览会"开幕式上的讲话

女士们、先生们：

早上好！由新加坡××有限公司主办。中国××协会与我分会所属的上海市国际贸易信息和展览公司承办的"中国国际××展览会"今天在这里开幕了。我谨代表中国国际贸易促进委员会上海市分会、中国国际商会上海分会表示热烈祝贺！向前来上海参展西班牙、比利时、中国台湾省、香港地区以及我国各省的中外厂商表示热烈的欢迎！

本届展览会将集中展示具有国际水准的各类××产品及生产设备，为来自全国各的科技人员提供一次不出国的技术考察机会；同时，也为海内外同行共同切磋技艺创造了条件。

朋友们，同志们：上海是中国最重要的工业基地之一，也是经济、金融、贸易、科技和信息中心。上海作为长江流域乃至全国对外开放的重要窗口，将实行全方位的开放。我国政府已将浦东的开发开放列为中国今后十年发展的重点，上海南浦大桥的正式通车，将标志着浦东新区的开发已经进入实质性的启动阶段。上海将进一步改善投资环境，扩大与各国各地区的合作领域。我真诚地欢迎各位展商到上海的开发区和浦东新区参观，寻求贸易和投资机会，寻找合作伙伴。作为上海市的对外商会——中国国际贸易促进会上海市分会将为各位朋友提供卓有成效的服务。

最后，预祝"中国国际××展览会"圆满成功！感谢大家！

例文五

校运会开幕词

各位裁判、各位运动员、老师们、同学们:

天高气爽,金桂飘香。在举世瞩目的"神舟 5 号"载人飞船胜利升空的大喜日子里,我们豪情满怀地迎来了第八届学校田径运动会。首先,我谨代表本届运动会组委会向全体运动员、裁判员、教练员和大会工作人员致以崇高的敬意和亲切的问候! 体育是一个国家精神文明建设的重要方面,是民族素质、人民精神面貌的集中体现,而学校体育则是一个国家体育工作的基础和重点。

办学几年来,我校全面贯彻党的教育方针,积极推进素质教育,切实采取有效措施,把体育摆到学校工作的重要位置。教师队伍充满生机,体育设施不断完善,推动着学校体育工作的蓬勃发展。在去年开发区第二届中小学田径运动会上,我校夺取了初中组团体总分第一名和广播操比赛第一名;××市首届中小学生定向运动赛,我校获得初中组团体第二名和体育道德风尚奖。

刚刚上个月,我校参加××市"田歌杯"体育传统项目中学生健美操比赛,又荣获了市级第一名的优异成绩,让我们以热烈的掌声,向为我校争光的体操健儿和教练员,表示衷心的感谢和祝贺! 本届校运会场地小,赛程短,任务重,参赛运动员共有 1221 名,分 9 个单项 6 个组别,赛前还将举行入场式的评比和广播操比赛。

希望全体运动员发扬"团结、友谊、奋进"的良好风格,弘扬"更高、更快、更强"的体育精神,严格遵守竞赛规程,自觉服从裁判,顽强拼搏,赛出风格,赛出水平。希望裁判员以严谨、公正的态度自始至终做好裁判工作,大会工作人员各尽其职、通力合作,为大家提供优质服务。同时更希望全体同学提高安全意识,做文明观众,使本届校运会开得安全、文明、有序、高效。

最后,预祝本届校运会圆满成功! 谢谢大家!

任务三 讲话稿

一、讲话稿的概念

讲话稿也称发言稿,就是在各种会议、集会上或利用不同宣传工具发表的讲话文稿,它是人们工作和社会生活中经常使用的一种文体。

二、讲话稿的特点

1. 实用性。

讲话稿是一种借助口头表达的书面材料,它广泛应用于大小会议和不同场合,如果需要,还可以登报、广播;上电视,叫做录像讲话。随着经济交流和现代化科学技术的发展,它的用途越来越广泛,具有反映快、应用广泛、实用性强等特点。

2. 政策性。

讲话稿一般由本人写或授意他人(个人或专门写作班子)代写,但无论谁写或用于什么场合,都必须符合政策要求,否则,就会"言不及义",因此,讲话稿又有政策性强的一面。

3．时间性。

因各种需要举行的会议、集会等都是在一定时间、地点等条件下进行的。因此，讲话稿一般都具有较强的时间性，否则，该在事发之前讲清的问题却在事后讲，就变成"马后炮"；应立即做的总结报告或表彰会等，却要拖上一段时间，就失去应有的效力，"时过境迁"，不会产生什么积极效果。

4．条理性。

讲话主要是用声音作为传播的媒介，声音在空中停留短暂，因而，要使讲话的内容被听众听清、听懂，就要条理清晰、层次分明。否则，所讲内容虽然丰富、深刻，但缺乏清晰严密的逻辑性，不能一环扣一环，一步挨一步地叙事、说理，听众接受起来困难，势必会影响讲话的效果。

5．通俗性。

讲话稿与一般文章不同，要合乎口语，具有说话的特点。这就要求撰写讲话稿要深入浅出，通俗易懂，使用语言时不宜咬文嚼字，句子不要太长，修饰部分要少，以免造成听众的错觉，不得要领。同时，也应当讲究文采，以便讲起来生动，达到雅俗共赏的效果。

三、讲话稿的格式

讲话稿一般由标题、称谓、正文等部分构成：

1．标题

（1）有的标题标明讲话时间、地点、讲话人身份，如《××同志在二轻系统深化经济改革工作会议上的讲话》；

（2）标明中心思想，如《对经济工作的几点意见》；

（3）提出问题，如《理顺价格体系的关键何在》等。标题要醒目，忌晦涩；有新意，忌粗俗，这样才能有吸引力。

2．称谓

即根据不同的听众对象首先发出的称呼，如"同志们、朋友们"，"妇女们、先生们"，"教师们、同学们"等。称谓要贴切、富有礼仪，这样有利于更好地沟通彼此的感情。

3．正文

正文包括引言、主体、结尾三部分。

引言也称开场白，是讲话稿开头部分。开场白不宜过长，但需精心设计，有一个好的开场白，讲话者从一开始就能主动而有效地控制听众情绪，为引入正题打下基础。

主体也称本论，是讲话稿的中心部分。这一部分要紧紧围绕中心议题展开论述，在材料编排上，要注意以下几点：一是要中心鲜明，论点突出，做到一以贯之，即全篇幅一个中心论点；二是要讲究条理，前后材料编排要符合表达中心论点的需要；三是要严谨，做到点线相连，不枝不蔓；四是观点与材料、论点与论据要统一；五是奇正相生，把趣味性材料与论证材料巧妙安排，做到庄谐合一。

结尾也称收尾，即收结全文，归纳主题。除此外，还可最后一次打动听众，把听众的情绪推向高潮。结尾一是要"结住"，不要狗尾续貂，"再"说上几句；二是要结的"漂亮"，结尾时的风格一般有两种：一种是以坚定有力的语言向听众发出号召、提出希望或要求、给听众以巨大的鼓舞；一种是以谦敬的语言向听众致谢或致谦，也可以意尽言止，自然结尾。

例文

胡锦涛在十届纪检监察
一次会议闭幕会上的讲话

（2003 年 3 月 18 日）

各位代表：

这次大会选举我担任中华人民共和国主席，我对各位代表和全国各族人民的信任，表示衷心的感谢。

我深知，担任国家主席这一崇高的职务，使命光荣、责任重大。我一定忠诚地履行宪法赋予的职责，恪尽职守、勤勉工作、竭诚为国家和人民服务，不辜负各位代表和全国各族人民的重托。

江泽民同志担任国家主席十年间，高举邓小平理论伟大旗帜，以审时度势的领导才能、与时俱进的政治勇气和励精图治的工作精神，为中国特色社会主义事业的发展建立了卓著的功勋，赢得了全国各族人民的衷心爱戴和国际社会的普遍赞誉。尤其是他集中全党智慧创立的"三个代表"重要思想，对于我国各项事业的发展具有重大而深远的指导意义。我们向江泽民同志表示衷心的感谢和崇高的敬意！

我们新一届国家机构工作人员是在国际形势复杂多变、国内建设任务艰巨繁重的新形势下担负重任的，为了履行好人民赋予的神圣职责，我们一定努力做到：第一，发扬民主、依法办事，坚持党的领导、人民当家作主和依法治国的有机统一，坚定不移地维护社会主义民主的制度和原则，维护社会主义法制的统一和尊严。第二，忠于祖国、一心为民，坚持国家和人民的利益高于一切，做到权为民所用、情为民所系、利为民所谋，始终做人民的公仆。第三，继往开来、与时俱进，继承和弘扬中华民族的优良传统，学习和发扬我国老一辈领导人的崇高品德，永不自满，永不懈怠，开拓进取，不断前进。第四，严以律己、廉洁奉公，始终保持谦虚谨慎、艰苦奋斗的作风，为国家和人民夙兴夜寐地勤奋工作。我和新一届国家机构工作人员诚心诚意地接受各位代表和全国各族人民的监督。各位代表，五千多年来，中华民族历尽沧桑，创造了灿烂辉煌的中华文明，也经受过屈辱和磨难。近代以来，无数爱国志士和中国共产党人为中华的崛起前仆后继、英勇奋斗。新中国成立半个多世纪来，在中国共产党的领导下，经过全国各族人民的顽强努力，中国大地上发生了翻天覆地的历史剧变。今天，我们伟大的祖国欣欣向荣，发展前景无比美好。中国人民的伟大实践向世人昭示：只有社会主义才能救中国，只有中国特色社会主义才能发展中国。

全面贯彻十六大精神，把中国特色社会主义伟大事业继续推向前进，这是历史和时代赋予我们的崇高使命。我们的发展正处在一个新的历史起点上，我们要坚持解放思想、实事求是、与时俱进，紧紧抓住本世纪头二十年的重要战略机遇期，聚精会神搞建设、一心一意谋发展，大力推进改革开放，促进社会主义物质文明、政治文明和精神文明的协调发展，坚定不移地朝着全面建设小康社会的宏伟目标前进。

实现祖国的完全统一是海内外中华儿女的共同心愿。我们要继续坚持"一国两制"方针，保持香港、澳门繁荣稳定，大力推动海峡两岸经济文化交流和人员往来，为早日解决台湾问题、实现祖国的完全统一而继续奋斗。

中华民族历来爱好和平。我们要继续奉行独立自主的和平外交政策，同所有国家保持和发展友好合作关系，同世界各国人民一道，努力推动建立公正合理的国际政治经济新秩序，不断促进人类和平与发展的崇高事业。

各位代表，1954年9月15日，毛泽东同志在第一届全国人民代表大会第一次会议上致开幕词时指出："我们有充分的信心，克服一切艰难困苦，将我国建设成为一个伟大的社会主义共和国。"我们已经朝着这个光辉目标迈出了伟大的步伐，我们必将迈出更加伟大的步伐。

只要我们坚定不移地高举邓小平理论伟大旗帜，坚定不移地贯彻"三个代表"重要思想，坚定不移地走中国特色社会主义道路，万众一心、团结奋斗、自强不息、艰苦创业，我们就一定能够胜利到达现代化的光辉彼岸。一代又一代中国人梦寐以求的中华民族的伟大复兴就一定能够实现，中华民族就一定能够对人类做出更大的贡献！

任务四　会议记录

一、会议记录格式

一般会议记录的格式包括两部分：一部分是会议的组织情况，要求写明会议名称、时间、地点、出席人数、缺席人数、列席人数、主持人、记录人等。另一部分是会议的内容，要求写明发言、决议、问题。这是会议记录的核心部分。

对于发言的内容，一是详细具体地记录，尽量记录原话，主要用于比较重要的会议和重要的发言。二是摘要性记录，只记录会议要点和中心内容，多用于一般性会议。

会议结束，记录完毕，要另起一行写"散会"二字，如中途休会，要写明"休会"字样。

会议记录格式1：

　　　　会议名称：

　　　　会议时间：

　　　　会议地点：

　　　　记录人：

　　　　出席与列席会议人员：

　　　　缺席人员：

　　　　会议主持人：　　审阅：　　签字：

　　　　要议题：

　　　　发言记录：

会议记录格式2：

　　　　××公司办公会议记录

　　　　时间：一九××年×月×日×时

　　　　地点：公司办公楼五楼大会议室

　　　　出席人：×××　×××　×××……

　　　　缺席人：×××　×××　×××……

　　　　主持人：公司总经理

　　　　记录人：办公室主任刘××

　　　　主持人发言：（略）

　　　　与会者发言：……………………………………

　　　　散会

　　　　主持人：×××（签名）

记录人：×××（签名）

（本会议记录共×页）

例文一

党支部会议记录

地点：×××会议室或党员活动室

主持者：×××

记录者：×××

出席者：支部全体党员（详见点名簿）

列席：×××（职务）、×××（职务）……

缺席者：×××（缺席原因，如学习、出差、生病、无故等）

会议主题：1. 讨论支部工作报告 2. 讨论通过预备党员×××、×××转正

×××（主持人、书记）：今天，我们召开支部全体党员大会，有××人出席，超过应到会人员半数，会议有效。今天我们还邀请×××、×××等几位同志参加，大家向他们表示热烈欢迎。今天会议是讨论通过去年支部的工作报告和讨论×××、×××同志的转正。下面让我来向大会做支部工作报告。

（书记做支部工作报告）请与会同志酝酿，充分发表意见。

×××（×××）：……

[详细记录每位同志的发言]

×××（主持人）：刚才，同志们对我们的工作提出了许多宝贵的意见，我们会认真加以考虑，不断改进工作。接下来研究预备党员转正（记录详见《发展党员专用记录本》）。

会议到此结束。

例文二

××学院第×次办公室会议记录

时间：20××年3月4日 上午 8:00—9:40

地点：第×会议室

出席人：刘××（院长）、杨××（总务长）、孙××（教务处长）、张××（院长办公室主任）、吴××（院长办公室秘书）及各系部门主要负责人。

缺席人：王××、张××（外出开会）。

主持人：刘××（院长）。

记录：吴××（院长办公室秘书）。

一、报告

（一）杨××报告院基本建设进展情况。

（二）主持人传达省人民政府《关于压缩行政经费的通知》（以下简称《通知》）。

二、讨论

我院如何按照省人民政府《通知》的精神抓好行政经费的合理开支，切实做到既勤俭节约，又不影响正常教学、科研等活动的开展。

三、决议

（一）利用两个半天时间（具体时间由各系各单位自己安排，但必须安排在本周内）组织有关人员集中传达学习《通知》精神，提高认识，统一思想。

（二）各系各单位负责人在认真学习的基础上，利用下周政治学习时间向群众传达，宣讲。

（三）各系各单位责成有关人员根据《通知》的压缩指标，重新审查和修改本年度行政经费开支预算，并于两周内报院长办公室。

（四）各系各单位必须严格控制派出参加校外会议及外出学习人员的人数，财务部门更要严格把关。

（五）利用学习和贯彻《通知》精神的机会，对全院师生员工普遍开展一次勤俭节约、艰苦朴素的传统教育。

散会。

主持人　（签名）

记录人　（签名）

评析：该会议记录格式规范，记录反映会议过程清楚。最后决议记录清楚、明确，表明会议达到预定的目的。

任务五　闭幕词

一、闭幕词概念

闭幕词，是在大型会议或重要会议即将结束时，有关领导人对大会的议程及会议中解决的问题所作的带有评价性、总结性的讲话。它既是对大会基本内容的突出和强调，又是对大会的总结。

二、闭幕词的作用

1. 对大会进行高度的概括和总结；
2. 对大会基本内容和主要精神进行肯定，并鼓励与会人员会后进一步贯彻执行大会精神；
3. 提出今后任务，指明前进方向；
4. 着重宣布会议闭幕，与开幕词前后呼应。

三、闭幕词的格式

闭幕词与开幕词写法大体一致，由标题和正文两大部分构成。

1. 标题

闭幕词的正文与开幕词标题法基本相同。即：也是三种标题法，唯一变动的是将"开幕词"换成"闭幕词"。

2. 正文

闭幕词的正文与开幕词一样，包括呼语、开头、主体和结束语四个部分。

（1）呼语。即对与会人员的称谓。呼语应说会议的性质和与会人员的身份而定。呼语之后，常用一段简明的文字说明大会在什么情况下圆满结束，胜利闭幕。

（2）开头。以简练的文笔概要总结大会情况。有的开头还对大会作了基本评价。

（3）主体。即闭幕词的中心和重点部分。它包括对大会讨论通过的主要文件、研究解决的重要(或重大)问题；会议取得的成果及经验；会议的重要意义和如何贯彻会议精神等方面进行归纳肯定，并在此基础上提出贯彻执行的要求。

(4) 结束语。以简明，富有号召力而又充满信心的精炼语言，郑重宣布大会胜利闭幕。

四、闭幕词的写作要求

1. 对会议的主要内容及会议通过的重要决议，进行充分肯定和总结；
2. 突出重点，强调重点，进一步深化会议中心思想；
3. 原则地提出传达贯彻会议精神，为今后工作指明方向；
4. 文字简明扼要，不宜篇幅过长；
5. 宣布会议闭幕。

例文一

在中国共产党第十五次全国代表大会闭幕会上的讲话(节选)

(1997 年 9 月 18 日)

江泽民

同志们：

中国共产党第十五次全国代表大会的各项议程到今天已经全部进行完毕。在全体代表的共同努力下，这次大会开得很成功，是一次团结的大会，胜利的大会。

这次代表大会具有重大的历史意义。大会通过的十四届中央委员会的报告，从世纪之交的历史高度，科学地总结过去，筹划未来，对我国改革开放和社会主义现代化建设跨世纪的发展作出了全面部署，对国际国内若干重大问题提出了鲜明主张、指导原则和方针政策。这个报告是集体智慧的结晶，是我们党面向新世纪的政治宣言和行动纲领。大会一致赞成把作为毛泽东思想的继承和发展的邓小平理论确立为我们党的指导思想，明确写进党章。这对于全党全国各族人民在改革开放中胜利实现社会主义现代化，必将长期发挥巨大的指导作用。大会选举产生的新的一届中央委员会，使党的中央领导集体向着革命化、年轻化、知识化、专业化的方向又迈进了一步。这一切，必将极大鼓舞和动员全党、全国各族人民，高举邓小平理论的伟大旗帜，满怀信心地把建设有中国特色社会主义伟大事业全面推向二十一世纪。

大会期间，许多国家的政党和组织来电来函对我们的大会表示祝贺，国内各民主党派、工商联和各界人士也向大会表示祝贺，广大人民群众通过各种方式向大会表示祝贺，大会主席团谨向他们表示衷心的感谢。

全体起立，奏《国际歌》。

(《国际歌》毕)

现在我宣布，中国共产党第十五次全国代表大会胜利闭幕！

例文二

学习理论 总结经验 研究工作

——李瑞环 1997 年 6 月 29 日在全国纪检监察八届常委会第二十一次会议闭幕时的讲话

这次会议开得很好。开得好，主要是因为大家的努力；开得好，还因为会议的题目选得好。最初提出的会议题目叫总结经验，问我如何，我说很好。后来有的同志提出，总结经验需要提高认识，建议加上学习理论，学习邓小平同志和以江泽民同志为核心的党中央关于纪检监察工作的论述，我说很好，之后又有的同志提出，总结的目的是为了把今后的工作搞得更好，建议加上研究和推进纪检监察工作，我也说很好。我这样是不是随声附和？不是。在我看来，学习理论、总结经验、研究工作，它们是紧密相联的，在一定意义上讲是一码事。

我们历来强调学习理论。因为没有革命的理论就没有革命的运动，因为没有理论指导的实践是盲目的实践，还因为当前我们面临的问题，许多都涉及到理论问题。学习理论，当然要读书。要认真地读，刻苦地读，重点文章要反复地读，读原著，读相关的书籍，读报刊上的文章，学习理论，光读书不行，必须联系实际。离开联系实际，学习理论就失去了目的。为什么学习，不是为了摆样子、给人看。离开联系实际，学习理论就失去了动力。学习见不到实际效果，就很难有兴趣、有劲头。离开联系实际，学习理论也就失去了衡量的标准。学习的成绩如何，不是看背多少书，而是要看实际结果。毛主席讲，如果你能应用马克思列宁主义的观点，说明一个两个实际问题，那就要受到称赞，就算有了几分成绩。被你说明的问题越多，越普遍，越深刻，你的成绩就越大。大量事实证明，只有联系实际，才能真正学懂弄通。有些同志学习时喜欢查书，从这本书查到那本书，从这个词典查到那个词典。现在有一些争论，都引经据典，谁是这样说的，谁是那样说的。你说他引的不对，是断章取义，他说你引的不准，是歪曲原意，来回争，来回查。查书无可非议，是学习理论不可缺少的重要方法。我体会还有一种方法，就是到实际生活中去查一查。实际生活这本大"词典"最丰富、最准确、最生动、最易懂。我举一个例子，我们常说，马克思主义的最本质的东西，马克思主义的活的灵魂，就在于具体地分析具体的情况。什么是具体？列宁讲，具体之所以具体，表现为过程，表现为综合，表现为质的多样性。这话单从字面理解比较费劲，如果从生活中去理解就比较容易。比如，一块木头是什么？就是一块木头，这个回答并没错，但它还是什么？这就要看具体情况。拿它来做家具就是原料，拿它来烧火就是燃料，拿它来挑水就是工具，拿它来和坏人斗争就是武器，拿它来行凶打劫就是凶器，拿到法庭就是证据，但还是那块木头。这就是质的多样性。许多问题用列宁所说的那种最平凡、最常见、每天碰到无数次的小事去理解，用自己最熟悉的实际去理解，就比较容易弄清楚。只有联系实际，理论才是生动活泼的。我们讲马克思主义是活生生的，因为它的特点之一就是实践性，它最容易与实际相结合。实际是丰富的，不断发展、变化的，马克思主义同它一联结，就变成活生生的。僵化教条最主要的毛病是脱离实际，书本很熟，条条很多，不联系实际，有什么用处？毛主席说过，教条主义不如屎，人屎可以喂狗，狗屎可以肥田，教条主义既不能喂狗，也不能肥田。只有联系实际，学习才能长期坚持下去。我们现在都很忙，时间有限，事情很多，加上业余活动丰富多彩，要长期地不间断地坚持学习真不容易，结合实际学习可以较好地解决这个问题。因为，一方面，读书是学习，使用也是学习，而且是更重要的学习；另一方面，由于结合实际，读书的过程就成为研究实际的过程，工作的过程也就成为学习和应用理论的过程。由于工作实际的需要，迫使你研究理论，迫使你读书、查书。这样工作不间断，学习也就不间断。联系实际，有各种各样的实际，总结经验是最经常、最普遍、最重要的联系实际。经验是以往的实际，是被实践检验过的实际，是人们亲身经历、印象深刻的实际。把理论与这种实际相联系、相结合，可以更容易、更准确、更深刻地理解理论。

我们一贯提倡总结经验。因为总结经验是由感性认识到理性认识的一个环节。实践可以产生理论，但必须经过总结这个环节。我们党的历史上两次大的飞跃都得益于总结经验。七大的总结奠定了新民主主义革命胜利的基础，十一届三中全会的总结开创了建设有中国特色社会主义的新局面，因为总结经验是推动工作的重要方法。任何一项工作要想不断地提高，必须坚持及时总结，发扬成绩，纠正错误，深化认识，做到吃一堑长一智，打一仗进一步。还因为总结经验是每个人提高与进步的有效途径。我们周围有许多很好的的同志，有的相互之间天赋相近，学历相同，经历相似，实干的劲头也差不多，但他们提高和进步的程度却相差很大，重要的原因就在于如何对待总结经验。提高快的人每做完一项工作，都要琢磨琢磨，总结一下，找出成功包括部分成功的原因，或失败包括部分失败的理由，做到不占糊涂便宜、不吃糊涂亏。提高慢的人说干就干，干完就散，不动脑、不总结，马马虎虎，稀里糊涂，知其然不知其所以然。总结经验有三个条件。第一个条件要有材料，材料要全，不能缺东少西；材料要准，不能虚假差错。材料不全不准不能加工出好的产品。第二个条件要有武器，也可以叫工具，没有工具没法加工。工具是什么？马克思主义理论就是工具。第三个条件要有加工的本事。有了材料、工具，没有手艺不行。同样的工具和材料，手艺不同制作出的产品一定不同。手艺怎么来？就得学，就得练。怎么学，怎么练？就得不断地使用工具加工材料，也就是不断地用马克思主义理论去加工实践中的材料，即不断地用马克思主义去总结工作。总结不是一件简单的事，不是编顺口溜，凑四六句，而是在马克思主义理论指导下，将丰富的材料加以去粗取精、去伪存真、由此及彼、由表及里的改造制作，经过艰苦思考、分析、综合、概括、抽象。科学的抽象不是主观臆造，而是更深刻、更正确、更完全地反映着自然。总结经验的整个过程都是理论与实际相结合的过程。总结经验要应用理论，学习理论要结合总结经验。

我们十分重视研究工作。因为人类与其他动物的区别，在于人有自觉的能动性，人们的重大活动、重要工作，都要通过认真的研究，形成一套构想和思路，形成判断、决心和部署。因为客观世界十分复杂，要正确地认识事物，抓住事物的本质，抓住事物的全体，抓住事物的内部联系，就不能凭主观想象，不能靠一时热情，而必须进行认真的研究。还因为"集中起来，坚持下去"是我们的领导方法，而研究工作正是实行这个方法的结合点，所谓研究，就是集思广益，把分散的、无系统的意见加以集中、条理，然后变成计划、部署，贯彻实行。郑重的、系统的研究工作，一是要找一帮合适的人，这些人应是了解情况和从事这方面工作的人，而不能只是编词作文的人。二是要有必要的材料，现在浮夸造假现象十分严重，要真正把情况搞得实在、明白，很不容易，但这是基础。三是要有正反两方面的经验，经验是人民群众实践的总结，重视经验、解剖典型是研究工作的重要方式，也是唯物论认识论的基本要求。四是要在理论指导下深入地思索，要不间断地思索，方方面面的思索，连贯起来思索。在这个过程中，理论、材料、经验分分合合，难解难分，各种设想，方案、景象不断闪现，浮想联翩，肯定、否定、修正对照比较，反复选择。所谓"一觉醒来，疑团顿解"，实际上是一夜未眠，冥思苦索。讲艰苦，这种头脑的加工最艰苦。思想上的艰苦，勤于和善于思考问题，是长期训练而形成的，头脑这个加工厂也需要不断更新和改造，使其能够适应不断发展变化的情况，加工出各种高水平的产品。我们有些同志只看到人家决策时的果断，而看不到人家事前所下的功夫；只看到人家处置问题的自如，而看不到人家平日长期的积累。世界上哪有这样的人，张口就说，说了就对；拿来就拍板，拍板就正确。某项工作干得不错，各方面反映很好，其实都经过了一个相当复杂乃至相当长时间的谋划研究过程。没有"十月怀胎"哪能"一朝分娩"？我们现在有些部门、有些工作，第一缺乏研究，塌不下心来，舍不得时间，豁不出辛苦。第二研究的方法不对，对实际情况了解得不够，对典型经验重视得不够，特别是在理论指导下连贯起来思索不够。我们常讲，"为着领导，必须预见"，"运筹帷幄、决胜千里"，"不打无准备之仗"。所谓预见、运筹、准备，都是研究，都需要认真研究，研究工作是领导者和领导机关的基本工作方法。

归总起来说，学习理论、总结经验、研究工作有机结合，三位一体，是学习的方法、总结经验的方法，也是搞好工作的方法。我很相信这个方法，向大家推荐这个方法，希望各位自觉地运用这个方法。

例文三

钱其琛在香港特区第一届政府推委会第四次全体会议闭幕会上的讲话

各位推选委员会委员：

经过大家的共同努力，香港特别行政区临时立法会的 60 名议员刚才已经选举产生。推选委员会又完成了一件具有历史意义的大事。让我们再次以热烈的掌声向当选的××名临时立法会议员表示衷心的祝贺！

从临时立法会的产生办法的制订，到候选人的提名，一直到今天的这场选举，人们看到，临时立法会的筹组过程不仅充分吸纳了广大港人的意见，而且得到了香港各界人士的积极支持和参与。选举是公正、公平、公开的，体现了民主的原则。正因为如此，我们选出的临时立法会，从组成上来看，有着广泛的代表性。在 60 名当选议员中，既有工商界的人士，也有劳工、基层界的人士，还有许多专业界的精英。尤其值得一提的是，现任立法局议员中的 33 人也被选为临时立法会议员。这充分证明，大家在选举时，真正是胸怀香港的整体利益，从有利于香港平稳过渡的大局出发的。把这些在立法事务方面有实际经验的人士选到临时立法会中来，将有利于临时立法会工作的开展。

昨天英国外相对成立临时立法会表示忧虑。其实英方现在不愿意看到的情况恰恰是他们自己造成的。我曾经对他们说过："早知今日，何必当初？"按照基本法和全国纪检监察有关决定的规定，在立法机关方面本来设计了"直通车"的安排。正是由于英方坚持另搞一套，违反了联合声明的规定，违反了与基本法衔接的原则以及中英过去达成的有关协议和谅解，才导致"直通车"安排被破坏。后来，中英双方就此举行了 17 轮谈判，也由于英方中断谈判而没有达成协议。在"直通车"安排无法实现的情况下，我们设立临时立法会正是为了维护联合声明，确保香港的平稳过渡。

我们曾多次讲过，临时立法会是为九七年后的香港特别行政区制定一些必不可少的法律，它不会影响到九七年前英国对香港的管治，更不会取代现在的立法局；临时立法会制订的法律在 1997 年 7 月 1 日之后才会生效。这就是我对英国外相所说过的话，不应当引起任何误解。筹委会的有关决定对临时立法会的任期也做了明确规定，即临时立法会工作至香港特别行政区第一后立法会产生为止，时间不超过 1998 年 6 月 30 日。在这里我要强调指出：临时立法会是 1997 年 6 月 30 日成立的中华人民共和国香港特别行政区的临时立法机构，根本不存在什么对到 1997 年 6 月 30 日终止的港英立法局有何影响的问题。倒是英方应该注意，在它管治香港的最后几个月里，不该通过立法局对香港特别行政区的事务，越俎代庖。

为了使香港特别行政区第一后立法会按期产生，筹委会已成立了第一届立法会小组，研究第一后立法会的具体产生办法。第一届立法会将会完全按照基本法和全国纪检监察有关决定的规定产生。

稍有常识的人都知道，香港问题在回归以前是中英两国政府之间的事，在回归以后，是中国的内政。再玩弄什么"国际牌"，对英国来说是徒劳无益的。

各位委员，香港特别行政区第一任行政长官的顺利产生和今天临时立法会的产生，为香港的平稳过渡创造了十分有利的条件，更坚定了 600 万港人对香港前途的信心。人心所向，欢庆回归，香港的平稳过渡已是大势所趋。形势的发展是令人鼓舞的。在这里我想引用两句唐诗："沉舟侧畔千帆过，病树前头万木春。""两岸猿声啼不住，轻舟已过万重山。"我们相信，临时立法会一定能够迎接任何挑战、排除任何干扰、顺利地进行工作。我们更坚信，"一国两制""港人治港"、高度自治的伟大实践一定能够不断取得成功！

最后，我谨代表筹委会的各位副主任委员和全体筹委会委员向 400 名推选委员会委员表示衷心的感谢，感谢你们不辞劳苦为香港的平稳过渡所做的一切。今年的任务已经胜利完成，今后还会有许多工作需要大家的支持。1997 年马上就要来临，我向大家预祝新春，祝各位新年愉快、身体健康、合家欢乐、诸事如意！

谢谢各位。

任务六　会议纪要

一、会议纪要的概念

会议纪要是记载和传达会议情况和议定事项使用的一种行政公文。会议议定事项是本单位、本地区、本系统开展工作的依据。有的会议纪要的精神也可供别的单位、别的系统参考。

二、会议纪要的特点

1. 内容的纪实性。

会议纪要如实地反映会议内容，它不能离开会议实际搞再创作，不能搞人为的拔高、深化和填平补齐。否则，就会失去其内容的客观真实性，违反纪实的要求。

2. 表达的要点性。

会议纪要是依据会议情况综合而成的。撰写会议纪要应围绕会议主旨及主要成果来整理、提炼和概括。重点应放在介绍会议成果，而不是叙述会议的过程，切忌记流水账。

3. 称谓的特殊性。

会议纪要一般采用第三人称写法。由于会议纪要反映的是与会人员的集体意志和意向，常以"会议"作为表述主体，"会议认为"、"会议指出"、"会议决定"、"会议要求"、"会议号召"等就是称谓特殊性的表现。

会议纪要有别于会议记录。二者的主要区别是：

1. 性质不同。会议记录是讨论发言的实录，属事务文书。会议纪要只记要点，是法定行政公文。

2. 功能不同。会议记录一般不公开，无须传达或传阅，只做资料存档；会议纪要通常要在一定范围内传达或传阅，要求贯彻执行。

三、会议纪要的写法

会议纪要的写法因会议内容与类型不同而有所不同。就总体而言，一般由标题、正文、落款、日期构成。下面主要讲讲标题和正文的写法。

1. 标题　会议纪要的标题有单标题和双标题两种形式。

(1) 单标题。由"会议名称+文种"构成。

（2）双标题。由"正标题+副标题"构成。正标题揭示会议主旨，副标题标示会议名称和文种。

2．正文　会议纪要的正文大多由导言和主体构成。具体写法依会议内容和类型而定

（1）导言。主要用于概述会议基本情况。其内容一般包括会议名称、会期会址、参加人员、主持人和会议议程等。具体写法常见的有两种：

第一种是平列式。将会议的时间、地点，参加人员和主持人、会议议程等基本情况采用分条列出的写法。这种写法多见于办公会议纪要。

第二种是鱼贯式。将会议的基本情况作为一段概述，使人看后对会议有个轮廓了解。

（2）主体。这是会议纪要的核心部分。主要介绍会议议定事项。常见的写法有三种：

第一种是条文式写法。就是把会议议定的事项分点写出来。办公会议纪要、工作会议纪要多用这种写法。

第二种是综述式写法。就是将会议所讨论、研究的问题综合成若干部分，每个部分谈一个方面的内容。较复杂的工作会议或经验交流会议纪要多用这种写法。

第三种是摘记式写法。就是把与会人员的发言要点记录下来。一般在记录发言人首次发言时，在其姓名后用括号注明发言人所在单位和职务。为了便于把握发言内容，有时根据会议议题，在发言人前面冠以小标题，在小标题下写发言人的名字。一些重要的座谈会纪要，常用这种写法。

例文一

编写产品说明书会议纪要

为了充分展示我公司产品优势，向顾客提供满意的产品和服务，2004年8月18日董事长召集有关单位人员召开会议，就编写我公司"产品使用指南"一事进行了研究讨论，现将会议内容纪要如下。

一、由销售处产品技术服务员任杰负责编写"产品使用指南"（要求按不同产品、品种单页设制）。其内容编写既要扬长避短，充分展示我公司产品优势，又要有针对性地满足不同层次用户的需求。

二、各产品生产单位要积极配合大力协助，使"产品使用指南"编写任务能够及早完成。要求指定专人（技术人员）参与，认真负责、有的放矢地提供有关技术参数或质量指标。单位领导要严格把关，凡涉及我公司内部技术保密的有关内容不得入编。

三、企管处负责"产品使用指南"的备案工作。本着"追求卓越，用户至上"的原则，主动与销售处沟通，及时了解掌握国内外市场动态，并根据用户需求不断修订和完善企业产品标准。为"产品使用指南"的编写提供相关资料，使其能够从另一个侧面展示我公司独具特色的风采。

四、"产品使用指南"编制完成后，销售处须妥善保管，有针对性地发放给公司有关用户。不得随意滥发，给公司造成不必要的损失。

例文二

产学研讨论会议纪要

时间：2004年2月16日上午
主持人：毛大龙

出席人：黄立鹏、王梅珍、陈星达、陈运能、张福良、黄炜

列席人：林建萍、徐进、李克让、梁慧、朱国定、吕秀君、郑禄红、李滨、张剑锋、董珍时、夏朝丰、陆丽君、刘雪燕、任振成、冯盈之、范建波

一、毛大龙同志传达了全国第二次产学研工作会议精神和2004年全省教育工作要点。要求要结合上级指示精神，创造性地开展工作。

二、会议决定，王梅珍同志协助毛大龙同志主持学院行政日常工作。各单位、部门要及时向分管领导请示、汇报工作，分管领导要在职权范围内大胆工作，及时拍板。如有重要问题需要学院解决，则提交办公会议研究。

三、毛大龙同志再次重申了会议制度改革和加强管理问题。毛院长强调，院长办公会议是决策会议，研究、解决学院办学过程中的重大问题。要形成例会制度，如无特殊情况，每周一上午召开，以确保及时研究问题、解决问题，提高工作效率。具体程序是，每周四前，在取得分管领导同意后，将需要解决的议题提交办公室。会议研究决定的问题，即为学院决策，各单位、部门要认真执行，办公室负责督促检查。

毛院长就有关部门反映的教学管理中的若干具体问题，再次重申，一定要理顺工作关系，部门与部门之间、机关与分院之间、分院与分院之间一定要做好沟通、衔接工作，互相理解，互相支持。机关职能部门要注意通过努力工作来树立自己的形象。基层分院要提高工作效率，对没有按时间控制点完成任务的要提出批评。要切实加强基础管理工作，查漏补缺，努力杜绝教学事故的发生。

四、会议决定，要进一步关心学生的生活问题。责成学生处结合教室管理等工作，落实好学生的勤工俭学任务。将教工餐厅移到二楼，一楼餐厅全部供学生使用，以解决学生就餐拥挤问题。针对校外施工单位晚上违规施工，影响学生休息问题，会议责成计划财务处立即与高教园区管委会反映，尽快妥善解决。

五、会议决定，要规范学生的技能鉴定工作。重申学生毕业之前须取得中级以上技能证书，才能发给毕业证书。由产业园设计中心(考工站)具体组织学生的报名、培训和考核工作。

六、会议决定，要加强对外交流和学习。争取利用暑假期间，组织教工到境外考察学习。

七、针对今年的招生工作，会议决定，召开一次专题会议，统筹解决今年招生中的重大问题。

例文三

××市市场秩序整顿会议纪要

(2005年4月10日)

2005年4月8日上午，××市市场秩序整顿会议在管委会206会议室召开。出席会议的有市建委副主任黎××、市工商局副局长萧××、市建委城建科科长陈××、管委会主任李××、管委会副主任杨××、管委会管城建副主任周××及建委、工商局有关科室宣传人员，各街道居委会负责人等，管委会全体干部列席了会议。会议由管委会主任李××主持，管委会办公室秘书邹××记录。

会上，管委会副主任杨××报告了本市市场秩序的现状，他指出：我市过去在市委市政府的领导下，各职能单位同心协力、齐抓共管，在创建文明卫生城市方面取得了一定成绩，相应的城市市场秩序有一定进步，市容街道也较可观……

会议讨论了如下议题：

1. 如何整顿城市市场秩序。
2. 如何制止违章建筑、维护市容市貌。

会议决定……。

会议要求……。

习题

根据下面材料，拟写一份会议通知

国务院决定与 2006 年 4 月 23 日至 27 日在人民大会堂召开全国劳动模范和先进工作者表彰大会。于 4 月 18 号发出会议通知。会议内容表彰全国各行各业、各条战线在改革和建设中做出突出贡献的先进个人。1998 年以来，在改革开放、经济建设、工农业生产和各项社会事业中做出突出贡献的工人、农民、专业技术人员、管理人员、机关工作人员等均可参加。会期为五天，4 月 22 日报到，地点在人民大会堂，要求每人交一份自己的相关简介。住宿及饮食问题由有关人员统一解决。

项目五　财 经 文 书

项目要求：了解财经文书的特点及种类，掌握市场调查报告、经济预测和经济分析报告、可行性研究报告、合同、招标书、营销策划书、财务预算报告、营销策划书、财务预算报告的格式写法。

财经文书是在经济活动中形成和发展的、为现实经济生活服务的，具有特定惯用格式的应用文书。它记载和反映了国家企业、个人的经济信息，是经济活动中的重要凭证，是沟通经济信息、分析经济活动状况的工具。

一、财经文书的特点

1．专业性

撰写财经文书必须以国家经济政策、法律法规和经济科学理论为指导，在掌握客观实际的基础上，总结和分析显示的经济业务活动规律或发展趋势。因此，要完成工作，就需要作者具有一定的专业知识。

2．真实性

财经文书要为经济管理服务或为确定的经济关系服务，就必须真实的反映客观经济情况，所使用的材料切忌主观臆造或夸张，更不能伪造。

3．时效性

为决策层提供及时的经济信息和决策信息，也是撰写财经文书的重要目的。

4．针对性

撰写财经文书要针对经济活动或管理的特定对象而撰写，要明确撰写的目的，选择适应撰写内容的文种。

二、财经文书的种类

1．报告类

包括财经工作总结、市场调查报告、经济活动分析报告、财务预算报告和审计报告等。

2．方案类

包括经济决策方案、可行性报告、市场预测报告和财经计划等。

3．契约类

包括授权委托书、经济合同、合作意向书和协议书等。

三、财经文书的写作要求

撰写财经文书要做到主旨突出、结构层次清晰，语言准确简洁。除此之外，还要求熟悉经济政策和法律，具有业务工作知识，深入调查研究，掌握真实准确的材料，熟悉财经文书的格式，掌握其表述方法。

任务一　市场调查报告

一、市场调查报告的概念

市场调查报告，就是根据市场调查、收集、记录、整理和分析市场对商品的需求状况以及于此有关的资料的文书。换句话说就是用社会主义市场经济规律去分析，进行深入细致的调查研究，透过市场现状，揭示市场运行的规律、本质。

二、市场调查报告的特点

1．针对性
2．新颖性
3．时效性

三、市场调查报告的内容

现在常用的市场调查报告的内容一般包括标题、目录、概要、正文、结论和建议、附件等几部分。

1．标题

标题包括调研题目、报告日期、委托方、调查方，一般应打印在扉页上。

标题。一般来说，市场调查报告的标题没有严格的格式。它要求与文章的内容溶为一体，是文章内容的高度概括，用精练简洁的文字去表现文章的中心思想。市场调查的标题有：在标题里直接写明市场调查的地区、调查的项目和"市场调查"这一文种；在标题里直接提出某一种商品在市场上的问题，点明文章的中心，如《×牌冰箱被冷落》；用主标题点明文章的中心，再用副标题说明市场调查的项目、地区和文种；用大标题点明市场调查的项目、范围、内容和情况，用小标题说明全文的主要内容。

2．目录

如果调查报告的内容、页数较多，为了方便读者阅读，应当使用目录或索引形式列出报告所分的主要章节和附录，并注明标题、有关章节号码及页码，一般来说，目录的篇幅不宜超过一页。

3．概要

概要主要阐述课题的基本情况，它是按照营销调研课题的顺序将问题展开，并阐述对调查的原始资料进行选择、评价、作出结论、提出建议的原则等。主要包括三方面内容：

（1）简要说明调查目的即简要地说明调查的由来和委托调查的原因。

（2）简要介绍调查对象和调查内容包括调查时间、地点、对象、范围、调查要点及所要解答的问题。

（3）简要介绍调查研究的方法介绍调查研究的方法，有助于使人确信调查结果的可靠性，因此对所用方法要进行简短叙述，并说明选用方法的原因。

4．正文

正文是营销调查报告的主要部分。正文部分必须准确阐明全部有关论据，包括问题的提出到引出结论，论证的全部过程，分析研究问题的方法。还应当有可供活动决策者进行独立思考的全部调查结果和必要的信息，以及对这些情况和内容的分析、评论。

5. 结论和建议

结论和建议是撰写综合分析报告的主要目的。这部分包括对引言和正文部分所提出的主要内容的总结，提出如何利用已证明为有效的措施和解决某一具体问题可供选择的方案与建议。结论和建议与正文部分的论述要紧密对应，不可以提出无证据的结论，也不要进行没有结论性意见的论证。

6. 附件

附件是指调查报告正文包含不了或没有提及，但与正文有关，必须附加说明的部分。它是对正文报告的补充或更详尽说明，包括数据汇总表及原始资料背景材料和必要的工作技术报告，例如，为调查选定样本的有关细节资料及调查期间所使用的文件副本等。

例文一

我国市场上 DV 产品调查报告

转眼之间 2005 年的第一个月份已经悄然而去，伴随着二月份节日的到来，不少消费者都希望在这一时期购买一台数码摄像机产品来记录节日期间家人团聚或外出旅游的情景。正因如此，这一阶段数码摄像机产品的整体市场关注情况呈现出上升的趋势，对比去年年底 DV 市场，现在的情形要火爆了很多。下面就让我们来看一下我站最新统计的本年一月份我国市场上 DV 产品的网友关注情况。

不同品牌产品市场关注程度

首先让我们来看一下一月份数码摄像机产品品牌榜的情况，同数码相机市场多家厂商平分市场的情况略有不同，DV 产品中数码电子领域的霸主索尼在这里占有绝对优势。凭借着雄厚的资金支持，索尼的产品在性能研发方面要领先于其他厂商，因此反映在产品性能上优势明显。同时，索尼在数码摄像机领域产品种类繁多同时还不时有新品上市，能够不断吸引消费者的注意。在此次调查中，索尼的 DV 产品凭借着三十六个百分点的市场关注度排在了品牌榜的首位。

除索尼之外，还有几个厂商在这方面有着出众的研发实力，他们分别是松下、三星以及JVC。虽然论产品种类这些品牌还无法同索尼相媲美，但是单论主流产品性能方面他们旗下的产品也都非常出色，在技术水平上可以与索尼相抗衡。这次调查中这三个品牌产品的市场关注度也都超过了十个百分点，分别以百分之十四、百分之十三以及百分之十的关注度比例分列二到四名。

此外还有一些品牌的产品凭借着出色的产品性能也占据了一定的市场关注度。这些品牌分别是佳能、夏普、东芝、日立以及理光。他们所占的市场关注度比例分别从八个百分点到两个百分点不等。除上述品牌之外，其他品牌的产品能够获得的市场关注度极为有限，这次调查表明其他品牌产品的总体关注比例仅为百分之四。

不同像素产品市场关注程度

对于数码摄像机而言，产品的像素等级直接影响到产品的呈相质量，因此这一指标往往会成为人们选购这类产品时的首选因素。然而由于显示设备以及存储介质的限制，一般一款一百万像素等级的数码摄像机产品已经完全能够满足人们的需要。因此，反映在产品市场关注情况方面，一百到两百万像素等级的 DV 产品占有绝对的优势。在这次调查统计中，这类产品获得了四十七个百分点的市场关注度，排在各类像素产品之首。

此外，由于价格方面的限制，一百万像素以下等级的 DV 产品也得到了不少消费者的认可。从上面的统计结果中可以看出，这类入门级低端产品的市场关注程度也很高，达到了三十八个百分点。可见消费者在选购这类产品时表现的还是非常理智的，实用性以及高性价比才是他们追求的重点。

对于两百到三百万像素以及三百万以上像素级的高端专业产品来说，现在大多数消费者的选择还不在这些产品身上，这类产品只属于特定的专业发烧级用户去选择。这两类产品的市场关注度情况分别为六个与九个百分点。

不同光学变焦倍数产品市场关注度

下面再让我们来看一下不同光学变焦倍数的数码摄像机产品的市场关注度情况如何。一款产品光学变焦的倍数越大，就能够保证再不损失图像质量的情况下拍摄到更远的距离。因此对于每一个消费者来说都希望去选择一款更高光学变焦倍数的产品，但是这也意味着更高的资金投入，所以对于大部分普通消费者来说，一款具有十倍或十二倍光学变焦能力的 DV 产品已经足够用了。

这次调查统计的结果也能够客观的反映出上面所提到的问题，具有十倍光学变焦能力的 DV 产品在这一段时间内还是具有极高的人气，所占的市场关注度已经超过了半数以上，达到了五十四个百分点之多。可见大多数消费者在选购 DV 产品时还是本着够用就好的原则，而并非一味追求高性能。

除此之外，十二倍光学变焦能力的 DV 产品的市场关注程度也很高，在这次统计中占据了三十三个百分点的关注度份额。而相比起来，拥有十六倍以上光学变焦的产品所受到的关注度是成反比例的增长态势。其中十六倍产品关注度为百分之六，二十和二十二倍产品的关注度分别为百分之三和百分之二。

十大最受关注产品

在本次十大最受网友关注 DV 产品排名中，索尼一个品牌就有四款产品入榜，这也从侧面反映出索尼产品在种类以及性能方面还是具有一定的优势的。在这些产品之中索尼最新的 DCR-PC350E 所受到的关注度最高，这款产品采用了 331 万像素的单 CCD，具有 10 倍光学变焦能力以及 120 倍数码变焦，使用了顶级的卡尔蔡司的 Vario-SonnarT 透镜。其自上市以来就广受消费者的关注，这次更是以二十四个百分点的关注度荣登产品榜的首位。

排在此次产品榜第二和第三位的数码摄像机分别是 JVC 新品 GZ-MC500 和另一款索尼的产品 DCR-HC15E。这两款产品获得的网友关注度比例分别为十七个百分点和十五个百分点，同样表现的非常出色。

另外还有两款产品的关注度也都达到了十个百分点以上，这两款产品分别为 JVC 的 GZ-MC200 以及佳能的 Optura400，所占的关注度比例分别为百分之十一和百分之十。排名这次十大产品后五位的分别是佳能 Elura80、索尼 HDR-FX1、松下 GS200、三星 VP-D6050Si、索尼 DCR-DVD7，这五款产品所得到的关注度从百分之七到百分之三不等。

这十款产品作为大多数消费者选择，在一定程度上也代表了现在数码摄像机领域杰出性价比 DV 精品。

例文二

移动通信市场调查

1999 年，对于中国移动通信业而言，无疑是经历着产业深刻变化，进一步走向成熟的一年无论是从移动通信业资费的大幅下调、手机设备的市场演化、服务项目的调整、服务质量的逐步改善，还是移动通信业运营体制改革的深化及加入 WTO 脚步的临近等方面，移动通信业在取得良好发展的同时，也存在不少的不足之处。表现在市场发展上，移动通信用户进一步快速增长，运营企业市场竞争态势更趋合理，为中国移动通信业跨入新世纪奠定了较好的基础。本调查采用随机抽样方法，通过对北京市城八区 302 位普通消费者的调查，就 1999 年北京移动通信市场的发展水平、发展状况以及消费者对 1999 年移动通信市场重大事件的认知、态度和市场现状的评价等方面进行了研究，调查结果可推论北京城八区 18～50 岁的普通消费者，一定程度上也反映了中国移动通信业的发展状况、市场现状及其存在的问题。

1999 年末移动通信市场现状

手机普及状况。调查显示，北京市 18～50 岁的人群中，有略超过半数(52.2%)的被访者使用手机，可见至 1999 年底，北京市场手机的发展水平是比较高的，占经济活动型人口的一半左右。不同年龄消费者手机的拥有率存在较大差异，调查显示，18～29 岁，30～39 岁，40～49 岁手机拥有率分别为 43.4%、68.2%和 43.2%，假定 50～54 岁年龄组与 40～49 岁相同，以北京市三年龄段人口年龄结构比重进行加权平均，则大致可推算 1999 年底北京市城八区手机普及率约为 30%，即每 10 个人约拥有 3 部手机。以北京城八区拥有 650 万人口计，城区手机用户达 195 万。

消费者特性。就消费者而言，除年龄外，不同性别、学历、职业和以往的人群手机的拥有情况必然存在较大的差异。调查显示，就性别而言，男性拥有率要明显高于女性，近六成(59.7%)男性被访者拥有手机，女性被访者则为四成强(43.2%)；就年龄而言，30～39 岁的中青年消费者拥有率最高，超过 2/3，18～29 岁，40～49 岁组拥有率要低得多；就学历而言，随学历升高，拥有率显著升高，特别是以高中与大专学历为分界点，差异明显，即手机拥有者主要集中在大专以上学历人群，高中以下学历较少；从收入水平看，随收入升高，手机拥有率明显升高，以月收入 3000 元及 1500 元为分界点，月收入 3000 元以上者拥有率高达 90%左右，1500 元以下者为 12～30%，低于平均拥有率，1500～3000 元者为 65%左右，亦高于平均拥有率。从职业类型看，手机拥有以企事业单位管理人员为最(80%左右)，其次是个体业主、自由职业者和公务员(60～70%)，再次是专业技术人员和普通职员(50～60%)，工人和服务人员拥有率最低，仅为 5%左右。可见，手机用户群主要集中于 30～39 岁，大专以上学历月收入在 1500 元以上尤其是 3000 元以上的消费群体，值得注意的是月收入达到 1500 元的中等收入人群正日益成为手机大众化趋势的主要目标消费。

对于北京市场的两大运营商中国移动通信公司(原中国电信，下同)和中国联通，二者的消费群体在年龄上存在某种细微差别，比较而言，中国联通更受 18～29 岁的青年人群的青睐，而中国移动通信更受 30 岁以上中青年和中年人群的青睐。

手机品牌。调查显示，1999 年底，北京手机市场的品牌分布状况与以往相比并没有太大的改观。传统三强摩托罗拉、爱立信、诺基亚仍然占据市场的领先者地位，三者总和市场占有率超过 80%，其它品牌均难以望其项背。其次是西门子、飞利浦、三星等第二集团品牌，市场占有率 10%左右，其它品牌还有松下、阿尔卡特、高通等国外品牌，市场占有率均很低。在电信长城 CDMA 手机中，除摩托罗拉外，主要有三星、高通等品牌。值得注意的是，虽然 1999 年是众多国产手机厂商发动大规模广告宣传攻势的一年，但北京的市场现状仍然未能给国产手机留下太多的市场空间，国产手机市场业绩不佳，既有历史的原因，也有其技术、宣传和服务策略等方面的原因，如何做好国产手机这篇大文章，在手机市场上分一杯羹，其路还正长。

1999 年移动通信发展状况

移动通信发展态势。调查显示，所有拥有手机的被访者中 34.4%在 1998 年前购买手机，40.9%在 1998 年内购买手机，24.7%在 1999 年内购买。可以看出，近几年中，1998 年是手机增长最快的一年，虽然调查数据存在一定的偏差，仍足以表明 1998 年内北京手机的增长率近乎翻了一番。事实上，全国手机用户在 1998 年内也从 1000 万增至 2000 万。

进入 1999 年，虽然手机市场仍处在高速增长之中，但增长速度已显著放慢，从调查看，1999 年北京市场增长无论从绝对数量还是相对速度均较 1998 年有所放慢。在北京这样经济较发达的特大城市，手机普及率几近 30%，虽然年内手机入网资费持续下调，但其他资费如通话单价和月租费等仍保持不变，手机增长放慢是不难理解的，但以此推论全国市场的发展趋势则失之偏颇。因此，在北京这样手机普及率较高的大城市，为促进手机的持续发展，进一步降低手机的使用成本包括通话单价、裸机价格、入网费和月租费等长期成本，将是一种必然的选择。

手机消费群体特性及其趋势。就 1999 年购买手机的消费者自身特性而言，从性别看男性仍高于女性，分别占 55%和 45%左右;从年龄看，以 18～29 岁和 30～39 岁的青年人和中青年人为主，分别占 43%左右；从学历看，以大专以上学历特别是大学以上学历为主；从收入看，则以月收入 1500～3000 元者为最多，其次是月收入 3000～5000 元者和 800～1500 元者。与 1998 年购机者相比，1999 年购机者表现出了一些明显的趋势。(1)虽然女性购机者仍处于少数，但女性购机者越来越多，从 36.5%增至 45.1%。(2)购机者年龄分布趋向于分散，从集中于 30～39 岁的中青年人群逐步分散至 18～29 岁青年人和 40 岁以上的中年人。(3)购机人群继续集中于高学历人群，但趋势已不很明显，这可能与北京消费者普遍具有较高学历有关。(4)由于手机各种价格的持续下调，手机消费日益大众化，使手机能够为更多的中低收入者购买，表现为 1999 年购机者进一步趋向中、低收入者，且分散至各个收入阶层，而高收入者由于普及率高，购机比重反而下降。

消费者运营商及手机品牌选择。调查显示，与 1998 年相似，1999 年购机者的运营商选择基本状况仍是移动通信公司多于中国联通。电信长城 CDMA 选择比重仍很低，但与 1998 年相比，1999 年消费者对中国移动通信公司的选择略有下降(约 2 个百分点)。中国联通则略有上升(约 3 个百分点)，电信长城 CDMA 稳中略降。中国联通的缓慢上升，显露出移动通信市场正缓慢发生着有利于消费者的市场竞争态势。从消费者的手机选择看，除传统三强仍居主导地位，且摩托罗拉有进一步加强之势外，手机选择进一步多元化，处于第二集团的西门子、飞利浦、三星等品牌有所上升，升幅为 1～4 个百分点不等，而国产品牌则仍是雷声大，雨点小，消费者选择很少。

消费者购买行为。中国移动通信业发展到现在，已经走过了十几年的历程，早期的手机消费者越来越多地需要更换手机(保留原号)或者新购手机重新入网，淘汰原有手机。1999 年新购手机中，这两种情形比较明显。调查表明，1999 年内平均每售出 6 部手机，就有一部是新购手机入网，淘汰原有手机(包括原号)，一部是新购手机，替换原有手机，其余 4 部是首次购买手机入网。其中，对中国移动通信公司用户而言，淘汰原有手机而入网和替换手机的比例分别为 9.1%和 18.2%，首次入网者占 72.7%，中国联通用户首次入网占 58.8%，淘汰和替换原有手机分别占 23.5%和 17.7%。均为新入网或淘汰原有手机入网，而无替换手机的情形。

购买价格。调查显示，1999 年手机市场裸机价格在进一步下降的同时，价格差别很大，有的高达 6000 元以上，有的则低至 1000 元左右，这与手机市场进一步细分化，产品/服务功能逐渐拉开档次密切相关。裸机平均价格则降至 2000 元左右，这也是手机购买者逐渐向中低收入阶层过滤的主要原因。至于入网费，1999 年内两次下调，其中中国移动通信公司分别下调至 1000 元和 700 元左右，平均为 920；中国联通则分别下调至 780 元和 300～500 元左右，平均为 580 元左右。总体而言，调查表明最低为 300 元（电信长城 CDMA 手机除外），最高也不过 1250 元，平均水平约为 780 元。

1999 年移动通信市场主要事件消费者认知

1999 年移动通信市场热点不断，内容涉及资费政策、运营商服务、手机终端以及中美 WTO 电信协议等诸多方面。调查显示，被访者认知最高的事件是手机资费（入网费）下调（83.4%），其次是中美 WTO 有关电信协议的基本内容（74.2%），再次是双频手机进入市场（64.7%）和中国移动通信公司从中国电信剥离（51.9%）。被访者认知较高的还有上网手机（41.7%）和联通手机直拨 IP 电话（38.3%）。

电信长城 CDMA 手机话费降价一半（34.9%），预付费 SIM 卡手机的推出（32.2%），网上拍卖手机（31.9%），手机点播信息增值服务（26.4%）和联通手机免费邮寄话费清单（26.1%）等认知度都不高，位居最后。纵观以上热点问题，可以看出，被访者认知度最高的是有关移动通信的产业政策问题，特别是资费政策，显示消费者对手机资费政策的关注。电信长城 CDMA 手机由于用户规模小，其热点政策影响小，故认知度不高。其次是对各类手机产品的关注，特别是去年年初就已成为热点的双频手机的推出，年内大肆广告宣传的国产手机的推出等。对于运营商推出的一些服务项目如预付费 SIM 卡手机，手机点播信息增值服务及交费服务等认知不是很高，一方面显示消费者对这些问题不是很关注，同时也显示运营商推出的服务宣传不够或目标受众有限。至于被访者对上述热点事件印象最深的三件事，结果表明，印象最深事件的排序与被访者的认知基本一致，印象度最高的是手机资费（入网费）下调（70.8%）和中美 WTO 电信协议的基本内容（39.2%），其次是中国移动通信公司从中国电信剥离（34.7%），双频手机进入市场（22.3%）和国产手机进入市场（22.0%）等，各项排序基本与认知度排序基本一致。

1999 年影响手机购买的原因及消费者对市场现状的评价

调查表明，1999 年，影响被访者购买手机的主要原因，最重要的是双向收费不合理（63.6%），其次是有替代品（54.5%）、本人用不上（39.2%）和通话单价偏高（34.3%）、再次是裸机价格偏高（26.6%）、入网费偏高（15.4%）和月租费偏高，其他原因如服务、话音质量等不是很重要。综合起来看，除去有替代品和本人用不上等无需求原因外，影响潜在消费者购机的主要原因还在于价格，特别是通话单价，而双向收费归根结底还是手机的通话单价问题，这已成为购买使用手机的最主要障碍。对于话音质量、运营商服务质量等，由于潜在用户未使用手机，则仅是购买使用手机后才会考虑的问题。

不同年龄、收入水平的潜在用户在影响购买使用手机的主要因素方面亦存在较大的差异。研究表明，除双向收费不合理和有替代品外，18～29 岁的年青人影响因素重要是通话单价偏高和裸机价格偏高，而 40 岁以上的中年人影响购买的最主要原因是本人用不上等无需示的原因。从收入水平看，除双向收费不合理和有替代品外，中、低收入者主要原因依次是通话单价偏高和本人用不上，中等收入者是正好相反，而高收入者不购买则主要是由于有替代品和双向收费不合理。这表明，年龄越轻，收入水平越低，通话单价偏高对他们购机行为的影响越大。因此，在目前情况下，手机市场要获得更快的增长，仍需不断降低费用特别是通话单价和裸机价格。

调查表明，被访者对 1999 年移动通信业的评价最不满意的方面，最重要的是手机通话单价高(72.3%)，远高于其他各项，其次是裸机价格高(39.5%)、入网费高(37.5%)和月租费高(32.8%)，三者相差不大，再次是手机配件(如电池等)以次充好(23.6%)，而通话质量差(17.6%)、覆盖范围差(16.6%)、手机维修服务差(15.5%)、不能获得话费详细清单(14.2%)和交费不方便(12.5%)等均不很高。且这种评价在不同年龄、收入等特性的人群中差别并不明显。这再次表明，通话单价高以及手机价格、入网费和月租费等资费水平偏高既是消费者对 1999年市场现状最为不满意的方面，也是影响潜在用户购买手机的最主要障碍。因此，不断调低手机的各项资费标准，仍将是今后手机市场发展的大势所趋，而随着移动通信产业的不断的成熟和进入 WTO 带来的竞争压力，也将是理所当然的。

任务二　经济预测和经济分析报告

一、经济预测报告

1．经济预测报告概念和特点

经济预测是在调查研究的基础上，运用预测的理论、方法和手段，对客观经济过程及未来变动趋势进行分析、预算和判断。经济预测报告是反应经济预测活动情况和结果的书面报告。

2．种类

经济预测报告的种类很多。按预测的方法，有定性预测报告和定量预测报告；按时间分，有长期、中期、短期经济预测报告；按范围分，有宏观经济预测报告和微观经济预测报告；按性质分，有专项经济预测报告和综合性经济预测报告。企业常用的为专项预测报告，主要有：

(1) 市场预测报告。即预测企业产品市场需求量的报告。

(2) 销售预测报告。即预测企业产品市场销售情况的报告。

(3) 生产预测报告。即预测企业生产能力，预测改建、扩建后的生产效益和各种产品年产量等内容的报告。

(4) 成本预测报告。即预测企业产品在一定时期内的成本水平的报告。

(5) 能源及原材料预测报告。即预测企业生产所需原料、能源的来源和供应保证程度的报告。

3．经济预测报告的写法

经济预测报告的结构包括标题、正文、署名三部分。

(1) 标题

经济预测报告的标题常见的形式有公文式、文章式和新闻式。标题常常用"预测"、"走向"、"趋势"等词语表示。

1) 公文式。一般由被预测的时限、地区、对象和文种组成。如《九十年代世界石油工业发展趋势》；有省略时限的，如《我国计算机市场新趋势》；省略时限和地区的，如《衬衫市场的走向》。

2) 文章式。多用一句话概括经济预测报告的主题或课题，例如：《××火柴市场透视》、《2002 年应届毕业生需求情况预测》、《电信资费调整预测》。

3) 新闻式。类似新闻报道的标题。分为单行标题、两行标题和三行标题。

单行标题的，如：《加入 WTO——企业最关心什么？》

两行标题有引题和正题；正题和副题。如：

美预测 2010 年(引)

中国将成为世界第二经济大国(正)

汽车市场将跨出低谷(正)

预计今年汽车需求量达到 110 万辆(副)

三行标题的，如：

联合国世界经济调查预测(引)

今年世界经济将出现零增长(正)

东欧经济将剧降百分之十(副)

（2）正文

正文分为开头、主体、结尾三部分。

1）开头部分，主要阐述预测背景和预测结果，提出问题，说明历史与现状。公文式的经济预测报告往往介绍材料的来源、被预测的情况，或它在总体经济中的地位等；新闻式的经济预测报告一般采用新闻导语的写法，或概括全文，或写预测结论。

2）主体部分，写预测根据和预测结果，或对预测内容进行具体说明，并分析未来趋势。这一部分要充分说理，详尽具体。

3）结尾部分，主要提出建议、设想，或强调预测的趋势。如写有前言，一般要有结尾，以照应开头，或重申观点、或加深认识。

4．写作要求

（1）必须把握党和国家的方针政策，牢记各时期的中心任务。

（2）必须做好统计资料的收集、整理和分析，这是预测的出发点。此外，还应建立固定联系点及市场预测的联络网。

（3）必须及时掌握政治、经济、科技、文化等各方面的信息，因为它们都是影响市场的可变因素。

（4）必须掌握科学的预测方法，尽量利用电脑等现代化手段进行预测。

例文一

"十五"期间甲基亚砜市场预测报告

××化学工业总公司

二甲基亚砜(DMSO)是一种非质子极性溶剂。由于它具有特殊溶媒效应，对许多物质具有溶解特性，因此被称为"万能溶媒"。它主要用于制药业，具有消炎、止痛、利尿、镇静和促进伤口愈合的疗效，对肌体具有很强的渗透能力，所以常做其他药品的混合剂，此外它也广泛用于石油、化工、电子、合成纤维、塑料、印染等行业，成为制造工艺中不可缺少的溶剂。近年来，随着医药行业中氟哌酸、氟嗪酸等喹诺酮类新型抗菌素药物及中间体氟氯苯胺等的生产发展，加上 DMSO 的应用领域不断扩展，使得 DMSO 的需求量逐年增长。特别是印度、韩国、日本等亚洲国家，DMSO 需求量大幅增长，给我国出口带来了生机。目前亚洲 DMSO

市场基本由法国和美国产品占据，但由于我国 DMSO 产品质量的提高、产品价格和地理位置的优势，我国 DMSO 完全有可能占领亚洲市场。

一、国内外市场情况及需求预测

1. 国内外 DMSO 发展情况

目前世界上只有美国、法国、日本和我国拥有 DMSO 生产装置。1997 年底，世界生产能力 2.9 万吨/年，其中美国、法国和日本合计为 1.9 万吨/年。1998 年美国 Gaylord 公司其 DMSO 装置扩建到 2.2 万吨/年，比原装置生产能力翻一番。目前世界生产能力已达 4.0 万吨，产量约 3.5 万吨。

我国从 60 年代末期开始生产 DMSO，随着生产技术的不断完善以及新的抗菌素药物氟哌酸的问世和发展，促进了我国 DMSO 生产的快速发展。目前我国 DMSO 已形成 1.1 万吨/年生产能力，年产量约 7000 吨，成为世界上第二大生产国，并已从进口国逐步发展为出口国。

2. 国内外市场历史需求与预测

根据 1996 年至 2000 年的 DMSO 市场情况，预测如下：

| 序号 | 年度 | 国内需求（吨） | | | | 出口销售与预测（吨） | 合计销售与预测（吨） |
		有机合成销售与预测	医药销售与预测	石油化工销售与预测	国内合计销售与预测		
1	1996	900.00	2600.00	110.00	3610.00	700.00	4310.00
2	1997	1000.00	2720.00	140.00	3860.00	720.00	4580.00
3	1998	990.00	3150.00	180.00	4320.00	800.00	5120.00
4	1999	890.00	3300.00	210.00	4400.00	1000.00	5400.00
5	2000	1000.00	3500.00	300.00	4800.00	1200.00	6000.00
6	2001	1103.24	3681.52	370.64	5155.40	1381.20	6536.60
7	2002	1184.86	3819.68	432.96	5437.50	1555.80	6993.30
8	2003	1286.48	3989.44	513.28	5789.20	1786.40	7575.60
9	2004	1408.10	4190.80	611.60	6210.50	2073.00	8283.50
10	2005	1549.72	4423.76	727.92	6701.40	2415.60	9117.00

注：1996 年至 2000 年为销售吨数，2001 年至 2005 年为预测销售吨数。采用回归方程预测。

据上表，目前国内市场对 DMSO 的总需求量估计在 5000 吨左右，其中 65% 以上用于医药及中间体的合成。近期内国内 DMSO 的需求增长量主要取决于氟氯苯胺的生产，预计今后几年国内 DMSO 需求将有一定的增长，但到 2005 年需求量不会超过 7000 吨。从长远来看，在芳烃提取和丙烯腈纶纤维制造方面，DMSO 的用量不会增加，市场的扩大还有赖于有机合成工业的发展以及其新用途的开发。

目前除我国外，亚洲市场容量有 6000 多吨，其中印度年需求量 4500 吨左右，若包括我国在内，则约有 1.1 万吨。根据我国这几年的出口情况，若无实质性改进措施，到 2005 年，年出口量仅 2416 吨左右。而随着 DMSO 应用领域的不断开拓，市场需求量将不断增长，预计 2005 年亚洲地区的需求量将达到 2 万吨左右。

二、发展建议

1. 进一步积极扩大出口

近些年来，印度、韩国、日本等亚洲国家 DMSO 需求量大幅增长，给我国 DMSO 出口带来生机。目前多数亚洲国家从法国和美国进口 DMSO。但由于我国 DMSO 产品质量（国产 DMSO 质量已超过法国及日本）高，价格上也有竞争力，因此已具备占领国际市场的实力，加上地理位置上的竞争优势，已具备占领亚洲市场的可能性。因此，外贸部门应积极设法扩大出口，国家在此方面，应予以一定优惠政策。

2. 改进工艺，提高产品的竞争力

目前我国的 DMSO 年生产能力与年产量之间，尚有 4000 吨的差距。由于受技术的制约，设备未充分发挥效益。因此目前不宜再上马 DMSO 生产线，而应抓紧设备改造，技术更新。现在我国生产 DMSO 的原料二甲硫醚部分需要进口，许多厂家延用二硫化碳和甲醇为原料合成二甲硫醚，数量不能满足需要。近年来，我国已成功开发了硫化氢法合成二甲硫醚的技术，为进一步发展我国 DMSO 生产创造了有利的条件。建议有硫化氢资源的企业，利用其原料优势，发展二甲硫醚的生产，可为国内现有 DMSO 生产企业提供二甲硫醚原料，这样可不仅可使生产企业取得经济效益，同时也必将进一步提高我国 DMSO 产品的竞争实力，

二〇〇一年一月十一日

例文二

衬衫市场的新走势

据服装专家分析，消费者对衬衫有着求精、求美、求方便的新需求，为适应消费者的"口味"，今年衬衫市场呈现时装化、高档化、休闲化的新趋势。

——时装化。色调鲜艳、清新、手感柔软的时装衬衫将大有市场。在选料方面，除纯棉、涤棉、丝绸外，扩展到水洗布、砂洗丝绸、漂洗牛仔布等；在做工方面，十分重视衬衫的领和袖，针脚细密，内衬挺括、服帖、洗后不上翘、不变形；在款式方面，男衬衫打破了白色一统天下的格局，紫色、苹果绿、米色、印花及其他色彩也在衬衫中应用。特别是女衬衫艳丽活泼、清新淡雅，用砂洗印花真丝、层云缎等面料制作的衬衫以花俏见长，用真丝提花双绉等制作的衬衫颇具新意。

——高档化。高档精品礼服衬衫深受青睐。这类衬衫高雅大方，特别适合社交场合穿着。在消费者购买投向方面，"唯名牌是购"日趋突出。

——休闲化。突出国际流行的宽、空特点的衬衫销势火暴，使人穿着时伸缩自如，无拘束感，而且还强调衬衫的"重心"在肩部而不在腹部，使穿着者显示出随意、活泼、潇洒。

（选自 1994 年 7 月 16 日《辽宁日报》）

二、经济活动分析报告

1. 概念和特点

（1）概念。经济活动分析报告是表述经济活动分析过程和结果的一种书面报告。

（2）特点。经济活动分析报告具有分析性、总结性和指导性的特点。

2. 种类

根据不同的标准，可将经济活动分析报告划分为不同的种类。

（1）按范围分。宏观经济活动分析报告和微观经济活动分析报告。

（2）按时间分。定期经济活动分析报告和不定期经济活动分析报告、事前预测性分析报告和事后总结性分析报告。

（3）按对象分。生产、销售、成本、财务等方面的分析报告。

（4）按广度和特点分。综合分析报告和专题分析报告。

3. 写法

经济活动分析报告的基本结构是标题、正文、落款。各部分内容及要求如下：

（1）标题

1）公文式。这类标题一般由单位名称、事由、内容、文种组成，也可以根据具体情况省去其中的一两项。如《××公司2000年度财务状况分析报告》、《2000年度现金流量分析报告》。

2）论点式。标题本身就反映分析问题的要点或突出主题，为强调说明也可以加上副标题，如《原油价格变动因素分析》、《加速企业资金周转——对企业结算方式的分析》。

（2）正文

1）前言。一般介绍分析对象的基本情况，包括被分析的经济现象、经济问题或经济对象的概括情势。有时也介绍分析方法、交待背景，提出分析的内容和范围。其写法可根据需要选择，有提问式、结论式、对比式、评论式等。

2）主体。主体是分析报告的主要部分。具体分析上述经济情势的原因。多分款列条、有理有据地分析。主体通常由现状介绍、分析和建议三部分组成。

首先，无论是什么类型的分析报告，正文开头部分都应对具体情况进行介绍，如财务指标完成情况、生产计划执行情况、产品质量达标情况等，为后面的分析做好充分的准备。

其次，要分析现状，评价经济效益。经济活动分析报告的核心部分是将经济活动中出现的差异、矛盾进行比较、说明，要找出关键性、规律性问题。分析时，可由点及面进行，既要分析成绩，又要揭露问题；既要找出主要原因，又要进行其他因素分析。

最后，要提出建议。应对分析中所发现的问题，提出改进企业管理、提高经济效益的建议或措施。这部分内容在写作时应注意：建议要具体，措施要切实可行。

（3）落款

标明撰写经济活动分析报告的作者或单位，注明写作日期，以备查考。如标题下已具备，就不必写了。

例文一

二〇〇一年第一季度财务分析报告

公司经理办公室：

今年是十五计划的第一年，我公司要在东莞市有更快地发展，就必须打好基础，严把财务关。根据一至三月份的财务情况与去年同期相比，利润下降、成本增加、销售额降低、流动资金占用增加，需引起公司领导和全体员工的高度重视。

2001年1—3月主要财务指标情况表

项　目	计　划	实　际	增　减	本　期	去年同期	增　减
利润	100	80	—20	80	99	—19
成本	140	160	+20	160	145	+15
销售额	170	140	—30	140	165	—25
流动资金	400	450	+50	450	380	+70

现将各项目指标分析如下：

我公司根据原定发展规划与去年各项指标完成情况，制定了2001年财务计划。今年原定利润1—3月共100万元，而实际完成80万元，比去年同期少19万元。成本计划140万元，实际160万元。利润下降的根本原因，是成本上升、销售额下降造成的。成本上升，全公司各部门都有不同程度的责任。由于去年我们经济效益较好，大家有松一口气的感觉，过年集体活动增多、奖金比去年同期增加 10 万元。各车间劳动纪律有一定松懈，正常工作日未完成生产计划，人员加班合 200 个工作日，多付出加班费 5 万元。此外开发处开发新产品比计划多投资 3 万元。

销售情况，原定计划完成 170 万元，实际完成 140 万元，比去年同期减少 25 万元，导致库存增多，占用流动资金。流动资金计划 400 万元，实际 450 万元，比去年同期增加 70 万元。目前尚未与银行结算，利息要多付出 7.5 万元。该利息多支出，必将影响下一季度的利润和成本。

鉴于目前情况，建议如下：

1. 根据实际情况修订公司工作计划与财务计划，在尽可能的情况下，提高利润指标。

2. 今年后三个季度要严格执行生产计划和财务计划。各部门要加强管理，不得超计划发放奖金和加班费。

3. 开发处加快开发新产品，争取下一季度有适应市场需要的新产品问世，以增强产品竞争力。

4. 销售科要给销售人员制定工作指标，争取提高销售额，降低库存率。

以上报告建议，请公司领导研究定夺。

二〇〇一年三月二十四日

例文二

小冰柜何以脱销？

记者　陈振利

如今沈城，大小百货商店林立，商品无所不有，任你选购，人们再不用为买紧俏商品托亲靠友走后门了。可今年春节期间，却接连不断地接到"哪有卖小冰柜"的询问电话。一位读者说，他在农历腊月二十七八，走遍了和平区的大商店，也没有买到冰柜。春节前冰柜在多数商店脱销了。按理说，年过完了，人们用不着急着买冰柜吧，可过了正月十五，笔者仍接到部队一位同志求购琴岛牌冰柜的电话。

如何看待小冰柜脱销这一现象呢？记者提出这一问题时，人们的看法不尽相同。

有人认为这是一种好现象。一位在某机关工作的同志提出了他认为"好"的三点理由：其一是年货丰厚，人们的日子过得富足；其二是人们的住房越来越宽敞。居民大都是先买冰箱后买冰柜，住房条件不改善是不会买这些大件的；其三是人们肚子里"油水"多，讲究营养，年货多吃不动了，也不想一下子都吃掉，这是饮食文化的进步。

但也有人对近年来"年货福利化"情况表示担忧。他们说，许多单位逢年过节，特别是春节大搞福利，采购进大量鸡鸭鱼肉分给职工。甲单位这样干，乙单位也跟着干，丙单位也不敢示弱，出发点也许是好的，但却出现了互相攀比的状况。一些经济效益好的企业搞，那些微利甚至亏损的企业怕不给职工谋些福利，群众有意见，就不得不"打肿脸充胖子"。铁西区一家亏损企业的厂长就说："差什么，他们过年，还能把我们扔在年那边。"于是派人去赊帐采购。职工过年时，大包小裹分了不少，皆大欢喜，节后却债主登门要帐，职工奖金、工资发放、企业购买原材料都有困难。这样的企业并非独此一家。

再从家庭看，一家几个职工，你单位发年货，他单位也发年货，时间集中在个把月内，东西多了，冰箱放不下，就放在阳台上或挂在楼房窗外。今年春节前后天气格外暖和，年货风干变味，乐事变成愁事。很多人自然想到了小冰柜。小冰柜容量大，成了抢手货。一位大学讲师对记者说："透过小冰柜脱销现象，可以看到我们民族传统习俗中的一些该剔除的东西，依然影响着人们的饮食文化，还可以看到经济繁荣中滋长的畸形消费弊端，以及制约机制不健全，造成分配上的不合理。"

买不到冰柜，一些消费者对商店"不抓住机遇效益"提出批评。小冰柜在春节前后走俏，一两年前就开始了，羊年春节就有人跑遍太原街买不到冰柜，照理说，有此经验，猴年春节，商店对小冰柜货源应该早做安排，但事实上不少商店冰柜准备不够充分。北方贸易大厦看准行情及早下手，进的小冰柜品种齐全，结果赚了笔好钱。许多商店不善抓"机遇效益"，不能不说商品经济嗅觉还不灵敏。

今年春节期间，与冰柜抢手形成反衬的是，冰箱销售不畅。一些商店的冰箱价格"跳楼"，形成价格战。而这些冰箱大多是冷冻室较小的。这说明，冰箱结构不合理仍是影响其销售的一个重要原因。有些冰箱厂近几年对冰箱结构做了些调整，如冷冻室适当加大，但人们仍然觉得不及冰柜实用，所以买冰柜不买冰箱。这也给工业厂家调整产品结构和改进冰箱提供了信息。

简析：这是一篇商品分析。它分析的是小冰柜脱销的原因。正文由三部分组成，结构比较完整。开头用对比法写整个沈城商品无所不有，而小冰柜却出人意外地脱销了。这个开头富有吸引力。主体部分，借他人与消费者的话，分析脱销的原因：人们生活水平普遍提高；商店不善于抓住机遇效益等。结尾，拿冰箱与冰柜对比，进一步说明冰柜脱销的原因和冰箱急待改进。

任务三　可行性研究报告

一、概念和特点

1. 可行性研究报告的概念

可行性研究报告是对建设项目、科学试验或产品投产前，进行全面分析，论证评估，以确定其技术上先进，合理、经济上有效益，分析其必要性、可能性、客观条件与未来前景为决策提供依据的一种书面报告。

2. 可行性研究报告的特点

(1) 科学性

(2) 综合性

二、可行性研究报告的结构和内容

一般来讲，可行性研究报告的结构包括标题、正文、落款和附件四部分。

1. 标题。一般由拟建项目名称和文种名称组成，如《中外合资经营×××化纤厂的可行性研究报告》；根据拟建项目大小以及报告的繁简详略需要，题目也可称《××项目建议书》、《×××产品开发可行性分析》等。

2. 正文。由前言、主体、结尾三部分构成。

前言，又称总论，简要地陈述项目提出的依据和背景、指导思想、基本情况和基本设想。

主体，是可行性研究报告的分析论证部分。要求采用系统分析方法，以经济效益为中心，围绕影响项目的各种因素，运用大量的数据资料论证拟建项目是否可行，这部分涉及的内容比较多，一般包括：

(1) 市场需求情况。包括国内、国际市场的现状、动向以及本产品、本项目参与市场竞争的前景、销售量、销售总额及发展趋势。

（2）原材料、能源、交通情况。包括原料、辅助材料、能源、半成品、配件等品种、规格、数量、质量、来源渠道和供应状况等。

（3）项目地址的选择和建设条件。包括项目地址的自然条件、经济条件、社会条件和交通运输条件，土建工程要说明建筑面积、结构、实物工程量、造价以及"三废"处理的措施。

（4）技术，设备和生产工艺。包括技术名称、技术水平、技术引进、工艺流程和要求，设备的名称、型号、规格、数量、质量以及配套工程、辅助设施、人员培训等情况。

（5）资金方面。包括全部工程所需投资额(利用外资项目或引进外资技术项目、使用外汇情况)，流动资金的需求量，各项资金的筹措方式及贷款偿付期限和方式。

（6）财务分析。包括资金投人的分析论证，投产后经济效益、社会效益的预测，总成本、总利润、盈亏保本点，投资回收率和回收期限以及经济效益敏感性分析(如银行贷款利率的变化，原材料、产品的价格波动，通货膨胀等因素)。

结尾，即结论与评价。从市场、技术、条件、资金、效益各方面进行分析、评价和比较，以明确提出该项目是否可行的结论。

3. 落款。包括项目主办单位、负责人，主要技术负责人，经济负责人以及年、月、日。

4. 附件。必要的表、图和证件不便在报告中说明的，可作为附件补充。

上述内容根据项目情况，可增可减，或前后调整。

例文

关于创办纸浆快餐盒厂的可行性报告

一、概况

目前，我国有几千家工厂生产塑料快餐盒。年产量超过 100 亿个，加上其他一次性的塑料杯盘、塑料容具，总共有数百亿个作为垃圾投入环境。"白色污染"越来越严重。聚苯乙烯(EPS)塑料快餐盒(即发泡塑料快餐盒)虽然具有使用方便、生产成本低等优点。但是，由于其特殊的塑料属性不易降解，即使深埋在土壤里，几百年的时间仍然保持原状，若抛入海中也会造成鱼类死亡，又由于其材料实质是石油炼制成的化工聚合物。焚烧时释放出多种化学有毒气体，其中有一种称为二噁英的化合物非常有害。因此，怎样完美地对它回收处理，迄今科学家仍然束手无策。使用发泡塑料餐盒造成"白色污染"，产生的恶果令人触目惊心，比如，广州市每天消耗泡沫快餐盒近百万只，造成"白色垃圾"30 吨左右。按填埋方式处理一吨"白色垃圾"需耗资 1 000 元人民币计算，每天的处理费用高达 3 万元。实际上采用填埋的方式，也只是"表面"的处理方法，并不是根本的处理方式。填埋以后对土质的下降、水质的污染，对农业、渔业、饮水卫生等几方面造成损失，则是不可估量的。面对这触目惊心的恶果，世界各国包括我国政府无不把治理"白色污染"作为环境保护的一大工作。全国人大、国务院要求各地环保、科研、工商部门紧密配合，在短时间内采取防治对策。铁道部及北京、上海、广州、武汉、杭州、厦门等城市已相继采取措施，禁止使用发泡塑料快餐盒。采用植物浆为材料的快餐盒取代发泡塑料盒已为环境保护必然途径。

二、市场分析

随着改革开放的深入，人们的生活节奏加快，卫生意识不断提高，一次性容具已成为生活市场的主要消费品之一。根据有关资料介绍，一次性快餐盒的使用，过去以火车、轮船、长途汽车旅客为主。但近几年来，学校、医院、工厂、旅游和城市的快餐服务业的快餐盒用量占绝大多数，例如，上海市人口 1200 万，中小学生占总人口的 20%，即 240 万人，其中 20%

在校用餐，那么学校的日消费量约 50 万个，年用量约 1 亿个，沈阳、西安、武汉、天津等大城市的日用量也在 20～40 万个。列车的每年需求量为 10 亿个以上。目前我国市场上一次性快餐盒的年需求，为 100 亿个以上，同时每年还会以 10%增长率递增。

三、经营宗旨及经营范围

引进先进生产工艺和技术，制造国内外市场畅销产品，讲信誉、求质量，通过多种渠道，把产品推向各地市场，力求走向国际市场，获取可观的经济效益。主要生产以快餐盒、方便饭碗为主，其产品规格如下：

1. 快餐盒：大号：170 ×110 ×40 mm

   容　量：750 ml 盒盖带扣 mm

   小　号：160 ×90 ×40 mm

   容　量 600 ml 盒盖带扣。

2. 方便饭碗：600 ml

3. 碟盘规格：4、6、8、10 寸(带花纹)

四、投资规模

根据实际情况，投入一条流水线全自动纸浆快餐盒机械，设备投资约 320 万人民币，流动资金 50 万，共计 370 万元。

五、日产量及办厂条件所需人员

中型规模每日单班(八小时)可生产 6 万个快餐盒，主厂房需要 300 平方米，原材料仓库50 平方米，办公室 60 平方米。装机容量 125 kW，所需工人 15 人，具体分工见表一，厂房地基无需特殊基础设施。无噪音、无污染。

六、适用原料

木浆、蔗浆、芦苇浆、棉浆、秸秆浆。

七、产品特点

美观大方、使用方便、保温性能好、不渗漏。

无毒无味、防水防油、耐酸耐碱、卫生安全。

可降解、可回收无污染、可在微波炉烘烤。

八、生产流程

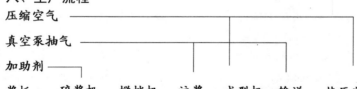

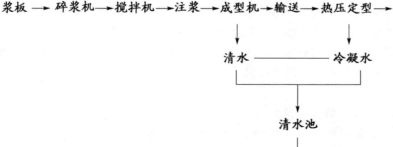

九、生产成本（个）

1. 材料费用：浆板 0.063/个（3 300 元/T÷52380 个/T），助剂 0.045 元/个。

2. 生产费用：水电费 0.024 元/个，工资 0.18 元/个，业务费用 0.01 元/个，折旧 0.008 元/个，包装 0.01 元个。

3. 税收：0.012 元/个。

合计：0.19 元/个。

4. 生产岗位定员：

工 种	人 数	具体工作
带班	1	指导生产、质量监督等车间事务
碎浆机	1	配浆
注浆成型机	4	操作
热压定型机	5	操作
修边压痕机	1	修边操作、清理岗位卫生
网模成型、消毒	1	操作、送料、消毒
检验、包装	1	质检、统计
机电维修	1	设备机电维修
合计	15	

十、结论

我们以一条生产线为例，日产 6 万只快餐盒（八小时计算），快餐盒出厂价每只 0.31 元/个，成本为 0.19 元/个，纯利每只可得 60000×(0.31 元/个－0.19 元/个)=7200 元，一年按 300 天计算，可得利润 2160000 元。按以上测算，此项目在近时期、将来都可行的，也可以说是一个短平快、回报率高的好项目。

任务四 合同

一、合同的概念

合同是两个或两个以上的当事人之间为实现一定的目的，明确彼此权利和义务的书面协议。合同属于经济文书，但在实际使用中已远远超出了经济范畴，所以又被称为契约文书。契约，即凭据、约定，是用来证明买卖、抵押、租赁、转让等关系的文书。

二、合同文本的结构模式与内容要素

1. 合同文本的结构模式

合同文本的书面结构模式一般由首部、正文、尾部和附件四部分构成。

（1）首部

由标题、当事人基本情况及合同签订时间、地点构成。

标题是合同的性质、内容、种类的具体体现。如"生猪、鲜蛋、菜牛、菜羊、家禽购销合同"，表明该合同是买卖合同中鲜活农副产品买卖合同。

当事人基本情况及合同签订时间、地点居标题之下，正文之上。当事人基本情况即当事人的名称或者姓名和住所（合同法将此项内容划入主要条款之列），同时写明双方在合同中的关系，如"买方"、"卖方"等。当事人是法人或其他组织的，写明该法人的名称和住所；当

事人是自然人的，写明该自然人的名称和住所。此项内容是确定当事人、确定合同权利和义务承担者的主要依据。

（2）正文

这是合同最重要的部分，也是合同的内容要素，即合同的主要条款。合同主要条款内容在下文简述。

（3）尾部

即合同结尾，一般包括以下内容：双方当事人签名、盖章，单位地址，电话号码，电报挂号，邮政编码，银行开户名称，开户银行帐号，签证或公证。

（4）附件

主要是对合同标的条款或有关条款的说明性材料及相关证明材料。如技术性较强的商品买卖合同，需要用附件或附图形式详细说明标的的全部情况。合同附件是合同的共同组织部分，同样具有法律效力。

2．合同的内容要素

合同正文由合同的内容要素构成，合同内容要素即主要条款如下所述。

（1）标的

标的是合同当事人权利和义务共同指向的对象。合同标的可以是货物，可以是货币，也可以是工程项目，智力成果等。合同的标的要写明标的名称，以使标的特定化，以便确定当事人的权利和义务。

（2）数量和质量

数量是以数字和计量单位来衡量标的的尺度。质量是标的内在素质和外观形态的综合，包括标的名称、品种、规格、型号、等级、标准、技术要求、物理和化学成分、款式、感觉要素、性能等。数量和质量条款是合同的主要条款，没有数量，权利义务的大小很难确定；没有质量，权利义务极易发生纠纷。因此该条款要给予明确、具体的规定。

（3）价款或者报酬

价款是根据合同取得财产的一方当事人向另一方当事人支付的以货币表示的代价。报酬是根据合同取得劳务的一方当事人向另一方当事人支付的货币，又可以称为酬金。价款或报酬是有偿合同的必备条款，合同中应说明价款或报酬数额及计算标准、结算方式和程序等。

（4）合同的期限、履行地点和方式

合同的期限包括有效期限和履行期限。有的合同如租赁合同、借款合同等必须具备有效期限。合同的履行期限是当事人履行合同的时间限度。履行的地点和方式是确定验收、费用、风险和标的物所有权转移的依据。

（5）违约责任

违约责任是违反合同义务的当事人应承担的法律责任。合同规定违约责任有利于督促当事人自觉履行合同，发生纠纷时也有利于确定违约方所承担的责任，这是合同履行的保障性条款。

（6）解决争议的方法

合同发生争议时，其解决方法包括当事人协商，第三者调解、仲裁、法院审理等几种。当事人在订立合同时，应当约定争议解决的方法。

（7）其他

除合同主要条款以外，双方当事人应根据实际情况约定其他有关双方权利和义务的条款。

三、合同的语言特征

1．合同书的语言要准确恰当

所谓准确恰当是指合同要用准确的词语，恰当明白地表达双方当事人协商达成一致的意思。合同语言的准确恰当表现为以下几点：

（1）用词准确。

（2）多用书面语慎用口语词。书面语词语规范，意义较单一，岐义较少，所以合同语言多为书面语，一般不用口语词和方言词。

（3）限制性词语使用较多。合同中的限制性词语包括副词、介词及其短语，也包括名词，形容词及其短语。限制性词语的运用能准确地规定事物的性质，从而体现语意准确。

（4）数字准确、计量单位准确。

2．合同书的语言要简洁平实

（1）简洁。所谓简洁是指合同语言要简明、精炼。

（2）平实。所谓平实，指合同语言通俗易懂，风格朴实。

四、合同书写作时应遵循合同法的基本原则

合同的订立过程也是合同写作的过程。合同法规定了订立、履行合同应当遵循的基本原则，这些基本原则也是合同写作应当遵循的，包括：平等原则；自愿原则；公平原则；诚实信用原则；合法原则。

例文一

购 销 合 同

立合同单位：天津第二服装厂（供方）

丰南县稻地施供销社（需方）

为了繁荣市场、满足消费者需求，经供需双方协商，签订本合同，共同遵循下列条款：

一、产品名称、花色品种、规格、单位、数量、金额、交货日期：

产品名称	花色品种	规格(cm)	单位	数量	单位(元)	交货日期
满月服	白、粉、湖蓝	30×40	十套	500	×××	1983年17月31日前交清
娃娃服	粉、白、黄	40×50	十套	1000	×××	1983年12月31日前交清
儿童滑雪服	红、艳蓝、墨绿	50×60	十套	100	×××	1983年12月31日前交清
合计	×	×	十套	1600	×××	×

二、包装要求：由供方负责包装，全部商品装入塑料袋中封好，满月服、娃娃服每十套一捆，1100套一箱，儿童滑雪服每十套一箱，包装好后，封严打牢。

三、交货办法及地点：由供方负责发货到需方所在地丰南县胥各庄车站，需方自行运回。

四、验收方法：到货后，由需方负责验货。如发现规格、型号、花色不符合同要求的。需方有权拒收货物，并由供方负责调换。由于包装不慎造成丢失或残次商品，应由供方负责。

五、费用负担：包装费由供方负担。运费由需方负担。

六、货款结算方法：需方验收合格后，当日通知银行托付。如需方无故延期付款，每延期一天，罚0.3%的滞纳金，赔偿供方损失一次算清。

七、在正常情况下，如果供方延期一个月交货，需方有权拒收。如果供方供货不足，罚不足部分金额的5%赔偿需方，一次算清。

八、此合同有效期限 1983 年 11 月 16 日—1984 年 1 月 10 日。

九、本合同一式两份，双方各执一份。

需方：　天津第三服装厂(公章)　　供方：丰南县稻地供梢社(公章)

代表：赵××(加章)　　　　　　　代表：李××(加章)

电话：××××　　　　　　　　　电话：××××

电挂：××××　　　　　　　　　电挂：××××

开户银行：××××　　　　　　　开户银行：×××

账号：×××　　　　　　　　　　账号：×××

邮政编码×××××　　　　　　　邮政编码×××××

签(公)证意见：

经办人签(公)证机关(章)

合同签订日期：1983 年 11 月 16 日加盖双方公章

例文二

建筑工程承包合同

北京市××区×××医院(以下简称甲方)

北京市××区第×建筑工程公司××修建队(以下简称乙方)

兹有×××医院主楼新建(施工批准文号××市建字×××号)工程任务，甲方委托乙方施工。为确保此项任务顺利进行，经甲、乙双方协商，特拟订如下条款，双方共同遵守。

一、工程地点：××门内大街

二、工程项目及建筑面积：建筑总面积 3 942 m²，包括：六层(代地下室)，门诊 2181-75.75m²，病房 908.54 m²，行政 263.38 m²，辅助房 319.33m²，锅炉、洗衣房 269 m²。

三、承包方式及取费方法：本工程为包工包料，乙方按设计图纸一次包死，不做预算，按北京市有关取费标准编制预、决算书。甲方应于接到本工程决算书五天内，将审定意见通知乙方。双方签章后生效。

四、工程总造价(概、估算)：1,210,000 元，综合单方造价 28 万元。其中：1.主楼及锅炉房共计 282 元×3 942 m² = 1 111 644 元;2.院区：7810 元; 3.污水、消毒区：27 546 元。

五、材料供应：乙方根据工程需要向甲方提供国拔及部管材料指标数量(包括：钢材、木材、水泥、油毡、沥青、玻璃、铅板、钡粉、汽油)，甲方将材料供应指标交付乙方，由乙方办理采购、定货、提料、运输手续。

六、付款办法：自协议签订之日起三天内，甲方付给乙方工程总造价的 21%备料款，计人民币 254 100 元。其中甲方按乙方统计进度逐月付给乙方工程进度款，所剩工程款(总造价的 5%)，竣工验收后七日内结清。

七、工期：此工程 1984 年 9 月 10 日开工，1985 年 9 月 30 日竣工。如遇应由甲方负责提供的材料、设备、图纸不全或设计、建设单位提出较大工程变更，增加工程项目等，影响乙方正常施工时，造成返工或停工者，由甲方负责赔偿经济损失，工期顺延。

八、其他：

1. 按图施工，如甲方提出图纸以外增项，则另作技术及经济洽商。工期按实际情况顺延。

2. 电梯及电梯安装、锅炉及附属设备、空调设备，甲方自理，本协议不包括。甲方必须将锅炉及所需设备于 1985 年 4 月 10 日之前运入现场。

3. 1984 年 9 月 1 日以前，甲方必须使现场达到三通一平，以保证按时开工，否则，延误开工，顺延竣工日期。

4. 施工中如遇人力不可抗拒的自然灾害，工期顺延，工程有关损失，甲方负担。

5. 基础开槽后，发现有地下水或地下障碍物如电缆、管道和土质松软等情况，需要加大工程量或增加排除障碍物费用，另行洽商，增加造价。

6. 协议签订后，如发生材料调价，按国家规定日期调整，增加总造价。

7. 甲方向乙方提供施工用地、办公室、电话、仓库等设施，施用煤乙方提供计划数量，由甲方负责办理、电源、水源由甲方引到红线以内，施工用的水、电费用，由乙方支付。

8. 为确保工程质量，工程造价，竣工日期，甲乙双方要积极配合，相互监督，各负其责。双方签章后，到公证部门公证，工商部门备案。

9. 本工程实行以下奖惩办法：工程质量达到优良标准，工期每提前一天，奖励总造价的 0.02%；延误一天，罚总造价的 0.02%

10. 本协议所订条款，如遇违约，由违约方担负由此引起的一切责任。

九、分工：

1. 甲方应及时向乙方交付施工图纸九份及有关资料。负责施工现场地上物的拆迁、清理。办理施工用水、用电，达到三通一平（路通、水通、电通、场地平整），并负责办理施工占用场地手续。

2. 乙方严格按照施工图纸及操作规程施工，确保工程质量，按国家《建筑安装工程质量检验评定标准》验收，工程质量达到优良。

十、设计变更：

1. 施工过程中，甲方如需在原定建筑任务项目外增加新任务或在原项目中增加施工图纸外的较大项目，均应另订协议条款。

2. 施工过程中应尽量避免增减变更。确实需要变更，应会同设计、施工、建设单位三方共同商定，并合理洽商增减手续。

十一、竣工验收：工程竣工时间确定后，乙方应提前通知甲方，会同有关部门进行正式验收。经验收合格后，双方签订《工程竣工验收证书》

十二、本协议正本一式两份，甲、乙双方各执一份。副本十四份。双方签章后生效。

甲方：北京市××区×××医院	乙方：××区第×建筑工程公司
地址：××门大街×××号	地址：××三条 67 号
电话：××××××	电话：××××××
代表人：××××	代表人：××
开户银行：××建行	开户银行：××建行

1984 年 8 月 25 日

任务五　招标书

一、招标书概念

在招标人利用投标者之间的竞争达到优选买主或承包项目的目的，从而利用和吸收各地甚至各国的优势于一家的商品交易行为所形成的书面文件。这是订立合同的一种法律形式。招标文书是招标方在招标过程中使用的各种文书,包括招标申请书、招标公告、招标邀请书、招标书(招标说明书)、标底书、招标章程、中标通知书、中标合同等。上述文书根据不同的招标情况可以相应合并或分开。一般正式招标书都采用广告、通知、公告等形式发布。

二、招标文书的写作

1. 招标公告

招标公告,又称招标通告、招标启事或招标广告,一般由标题、正文和文尾三部分构成。

(1) 标题

常见的写法有三种:

1) 由招标单位名称、招标事由和文种组成,如《××职业技术学院南校区学生公寓物业管理招标公告》。

2) 由招标单位名称和文种两部分组成,如《济南机电设备公司招标通告》。

3) 只写文种名称《招标公告》或《招标通告》。

(2) 正文

一般由引言和主体两部分组成。

1) 引言。应写明目的、依据及招标项目的名称。

2) 主体。这是招标公告的核心,包括文件编号、招标项目名称、招标范围、招标投标方法、招标时限、招标地点等。要详细写明招标内容、要求及有关事项。

3) 结尾

主要包括单位名称、地址、联系电话、传真、邮编、网址等。

1) 制定招标公告的日期。

2) 投标企业须知(也称招标书)。

3) 投标企业须知即把没有写进招标公告和招标章程的内容,又要求投标单位必须做到的一些具体问题写进这个文件。

(4) 注意事项

1) 招标方案应切实可行。

2) 招标标准应当明确,表达必须准确

3) 规格应当准确无误。

2. 招标邀请书

招标单位若采取邀请招标的方式,邀请有关对象参加投标,则需写招标邀请书。招标邀请书是书信体文书,由标题、称谓、正文、署名四部分组成。

(1) 标题。只需写明文种名称,如《招标邀请书》、《招标邀请函》。

(2) 称谓。抬头顶格写邀请单位的名称。

(3) 正文。写明招标的目的、依据及招标的事项。如另有招标公告,则不需就招标事项作出具体的说明。只需说明随函邮寄即可。

(4) 署名。写明招标单位全称、地址、联系人、电话等。

3. 招标书

招标书即招标说明书,是对招标公告或招标邀请书内容的扩展,用来对有关招标一般由标题、正文和文尾三部分组成。

（1）标题。由招标单位名称、招标事由、文种构成，如《××钢铁公司外购大型设备招标说明书》。

（2）正文。包括开头和主体两部分。

开头。简要写明招标的目的依据（一般写招标单位主管部分的审批文号）、项目名称及招标单位的基本情况等。

（3）主体。详细说明招标的有关内容和要求事项。一般应载明以下事项：1）招标项目的性质、数量、技术规格或技术要求；2）投标价格的要求及其计算方式；3）评标的标准和方法；4）交货、竣工或提供服务的时间；5）投标人应当提供的有关资格和资信证明文件；6）投标保证金的数额或其他形式的担保；7）投标文件的编制要求；8）提供投标文件的方式、地点和截止日期；9）开标、评标、定标的日程安排；10）合同格式及主要合同条款。

（4）文尾。包括落款、日期和印章。

由于招标的项目不同，招标的条件不同，招标书的写法也不尽相同，但一般应具备上述三部分的内容及结构形式。

例文一

招 标 公 告

一、项目名称：学院健身房器材

二、招标单位：浙江传媒学院(筹)

三、内容：学院健身房器材的采购

四、报名条件：投标单位必须具有独立法人资格

五、应递交以下资料：

1. 单位法人委托书

2. 企业资质证书复印件

3. 企业营业执照复印件

六、资格审定：

招标人对报名单位进行资格审定后，合格单位即可购取标书。

七、报名时间：

自2004年3月1日至2004年3月2日下午4时正。

八、报名地点：

浙江传媒学院(筹)设备与实验管理处（下沙高教园区学源街西：浙江传媒学院(筹)行政楼515室），并购取标书。

九、联系人：沈老师

联系电话：0571-×××××××××

浙江传媒学院
设备与实验管理处

例文二

招标邀请书

为规范采购行为，创造公开、公平、公正的市场竞争环境，增强设备购置透明度，促进廉政建设，根据政府采购制度的基本原则和有关做法，决定此次"健身房器材"的采购以邀请招标的方式进行。现将有关事项及报价要求说明如下：

一、招标单位：浙江传媒学院（筹）

二、采购物品及数量：详见"清单"

三、采购方式：邀请招标采购（根据各招标单位前期的技术方案择优选择），接到招标邀请书的单位均为合格投标单位。合格的单位自发布信息时起即可到浙江传媒学院（下沙高教园区学源街西）行政楼515室购取标书，由学校采购小组进行综合评定，确定中标单位。

四、投标须知：

1. 凡有意参加投标的单位，必须有独立法人资格，有相应的经营范围、相当技术力量和经济实力，并具有良好的信誉和售后服务措施。

2. 据"清单"要求，请各投标单位报价，作为商务评定依据。

3. 与清单要求项目有偏差者，在"偏差表"一项注明。

五、投标截止时间：

2004年3月3日上午10时前，3月3日上午10时进行开标，并进行评标。

地点：浙江传媒学院（下沙高教园区××街西）设备与实验管理处（行政楼×××室）

六、供货合同的主要条款：

版本、质量、性能、价格、金额、验收、付款方式、售后服务以及履行合同的时间、地点、方式和违约责任等，其中：

1. 验收：使用正常，与样品质量相符。

2. 付款方式：设备到货、安装调试完毕、验收合格后付90%，正常使用5个月后付清10%。

3. 本次采购供应商必须提供及时优质的售后服务，并作出相应承诺：现场响应时间、售后服务解决问题的时间

4. 交货时间：合同签定后20日内。

浙江传媒学院

2004年2月25日

任务六　营销策划书

一、营销策划书含义

在市场的营销中，把策划过程用文字写出来，这种营销策划方案就是营销策划书。营销策划，使企业在市场营销过程中达到获得利润的目的，企业能否成功地进行策划并实施，是企业经营成功或失败的关键所在。

二、营销策划书结构

营销策划书的结构要根据商品决定其内容，不同的商品，其营销策划的内容是不同的。一般情况下，营销策划书的基本结构包括以下几个方面：

1. 前言。这是营销策划的开头部分，包括：策划的缘起、背景材料、问题点与机会点、创意的关键等，将以上内容作概括的说明。

2. 市场状况分析。市场状况分析包括以下内容：

（1）整个产品市场的状况。

（2）与其主要竞争品牌的销售量与销售值及市场占有量的比较分析。

（3）消费者的情况分析，包括年龄、性别、籍贯、职业、学历、收人、家庭结构的分析等。

（4）竞争品牌市场区隔与产品定位的比较分析。

（5）竞争品牌广告费用与广告表现的比较分析。

（6）双方公关活动的比较分析。

（7）公司产品的利润结构分析。

（8）公司过去几年的损益分析。

3. 产品策略。主要包括：

（1）新产品开发策略。

（2）产品生命周期策略。

（3）产品组合策略。

（4）产品包装策略。

4. 价格策略。价格策略一般包括以下五个方面：

（1）定价标准。

（2）制约定价的基本因素。

（3）定价的程序。

（4）定价的基本方法。

（5）定价策略。

5. 营销渠道策略。营销渠道策略包括营销渠道的选择策略和中间批发商的营销策略。

6. 促销策略。促销活动实质是一种沟通活动、激励活动，它具有沟通信息、创造需求、突出特点、稳定销售等四大功能。其中包括促销手段的选择和营业推广。

例文

九龙山矿泉水营销策划书

一、前言

北京矿务局九龙山工业公司采用先进技术设备生产的九龙山矿泉水饮料，是京城第一家开发的天然优质矿泉水，这种矿泉水具有悠久的历史，是优质的"古水"。为了塑造企业，新形象，弘扬企业历史美名，拓展矿泉水销售市场。引导人民群众有益消费，在有效的时间内实现市场效果，特制定营销策划如下：

二、市场状况分析

（一）产品支持点

九龙山矿泉水是真正的取自九龙山地岩深处的千年"古水"，既含锶，又含偏硅酸，质量达标，有一定的保健功效。

（二）产品问题点

此矿泉水价位不够稳定，缺乏导向意识；包装质劣，欠美观，影响市场形象；营销管理人员不足，产、供、销难以市场为中心；销售方式原始，缺乏科学、规范、现代化的营销手段；消费习惯不易变更，"花钱买水"不易；假冒伪劣品扰乱市场。

（三）产品机会点

大众消费意识的提升，追求健身、便利。是季节性集中饮品，能解渴、消暑。旅游旅途、文艺、体育休闲娱乐，富有购买力。商社、宾馆、会议日趋青睐，追求自然、天然、纯净、高质量。

（四）营销策略

产品定位：京城第一品牌矿泉水。

目标：打开知名度，树立全新形象，进入以北京为中心的目标市场。

卖：天然、优质的"古水"；

传：先进技术设备，悠久历史的荣誉；

导：商业文化建设和消费习惯合理；

宜：社会美誉和市场占有率；

树：企业全新形象；

创：驰名品牌，著名商标。

（五）理论可行性

1. 宗旨：科学、艺术、现代、及时、有效

瞄准企业营销切入点，确定市场目标，创造市场机会。制定企业形象战略，提升企业在市场竞争中的识别。在商业运营中，将企业的经营理念和特质视觉化、规格化、现代化。采用全新技术、强点思维、有效管理，迅速获取市场制高点，在有效的时间内实现市场效果。

2. 手段：

运用视觉设计与行为的展现，将企业理念融入实用、标准、美好的线条、色彩中，塑造企业最新形象，弘扬企业历史美名，拓展矿泉水销售市场，引导有益消费。

3. 调查市场、分析市场、定位市场，制定营销方略，择定宣传广告战略切入点，打开产品消费与销售的死角。

4. 原则：合理合法、严谨创新、经济实用。

以市场目标为中心，符合人性、民族性，强调特质独到，塑造亮丽高档的艺术形象，符合法律、法规要求，按科学准则行为。

（六）营销谋略

1. 运筹帷握，决胜千里。（略）

2. 创造市场，引导消费。（略）

3. 强调传播力度，有效而经济。（略）

4. 谋定而后动，用技而创益。（略）

5. 临危不惧，化险为史。（略）

（七）营销目标

一个独到：可生产含二氧化碳型"加气"矿泉水。

二个要求：高目标，占领以北京为中心的涉外销售市场。

三个新点：新观念(计划经济—市场经济)；

新起点(导入 CT，提升产品定位)；

新技术(全封闭自动化灌装生产线)。

（八）VI 系统设计

强调通过艺术化的设计赞扬企业的事业领域、经营方针、企业文化和企业基本理念。

以背景设计法和传统民族化的纹样描绘出矿泉水的市场冲击力，以红色为背景主色调，辅以冷红、冷粉、肉色、淡绿、青绿、青蓝、灰色等在清新、和谐、动感的画面中体现企业新的营销理念和方略：

三高：商质量、商标准、高品位；

三新：新观念、新起点、新技术。

（九）产品行销

以北京为中心，放射性地逐渐向华北、东北、东南方向发展。

（十）价格

为符合第一品牌、遵循目标市场衡求，以市场竞争为导向，确立中级价位政策。

（十一）广告媒体

据企业实际现状和资金预算，合理有效地选择最佳目标媒介。

目的：打开知名度，占领市场。

策略：强调"三高"、"三新"，树形象，创第一。

传播过程：以北京为主战场，以长江以北地区和环渤海区域为主攻方向。

时间：8—10月。

方式：会务、活动、报刊、广播、印刷等"硬"、"软"结合。

预算：初级 25~30 万元，中级 50 万元以上。

（注；CI，即 CI 策划，是企业形象识别策划，它是指策划着为达到企业目标，尤其是树立良好企业形象的目标，在充分进行企业实态调查基础上，对总体企业形象战略和具体塑造企业形象活动进行谋略、设计和筹划的运作。）

任务七　财务预算报告

根据企业的经营目标，科学合理地规划、预计及测算未来经营成果、现金流量增减变动和财务状况形成财务预算报告，并以财务会计报告的形式将有关数据系统地加以反映的工作流程，称为财务预算编制。财务预算由预算损益表、预算现金流量表、预算资产负债表组成。财务预算的期间一般为一年，并与企业的会计年度保持一致，以便于实际的经营过程中，对财务预算执行情况进行监督、检查、分析。

一、编制财务预算的准备

1. 确定财务预算的目标。财务预算要以企业经营目标为前提。企业经营目标包括：利润目标以及为实现这一目标的相关目标，如销售收入目标、成本控制目标、费用控制目标等。对相关的经营目标及财务预算指标，要进行综合分析及平衡。

2. 资料的收集。在编制财务预算以前，收集编制财务预算有关的资料。要充分收集企业内部及外部的历史资料，掌握目前的经营及财务状况以及未来发展趋势等相关资料，并对资料采用时间数列分析及比率分析的方法，研究分析企业对各项资产运作的程度及运转效率，判断有关经济指标及数据的增减变动趋势及相互间的依存关系，测算出可能实现的预算值。

3. 汇总企业业务方面的预算。企业各部门编制的各项业务预算，如销售预算、生产预算、成本费用预算、材料、低值易耗品采购预算、直接人工预算等，是编制财务预算的重要依据。在编制财务预算前，应将汇总的各项业务预算的数据及经济指标，加以整理、分析，经相互沟通确认后，作为财务预算各表的有关预算数。

4. 财务预算的编制程序。编制财务预算，首先以销售预算的销售收入为起点，以现金流量的平衡为条件，最终通过预算损益表及资产负债表综合反映企业的经营成果及财务状况。财务预算的一系列报表及数据，环环紧扣、相互关联、互相补充，形成了一个完整的体系。

二、财务预算表的编制

1. 预算损益表

预算损益表综合反映企业在预算期间的收入、成本费用及经营成果的情况。由于整个财务预算是以销售收入为起点，因此，预算损益表中只有确定了销售收入，才能进一步对与销售收入配比的成本费用进行规划和测算。销售收入超过经营成本的部分称为毛利，销售毛利额高低，是企业盈利的关键，企业经营费用、管理费用、财务费用的支出，利润的实现，都依赖于毛利。预算损益表的结构、数据来源及平衡关系如下：

项目数据来源

A 销售收入销售预算及预测

B 经营成本成本预算及预测

C 毛利等于 A-B

D 销售费用销售费用预算及预测

E 管理费用管理费用预算及预测

F 财务费用预算现金流量表中"发生筹资费用及偿付利息所支付的现金"

G 投资收益被投资企业的财务预算或者通过对被投资企业历年经济效益及投资回报的资料分析

H 利润等于 C-D-E-F+G

I 所得税等于 H×税率

J 净利润等于 H-I

2. 预算现金流量表

现金流量预算是以经营活动、投资活动、筹资活动产生的现金流入及流出量，反映企业预算期间现金流量的方向、规模和结构。以现金流入、流出的净值反映企业的支付能力和偿债能力。通过编制现金流量预算，合理地安排、处理现金收支及资金调度的业务，保证企业现金正常流转及相对平衡。

编制现金流量预算，以企业期初现金的结存额为基点，充分考虑预算期间的现金收入，预计期末的理想现金结存额，确定预算期间的现金支出。相互的关系可用公式表示为：

期初现金结存额+预算期间的现金收入–预算

期末理想的现金结存余额=预算期间的现金支出

（1）期初现金结存数据，来源于预算资产负债表货币资金的期初数。

（2）现金收入由以下三个方面组成：经营活动、投资活动、筹资活动产生的现金收入。

1）经营活动产生的现金收入，主要来源于销售商品或提供劳务的现金收入，租金收入，其他与经营活动有关的收入。它等于销售收入及其他经营收入，加、减应收、预收帐款的期末与期初的差额。

2）投资活动产生的现金收入，主要来源于对外资收到的回报，收回投资，处置固定资产、无形资产和其他长期资产收到的现金。对外投资收到的现金，等于预算损益表的投资收益，加、减有关应收、预收帐项的期末与期初的差额。收回投资收到的现金，根据董事会收回投资的决议，预计长期投资、短期投资的减少数，加、减有关应收、预收帐项的期末与期初的差额。处置固定资产或无形资产收到的现金，等于处置固定资产或无形资产的净收益，加、减有关应收、预收帐项的期末与期初的差额。

3）筹资活动产生的现金收入，等于吸收权益性投资收到的现金、发行债券收到的现金、借款收到的现金。吸收权益性投资收入的现金，等于增资配股金额，加、减有关应收、预收帐项的期末与期初的差额。借款收到的现金，等于预算期间的现金支出与现金收入(不含借款收到的现金净加数)及期末与期初货币资金的差额。

（3）现金支出包括经营活动、投资活动和筹资活动的现金支出。

1）经营活动的现金支出，包括购买商品或接受劳务支付的现金，支付职工工资以及为职工支付的金，经营租赁所支付的现金，支付税金及其他与经营活动有关的现金。

在确定购买商品支付的现金时，以材料、低值易耗品采购预算为基础，要分清现购和赊购，分析赊购的付款时间及金额。购买商品及接受劳务支付的现金，等于采购商品物资及接受劳务金额，加、减应付、预付帐款的期末与期初的差额。

支付职工工资以及为职工支付的现金，可在分析往年实际支付直接生产人员、销售人员、管理人员、其他间接人员工资、奖金及其他各种补助，往年实际为职工支付的住房公积金、医疗保险、养老保险、应付福利费等支出金额的基础上，调整有关的数据，计算出本期支付职工工资以及为职工支付的现金。它等于预算期间应付职工工资及为职工支付的住房公积金、医疗保险、养老保险等现金支出，加、减应付工资、应付福利费及其他应付款期末与期初的差额。经营租赁所支付的现金，等于合同或协议确定的应付租金的金额，加、减应付款(租金)的期末与期初的差额。

支付税金的现金，等于预算期间应付增值税、营业税、所得税和其他税金及附加，加、减应付税金及应付税金附加的期末与期初的差额。

2）投资活动的现金支出，包括购建固定资产、无形资产和其他长期资产支付的现金，企业权益性投资及债权性投资支付的现金，其他与投资活动有关的现金等支出。它等于投资预算确定的固定资产、无形资产和其他长期资产投资额，加、减涉及投资活动的应付及预付帐项变动数。

3）筹资活动的现金支出，包括分配股利或利润所支付的现金、支付利息所支付的现金、支付其他与筹资活动有关的现金。支付利息及支付其他与筹资活动有关的现金支出，等于贷款的期初与期末的平均数或筹资活动产生的现金收入乘以利率(或单位筹资成本)。分配股利或利润所支付的现金，等于董事会或股东大会决议确定的应分配利润金额，加、减应付股利(利润)期末与期初的差额。我们将企业现金流入、流出的项目和金额，参照现金流量表的格式填列，即编制成预算现金流量表。

3．预算资产负债表

预算资产负债表反映企业在预算期末的资产、负债和所有者权益的全貌及财务状况。

编制预算资产负债表以资产负债表期初数为基点，充分考虑预算损益表、预算现金流量表的相关数据对资产、负债、所有者权益期初数的影响，采用平衡法加以增减后计得。其公式可表示如下：

资产及负债的期末数=期初余额+预算期增加数–预算期减少数

所有者权益期末数=期初余额+预算期增资数

（包括预算期实现的净利润）–预算期分红数

我们按资产负债表的分类和顺序，把资产、负债和所有者权益的期末数据，予以适当排列后，即编制成预算资产负债表。

财务预算编制是建立在一系列预算的假设及管理者的经验判断的基础上，虽然在编制财务预算的过程中，对企业内部或外部的不确定因素作了尽可能周详的考虑，但是，很难做出全面正确的估计，财务预算仍然存在一定的局限性。在推行预算过程中如果出现非人为原因的较大差异时，应对财务预算作适当修正，以提高财务预算的合理性、客观性和正确性，发挥财务预算在企业经营管理中的作用。

例文

北京顺鑫农业股份有限公司
2005 年度财务预算报告

北京顺鑫农业股份有限公司预计 2005 年度生产经营、营业收入、成本费用和利税情况如下：

一、生产经营情况

2005 年预计生产白酒 40 000 吨，生产生肉制品 226 300 吨，出栏种猪 100 000 头，生产果蔬饮料 65 000 吨。

2005 年预计销售白酒 40 000 吨，销售生肉制品 226 300 吨，销售种猪 100 000 头，销售果蔬饮料 63 000 吨。

二、主营业务收入情况

2005 年预计主营业务收入总额 320 000 万元，其中

1. 白酒 31 000 万元
2. 肉制品 202 273 万元
3. 种猪 7 727 万元
4. 果蔬饮料 32 130 万元

三、成本费用情况

2005 年预计成本费用情况如下：

1. 主营业务成本 260 000 万元
2. 营业费用 27 300 万元
3. 管理费用 15 700 万元
4. 财务费用 2 600 万元

四、利税情况

2005 年预计实现主营业务收入 320 000 万元，实现利润总额 11 000 万元，净利 9 100 万元，税金 11 000 万元。

北京顺鑫农业股份有限公司
2005 年 3 月 24 日

习题

1. 合同文本的结构模式包括哪些内容？
2. 合同内容要素有哪些？
3. 招标文书包括哪几种？
4. 招标文书的写作包括哪些内容？

5．经济预测报告和经济活动分析报告的写法都包括哪些内容？

6．市场调查报告的特点有哪些？它的写法都包括哪些内容？

7．营销策划书结构包括哪些内容？

8．写一篇市场调查报告。

9．写一篇经济预测报告。

10．根据下列内容拟写一篇合同。

×××技术学院为了扩大办学规模准备在××市×××区××大街新建一座建筑面积 2000m^2 的教学楼，主体工程七层，包括教室、办公室、微机室，由××市第二建筑工程公司承建，工期两年。

项目六 法律文书

项目要求：了解法律文书的概念、作用、特点、种类。掌握起诉状、上诉状、答辩状、公证书的结构、写法。

法律文书是司法行政机关及当事人、律师等在解决诉讼和非讼案件时使用的文书，也包括司法机关的非规范性文件。法律文书是指我国公安机关（含国家安全机关）、检察院、法院、监狱或劳改机关以及公证机关、仲裁机关依法制作的处理各类诉讼案件和非诉讼案件的法律文书和案件当事人、律师及律师事务所自书或代书的具有法律效力或法律意义的文书的总称，也是指规范性法律文书（国家立法机关颁布的各种法律）以外，所有非规范性的法律文书的总称。

一、法律文书的主要特点

（1）制作的合法性；（2）形式的程式性；（3）内容的法定性；（4）语言的精确性；（5）使用的实效性。

二、法律文书的分类

（1）按制作主体的不同，可分为：侦察文书、检查文书、诉讼文书、公证文书、仲裁文书、律师实务文书；

（2）以写作和表达方法的不同，可分为文字叙述式文书、填空式文书、表格式文书和笔录式文书；

（3）按文种的不同，可分为报告类文书、通知类文书、判决类文书、裁定类文书、决定类文书等。

三、法律文书的固定结构

分为三部分：即首部、正文、尾部。

（1）首部包括：①制作机关、文种名称、编号；②当事人基本情况；③案由、审理经过等；

（2）正文包括：①案情事实；②处理（请求）理由；③处理（请求）意见；

（3）尾部包括：①交代有关事项；②签署、日期、用印；③附注说明。

四、法律文书的作用

（1）具体实施法律的重要手段；（2）进行法制宣传的生动教材；（3）有关法律活动的忠实记录；（4）综合考核干部的重要尺度。

五、法律文书写作的基本要求

（1）遵循格式，写全事项；（2）主旨鲜明，阐述精当；（3）叙事清楚，材料真实；（4）依法说理，折服有力；（5）说明情况，简洁明晰；（6）语言精确，朴实庄重。

任务一　起诉状

一、起诉状的概念

起诉状也称"诉状"。是指公民或法人因自身合法权益遭受侵害而向人民法院提起诉讼请求的文书。

二、起诉状的种类

根据诉讼性质和目的不同，起诉状可以分为民事起诉状、刑事起诉状、刑事自诉状、刑事附带民事诉状和行政起诉状五大类。

1. 民事起诉状

（1）民事起诉状的概念：民事起诉状，是指公民、法人或其他组织，在认为自己的合法权益受到侵害或者与他人发生争议时或者需要维权时，向人民法院提交的请求人民法院依法裁判的法律文书。民事起诉状是我国《民事诉讼法》对民事诉讼的基本要求，是民事原告为维护自身的民事权益，认为自己的合法权益受到侵害或者与他人发生争议时，依据事实和法律，请求依法裁判的诉讼文书，也是最常用的法律文书之一。

（2）民事起诉状的内容：

1）标题。须注明为《民事起诉状》。

2）当事人的自然情况。即原告和被告的基本情况，当事人的自然情况有两种情形：一种是自然人，一种是法人。当事人为自然人时，原告应写明姓名、性别、出生年月、民族、职业、工作单位、住址和联系方式等。当事人是法人时，原告应写明名称、地址、联系方式、法人代表的姓名、职务。如果委托有代理人，还要写明委托代理人姓名、性别、年龄、民族、职务、工作单位，住址和联系方式。原告在写明自身情况的同时，还要写明被告的情况。因为"有明确的被告"是人民法院受理案件的法定条件之一。被告基本情况的写法和原告相同，如有的项目不知道的可以不写，但必须写明被告的姓名与住址或所在地。

这里要说明的是"住所、住址、所在地地址"的提法问题。在民事诉讼中，住所通常也称住所地。公民的住所地是指公民的户籍所在地。起诉状中要求写明公民的住址，一般是指该公民的住所地的地址，但该公民的住所地与经常居住地不一致时，则可写经常居住的地址。

3）诉讼请求。要写明请求法院解决什么问题，提出明确的具体要求。如有多项要求的，可以分项表述。如在离婚案件中有三项具体要求的，可写为：①请求判决原、被告离婚；②婚生子×××由谁抚养，谁给抚育费；③夫妻共同财产依法分割，债务依法承担。

4）事实与理由。提出诉讼请求后，就要为其请求提供充足的依据。首先是摆事实。要把双方当事人的法律关系，发生纠纷的原因，经过和现状，特别是双方争议的焦点，实事求是地写清楚。讲道理是要进行分析，明确责任，并援引有关法律和政策、规定。如离婚案件，一般要写明双方何时结婚，婚前感情基础如何，婚后感情变化情况，何时因何原因关系开始变化，以致发展到破裂的地步等；说明准予离婚的理由，并引用婚姻法有关条款；对离婚后的子女抚养、财产分割提出处理意见。又如在合同纠纷中，要写清楚合同签订的经过，具体内容，纠纷产生的原因，诉讼请求及有关法律政策依据。事实与理由中，原告应向法院列举所有可供证明的证据。证人姓名和住所、书证、物证的来源及谁保管，并向法院提供复印件，以便法院调查。

5）受诉法院。根据法院管辖、民事起诉状要写明受诉法院。

6）落款。末尾要有原告姓名的签名，或盖章以及民事起诉状的递交时间。

7）附件。须说明本诉状副本份数、证据份数以及其他材料的份数。

（3）民事起诉状的格式

民事起诉状

原告：姓名、性别、出生年月、民族、工作单位、职业、住址、联系方式。

被告：姓名、性别、出生年月、民族、工作单位、职业、住址、联系方式。

请求事项：（写明向法院起诉所要达到的目的）。

事实和理由：（写明起诉或提出主张的事实依据和法律依据，包括证据情况和证人姓名及联系地址）。

　　此致

××××人民法院

原告人：（签名或盖章）

××××年×月×日

　　附：1. 本诉状副本×份（按被告人数确定）；

　　　　2. 证据××份；

　　　　3. 其他材料××份。

2. 刑事起诉状

（1）刑事起诉状的概念

被害人或其法定代理人直接向人民法院起诉，要求追究被告人的刑事责任或者附带民事责任，其诉讼书状就叫刑事起诉状，也称刑事诉状。刑事起诉状限于侮辱、诽谤、暴力干涉婚姻自由、虐待等诉讼处理的案件，以及其他不需要侦查的轻微刑事案件。

（2）刑事起诉状的结构

1）标题。写诉状的名称，应标明"刑事起诉状"。

2）原告和被告的基本情况。应写明原告和被告的姓名、性别、年龄、民族、籍贯、职业、工作单位和住址。

3）请求事项。主要写明控告被告人侵犯自身权益的犯罪行为的罪名，要求人民法院依法判决。因请求事项相当于案由，所以写时包括对被告人犯罪的罪名，应写得具体、明确、简短、符合法律规定。

4）事实和理由。这一部分是刑事诉状的主体部分，亦可谓之诉状正文，要充分地、详细地摆事实、讲道理，把关键性情况和有力的根据说明白。事实部分，主要应写明被告人犯罪行为的具体事实、行为的时间、地点、动机、目的、方式、手段、情节和结果等。要列举出能够证实被告人犯罪的证人、证言、书证、物证以及所交验的具体证物等，同时写明证人的姓名、职业、住址。理由部分，主要是根据事实和法律对被告人行为的性质和罪名加以分析认定。

5）结尾。写明刑事诉状所提交的人民法院名称，具状人签名并盖章，具状的年月日。

6）附项。应分别写明本诉状副本×份，物证×件，书证×件。

3. 刑事自诉状

刑事自诉状是自诉案件的被害人或其法定代理人为追究被告人的刑事责任，向人民法院递交的书面请求。

4．刑事附带民事诉状

刑事附带民事诉状，是有权提起附带民事诉讼的人，向人民法院提出的附带民事诉讼，要求在追究被告人刑事责任的同时，责令被告人赔偿经济损失的书面请求。

5．行政起诉状

行政起诉状，即公民、法人或者其他组织不服行政机关的具体行政行为，而向人民法院提起诉讼的书面请求。

例文一

民事起诉状

原告：刘××、男、1960 年 7 月 21 日生，汉族、湖南××律师事务所律师，住湘潭市××路×号。电话：(0731)468××××

被告：中国建设银行湘潭高新技术产业开发区支行，地址：湘潭市雨湖区××路×号。电话：(0731)852××××

诉讼请求：

1．判令被告返还扣划原告的银行卡使用年费 10 元整。

2．判令被告支付原告因交涉、诉讼所致误工损失 800 元整。

事实与理由：

2005 年 4 月，原告在被告开发区分理处开立活期存折账户，同年办理"存取消费卡"，一直无偿使用。2008 年 12 月 10 日，被告未经原告同意，擅自在原告账户上划扣所谓"银卡年费"10 元，并拒绝开具收款凭据。

原告认为，储户与银行的关系是平等的民事主体之间的储蓄合同关系，银行无权单方面变更、修改合同。被告擅自扣划原告存款的行为，既无法律依据也无合同依据，是一种侵犯原告财产权的行为，依法应承担侵权赔偿责任。除被告扣划的 10 元钱外，原告因该侵权行为而产生的误工损失，也属于直接损失的范畴，被告也应承担赔偿义务。

此致
长沙市岳麓区人民法院

具状人(原告)：刘 ×
2009 年 2 月 20 日

例文二

民事起诉状

原告：新西兰 THEATRELIGHT LTD.
地址：6 ROWE STREET，P.O.BOX 13-159 ONEHUNGA AUCKLAND NEWZELAND
电话：64-9-6221187　　　　　　传真：64-9-6365803
法定代表人：REX GILFILLAN　　职务：董事长
被告：珠海泰立灯光音响设计安装有限公司
地址：珠海市吉大石花西路 42 号协和大厦五楼
电话：0756-333××××
法定代表人：郑××　　　　　　职务：董事长

被告：珠海泰立科技有限公司

地址：珠海市吉大石花西路 42 号协和大厦六楼、九楼

法定代表人：XIN YU ZHENG   职务：董事长

诉讼请求：

1. 判令被告一、被告二变更公司名称，立即停止使用"泰立"名称及不正当竞争行为；

2. 判令被告一、被告二立即停止侵犯泰立调光设备有限公司的"TL"注册商标及不正当竞争行为；

3. 判令被告一、被告二立即删除"泰立灯光"（www.tllighting.com）网站上的不实宣传及不正当竞争行为；

4. 判令被告一、被告二公开赔礼道歉、消除影响并在"泰立灯光"（www.tllighting.com）网站及其各自公司网站的主页、"音响世界企业信息网"（http://pro163.com/）及《珠海特区报》上登载致歉声明；

5. 判令本案诉讼费由被告承担。

事实及理由：

原告与中方股东珠海中粤新通讯技术有限公司（以下简称"中粤新公司"）于 1994 年合作成立中外合作企业——珠海泰立调光设备有限公司（以下简称合作公司），地址为珠海市吉大石花西路协和大厦六楼。1997 年 8 月 14 日，合作公司取得注册"TL"商标。合作公司主要生产、销售调光台、数字化硅箱（柜）、周边设备、灯具等调光设备及其配套件产品，兼营影视、舞台、场馆工程的设计安装，先后承建了深圳大剧院灯光系统改造工程、辽宁艺术中心、天津大剧院、珠海电视中心、珠海市报业大厦、辽宁艺术中心等工程。经过多年的苦心经营，合作公司在舞台灯光设计、安装领域取得了良好的商誉。

被告一是合作公司总经理郑××与其儿媳投资设立的以舞台灯光、音响工程设计为主的有限责任公司，被告二是合作公司的总经理郑××之子郑×投资设立从事调光设备、舞台灯具的研发、生产和销售，从事影视、舞台场馆的灯光系统设计安装的外商独资企业。被告一、被告二的经营范围均与合作公司相近似，但被告一、被告二却在未经合作公司允许的情况下，擅用合作公司—珠海泰立调光设备有限公司的名称"泰立"，将企业分别命名为"珠海泰立灯光音响设计安装有限公司"、"珠海泰立科技有限公司"。根据《中华人民共和国民法通则》第九十九条第二款"法人、个体工商户、个人合伙享有名称权……"的规定，被告一、被告二的上述行为分别侵犯了合作公司的名称权。

2004 年，被告一、被告二共同以"泰立灯光"的名义在 www.tllighting.com 网站上的首页及其它页面多次使用合作公司的"TL"注册商标对其产品进行宣传，并声称："'泰立灯光'的品牌是在中国注册的，商标注册证：中国国家商标局 1078468 号。"根据《中华人民共和国商标法》第五十二条被告一、被告二的上述共同行为侵犯了合作公司的注册商标专用权。

不仅如此，被告一、被告二在 www.tllighting.com 网站上还进行了其它的大量不实宣传，如在介绍'泰立灯光'的历史时，完全盗用合作公司的历史，声称通过 ISO9000 认证，并将原本由合作公司承建完成的深圳大剧院灯光系统改造工程、辽宁艺术中心、天津大剧院、珠海电视中心、珠海市报业大厦、辽宁艺术中心等工程称为'泰立灯光'的业绩。网站上公布的'泰立灯光'的地址也是合作公司地址：珠海市吉大石花西路协和大厦六楼。

原告认为被告一、被告二使用与合作公司相同的名称、地址，并在对外宣传中冒用合作公司的注册商标、公司历史、冒用合作公司 ISO9000 认证标志的种种行为，已经足以使消费

者将被告一、被告二销售的产品和提供的服务与合作公司的产品和服务相混淆。故根据《中华人民共和国反不正当竞争法》第五条的规定，被告一、被告二的行为也构成不正当竞争，严重损害了合作公司多年来所取得的良好商誉。

对于被告一、被告二侵犯合作公司合法权益的上述行为，本应以合作公司名义起诉。但因合作公司的总经理——合作公司中方股东中粤新公司董事长郑××同时担任被告一的股东、董事长，也为被告二的股东郑×的父亲；加之合作公司的中外合作双方于2002年11月发生纠纷，自此，合作公司完全被中粤新公司控制，无法召开正常的董事会、股东会，合作公章也由中粤新公司掌管。因此，合作公司目前不可能对被告一、被告二提起诉讼。故原告以合作公司股东身份提起股东代表诉讼，请法院根据《中华人民共和国民法通则》第一百一十八条、第一百二十条第二款的规定，支持原告的诉讼请求。

此致
珠海市中级人民法院

具状人：新西兰 THEATRELIGHT LTD.
二〇〇四年十一月五日

例文三

民 事 诉 状

原告：王力，女，30岁，汉族，北江市人，北江市电视机厂工人，住北江市绿园区文化路2号。联系电话：3523458。

被告：李英，女，32岁，汉族，北江市人，北江市第二小学教师，住北江市绿园区江河路10号。联系电话：3539163。

诉讼请求：

一、继承祖传的北江市江河路10号平房4间（共90平方米）；

二、继承母亲的全部存款1万元人民币；

三、诉讼费用全部由被告承担。

事实与理由：

我父亲早亡，我与母亲杨×、哥哥王平相依为命，一直居住在本市江河路10号祖传的4间平房。1985年，哥哥王平与被告李英结婚，1988年哥哥去世，由母亲维持我们三人的生活。1989年我结婚另过，被告与母亲一起生活。被告性情暴躁，经常与母亲吵架，平时只顾自己，毫无孝心。母亲身体不好，被告却叫母亲为她做饭洗衣、操持家务。母亲每年都来我家住上3个月。1993年母亲病逝，留下全部的财产就是这4间平房和存款1万元，我要求继承全部遗产。考虑到被告与母亲共同生活过一段时间，我同意被告暂时居住西屋，有房时迁出，但被告拒不同意，要求与我平分遗产。双方为此多次发生纠纷。

根据《中华人民共和国继承法》第×条的规定，配偶、子女、父母是第一顺序继承人。因此，我是遗产的惟一合法继承人。被告对公婆未尽赡养义务，且长期惹公婆生气，不享有继承权。特依法提出上述诉讼请求，请你院依法裁判。

此致
北江市绿园区人民法院

具状人：王力
1994年3月2日

例文四

行政起诉状

原告：中国××通信有限公司××分公司××分部，地址××市××大街××大厦 B-3F 负责人常××，分公司××分部经理。

被告××省通信管理局，地址××市××大街 818 号，邮政编码 210001。

法定代表人吴××，管理局局长。

诉讼请求：

请求依法撤销被告对原告作出的×通市罚字[2003]第 2 号《行政处罚决定书》。

事实和理由：

原告于 2003 年×月 27 日收到被告××省通信管理局送达的×通市罚字［2003］第 2 号《行政处罚决定书》。该决定书认定原告调整 IP 电话本地接入费，限制自己用户选择使用其他电信业务经营者开办的 IP 电话业务，违反了《中华人民共和国电信条例》第四十二条第一项规定，根据《中华人民共和国电信条例》第七十二条之规定，决定：1. 责令改正；2. 罚款 20 万元。原告于 2003 年×月 14 日向中华人民共和国信息产业部提起行政复议。2004 年×月 9 日原告收到信息产业部作出的"信复议[2003]第 11 号行政复议决定书"。该复议决定书决定维持××省通信管理局的行政处罚决定。

原告认为××省通信管理局的行政处罚决定对象错误，认定事实错误，适用法律错误，请求人民法院根据《中华人民共和国行政诉讼法》第五十四条第二项之规定予以撤销。理由如下：

第一，该处罚决定书对处罚对象认定错误。

1. 原告不具备《中华人民共和国行政处罚法》规定之处罚对象条件。原告系中国××通信有限公司××分公司之内部职能部门，未在工商行政管理部门办理营业登记，没有独立财产，对外不具有民事行为能力，又不具备行政责任能力，故不是《中华人民共和国行政处罚法》第三条规定之处罚对象。况且，按照《中华人民共和国行政诉讼法》第三十九条之规定，行政处罚决定书应当载明当事人的名称、地址，当事人的名称须是全称。而该处罚决定书将原告简称为"联通××分部"，有失执法之严肃性和规范性。

2. 因处罚决定书认定处罚对象错误，直接导致原告无法履行缴纳罚款之义务。原告基于对已生效处罚决定书之尊重，在维护自身权益的同时，本想先按该处罚决定的要求缴纳罚款。但由于原告不具备合法民事主体资格，无独立账号，因而无法履行该义务（该事实原告曾于 2003 年×月 21 日以书面形式向被告予以说明）。

第二，该处罚决定书处罚原告缺乏事实根据，对行为性质认定错误。

1. 即便原告可以成为行政处罚对象，但该行政处罚决定书所列举之证据，不能证明调整 IP 通话费和收取 IP 通话费的实施主体是××分部。本案被告也无任何证据证明，是××分部实施了被告所指称行为，显然处罚××分部缺乏事实根据。

2. 根据《中华人民共和国电信条例》第二十四条之规定，IP 电话本地网接入费实行政府定价的原则。据此，原告作为主管部门之内部职能部门，根据国家信息产业部的批复，经××省物价局批准，依法对本地通话费执行政府定价 0.40 元/分钟的标准，并可根据情况上下浮动 10%，因此，原告调整资费之行为属于合法行为，不存在被告所称之"违法事实"。原告同时认为，在国家信息产业部未明确该问题以前，原告依据上级文件安排，有权根据法律、法规之规定，遵照电信服务市场现状和交易习惯，对用户作出适格的优惠活动。现被告仅依据自己对有争议的、不明确的问题单方面的理解，即对原告从重处罚，显属其对处罚原告所依据之事实定性错误。

第三，该处罚决定书适用法律错误。

被告处罚所依据的《中华人民共和国电信条例》(以下简称电信条例)第七十二条规定："违反本条例第四十二条的规定，在电信业务经营活动中进行不正当竞争的，由国务院信息产业主管部门或者省、自治区、直辖市电信管理机构依据职权责令改正，处10万元以上100万元以下罚款；情节严重的，责令停业整顿。"适用该条应当有两个构成要件，一是违反该条例第四十二条的规定，二是要构成不正当竞争。《中华人民共和国电信条例》第四十二条规定："电信业务经营者在电信业务经营活动中，不得有下列行为：(一)以任何方式限制电信用户选择其他电信业务经营者依法开办的电信服务；(二)对其经营的不同业务进行不合理的交叉补贴；(三)以排挤竞争对手为目的，低于成本提供电信业务或者服务，进行不正当竞争。"显然，只有违反第四十二条第三项的行为才是该条例指称的不正当竞争行为，才属于第七十二条规定的应当处罚的行为。而被告认定××分部的所谓违法行为，不符合第七十二条第三项规定的不正当竞争行为要件，不属于违法行为。因此被告适用电信条例第七十二条对原告进行处罚是完全错误的。

综上所述，原告认为，被告所作处罚决定书认定的处罚对象不适格，认定的事由没有事实依据，适用法律法规是错误的，故请求人民法院依法撤销该处罚决定书，以维护法律的尊严，体现法律的正义，保护原告的合法权益不受侵犯。

此致
××市中级人民法院

中国××通信有限公司××分公司××分部
二○○×年××月××日

任务二　上诉状

一、上诉状概念

上诉状是指案件的当事人或其法定代理人，不服地方各级人民法院第一审的判决或裁定，按照法定的诉讼程序，在法定的期限内，向上一级人民法院提起上诉，请求撤销、变更原审裁判或重新审理的诉讼文书。

上诉状是当事人维护自己合法权益的有力工具。有权提出上诉的人，除案件的当事人外，还包括他们的法定的代理人和有独立请求权的第三人。上诉状中的当事人双方分别称为上诉人和被上诉人，要注意的是，刑事诉讼中的公诉案件无被上诉人，因为公诉案件是由人民检察院代表国家提出诉讼的，提出上诉的都是原审被告。上诉必须要在法定的期限内，根据诉讼法的规定，对民事、行政判决提起上诉的期限为15天，对民事、行政裁定提起上诉的期限为10天；对刑事判决提起上诉的期限为10天，刑事裁决为5天。

上诉状也是第二审人民法院受理案件、进行审理的依据。通过上诉状，第二审法院可以了解上诉人不服第一审法院裁判的理由和第二审诉讼请求，有助于第二审法院公开审理案件，及时纠正有错误的判决或裁定，以保证国家审判权的正确使用，提高办案质量。

二、上诉状分类

根据案件性质的不同，上诉状可分为民事上诉状、刑事上诉状和行政上诉状三类。

民事上诉状，是民事案件当事人或者其法定代理人不服一审人民法院的民事判决、裁定，在上诉期间内要求上级人民法院进行审理、撤销、变更原裁判所提出的书面请求。

刑事上诉状，是刑事案件的当事人及其法定代理人或者刑事被告人的辩护人和近亲属经被告人同意，不服地方各级人民法院的第一审判决、裁定，依照法定程序和期限要求上一级人民法院撤销或变更原裁判的书面请求。

行政上诉状，是指当事人不服人民法院的第一审行政判决、裁定，依法要求上一级人民法院撤销变更一审判决的书面请求。

三、上诉状的结构

上诉状的结构由标题、首部、主部、尾部四部分组成。

1. 标题

标写标题时，除刑事案件的应写为"刑事上诉状"外，民事和行政案件不标案件性质，直接写为"上诉状"即可。

2. 首部

其写法与起诉状基本相同，只是将"原告人"、"被告人"相应地改为"上诉人"、"被上诉人"，并在各自的后面用括号注明在原审中所处的诉讼地位，即是原审原告、原审被告还是第三人。刑事公诉案件无被上诉人，不能说被上诉人是人民检察院，因而只写上诉人的基本情况。上诉人如有法定代理人，还要写明法定代理人的基本情况及与上诉人的关系。

3. 主部

这是上诉状的主体部分，由上诉案由、上诉请求、上诉理由三部分组成。

(1) 上诉案由。即写明上诉人不服原审判决或裁定的事由，具体包括原审人民法院的名称、处理时间、文书编号、文书名称和上诉表示等内容。通常表述为："上诉人因×××一案，不服×××人民法院于××××年×月×日第×号××判决(或裁定)，现提出上诉。"

(2) 上诉请求。即提起上诉的要求或目的是什么，是上诉人针对第一审人民法院裁判的不当之处，向第二审人民法院表明自己的上诉目的和要求，明确提出自己的诉讼主张，要求第二审人民法院撤销、变更原审裁判，或请求重新审理案件。

要求全部改判的，上诉请求应先写明"撤销原判"，然后再写明要求第二审法院作出怎样裁判的具体请求。上诉目的是部分改判的，上诉请求应先写明"撤销原判决中的第×项(或第×项中要求改判的具体内容)"，原判决中没有分项判决的，直接写明要求改判的具体内容。如果是认为一审判决漏判的，则应写明"增判……(一审判决中对原告的诉讼请求没有作出支持或驳回判决部分)"。

上诉请求是上诉状的纲要，要求具体明确，全面完备。有多项请求事项，可分条列述。

(3) 上诉理由。上诉理由是论证上诉人的上诉请求的，理由是否充分得力，直接关系到上诉请求能否成立。上诉理由不再是针对对方当事人的无理之处进行说理论证，而必须依据事实和法律，针对原审裁判的错误所在，进行辩驳，以阐明纠正或否定原审裁判的事实与法律依据。

上诉理由主要从以下几个方面去考虑：

1）认定事实方面是否有错。事实是原审法院审理和裁判案件的根据，也是决定被告人是否犯罪侵权及罪责大小轻重的主要依据。因而，上诉人在提出上诉理由时可首先从事实入手，分析原审裁判在事实的认定上是否有错。如果上诉人认为原审裁判所认定的事实与案情本身有出入，或者事实不清，或者遗漏了有关重要情节，或者证据不足，就应有针对性地提出问题所在，客观地陈述案情或补充新的重要事实，并提供可靠的证据，以澄清事实真相，阐明自己不服原判的理由。

2）案件的定性和处分尺度上是否有误。上诉人可以在上诉状中有针对性地分析原审裁判对其行为的法律判断是否恰当，对案件性质的确定是否准确，在处分尺度上是否合理，从而指出原审裁判之错误所在，并依据适当的法律提出案件应如何定性、如何量刑、如何处分。

3）适用法律是否恰当。如果上诉人认为原审裁判违反了法律条文，或者引用法律条文不准确，或者曲解了法律条文，就应具体指出原审裁判在运用法律上的不当之处及引用法律条款错误的原因所在，说明应当引用的正确的法律条文，并提出理由，对其加以具体的分析论证，以反驳原审裁判在适用法律上的错误，以便第二审法院作出正确的审查、判断。

4）在审判程序上是否存在问题。上诉人可以针对原审裁判在审判程序方面的错误，提出纠正的事实与法律依据。违反审判程序的，如应回避的未回避，应有辩护人的案件而无辩护人，应公开审理的而未公开，应传唤的证人而未传唤，如果因此而影响了司法公正，上诉人就可据此作为上诉的理由提出，并说明其事实根据和法律根据。

上诉理由写完之后，上诉人经过摆事实、讲道理和有理有据的辩驳，应概括重申上诉请求，进一步明确提出自己上诉的主张和要求。

4. 尾部

尾部应写明受理上诉的人民法院名称，所附上诉状副本份数及一并提交的书证与物证的名称和件数，上诉人的姓名或单位名称并盖章，上诉日期。民事、行政上诉状副本份数按被上诉人人数附交，刑事上诉状副本附两份。

四、上诉状的写作要求

1. 上诉人必须符合法定的上诉条件。
2. 上诉必须在法定的期限之内，逾期上诉无效。
3. 提出上诉请求和理由要针锋相对，有的放矢。
4. 陈述要层次分明，条理清晰

五、上诉状与起诉状的异同

上诉状与起诉状都是诉讼文书，都有明确的诉讼对象和明确的案件纠纷，都要遵循最高人民法院对诉讼文书的格式及书写的规定，结构也基本相同，但二者也有明显的区别：

1. 起诉状必须写清事实；上诉状一般无须列写事实，只须明确指出原审判的错误或不当之处，并概括写出不服原审判的理由即可。

2. 起诉状是针对被告的，写法上多用叙述和说明；而上诉状是针对原审判的，侧重于据理以驳，讲求事实分析，常用夹叙夹议的写法。

3. 起诉状是原告用在一审之前；而上诉状则产生于一审之后法律规定的上诉期限，且原告被告乃至第三人均可采用。

例文

上　诉　状

上诉人(一审原告)：李××，男，××岁，×族，×××市人，×××市××人厂退休工人，住本市××村×街×号。

被上诉人(一审被告)：×××市××区城市建设环境保护局。

法定代表人：赖××，局长。

委托代理人：王××，副局长。

案由：上诉人因不服××区人民法院(××)×法行字第4号行政判决，现提出上诉。上诉的请求和理由如下：

请求：

1) 撤销××区法院(××)×法行字第4号《行政判决书》，依法改判；

2) 因被上诉人的工作人员失职及在执行职务中给上诉人造成的建楼损失，应由被上诉人承担行政侵权责任，并赔偿一切经济损失。

理由：

1. 上诉人于19××年×月×日经被上诉人批准，在××村×街×号自己家院内建成一座二层小楼。上诉人是以审批的图纸和(××)×建字第×号《私房建筑许可证》为依据，并由被上诉人派工作人员到现场进行勘验、画线、打桩定位后，上诉人才进行建筑施工的。为了在施工中不和邻居发生矛盾，上诉人之子李××到被上诉人办公室，当面在批准的建楼图纸上加盖了自己的手章，并当场指明这1.15米(见图纸)是西侧房檐。被上诉人听后没做任何表示，也没有往图纸上作记录说明。在19××年×月×日，被上诉人要求上诉人去掉西房檐10厘米，然后在房顶上修一个高棱，不要让雨水从西边流出就行。从被上诉人这一要求来看，足以证明原审法院《判决书》中的经查："……讲明不要有任何建筑物(指房檐)"的说法是不能成立的。原审法院片面地听取被上诉人没有任何根据和证明的说法来作为判决的依据，是不符合《行政诉讼法》第四条"人民法院审理行政案件，以事实为根据，以法律为准绳"的规定的。如果案件的事实、证据不清楚，应予调查核实，不能轻信一方自述。

2. 原审法院的《现场勘验笔录》大部分失实，但是造成这个失实的原因何在呢？原审法院不做深入的调查研究，甚至连上诉人提供的有关证明(书证、调查笔录)也未详细调查核实，就以《现场勘验笔录》为依据进行判决，是一种不负责任的失职行为。据上诉人所知，在建楼时，有被上诉人到现场勘验、打桩定位；在建楼一米高时，有其工作人员到现场查看，当时及以后均没有提出异议。这方面的情况，为什么原审法院不给予考虑呢？上诉人建楼西侧留窗户，是原图纸就有的，只是门的位置安在南边，并不像原审法院《判决书》所说："原告申请图纸的西立面是向西开门，但楼房建筑向南开门。因此出现西侧窗"那样。原告楼门留在南面，被告及工作人员是知道的，是看过现场的，有关证据都证明了这一点。从《判决书》中提到"西侧窗"问题，也足以说明"西边1.15米处不要有任何建筑物"说法是荒谬的。如果把门安在西侧，二层没有走廊、房檐，又怎么进屋呢？再说为房檐发生纠纷时，被上诉人只说西房檐去掉10厘米即可，其他问题概不追究。这只能说明被上诉人允许或默认建楼的现状，不作任何处理。现在被上诉人又出尔反尔，对其这种行为原审法院就不应给予保护，更不应该作为定案判决的依据。

3. 原审法院认为："原告未按批准的《私房建筑许可证》施工，楼房确属违章建筑。"这是不能成立的。因《私房建筑许可证》是被上诉人根据上诉人的《私房建筑申请书》审查批准后发给的。在发证前，被上诉人都严格审查建楼图纸，做了必要的调查，进行了核实，才发给《私房建筑许可证》。特别是划线、打桩、定位这些工作都在发证以前做了，《许可证》上并没有记载说明应遵守事项，这怎么能说我们是未按《许可证》施工呢？上诉人的建筑楼房是按《许可证》和现场画线、打桩、定位进行建筑，这怎么说是"确属违章建筑"呢？

4. 原审法院认为："被告根据市人大通过的《×××市城市建筑规划管理办法(试行)》及×××市《私房建筑管理办法》的有关规定，对原告的处罚并无不当"。这一认定违反了《×××市建设规划管理办法(试行)》第 29 条和第 69 条的规定。再看一下被上诉人的《处罚决定书》吧，上诉人是 19××年×月××日找被上诉人的史××同志，史说"过两天就给你盖章，可以换房证"。结果等到 19××年×月×日被上诉人却作出了所谓的《处罚决定书》。上诉人接到后向原审法院提出起诉，被上诉人引用法规条文不当，另外还有其他错误，自动撤销了《处罚决定书》。按被上诉人《关于办理私房建筑手续的规定》第 6 条，已超过时间，法律是不予保护的。在时隔近几个月的 19××年×月××日被上诉人又下达了所谓《处罚决定书》。上诉人又起诉到原审法院，而原审法院只听信被上诉人口述和《现场勘验笔录》，也没有落实有关证据就草率地作出了判决。《判决书》认为："被告根据 19××年×月××日市六届人大常委会第××次会议通过的《×××市城市建设规划管理办法(试行)》及×××市《私房建筑管理办法》的有关规定，对原告的处罚并无不当，"而实际上，被上诉人在《处罚决定书》中所引用的法规是|"(××)国函字 121 号文和冀政(19××) 161 号文及《×××市城市建设规划管理办法(试行)》"有关条款。可见，原审法院在审理此案中的工作是怎么做的！连被上诉人处罚依据的法律、法规都没弄清，这怎么能公正审理案件呢？

《宪法》第 41 条第三款规定："由于国家机关和国家工作人员侵犯公民权利而受到损失的人，有依照法律规定取得赔偿的权利。"《行政诉讼法》第 67 条第 1 款规定："公民、法人或其他组织的合法权益受到行政机关或行政机关工作人员作出的具体行政行为侵犯造成损害的，有权请求赔偿。"综上所述，上诉人认为原审法院不以事实、证据为依据，而轻信被上诉人的口述作出判决，是违反法律、法规的。为了维护上诉人的合法权益，依法追究被上诉人及其工作人员的行政侵权赔偿责任，纠正其错误，特依《行政诉讼法》第 58 条之规定，向你院上诉，请求依法公正地审理此案，撤销原判决，并改判，责成被上诉人赔偿所造成的经济损失。

此致
×××市中级人民法院

上诉人：李××
19××年×月×日

附件：上诉状副本 1 份。

任务三　答辩状

一、答辩状概念

答辩状是指在刑事、民事和行政诉讼活动中，被告或被上诉人针对原告、上诉人的诉状内容，做出的一种答复和辩解的书状，是诉状中使用频率最高的文种之一。

答辩状是法律赋予处于被告地位的案件当事人的一种权利，其有处置答辩权的自由，可以答辩，也可以沉默。但由于答辩状具有不可忽视的意义——答辩状有利于保护被告（人）的正当合法权益；有利于人民法院在全面了解案情的基础上，判明是非，做出正确的判决，因此应该对答辩权给予足够重视，积极以答辩状的形式提出答辩。

写作答辩状的目的是回答、反驳对方诉状的诉讼请求，以减免答辩人的责任。答辩状的写作目的与起诉状、反诉状、上诉状、再审申请（诉）书的写作目的是针锋相对的。

二、答辩状分类

答辩状分为民事答辩状、刑事答辩状、行政答辩状三类。

1. 民事答辩状。民事答辩状是指民事诉讼的被告收到原告的起诉状副本后，针对民事诉状的内容，提出的依据事实和理由进行回答和辩驳的诉讼文书。根据《民事诉讼法》第一十三条第一款的规定，被告在收到起诉状副本后，在法定期限内，针对起诉状的内容进行答辩时，使用第一审民事答辩状。通过答辩状，被告可以充分阐明自己的观点和主张，还可以提出事实和证据证实自己的观点，用正确的事理驳斥错误的事理，以正确适用的法律条文校正引用不当的法律条文。

2. 行政答辩状。行政答辩状是指行政诉讼的被告根据行政起诉状的内容，针对原告提出的诉讼请求作出答复，并依据事实与理由进行回答和辩驳的诉讼文书。根据《行政诉讼法》第四十三条的规定，被告在收到起诉状副本后，在法定期限内，提交作出具体行政行为有关材料的同时，针对起诉状内容进行答辩时，适用第一审行政答辩状。行政答辩状是一种应诉的意思表示，内容侧重于证明答辩人的行为行之有据且程序正当。

3. 刑事答辩状。刑事答辩状是指刑事自诉案件的被告人根据刑事自诉状的内容，针对原告提出的诉讼请求做出答复，并依据事实与理由进行辩驳的诉讼文书。虽然被告人可以不提交答辩状，但为了更好地保护自身的合法权益，有利于人民法院全面了解案情以作出公正的判决，最好不要放弃陈述理由的机会。

三、答辩状的特点

1. 针对性

答辩是一种相对于起诉、上诉和申诉的应诉行为，是被告和被上诉（申诉）人依法享有的一项诉讼权利。法律赋予当事人答辩的权利，是为了保障当事人平等地行使诉讼权利，依法保护自己的合法权益，同时，允许应诉方答辩，有利于人民法院全面了解案情，正确实施法律。

2. 说理性

在答辩状中，答辩人可以承认对上所诉属实并接受其诉讼请求，也可以在认为对方所作不符合事实或所提出的诉讼请求不合事实进行反驳，但却不得用答辩状提出反诉。如果具备反诉的条件，应用反诉状或答辩与反诉状。

3. 时效性

按照我国《民事诉讼法》的规定，人民法院对民事案件和经济纠纷案件的起诉状或上诉状应当在立案受理5日内，分别将其副本送交对方当事人，对方当事人在接到副本后，应在5日内提出答辩状。

四、答辩状的格式、写法

1. 标题。标题写明"××答辩状"。

2．答辩状基本情况。应写明答辩人姓名、性别、年龄、机关、民族、职业、单位、住址。答辩人如属企业事业单位、机关、团体时，则要写明单位全称，地址和法人代表的姓名及职务，有委托代理人的也应写明。

3．答辩事由。具体行文是：

(1) 一审答辩状："因原告人×××诉我××(案名)一案，现答辩如下"。

(2) 二审答辩状："上诉人×××因为不服×××人民法院(年度)字第×号判决，提起上诉，现就上诉状所列各点，答辩如下"。

4．答辩理由。这是答辩状的主体部分，或者说是关键部分，这部分应该针对起诉状或者上诉状提出的问题来确定，可以从以下两方面进行答辩：

(1) 从事实方面进行答辩，针对诉状或者上诉状中提出的事实和证据的不实，用符合客观真实的事实和证据进行辩解，大致有以下两种情况：一种是诉状或上诉状中提出的事实和证据，全是虚假、捏造的;还有一种是一部分证据和事实是真的，一部分证据和事实是假的。写答辩理由时候，要针对以上两种情况，各有侧重，分别予以回答和辩解。

(2) 从使用法律方面进行答辩：第一，原告对法律条文理解错误，以致提出不合法的要求；第二，原告起诉违背法律程序。

5．结束语。可用一两句话来结束答辩，例如："根据所答，请驳回原告起诉"，或者"请详查事实，予以公正审理"等。

6．写明答辩状送达的机关名称。

7．答辩人署名，答辩状递交的日期。

8．附注。答辩状副本×份，书证×份。

五、写作答辩状的注意事项

1．当事人基本情况表述不能随意

起诉状在开头部分要写明有关当事人称谓和自然状况的内容，作为正文的前置部分。由于当事人在诉讼过程中所处的法律地位不同，享有的诉讼权利和承担的诉讼义务不同，因而各自的称谓以及所要反映的自然状况也不完全相同。就当事人称谓而言，常常出现将"原告"、"被告"误写为"原告人"、"被告人"。根据我国法律规定，"原告人"、"被告人"是刑事诉讼中的专用名词，原告和被告则是行政民事诉讼中的专用名词。就当事人的基本情况而言，应严格按照法律规定的要素写，不能随意增减。当事人的身份要素要按照法律规定的顺序写，不要随意颠倒。

2．叙述事实不应模糊笼统

有些人忽视叙述事实的重要性，往往把具体、复杂的案情写得笼统、简单，使人既弄不清案件发生的前因后果、来龙去脉，又把握不住案件的全貌。在诉状中叙述纠纷事实或犯罪事实时，还必须注意叙述事实和列举证据的紧密联系，以有据可查的材料来尽可能地逼近和解释案件事实的本来面目。还有常见的毛病主要是主观臆断、牵强附会，法律要求人们在叙述事实时尽可能地与客观事实趋近，所以不能感情用事，过分夸大，更不能提供虚假事实，否则可能招致不利的法律后果。

3．事实、理由和请求三者不能出现偏移

在写作诉讼文书时，分析说理是至关重要的一环，如果语焉不详，没有充分地阐明起诉或答辩理由，或曲解法律、强词夺理，这样的诉状自然难以令法官信服，诉讼目的就难以实现。理由是请求事项的支柱，诉讼当事人无论提出什么样的要求，都必须说明理由。阐述理由要以事实和法律为依据，不能空发议论。还要针对性地引用有关法律法规，论定案件实施性质，指出对方应负的责任，为诉讼请求提供可靠而充分的依据。

4. 引述法律条文不能出错。

常见的错误是引用法律名称表述不准确，如将《中华人民共和国刑事诉讼法》简称为《刑诉法》。具体条款引用不准确，款项书写不准确，如将第×条第×款写成了第×条第×项等。

例文一

答　辩　状

答辩人:杨××，男，39 岁，汉族，××市人，××市××厂工人，住××区××路 90 号。

因原告石××诉房屋买卖纠纷一案，提出答辩如下：

原告在起诉状中称:"我本无意卖房，因和被告人岳母同乡，在她的多次撺掇下才于 1980 年底勉强同意将房以 1300 元的价款卖给被告，被告给了我 900 元就强行搬进该房居住，余款不给，也不和我同去办理过户手续，这种没过户的买卖关系不能成立，要求解除买卖关系，恢复原状。"以上原告所谈情况与事实不符，所提请求于法不容，于理相悖。

一、事实真相

原告经我岳母介绍于 1980 年 11 月 10 日主动找我，提出愿将坐落在××区××路 90 号私产东平房一间(9 平方米)以 1000 元价款卖给我，我当即交付定金 500 元(有原告收条为证)，双方立协议书明确余款于房屋买卖手续履行完毕后一次付清。同年 12 月 1 日，原告将该房腾空让我进住。以上情况有协议为凭。明明是主动找我，怎么能讲"本无意卖房""勉强同意"呢？明明是主动腾房又怎么能讲"强行"进住呢？这种谎言不驳自破。应当指出，开始商谈的房价并非 1300 元，而是 1000 元。我搬入讼争之房居住后，便按协议多次找原告商议办理过户手续之事宜，原告先是找借口拖延，后又多次避而不见，最后出尔反尔提出"1000 元不卖了，提高到 1300 元才行"。请注意，这才是 1300 元的由来。因我岳母和原告是老乡，为了不伤感情，经过多方调解，我才勉强答应其要求，于 1981 年 10 月 1 日又交付原告买房款 400 元(有原告的收条为证)并再次言明，余款 400 元仍按原协议执行。待办理过户手续后一次付清。不久我和原告同去房管机关办理手续。按规定，买卖双方所在单位必须在买卖房屋申请书上加盖公章，我当即办妥，而原告至今不去盖章，致使过户手续无法办理。几年来，我多次催促原告办理产权过户手续，得到答复是:"把钱给齐再说!"当我提出按照双方所订协议办事时，原告蛮不讲理地说"协议是废纸一张，不把 400 元给齐甭想过户。"以上事实邻居均可证明，请法院明察。

二、买卖关系业已成立

讼争之房的买卖双方均出于自愿，并立有协议，我已如约分两次交付了大部分价款(900 元)且已实际使用和管理讼争之房达 6 年之久，双方买卖房屋无违法行为，只是未办理过户手续的原因全系原告人违约造成，根据我国有关法律的规定，我和原告关于讼争之房的买卖关系是有效的。原告反以"没过户"这一表面现象，要求解除买卖关系，这在法律上是站不住脚的。

综上所述，我和原告间买卖房屋已成事实，符合买卖关系的有效要件，应确认为有效。原告不履行协议严重侵犯了我的合法权益。为此，恳请法院在查明事实、分清是非的基础上，判令原告履行协议，配合我尽快办理产权过户手续，届时我将如约将余款 400 元一次偿付给原告。

　　此致
××市××区人民法院

答辩人：杨××
一九××年×月×日

例文二

民事答辩状

　　答辩人：李英，女，32 岁，汉族，××市人，××市第二小学教师，现住北江市绿园区江河路 10 号。联系电话：353××××。

　　委托代理人：刘义，××市第一律师事务所律师。

　　因王力诉李英继承纠纷一案，现提出答辩如下：

　　1. 我对婆婆尽了主要赡养义务，依法有权继承遗产。原告诬我不孝婆婆，事实恰恰相反。1985 年我嫁入王家，一直与婆婆相处很好。丈夫去世后，全家靠我料理。我心疼婆婆年老体弱，小姑需要照顾，一直未嫁。1989 年原告出嫁，也是我一手操办。5 年来，我与婆婆相依为命，对其照顾周到，从未发生过争执。主要家务由我来做，由于近三年来，我在学校任毕业班班主任，工作特别忙碌，有时婆婆帮我做些家务是正常的。我们婆媳和睦，街坊四邻皆知（证据 1）。近两年，我家连续被街道评为五好家庭（证据 2）。根据《中华人民共和国继承法》第××条"丧偶儿媳对公、婆，丧偶女婿对岳父、岳母，尽了主要赡养义务的，作为第一顺序继承人"，我对婆婆尽了主要赡养义务，我有权作为第一顺序继承人，继承婆婆的遗产。

　　2. 关于遗产的分割。原告说，全部遗产由她一人继承，让我暂住西屋，找到房立即搬走。对此，我坚决反对。我与原告同属第一顺序继承人，我有权继承全部遗产的一半份额，即房屋 45 平方米，存款 5000 元人民币。

　　总之，我与婆婆的关系一直很好，并对其尽了全部赡养义务，有权继承上述遗产。原告列举的情形纯属无中生有，目的是要独占遗产。请人民法院依继承法的规定，对我的继承权加以确认和保护，驳回原告的无理请求。

　　此致
××市绿园区人民法院

　　附：
　　1. 邻居毛某、陈某的证词；
　　2. 居委会出具的证词。

答辩人：李英
1994 年 3 月 11 日

任务四　公证书

一、公证书的概念

　　公证书是国家公证机关根据当事人的申请，依法证明其法律行为、其持有文书的法律意义的真实性、合法性的文书。

项目六　法律文书　　**243**

公证书是公证处制作并发给当事人使用的法律文书。公证机构应当按照司法部规定或批准的格式制作公证书。公证书为16开大小，由封面、正文、封底组成。

二、公证书的作用

1. 公证书是实施和维护法律的重要手段

公证机关行使国家证明权，监督引导当事人正确行使民事权利、履行民事义务，达到预防纠纷、减少诉讼的目的。

2. 具有特殊的证明作用

民事诉讼规定，经过公证的法律行为、法律事实和文书，人民法院应当作为认定事实的根据。

3. 具有法律约束力

某些法律行为在办理公证后才对当事人产生法律效力。如收养关系自公证证明之日起方能成立。

4. 国际间交流合作的媒介

公证书具有真实、合法的特点，在中国境外同样具有法律证明力。

三、公证书的种类

按适用地不同可分为国内公证书和涉外公证书；按内容不同可分为民事公证书和经济公证书。民事公证书适用于继承权、遗嘱、收养、赡养、赠与、出生、毕业证、借据等行为、事实、文书的证明；经济公证书适用于经济组织的资格、法定代表人身份、经济合同、招标、商标等证明。

四、公证书的制作方法

公证书由首部、正文（证词）、尾部三部分组成。

1. 首部

（1）文书名称

在文书的上部正中写"公证书"

（2）文书编号

在"公证书"的右下方用阿拉伯数字写年度的全称。接着写公证机关简称和编号。如："（199×）×公证字第×号。

在首部，一般不写当事人的身份和基本情况；但是，继承、收养亲属关系的公证书的首部应写明当事人的姓名、性别、出生年月日、住址等身份事项。

2. 正文

正文也叫证词，是公证书的核心部分和主要内容。证词应根据证明事项来写，当事人申请公证的事项不同，因而其证词的写法也不尽相同。但不论公证何种事项，都应写得清楚、准确，真实、合法。

公证证明事项的具体内容，有些全部体现在公证书的证词里，如：出生、生存、死亡、收养、婚姻关系、亲属关系公证等。至于法律行为公证，公证书的公证词文字只是寥寥数语。例如："兹证明×××于××××年×月×日来到我处，在我的面前，在前面的赠予书上签名（或盖章）。"因此，这类公证可以印成填空式的文书用纸。但收养子女、财产继承等类公证书，则应根据具体情况，逐件制作。

成批的公证事项（内容同一），如供电局与农村乡镇全面签订《供用电合同》，可以把填空式的公证词拟好，附印到合同（协议后）的后面，这样办证时就大大简化了手续。

3．尾部

（1）制作文书的机关名称

如写"中华人民共和国××省××市（县）公证处"，是哪个公证机关出具的公证书便落款该公证机关，但必须冠以"中华人民共和国"字样，因为它是代表国家公证。

（2）文书签署人的职务和签名

先写"公证员"然后由公证员签名或盖章。

（3）文书签发的年月日，并加盖公章

例文一

财产继承公证书

（××××）焦顺证民字第×××号

申请人：×××，男，××××年×月××日出生，现住河南省焦作××××，公民身份号码：××××××××××××。

被继承人：×××，男，××××年××月××日出生，生前住河南省焦作市××××××××××××。

公证事项：继承权公证

申请人×××因继承被继承人×××的遗产，于××××年××月××日向我处申请办理继承权公证。

根据《中华人民共和国公证法》的规定，我处对申请人提交的权利证明及相关证据材料进行了审查核实，并对申请人进行了询问，现审核情况如下：

一、被继承人×××于××××年××月××日死亡。

二、被继承人×××死亡时在河南省焦作市××××××××××××（房屋所有权证号为焦房权证××字第×××号，建筑面积为××.××平方米）留有一处房产，此房产是×××的个人财产。

三、据申请人称：被继承人×××生前无遗嘱，也未与他人签订遗赠扶养协议。

四、被继承人×××的妻子×××已于××××年死亡，二人是原配夫妻，只有一子一女，分别是儿子×××和女儿×××。×××自×××死亡后未再婚。×××的父母均先于其死亡。

五、现×××表示放弃继承被继承人×××的遗产，×××表示要求继承被继承人×××的遗产。

根据上述事实并依据《中华人民共和国继承法》第三条的规定，被继承人×××的上述个人财产为×××的遗产。根据《中华人民共和国继承法》第五条、第十条和第二十五条的规定，被继承人×××的遗产应由其配偶、子女和父母共同继承。因被继承人×××的父亲、母亲和妻子均先于其死亡，现其女儿×××表示放弃对上述遗产的继承权利，故被继承人×××的上述遗产应由其儿子×××一人继承。

中华人民共和国河南省焦作市×××公证处

公证员

××××年××月××日

例文二

公　证　书

（1999）海经字第×号

兹证明×公司的法定代表人××与××商场的法定代表人××于1999年×月×日，在本公证处，在我的面前，签订了前面的《××合同》。

经查，上述双方当事人签约行为符合《中华人民共和国民法通则》第×条的规定，内容符合《中华人民共和国合同法》的规定。

中华人民共和国北京市海淀公证处

公证员××

2000 年×月×日

任务五　协议书

一、协议书的概念与作用

协议书是有关民事法律事务文书的一种。协议书是指党政机关、社会团体、企事业单位之间或者它们与公民之间以及公民之间在民事交往中，为举办项目、活动或者办理其他事项，经过平等、自愿协商，就双方或者多方的权利和义务达成的书面协议。签订协议的目的在于明确责任，保证有关活动的顺利进行。

协议书是民事法律事务中常用的一种契约性文书，其性质属于民事合同，具有合同的一般法律特征。它是法律关系主体的法律行为，是当事人意思表示的一致，以产生特定的权利、义务关系为目的。由于当事人的地位平等，因而协议书与合同往往可以互称。但有时候协议书却不等于合同。当协议书与合同两种文书在一个合营项目筹建过程中同时使用时，协议书的效力等级不及合同。企业洽淡项目往往采用复合式文件记载以反映双方当事人洽谈结果，其中协议书只是原则性的规定，在达成协议的基础上才能产生正式的合同和章程。协议书对双方当事人也具有一定约束力，但这种约束力更多地表现在对共同办理某项事务或举办某项活动的方法、途径等的协商一致，一般并不直接涉及订立合同所要达到的实体目的。例如我国《仲裁法》规定的协议仲裁原则，当事人签订仲裁协议只是表明他们在争议处理的方法上选择了仲裁而不是诉讼，协议本身不能用来处分权益争议，这样就把它与为明确双方权利义务关系的合同区分开来。

协议书适用于办理公务和处理民间事务。地区之间、单位之间的经济、文化等领域的协作与交流，可以用协议书；公民、法人或者其他组织相互之间办理事项、协调关系，也可以用协议书。不过，有的协议书的产生是法定程序所要求的；有的是民事主体根据实际需要自行签订的；有的则是经法定机关确认才具有法律效力的，如赠与协议、司法调解协议等。

协议对双方当事人的民事行为具有一定的约束力，订有协议的双方一旦由于对协议的理解、履行产生纠纷而提起诉讼或者仲裁，该协议常常被作为分清是非、解决纠纷的主要原始证据。

二、协议书的格式

协议书的格式由首部、正文和尾部组成。其各部分的格式项目内容和写法要求如下：

1. 首部

包括标题、当事人的基本情况和签订协议的目的或依据等项目内容。

(1) 标题一般可采用公文的标题形式：一种是由事由和文种构成，如"合作编写《法律法规汇编》协议书"；另一种是直接写上文种"协议书"。

(2) 标题之下依次写明双方(或多方)当事人的基本情况，包括单位名称和住址等，然后用"上述双方为了……经协商达成如下协议"的句式说明签订协议的目的，转入正文。

2．正文

这部分是协议书的基本内容，一般用分条列述的形式将协议商定的事项逐项表述清楚。

3．尾部

包括各方代表人签署、达成协议的日期和附项等内容，签署应由法定代表人、代表人或者他们委托的代理人办理，并应在日期上加盖单位公章。附项是指协议书的份数及其执存事项，一般标注在正文下面、日期左方的空白处。

三、撰拟协议书应注意的问题

协议书是具有法律意义的契约性文书，是双方协商一致的结果，拟写时一定要忠实表达双方共同的意思，不能随意单方改变协议内容。语言表达要全面、周密、确切。同时还要注意内容的合法性，不要以为只要双方表示同意的事项就是可行的。须知，内容违背法律、法规和现行政策的协议不仅无效，而且当事人一旦按其履行将会导致行为违法的法律后果。

例文一

离婚协议书

协议人：方某，男，××年×月×日出生，住××市×××路×××号，身份证号：××××××。

协议人：王某，女，××年×月×日出生，住××市×××路×××号，身份证号：××××××。

协议人方某王某双方于××年×月×日在××区人民政府办理结婚登记手续。××年×月×日生育儿子×××。因协议人双方性格严重不合，无法继续共同生活，夫妻感情且已完全破裂，现双方就自愿离婚一事达成如下协议：

一、方某与王某自愿离婚。

二、儿子方××由女方抚养，由男方每月给付抚养费600元，在每月5号前付清；直至付到18周岁止，18周岁之后的有关费用双方日后重新协商。（也可一次性付清抚养费）。

三、双方有夫妻共同财产坐落在××路××小区××室商品房一套，价值人民币80万元，现协商归女方王某所有，由女方一次性给付男方方某现金38万元，此款在本协议签订后的第二天付清；此房内的家用电器及家俱归女方所有。

四、夫妻无共同债权及债务。若有债务，在谁的名下则由谁来承担。

五、方某可在每月的第一个星期六早上八时接儿子到其居住地，于星期日下午五时送回王某居住地，如临时或春节探望，可提前一天与王某协商，达成一致意见后方可探望。

本协议一式叁份，双方各执一份，婚姻登记机关存档一份，在双方签字，并经婚姻登记机关办理相应手续后生效。

男方：签名　　女方：签名　　　　　　　　　　　　　　××年×月×日

任务六　遗嘱

一、遗嘱的概念与作用

遗嘱，是指公民为妥善安排"身后事"，以立遗嘱人的身份，在生前按照自己的意愿依法处理属于自己所有的财产或其他事务的文书。立遗嘱可以采用书面、口头或录音等形式，书面形式的遗嘱又称遗嘱书。

立遗嘱是一种单方面的法律行为。合乎法律程序且内容合法的遗嘱于立遗嘱人死亡后发生法律效力。遗嘱可以自己撰写，称为自书遗嘱；也可以由他人代书，称为代书遗嘱。代书的遗嘱须由立遗嘱人亲笔签名，并有两名无利害关系的、有完全行为能力的公民见证签字，以证明该遗嘱确实出于立遗嘱人的真实意思表示。

实践中，立遗嘱人为减少和避免遗嘱将来可能引起纠纷与讼争，往往将其通过公证机关进行公证，以便更有效地确保遗嘱的真实性和合法性。立遗嘱是公民自主处分自己合法财产的法律制度。合法的遗嘱受法律保护，具有保障公民自主行使民事权利和预防遗产继承发生纠纷的作用。

二、遗嘱的格式

遗嘱作为民用法律文书的一种，没有统一规范的写作格式。根据实践中约定俗成的模式，其格式形式可分首部、正文和尾部三部分。各部分的基本内容和写作要求如下：

1. 首部

写明标题和立遗嘱人的身份等基本情况。标题写为"遗嘱"或者"遗嘱书"。代书的应当写明立遗嘱人的身份等基本情况；自书的可以不写此项内容，直接以第一人称起笔撰写正文内容。

2. 正文

依次写明以下各项内容：

（1）立遗嘱的原因

简要说明为何要立遗嘱，邀请何人见证或代书等情况。

（2）继承人的情况

写明配偶、子女及其他有继承权的亲属与自己的关系，所尽赡养义务的情况以及各自的经济状况等，为下面提出处置遗产的原则和方法打下基础。

（3）遗产内容及处理办法

首先写明遗产的范围、项目和数量等，然后，根据自己的意愿写明对各个继承人分配的继承份额或遗产的名称、数量、特征等。总之，关于财产继承的分配处理，文字要明确、具体、周严，切忌含糊、笼统。

（4）对继承的要求及说明事项

遗嘱书可以向继承人公开，也可以由指定的遗嘱执行人在遗嘱生效时公开。向继承人公开的遗嘱可以对遗产继承人提出如何赡养及日后承担丧葬、偿还债务等要求。不公开的遗嘱，应写明遗嘱的存放、保管和将来由谁公开并负责执行等事项。

3. 尾部

这部分是履行法定程序及文本执存事项的说明文字，应当由立遗嘱人、见证人、代书人签名盖章并注明遗嘱的时间、地点等。经过公证机关公证的遗嘱，可在正文末尾说明该遗嘱已经××公证处公证、一式几份及执存事项，也可以在本部分的附项中予以注明。

三、撰写遗嘱书应注意的问题

1. 立遗嘱人必须是有行为能力的成年人，无行为能力人或者限制行为能力人所立的遗嘱无效；

2. 遗嘱应是立遗嘱人自主的真实的意思表示，任何伪造、篡改的遗嘱或在受威胁、强迫、欺骗等情况下所立的遗嘱都是无效的，不受法律保护；

3. 遗嘱是立遗嘱人单方面的法律行为，但遗嘱的内容不得违背法律规定，也不应违背社会道德原则，否则所立遗嘱也将不被法律认可；

4. 立遗嘱人对自己的合法财产进行处理，至于其余部分如何处理，可以在遗嘱中说明，也可以不加说明，其他人不得干涉。

例文

遗　嘱

立遗嘱人：郑××，女，1934年5月21日出生，现住××市××街×号。

我年老体弱，去年5月又突患脑溢血病，目前病情基本稳定，但半边身子瘫痪，生活不能自理。发病至今10个多月，一直是养女强××照料护理。她为我多方求医，日夜悉心守护，才使我活至今日。

我孀居20多年，曾生一女，不幸于8年前因车祸身亡。1986年2月强××作为房客，住进我院落，向来对我视如母亲，百般关心。1988年我收她为义女，我现孤身一人，无后嗣无亲朋，而强××对我有救护、赡养之恩。为表示我的心意，特遗嘱如下：

一、属我所有的坐落在××市××区××街×号的北房三间和强××现在住的南房一间半，共四间半砖木结构瓦房，在我去世后，由强××继承。

二、我现有存款一万二千五百元。我去世后，这笔钱除丧葬花销外，剩余部分以及由此而得到的存款利息全部遗留给强××所有。

以上遗产，他人不得争执。

三、我再无别的生活来源，余年的生活费由强××负担。

空口无凭，立此为据，并经××市××区公证机关公证。

立遗嘱人：郑××（签字）

一九九×年三月二十七日

代书人：××律师事务所律师××

附：本书一式三份，由公证机关存留一份，郑××与强××各执一份。

任务七　赠与书

一、赠与书的概念与作用

赠与书是指财产所有权人在法律允许的范围内，自愿将个人私有的财产无偿地赠与受赠人时所出具的文书，也称赠与合同。赠与人应当是有行为能力的公民，未成年人或精神病患者的赠与行为依法无效。接受赠与的一方即受赠人，可以是普通公民，也可以是国家、机关、团体或其他组织。

赠与是双方的法律行为，其要件是公民出于自己的意志将个人所有的合法财产（包括钱和物）所有权进行转让，受赠人表示同意，并接受转让的财产。赠与合同属于实践性合同，故赠与行为一般应采取书面形式，同时应通过公证机关公证，以防止和减少纠纷发生。不动产如房屋等和价值较大的动产如车辆、船只等，赠与时还应当经有关部门办理过户登记手续。赠与书具有公民自主处分个人私有财产和私有财产所有权合法转移的凭证作用。

二、赠与书的格式

赠与书没有统一规范的形式。从实践中通常使用的模式看，其格式由首部、正文和尾部三部分组成。

1．首部

写明标题和当事人的基本情况两项内容。标题写为"赠与书"。当事人是公民的，分别写明其姓名、性别、出生日期、民族、籍贯、职业或职务与工作单位、住址等。受赠人是国家机关、社会团体和其他组织的，写明其单位全称、所在地址及其法定代表人或代表人姓名、职务。

2．正文

写明赠与原因、赠与事项和对受赠人的要求或希望等项内容。

（1）赠与原因

一般应简明交代赠与人与受赠人之间是什么关系，因什么原因作出赠与决定等。

（2）赠与事项

主要写明赠与财产的名称、范围、数量（数额）等具体情况。这项内容要根据赠与物的不同情况来写。如房产等不动产应写明坐落位置、结构、间数、财产证书编号及有何附属物等情况；现金写明币种及数额；存款除写明数额外，还应写清存款银行账户及办理过户手续等事宜。

（3）对受赠人的要求或希望

有的赠与人对受赠人在赠与财产的使用方面提出具体要求，有的则提出建议或希望，也有的不写这项内容。

正文末尾，以"特立此书，以资证明"或"特立此为凭"等语作结。

3．尾部

（1）签署及日期。由赠与人、受赠人于正文右下方签名盖章，并写明日期。有证明人的，应由证明人签名盖章。

（2）附项。于正文左下方写明本赠与书一式几份及执、存事项。

三、写赠与书应注意的问题

赠与书的赠与事项要写得明确、具体、没有歧义。赠与书是以赠与人个人的名义出具的文书，应当写明附项。经过公证机关公证的赠与书，只是公证书的附件，其尾部不需要再写附项。

例文

赠　与　书

赠与人：李×，男，1940 年 5 月 8 日生，汉族，××省××县城关镇人，个体工商户，住该县城关东街 112 号。

受赠人：常××，女，1975 年 10 月 3 日生，汉族，××省××县城关镇人，个体工商户，住该县城关东街 112 号。

受赠人：常××系赠与人姨表姐之女，其父母两年前因意外事故不幸去世，常××孤身一人，辍学从业。为资助其营业需要，赠与人自愿将属于个人的私房赠与常××所有。

赠与房屋(房产证号为"××县×管房证字第 0137 号")坐落在××县城关镇南街 43 号,临街面东,砖木平房,共两间,面积 31.6 平方米。该房产本系赠与人承继父亲的遗产,因本人工作在外地,多年来由姨表姐夫妇借用居住,现本人考虑到常××的特殊遭遇及生活需要,决定赠与其所有,永不反悔。

特立此据为凭,并邀当地街道办事处工作人员刘××、苏××见证。

赠与人:李××(盖章)

受赠人:常××(签名)

见证人:刘××(盖章)

苏××(盖章)

一九九×年十二月八日

附: 1. 本赠与书一式四份,由赠与人、受赠人及见证人各执一份存查;

2. 房产证书一份;

3. 赠与人所持的遗产继承《公证书》复印件一份。

习题

1. 法律文书的特点有哪些?

2. 法律文书分几类?

3. 什么是起诉状?

4. 什么是上诉状?

5. 起诉状和上诉状的基本格式是什么?

6. 评改下面的民事起诉状

<h2 align="center">民事起诉状</h2>

原告人:黄××、男、70 岁、汉族、××县人,农民。

代理人:孙××、××律师事务所律师。

被告人:黄××、男、40 岁、汉族、××厂工人。

原、被告系父子关系,原告已是 70 岁高龄,长期与其女儿黄××居住在农村,其女儿家庭生活比较困难,要求其儿子承担一部分赡养义务,每月给生活费 50 元。但被告人以原告人有房产为借口,拒绝尽其赡养义务。赡养老人是子女应尽的义务,而被告人拒绝赡养已年迈的父亲,是我国法律所不容、也是社会道德所不容许的。

综上所述,为了维护原告人的合法权益,故提起诉讼,请求人民法院予以支持。

此致

××区人民法院

起诉人: 黄××

7. 根据上述文章分别写出上诉状和答辩状。

项目七　传播文稿

项目要求：了解传播文稿的种类、特点，掌握消息、通讯、广告文案的格式写法。

传播是现代社会的重要概念，也是公共关系学中的重要概念，它是指为扩大某种(政府、公司、单位、人物、商品、事件)影响，向公众有目的地进行宣传的各种方式和手段的总和。传播以各种宣传手段和信息传递方式为媒介，对于信息发布者来说，其目的是使公众知晓自己及所发布的信息并给公众留下深刻的印象；对于媒介来说，是获取信息传播费用的商业行为；对于公众来说，是获取有用信息的重要来源。

传播文稿指为了某种目的将特定信息传递散布给大众的专用文体。

一、传播文稿的种类

传播文稿种类很多，诸如国家的公告和通告、特定集会上的演说稿、展览中的解说词、新闻和各种广告都属于传播文稿。新闻文体主要包括消息和通讯。广告有公益广告和商业广告，公益广告不以赢利为目的，旨在为促进社会的进步文明作公益性的宣传。商业广告以赢利为目的，以推销商品为特点。

二、传播文稿的特点

1. 内容的真实性

传播文稿以传播特定信息为目的，它不是文学创作，不能虚构，必须客观地反映事实。撰写传播文稿要客观地反映事实，这是传播信息的需要，也是从事新闻业和广告业的职业道德的需要。

2. 表现手法的文学化

传播文稿语言灵活，服从于文稿的写作目的和主题，多采用各种表现手法，以调动读者的注意或用来感染读者。传播文稿在表述上经常运用文学表现手法，这是传播文稿不同于其他应用文的最明显的特征。

任务一　新闻

一、新闻概念

新闻是对新近已经发生和正在发生、或者早已发生却是最近发现的有价值的、有社会意义的事实报道。它有广义和狭义之分。广义的新闻包括新闻报道的各类题材，如消息、通讯、报告文学、评论、调查报告等。狭义的新闻专指消息，即以最直接的方式、最简练的文字，及时迅速地告诉读者国内外新近发生的有报道价值的事实的文体。它是传播新闻的主要形式，使用频率最高。本节所讲的新闻即指消息。

二、新闻特点

1. 真。真实是新闻的生命所在，是新闻的基本特征。真实，一方面要求新闻反映的事实，包括任务、时间、地点、事件细节、数字等准确无误；另一方面要求作者的评价要实事求是，客观公正。

2. 短。新闻篇幅短小，容量小。新闻多则几百字、几千字，少则百余字，几十字，甚至浓缩成一句话。

3. 快。新闻报道要迅速及时。新闻讲求很强的时效性，新闻事实从发生到被报道出来的时间要尽可能的短。

4. 活。新闻报道要生动活泼，有吸引力，引人入胜。首先，内容要活。作者要善于选取典型、生动、别具新闻价值的事实来报道。其次，写作手法要活。要善于调动各种表现手法来进行新闻的写作，使新闻报道生动活泼。最后，语言要灵活，不要使用平淡乏味、毫无情趣的套话，应增强新闻的艺术性和可观性。

5. 深。新闻报道应深邃，深入挖掘、揭示社会生活和社会现象的本质，使之具有穿透力、震撼力，给人以更多的启示和教益。

三、新闻种类

新闻的种类很多，按照不同的标准可以划分出不同的类型。比较常见的是按照内容和特点划分以下四类。

1. 动态新闻

它迅速及时地报道国内的重大事件和国际上的重大斗争，或反映一个单位工作、学习和生活情况，以及新气象、新成就等。动态新闻篇幅不长，表述直接而简洁。动态新闻中有不少是简讯（即短讯、简明新闻），内容更加单一，文字更加精简。

2. 综合新闻

它指的是综合反映带有全局性情况、动向、成就和问题的新闻报道。往往是围绕一个主题，综合三个较大范围（一个地区、一条战线、一个单位），在一个时期内发生的事情。比如概述人民群众对国内外某一重大事件的反映；概述某条战线、某些部门生产和工作形势等。它的报道面宽，具有一定声势。写这类新闻，需要占有比较充分和全面的材料，需要有概貌的叙述和典型的事例、把点和面结合起来。这种形式适于宣传各条战线的形势，某项工作的成就，或者反映群众运动的声势、规模、特点、趋向。它纵览全局，有事实有分析，给人们一个完整的印象。

3. 经验新闻

这是对一些具体部门，单位的阶段性、概况性、典型经验和成功做法的集中报道，用以带动全局，指导一般。这类新闻往往要交代情况，述说做法，反映变化，总结经验，由事实中引出道理，从个别中指明规律，比较完整、系统。它所选择的事实有典型意义，能在不同程度上反映某一个时期、某一项工作的全貌。它不是简单的现象罗列，而是通过纵和横的对比、分析、阐述，揭示事物的本质，对读者有启发性、指导性。这样的新闻有些与介绍经验的简明通讯差不多，有些则和小型报告相接近。但是它必须要有新鲜的事实，而不能总是"历史故事"；它必须具备新闻特征，而不是"工作简报"式的文件。

4. 述评性新闻

又称"记者评述"、"时事评述"，这是一种采用夹叙夹议、边述边评的方式来反映一个单位、一条战线以至国内外重大事件的新闻体裁。这种述评性新闻，往往是当事件告一段落或发生转折的时刻，及时地对事件加以介绍和评价，分析形势，总结经验，研究动向，指明发展。帮助读者提高认识，推动工作顺利进行。

四、新闻的写作

新闻的结构，一般由标题、导语、主体、背景和结尾五部分组成。新闻的内容包括时间、地点、人物、事件和结果五个要素。

1. 标题

标题是新闻的眉目，给读者第一印象。好的新闻，首先要有一个好的标题。标题分两种形式：

（1）单行标题。用一个陈述句叙述新闻的主要内容。这种标题要求突出主题，简明、醒目。如"让信息技术惠及全人类"、"长江巫峡溶洞新发现古人类遗址"。

（2）多行标题。有正题和辅题组成。正题，是新闻标题的主体，用来提示新闻中最重要、最有价值的事实。辅题又分为引题和副题，引题又称为眉题或者肩题，位于正题之上，起交代背景、烘托气氛、提示意义、引出正题的作用；副题又称"子题"，位于正题之下，对正题起补充说明作用。在报刊编辑排版中，正题用的字号最大，最为醒目，引题次之，副题最小。例：

枪声骂声传媒声声声应和　　　股价汇价石油价价价波动（引题）

萨达姆被捕搅动全球市场（正题）

深圳中考语文只考作文（正题）

重大调整引起各方关注　教师大多表示支持　学生及家长反映不一（副题）

撰写消息标题，要力求做到：内容要新颖，形式要醒目。

2. 倒金字塔结构形式

所谓"倒金字塔"，就是把最重要的材料放在开头，比较重要的随后安排，再次的再向后排，最不重要的放在最后。这种写法很有意义：一是这种结构便于阅读；二是便于编辑；三是便于写稿。

3. 导语

导语是消息的开头。需要用最精粹的文字，简明扼要地把消息中最重要、最新鲜、最吸引人的事实及其意义表达出来。

导语的写法有以下几种：

（1）叙述式

就是用摘要或综合的方法把新闻里最新鲜、最主要的事实，简明扼要地用叙述的方法写在新闻的开头。例如：

英勇的人民解放军二十一日已有大约三十万人渡过长江。（新华社长江前线 1949 年 4 月 22 日 18 时电）

国民党二十二年反革命中心南京，已于二十三日午夜为人民解放军解放。（社华社南京 1949 年 4 月 24 日 15 时电）

导语要注意避免一般化和帽子太大的毛病。

（2）提问式

把主要的事实用提问方式写出作新闻的导语，可以把报道中的问题推向更突出和尖锐的地位，目的是引起关注，增强报道的论争性。例如：

经济大省如何实现经济发展与社会事业的全面进步？广东认真贯彻中央经济工作会议精神，明确提出切实做到六个"更加注重"。（《经济日报》2003 年 12 月 24 日）

（3）描写式

对新闻里的主要事实或某一有意义的侧面，加以简洁朴素而又有特点的描写，能够引人入胜。例如：

11 日晚上骤雨初歇，凉风习习。南京出西路各商店职工精心组织的周末一条街夜市里，商品琳琅满目，人群熙熙攘攘，顾客们在选购商品。（载 1979 年 8 月 13 日《新华日报》）

（4）结论式

就是把新闻的结论放在开头，先下结论然后再作阐述。例如：

长春迅速解放，是锦州胜利的直接结果。（新华社长春 1948 年 7 月 20 日 1 时急电）

（5）评论式

把新闻中阐述问题的评论放在开头。例如：

全国财贸大会前夕，记者走访了大江南北一些城市，看到许多饭店旅馆的餐桌上发生了可喜的变化。（1978 年 6 月 29 日《人民日报》）

上述的几种情况形式，不必过于拘泥，只要写得简明而生动便好。同时，导语也要防止花哨，故作惊人之语的倾向。

4．主体

主体是导语的展开或续写部分，是新闻的主干部分，用充分、具体的事实材料对新闻内容做具体全面的阐述，以满足读者对事实进一步了解的需要。有两种结构：

（1）按照事实发生、发展的先后顺序安排层次。这种结构可以使读者对事件的来龙去脉有一个鲜明、完整的印象。

（2）按照事物之间的内在联系或者逻辑关系，如因果关系、并列关系、主次关系等来安排层次。这种结构可以很好地反映事物的本质，深化新闻的主题。

主体部分要求材料充实，紧扣主题；结构严谨，层次分明；语言简洁，生动活泼；手法灵活，引人入胜。

5．背景

新闻背景指的是与新闻任务及事件有关但不是新闻本身的环境和历史等情况。恰当地设置背景可以对新闻人物或者事件起对比映衬、分析阐释的作用，可以帮助读者更深入、更准确地理解新闻的主题。常见的背景有三种：

（1）对比性材料。即对新闻人物及事件进行正反、今昔等比较，从比较中突出新闻的意义和价值。

（2）说明性材料。即对新闻事实产生的原因、形成的条件、环境和历史背景等进行介绍和说明，以帮助读者理解新闻的内容。

（3）注释性材料。即对新闻报道中所涉及到的读者不熟悉、较陌生的概念、原理及名词、术语等进行解释，以使读者更好地理解新闻的有关内容。

6．结尾

又称为结语，是新闻的最后一句话或者一段文字。在全文中起着总收全文的作用，常常与导语呼应。常见方式有三种：

（1）小结式。对新闻的内容加以概括，以突出重点，加深印象。

(2) 展望式。指出事物发展的必然趋势或者必然结果，引起人们的关注。

(3) 意义式。指明新闻的重大意义。

例文一

第 63 届 "奥斯卡金像奖" 揭晓

新华社华盛顿 1991 年 3 月 27 日电洛杉矶消息： 第 63 届美国电影艺术科学学院奖 26 日晚揭晓，美国西部史诗片《与狼共舞》成为捧走奥斯卡最佳影片奖的第一部西部片。自制、自导、自演该片的凯文·科斯特纳荣获最佳导演奖。

该片以清新的格调、严肃的情节和理性的笔法，描述了一个被印第安人称为 "与狼共舞" 的美国白人军官在奉命开拓西部据点时与印第安人的生死冲突，以及化干戈为玉帛，与印第安部落首领的养女结亲的动人故事，同时还揭示了美国政府军掠夺印第安人土地和围杀印第安人的不光彩历史。

该片同时获得最佳摄影、改编、音响、配乐及剪辑等 5 项大奖。

主演《命运的逆转》一片的英国演员杰米里·艾恩荣获最佳男主角奖，获最佳女主角奖的是主演《苦闷》的凯西·贝茨。

喜剧演员戈德伯格由于在影片《幽灵》中的出色表演而荣获最佳女配角奖；最佳男配角奖被性格演员佩希获得，他获奖的影片是《好家伙》。

最佳外语片奖出入意料地被瑞士影片《希望之旅》夺走。

（摘自 1991 年 3 月 27 日《光明日报》）

简析：这篇消息，谁获最佳故事片奖和最佳导演奖是人们最关心的、分量最重的事，因此放在导语中；接着介绍最佳故事片情况，它是主体中最重要的内容；再次，交代最佳男女主角的获奖情况和他们的作品，这也是比较重要的内容；其他奖项情况则按其重要程度的不同——在后面列出。

例文二

冰淇淋案判定不是敲诈

7 月 11 日，黑龙江省哈尔滨市中级法院作出一例终审判决：个体户王某因其所售冰淇淋质量问题向厂家索赔 50 万元这一行为，属于平等主体之间的民事法律纠纷，不属于敲诈勒索，为此撤销一审判决。

此前，哈尔滨市香坊区法院于 5 月 10 日作出一审判决：王某犯敲诈勒索罪，判处有期徒刑 3 年，缓刑 3 年。理由是，王某以诋毁厂家商业信誉相要挟，索赔 50 万元，其行为属敲诈勒索巨款据为己有。

一审判决引起了社会舆论的广泛关注和讨论，本报 6 月 2 日曾予以点评：王某要向新闻媒体反映的是一个真实的商品质量问题，而非诬陷或揭人隐私，按传统观念你可以说他是 "狮子大开口"，但这本身并不违法，更非犯罪，一审判决令人 "实难思量"。

简析：这是一则评述性消息，在客观报道案件审理结果的同时，加入了记者对此案审理结果的议论和评价；同时，又可以说是动态性消息，因为它既是前一次有关报道的继续，也是在报道中强调事件的发展变化过程，而且即使有了终审判决，报道工作未必就完结了。作为一个典型的事件，作者很可能作连续报道，因此后期的舆论报道和相关讨论的报道会是更精彩的"消息"。

例文三

企业文化问卷调查工作全面铺开

本报讯 11 月 12 日，集团公司企业文化咨询项目办公室（以下简称办公室）向集团总部各部门和所属单位发放了《××××企业文化测评问卷》和《管理者调研问卷》，开始了大范围的企业文化问卷调查。

本次问卷调查的目的是为了定量地分析××集团所处环境、评估企业文化的优劣势和明确未来改进方向。在问卷编制过程中，办公室多方听取集团公司所属单位意见，并根据××实际情况，制定了《××××企业文化测评问卷》和《管理者调研问卷》，从集团公司的发展战略、组织流程、人力资源、企业文化管理等方面开展全方位的调研。

问卷调查将于 11 月 19 日结束。届时，办公室将对收集上来的问卷进行整理、统计、分析，提炼出对集团公司企业文化建设有应用价值的素材。

例文四

汽车技术学院举行第二届经典诗词赏析大会

××××年×月×日星期日晚上六点半，汽车技术学院第二届经典诗词赏析会在行政楼三楼报告厅举行，本届比赛由学生党支部主办，×××和×××承办。×××职业技术学院副院长×××，汽车技术学院党总支书记、副院长×××，×××学院党总支书记，××××××学院副院长×××，汽车技术学院团总支书记×××，中华诗词协会×××，担任本届赏析会的评委。诗词作为我们中华民族的瑰宝，是我们每一个年青人都应去学习和继承的文化，每年举行一届经典诗词赏析会旨在宏扬我国的传统文化，品诗词以养性，知典籍以明礼。

这次的赏析会，分为诗词鉴赏和评委提问、知识问答三个环节。在赏析环节中，各个参赛小组可谓各显神通，创意无限。或迷惘感伤又有期待情怀的《雨巷》，或风骨凌凌，翘首霜枝的《菊颂》，一组组的表演给我们奉献了精彩的诗词盛宴，当然，也让我们在这个过程中领会着中华诗词的博大精深，在知识问答环节中评委睿智的提问，给我们在场的每个人很大的启迪，也扩展了我们关于诗词方面的知识面。最后，经过角逐，《菊颂》凭借表演者的深情演绎和透彻阐释赢得了在场评委和台下观众的一致认可，获得了这次赏析会的第一名。

赏析会伴着××的歌声画上了汽车技术学院第二届经典诗词赏析会的圆满句号。而我们对于经典诗词的追求和中华文化的感悟永不结束。

例文五

大学生找工作首现信用简历

2012 年 04 月 16 日 02:13 来源：新快报

昨日，在大学生诚信专场招聘会上，大学生拿着信用简历找工作。

广东首届大学生诚信专场招聘会上，杜绝"注水"的简历大受企业欢迎。

"信用简历最大的特点，就是学生的信息要经由校方和第三方认证，确保诚信真实。"昨日，"我诚信，我先行"大学生供需见面会信用简历专场在广东商学院举行。为杜绝学生简历"注水"现象而推出的信用简历，受到进场招聘企业的热捧，而大学生则对此厚达5页的特殊简历赞弹参半。

学生：

信用简历上在校记录都有验证

此次招聘会由广东商学院、中国人才信用网等联合主办。据了解，进场的应聘者都要持有信用简历，该简历由校方及第三方提供审核认证。

广商旅游管理专业的小杨应聘时拿的就是信用简历。记者看到，信用简历内容涵盖大学生在校期间德智体美劳等方面的信用信息，主要包括学生个人信息(基本信息、教育经历、培训经历、工作实践履历、社团经历)和学生在校记录、证件证书等，各栏目左侧均有一个绿色的校方认证标志。

对于新鲜的信用简历，大学生们各有看法。小杨说："我简历上的在校记录都是经过验证的，我觉得这可以让企业看到我们应聘的诚心，相对其他没有信用简历的学生，应该是有优势的。"

也有学生认为，信用简历没有个性，还有点累赘，不如自己制作的简历。广商的肖同学说："一般用人单位都觉得简历1~2页就好，信用简历一般有3到4页甚至5页，不如自己制作的简历那么简洁。"另一位应聘学生小邓则认为，信用简历虽然信息全面，但缺乏个性，"大家的简历都一样。"

企业：

信用简历可减少毁约现象

据了解，此次供需见面会到场参会企业共145家，提供岗位2962个。与应聘学生不同，招聘企业大多支持信用简历，认为它保证了应聘者信息的真实性，公司招聘比以往省时省力。

广州长隆酒店人事部的李先生说，企业招聘都看重简历的真实性，会对应聘者的工作经历进行核实。"这部分工作需要投入比较多精力。服务类行业更要求员工品行、信用良好，所以我们会仔细核查合适应聘者的背景，信用简历相当于帮我们做了许多核查工作，很实用！"

光宝科技股份有限公司的白经理表示，信用简历可以帮助企业省时省力招到合适人才。"以前我们会遇到跳槽次数多、稳定性差的学生，把多份工作经历合并写进简历，现在有了信用简历应该会好很多。信用简历也可以减少大学生毁约，毕竟会留下不良记录。"学校：

校方有权修改学生不良记录

据了解，自2008年起，广东省教育厅联合社会第三方专业资信机构——广东上下五千年资信科技有限公司，在全国率先建成大学生信用档案体系。目前，广东已为136万大学生建立了个人电子信用档案，覆盖率达90%以上。广东商学院是我省首家大学生信用档案建设工作试点院校，至今累计有4万多名学生建档。

对于对学生个人信息安全的担忧，广东上下五千年资信科技有限公司总经理薄斌表示，大学生信用档案是由校方、学生和社会第三方征信机构联合共建的一体化信用平台，档案的管理者和维护者是高校和学生本人，而中国人才信用网只负责提供系统建设维护和技术支持，任何人查看学生个人信息，都要得到学生本人的授权方可。他还解释："关于不良记录，企业所能看到的都是校方愿意提供的，校方有权修改或删除学生的不良记录。"

例文六

蓝领薪水上扬直逼白领 一技之长大于有学无术

2013 年 2 月 26 日 信息来源：华龙网

装修工、汽车修理工、手艺精湛的木匠……月收入动辄六七千，让一些坐在办公室的白领望而兴叹。记者调查发现，如今，掌握一技之长的蓝领工人，薪水在不断上涨，月入上万元已不是稀罕事。

为何蓝领收入不断水涨船高？如何才能改变蓝领供不应求的局面？这是高校教育亟待解决的课题。

五星级酒店大堂经理，这个工作让不少人羡慕。然而，王燕却有苦说不出来：酒店大小琐事特别多，每天腿都站直了，一个月工资只有 2 500 多元，远不如装修工。

五星级酒店大堂经理月薪赶不上装修工工资

24 岁的王燕家住渝中区南纪门南滨大厦。2010 年，学商务英语的王燕大学毕业后，进入江北区观音桥一家五星级酒店工作。

"我当大堂经理，在亲友们看来，收入不错，其实一个月工资只有 2 500 多元。"王燕说，不久前，她在江北区蚂蝗梁 18 号购置的那套小户型接房了。准备装修新房的小王一打听，根据地（瓷）砖的规格、贴法不同，每平方米人工费从 25 元到上百元不等。如果按天支付工钱，水泥工要价 300 元，钻孔小工最低 100 元，贴墙纸工人 500 元！"我估算了一下，装修工的月工资就上万元，相当于我近半年的工资！"

给王燕装修新房的工人叫刘建东 22 岁，开县人，他初中毕业后就一直在主城搞装修。"其实我们的工资也没那么多，有时候两三天也没活儿。不过，勤快点一个月收入也能在八千元左右；拼点命一个月则可挣 1 万多元。"刘建东说，工作虽然累了点，但压力并不大。

沙坪坝区凤天路力驰汽车美容养护连锁公司的代敏说："我负责整理资料、做做账，每个月只有 2000 来元钱，但是我们单位的技工月收入都在 5 000 元以上。"

海归月薪 2 100 元 不到汽修工月收入 1/3

前年夏天，王昇（化名）从英国一知名大学毕业后，回到家乡重庆，进入一家贸易公司工作。"我学的是经济，但每天干着端茶送水、整理文件、接听电话的工作。"王昇有些难过地说，他如今月薪 2 100 元，而他当汽修工的同学高某月收入就有 8 000 元。

"高某成绩不好，初中毕业后就被家里送到了一所职高学汽修。"王昇说，高某职高毕业后，进入了渝中区一家汽修店，目前他已成了资深汽车修理工。"他的工资是我月薪的近四倍。"

渝诚汽车修理厂的修理工杨柳表示，他月均能拿六七千元。

技术孕育高薪蓝领 建筑制造等行业较突出

除了装修建筑工、汽车修理工外，不少行业的蓝领收入也颇丰。在渝北区金岛花园附近上班的快递员小陈告诉记者，他平时月入 8 000 元毫无悬念，"旺季时，最高拿到过 15 000 元"。而在沙坪坝步行街一百货商场当化妆品销售员的小黄则称，根据销售业绩，每月可拿 5 000 ~ 7 000 元。

近日，记者走访了江北智成人才市场、龙头寺汇博人才市场、观音桥纳杰人市场等地发现，制造、化工行业的招聘薪酬多在 5 000 元以上。蓝领一族多数没有接受过高等教育，但他们一般有一技之长，或者能吃苦耐劳。前程无忧近期发布的《2013 年第一季度雇主招聘意愿调查报告》显示，为吸引高级蓝领，企业给的待遇也水涨船高。

前程无忧人力资源专家银国洪说，高薪蓝领其实在绝大部分行业里都存在，只是在机械制造、建筑装饰、能源化工等行业体现得相对明显，"例如，资深修车工、数控机床技师以及手艺精湛的木匠师傅，他们的薪水都颇为丰厚。"

原因

白领有学无"术"量过剩 蓝领供不应求价更高

"如今愿意从事蓝领工作的人少，导致需求大于供给，薪酬自然不断上涨。而能胜任白领工作的求职者越来越多，供大于求薪酬自然难大幅上涨。"中国人民大学社会学系教授周孝正认为，出现"较之白领，蓝领薪酬更可观"的现象，是市场供需关系决定的。

"几十年前，人们受教育水平普遍较低，脑力劳动者比较稀缺，因此薪资相对高于体力劳动者。而现在，国民受教育程度普遍提高，愿意从事体力劳动的人越来越少，反而变成了稀缺资源。"银国洪如是说，"物以稀为贵，当大家都趋之若鹜地争当白领后，其含金量当然会有所下降，而蓝领反之上升。"

万州一调料厂负责人陈先生说："我们厂招了好些大学生，他们不少人表示，大学学习的一些课程，工作中根本排不上用场。"

银国洪表示，"高薪蓝领"与蓝领人才匮乏密不可分。首先，产业延伸导致蓝领的需求量增大。如今，蓝领工作由传统的生产制造、建筑装饰行业逐步向更多的行业延伸，比如物流、售后、家政等行业，人才需求量在逐年加大。其次，高薪蓝领培养不易。蓝领掌握的专业技能，或经过长年的实践积累，或接受过专门的技术培训。但高校很少给学生培训这些实用技巧，他们对高薪蓝领的岗位只能望而却步。第三，企业青睐熟练工，不愿花时间、花精力培养新人，既怕他们不能带来应有的回报，也怕他们成长起来就跳槽。

"当蓝领要耐得住寂寞去刻苦钻研技术，但并非所有蓝领都能拿到高薪。"银国洪称，不少人上大学的投入已很大，如要做蓝领还需再投入，这让他们不得不放弃。同时，不少求职者心中都有"白领情结"，特别是高校毕业生，大多数人觉得当工人不体面。

纵深

蓝领高薪是趋势 有一技之长就"吃香"

"部分蓝领的工资的确比白领高，但蓝领也有劣势，建议不要盲目跟风。"银国洪说，"其实不论白领、蓝领，只要有一技之长，必定吃香！"

她说，虽然大部分普通蓝领的工资有所提高，但掩盖不了其工作的重复性、单调性，以及上升渠道不畅、社会地位不高等问题。而随着社会不断发展，雇主既需要高层次创新人才，也需要大批有文化、有知识、能将先进科技转化为生产力的高素质普通劳动者。

银国洪认为，"蓝领高薪、白领低薪"，全世界都如此。尤其是在许多发达国家，体力劳动者的地位并不比脑力劳动者低。

福布斯的调查显示，在美国、欧洲等发达国家，很多蓝领工人的年收入为 7 万到 10 万美元。如电梯安装和修理工收入在蓝领工人中名列前茅，平均年薪为 69 750 美元。在韩国，一般刚聘用的清洁工年薪 4 000 万韩元，折合人民币 25 万元左右，如果工龄长一些会涨到 5 000 万到 6 000 万韩元，也就是 35 万人民币。在英国，擦玻璃的熟练工 1 小时的工资是 20～30 英镑，相当于人民币 200～300 元。而木工、电工、水暖工、汽车修理工等工资每小时 15 英镑左右。

在澳大利亚，蓝领工人平均周薪是 1 229 元澳币，相当于 7 900 元人民币，而白领每周只有 1 085 元澳币。

建议

高校专业设置应以就业为导向 增加技能培训

目前，那种"白领"情结正在逐步改变。

前程无忧"大学生无奈之下是否愿意做高薪民工"调查显示，60%受访者"愿意接受"，21%受访者"可以考虑"，19%受访者因"转行难"、"受歧视"等原因选择"不干"。

"让高校毕业生转变观念、放下身段去做蓝领，并非解决问题的根本方法。"银国洪认为，人才供应链要从前端的学校教育抓起，"各类学校的专业设置以就业为导向，直接对接市场需求来定向培训，并增加学生实习的机会和时间"。万州一调料厂负责人陈先生也建议，高校在设置课程时，可适当缩减理论性课程，增加技能培训。

"选择的人多了，学校自然就会做出相应的调节，让其逐渐与市场接轨。"周孝正则认为，蓝领薪酬不断拔高，自然会有更多人选择从事蓝领工作，选择学习技术专业的学生也会越来越多。

不过，银国洪表示，不仅学校要以就业为导向设置专业，学生也需多学习专业技能、增加实习经验，这需要"双向行动"。比如上学期间，就掌握了一项技能，不仅可降低重修技能的成本，还可增强就业竞争力。同时，大学生应在毕业前做好职业规划，并利用实习的机会增强沟通表达能力、心理承受能力、应变处理能力等职场软实力。（重庆商报 记者 杨玺 实习生 谢聘）

任务二 通讯

一、概念

通讯是以叙述、描写为主要表达方式，详细、深入而又生动形象地报道现实生活中具有新闻价值的人物、事件和经验的一种新闻体裁。通讯为了满足一部分读者详细了解新闻事实的需求而详尽地反映客观事实的报道。因此它的容量比新闻大，篇幅一般比新闻长。

二、种类

按照报道的内容来分，通讯可以分为下面五类：

1. 人物通讯

以记人为主，报道新闻人物的事迹和成长，揭示其精神境界和道德情操，给人们以教育和启发。如《中国当代保尔——张海迪》。

2. 事件通讯

以记叙事件为主，重在对新闻事件进行详尽的介绍，对事件的发生、发展过程及给现实生活带来的影响，做生动、清晰的报道。如《为了六十一个阶级兄弟》。

3. 工作通讯

以报道有新闻价值的工作为主要内容，通过具体、生动的事例，总结成功的经验，概括出具有规律性的东西，用以指导和推动实际工作。

4. 概貌通讯

报道某地的风土人情、自然风貌、发展变化、社会状况等，通过形象的描绘，勾勒出该地区的全貌。

5．新闻小故事

或者称为小通讯，篇幅短小，内容集中、单一，以一人一事为主。特点是以小见大，故事性强。往往通过一个故事反映丰富复杂的人情世态或者社会生活。

三、特点

1．真实性。通讯和新闻一样，报道的必须是真人真事，不能有半点虚假。真实的事件和人物能够对读者产生亲切感、参与感和冲击力。

2．形象性。通讯不仅要叙述事实，而且要形象地描绘细节、场景，渲染环境气氛，要尽可能地把人物和事件刻画得生动、感人。因此通讯在写作过程中运用多种表现手法和修辞手段，语言优美，富有感染力。

3．评论性。通讯在叙述的同时，还可以对人物或者事件发表画龙点睛式的议论，通过议论揭示新闻事件的价值，表明作者鲜明的思想倾向。

四、写法

通讯的结构一般由标题、开头、主体和结尾构成。

1．标题。标题要求新颖、奇特、醒目，讲究艺术效果，有两种形式：

（1）单行标题。如：实验室里的"生死时速"

（2）双行标题。引题+正题，如：

一个法国女人和1500名大山失学儿童的情缘

山里来了洋教师

正题+副题，如：

八个人换回来的一个生命

——大顺号轮船唯一幸存者董颖的自述

双行标题一般遵循一实一虚的原则，引题为虚，则正题为实，或者正题为虚，副题为实，使标题虚实相间，相得益彰。

2．开头

通讯的开头多姿多彩，不拘一格。主要方式为直起式和侧起式。

（1）直起式。开门见山直述其人其事，直接抒发感情或直接发表见解。

（2）侧起式。利用铺垫的方法，源源说起，娓娓道来，然后再进入正题。

3．主体

主体是通讯的主干部分，是继开头之后，对事件或事实报道的核心。写法也多种多样，常见的有三种：

（1）纵式结构。包括两种，一是按照时间的顺序，以事物发展过程来展开情节；二是按照作者思维发展来组织材料。

（2）横式结构。包括两种，一是以空间的变换的顺序，将不同地点发生的事情围绕一个中心来展开，这种结构在风貌通讯的写作中比较常见；二是按照主题的需要和材料的性质来安排结构。

（3）纵横交错式结构。以时间顺序为经，以空间顺序为纬，采用纵横交错的方式来安排主体的段落层次和内容，使之既有时间的推移，也有空间位置的转移，从而全面、深入、全方位地反映新闻人物和事件。

4. 结尾

好的结尾能深化主题，加深读者的印象。常见的方式有：

（1）总结式。总结全文，点明主题。

（2）号召式。在结尾发出号召，鼓舞斗志，激励信心。

（3）回味式。结尾委婉含蓄，给读者留下想象的空间和思考回味的余地。

（4）呼应式。与开头呼应，形成前后照应。

例文

小孩掉进了豹窝……

这对云豹原先是关养在双层铁丝网的兽笼中的，受超级市场开架售货的启示，也为了让游客更清晰地欣赏云豹色彩斑斓的皮毛，更好地领略有树栖猛兽之称的云豹身姿的矫健，管理人员把它们移居到一个盆形的小山谷，开放式展览。小山谷四周是四米多高陡峭的山壁，大大超过了云豹蹿高的极限，还围了一圈 1.2 米高的铁栅栏，应该说是很安全的。

星期天，游人如织，一位妇女带着一个三岁男孩伏在云豹谷的栏杆上兴高采烈地观赏在那棵大树蹿上跳下的云豹。调皮的小男孩大概饮料喝多了，嚷着要撒尿，而且一定要撒给底下的"大猫"吃。溺爱孩子的妈妈便抓牢男孩的背，让他玩小小的恶作剧。小男孩穿的那件绿色外套质量太差了，两粒纽扣突然间断线崩飞，只听少妇一声尖叫，她手里只剩下那件绿色外套了，小男孩像坐滑梯似的，从 70 度左右光滑的岩壁上滑落下去。那位妇女顿时晕了过去，云豹谷乱成一团，有的抢救妇女，有的朝云豹吼叫，有的奔向公园管理处去搬救兵。

却说那男孩，冬天衣服穿得厚，滑进 4 米深的谷底，倒没受什么伤，只是吓坏了，坐在地上发呆。两只云豹正在大树上嬉戏，冷丁见山上滑下个小人来，也吃了一惊，愣愣地望着男孩。短暂的静场，身材娇小、皮毛色彩也较淡雅的雌豹很快回过神来，头朝下顺着树干爬下地，雄豹也跟着跳下树来，两只云豹瞪着铜铃大眼，伸直脖子，平举尾巴，微蹲着身体，从左右两个方向，一步步向男孩逼近，那模样，一看就知道是猫科动物捕猎的前奏。

云豹谷上围观的游客个个都紧张得凝神屏息，几百双眼睛盯着那两只云豹，一片寂静，只听见豹爪踩碎枯叶的沙沙声。

云豹是别名最多的动物，又叫乌云豹、龟壳豹、龟纹豹、荷叶豹等。名称虽多沾一个豹字，其实和豹没有血缘关系，在分类学中自成一属，为猫科云豹属，体积较山豹和雪豹小得多，只有十五千克左右，活像一只大猫。别看云豹个头不大，却是地道的食肉猛兽，敢闯进象群袭击乳象。

最要命的是，这两只云豹是 3 个月前用麻醉枪从西双版纳勐养自然保护区抓来的，也就是说，野性未泯、习惯于血腥的猎杀，说不定还因为身陷囹圄而对人类抱有刻骨的仇恨呢。更为恼火的是，饲养员还没有给它们喂食，豹腹空空；豹眼闪烁着贪婪的饥饿的光。

我当时也在场，和其他人一样，为男孩捏了一把汗。

雌豹伸出长长的血红的舌头，磨动着尖利的牙齿，令人想起磨刀霍霍这句凶险的成语。雌豹走到离男孩两米远的地方，后肢蹲，前肢曲，嘴吻的银须像钢针一样刺挺，喉咙里发出呜呜低吼，这是一个危险的信号，表明它很快就要扑跃撕咬了。

这时候，男孩如果"哇"地哭泣起来，或者露出害怕的表情，或者转身逃跑，后果都是不堪设想的。面对危险，害怕是没有用的，眼泪更不能改变九死一生的局面；逃跑更不可能，不说无路可逃，就是有路可逃的话，一个三岁的小男孩，也绝对逃不脱两只云豹的追逐。事实上，许多野兽都有类似"痛打落水狗"的品性，你越是害怕，它越是得意，你转身逃跑，反而刺激它的追咬神经，使它更残忍，更猖狂，更舍不得放弃。

男孩站了起来，顺手抓起地上的一根细树枝，挥舞着，迎着雄豹走过去，小脸蛋露出生气的表情，嘴里还叫着："臭大猫，你敢吓唬我，我打死你！"

事后我听说，小男孩家里养着一只花猫，他把云豹看成大猫了，所以一点也不害怕。

雄豹露出惊诧的表情，准备扑咬的姿势散了形，当树枝快落到它头上时，它一扭腰肢，倏地跳开了。小男孩更来劲了，迈着小腿，"咚咚咚"追上去，举起树枝抽打。雄豹绕着大树小跑着躲避。小男孩转身又去打雌豹，雌豹纵身一跃跳上树去。

一个三岁男孩，像牧童赶羊似地赶得两只云豹躲的躲，藏的藏，颇为滑稽，围观的人群禁不住笑出声来。

这时，公园的警卫闻讯匆匆赶来，握着麻醉枪，提着电警棍，打开铁门，大呼小叫，将雄豹也撵上树去，然后万分小心地将小男孩抱出豹窝。

一场惊心动魄的事故，化为饭后茶余的笑料。

整个化险为夷的过程，关键的因素是男孩还小，只有三岁，不懂事，把凶猛的云豹看成家里的乖猫咪。假设一下，如果滑下豹窝的是个年长几岁已经懂事的孩子，知道云豹和家猫是两码子事，知道豹子会咬人，饥饿的恶豹还会吃人，是绝对不敢捡起细树枝像赶羊似的去赶两只云豹的，肯定会吓得魂飞魄散，瘫倒在地，任豹宰割。即使换成一位男子汉，手无寸铁，突然面对两只企图袭击的云豹，也难免会恐惧觳觫，被动地抵抗两只云豹的扑咬，结局也肯定是十分悲惨的。

一般情况下，人是越懂事越好，由幼稚走向成熟。知识就是力量，掌握的知识面广了，人就有能力改造世界，改善生存环境，实现自身价值。但一个人了解的事情多了，也可能会产生负面效应，多了一分谨慎，少了一分勇敢。尤其是在人生的转折关头，命运的重大抉择面前，老谋深算者往往瞻前顾后，患得患失，犹豫不决，让机会从身边白白溜走。因为人生的转折关头不可能没有风险，有得必有失；命运的重大抉择面前不可能没有阵痛，势必左右为难；风险看多了，难处想多了，难免彷徨动摇，踯躅不前，最后趋向于保守。

初生牛犊不怕虎，长大的牛儿都怕虎，就是这个道理。

简析：这篇通讯的开头先介绍了动物园云豹生活的环境，对后面发生的事情作了铺垫，然后叙说事件的经过。在叙述中，描述了孩子落入豹窝，豹子欲扑孩子的动作，烘托出紧张的气氛，接着路转峰移，没有想到，孩子没哭，反而拣起细树枝，像赶羊似的打起云豹，接着化险为夷。报道可谓极富情节性。结尾卒章显志，一番议论，深化了文章的思想。

任务三　广告文案

一、概述

广告文案指的是制作广告成品之前有艺术性的说明文的底稿。它不包括所有的广告写作，更不是文字广告。

二、特点

广告文案的写作表现广告创意，必须从属于广告的特性。广告从本质上来说是一种经济活动。因此，广告文案也具有商业性的特点。

1. 营利性。广告文案的最终目的是为了营利，是为了劝导、说服消费者在广告的指导下，购买广告主生产的商品和提供的服务，从而让广告主从中获得利润。营利性，是广告文案商业性首要的、本质的特征。

2. 信息性。广告通过信息传播达到说服的目的，广告文案是传递信息最重要的手段之一。广告文案的信息既要准确、完整，又要含蓄、精练。

3. 说服性。广告文案要起到劝导的作用，并最终影响消费者的消费行为，达到使广告主营利的目的，这就必然带有明显的说服性。

4. 艺术性。任何广告文案，要想实现其商业性的目的，必须调动各种艺术形式和技巧来吸引消费者，打动他们的心弦，诱使他们购买商品。优秀的广告作品，一般都具有较高的艺术性。

三、分类

按照传播媒介的不同，广告文案可以分为：

1. 平面广告文案

平面广告通过各种以长宽两维形态传达视觉信息的广告媒体来传播，其中最常见的就是报纸广告和杂志广告。平面广告文案指的是用来制作平面广告的文字底稿，一般原封不动地转化为文字广告。

2. 电视广告文案

通常称为故事版或者脚本，它是广告制作的分段草图。这种文案，包括一些画面、道具、时间、音响、解说等特定因素。

3. 广播广告文案

广播广告完全依靠声音来传播，缺乏画面的形象帮助，因此，要想使听众在短时间内听懂并记住广告内容，文案就必须讲究口语化和生活化，通俗易懂，好听易记。

4. 网络广告文案

又称设计稿。网络广告以网络为传播媒介，随着互联网的普及和广泛应用，网络广告具有巨大的发展潜力。网络广告文案的写作必须根据网络广告的特点如链接等来进行。

四、广告文案的写作

广告文案的结构与一般的问题不同，由广告语、标题、正文和随文四部分构成。

1. 广告语

(1) 概念。广告语，又称为标语、口号，是为了加强述求对象对企业、产品或者服务的印象，而在广告中长期、反复使用的简短口号性语句。

(2) 特点。单一性，简短性，口语性，长期性。

味道好极了！——雀巢咖啡

大宝，天天见。

今年过年不收礼，收礼只收脑白金。

(3) 表现手法。

陈述式：我们一直在努力！（爱多电器）

修辞式：

比喻：这双鞋就象妈妈牵引宝宝的双手。（童鞋）

比拟：她工作，您休息。（洗衣机）

夸张：今年二十，明年十八。（香皂）

幽默式：此处已经摔死四人，你要做第五个吗？（交通公益广告）

2．标题

（1）分类：

1）单一标题。标题只有一个字、一个词或者一句话。

2）复合标题。

引题+正题

潮流趋向小、冷、静

小冷静新上市（空调广告）

引题+正题+副题

四川特产，口味一流

天府花生

越剥越开心

（2）写法：

1）新闻式。小冷静新上市。（空调广告）

2）类比式。它就像孩子，你还没有就不会理解拥有的感觉。（保时捷汽车）

3）疑问式。你爱你的脸有多深？（螨婷洁面乳）

4）命令、祈使、建议式。灯箱要换代，请用乐美耐。（乐美耐灯箱）

5）悬疑式。我们寻出了琼斯的底细。（百货公司）

6）颂扬式。非凡成就。（XO 马爹利）

7）承诺式。货真价实全方位服务。（百安居）

8）叙事式。借充气袋活下来的人们。（保险公司）

9）反问式。请勿相信此广告。（汽车）

3．正文

（1）概念。正文是广告文案的主体和中心，是承接标题，对广告信息进行展开说明、对述求对象进行深入说明的文字。

（2）特征。说明性、真实性、艺术性。

（3）写法。

例文一

说明体广告：

现代化的学习工具、高考竞争者的得力助手

全国第一家研制生产

GZ-A 型多功能记忆学习器

河北省献县冀中电子仪器厂研制生产的"多功能记忆学习器"，经中华人民共和国电子工业部产品质量监督检验中心鉴定，产品质量合格，该机性能技术指标符合国家标准，定为国内首创新产品。

　　该厂生产的"多功能记忆学习器"，是将电学与大脑生理学原理相结合，通过视觉——读者——刺激大脑的知觉神经——记忆中枢这个原理研制而成的，与其他类似产品的原理截然不同。该产品投放市场后，得到了全国各地广大用户的一致好评。调查反馈表明，该产品适合在学习各种科目时使用，尤其是适用于学习外语、记忆数学公式和物理化学原理。该产品能够有效增强记忆，提高使用者的学习成绩。

　　该厂备有现货，欢迎个人或经销单位购买，欲购者可到当地邮局汇款购买，批量购货也可银行汇款，按收款先后次序发货，每套售价 87.50 元，购买 50 套以上按出厂价，每套售价78 元。该厂免费包装邮寄，不另收费，附有使用说明书。

　　汇款及联系地址：河北省献县冀中电子仪器厂供销科

　　开户银行：献县支行城关营业所

　　账　　号：650054048

　　电报挂号：1438

　　简析： 这是一篇说明式的广告。其标题"现代化的学习工具、高考竞争者的得力助手"抓住家长望子成龙的心理进行促销；"全国第一家研制生产"，告知社会在生产该类产品方面，自己有权威，暗示质量高、效果好。全文以第三人称叙述，目的是增强可信度。第一段告知社会该产品经权威部门鉴定，质量有保证。第二段用原理和事实说明其功效。第三段介绍购买方式和价格。

例文二

文艺体广告：

南方黑芝麻糊

电视广告文稿

时间：约 20 世纪 30 年代的一个晚上

地点：江南小镇街巷

人物：小男孩、挑担卖芝麻糊的妇女、妇女的小女儿

遥远的年代，麻石小巷，天色近晚。一对挑担的母女向幽深的陌巷走去。（画外音，叫卖声）："黑芝麻糊哎——"（音乐起）。

深宅大院门前，一个小男孩使劲拨开粗重的樘拢，挤出门来，深吸着飘来的香气。（画外音，男声）："小时候，一听见黑芝麻糊的叫卖声，我就再也坐不住了……"

担挑的一头，小姑娘头也不抬地在瓦钵里研芝麻。另一头，卖芝麻糊的大嫂热情地照料食客。（叠画）大锅里，浓稠的芝麻糊不断地滚腾。

小男孩搓着小手，神情迫不及待。

大铜勺被提得老高，往碗里倒着芝麻糊。

小男孩埋头猛吃，大碗几乎盖住了脸庞。

研芝麻的小姑娘投去新奇的目光。

几名过路食客美美地吃着，大嫂周围蒸腾着浓浓的香气。

站在大人背后，小男孩大模大样地将碗舔得干干净净(特写)。

小姑娘捂嘴讪笑起来。

大嫂爱怜地给小男孩添上一勺芝麻糊，轻轻地抹去他脸上的残糊。

小男孩默默地抬起头来，目光里似羞涩，似感激，似怀想，意味深长……

(叠画)一阵烟雾掠过，字幕出(特写)："一股浓香，一缕温暖"。(画外音，男声)："一股浓香，一缕温暖。南方黑芝麻糊"。

(叠画)产品标板。

推出字幕(特写)：南方黑芝麻糊　广西南方儿童食品厂

片长：30秒

简析：这是抒情散文式的电视广告。20世纪30年代江南小巷，芝麻糊的叫卖，勾画了芝麻糊的历史和民俗。小男孩贪吃的样子，形象地说明了黑芝麻糊味美香甜。叫卖声和男声配合画面恰倒好处，长长的叫卖声增添了黑芝麻糊的诱惑。男声，点明这是回忆，回忆当年芝麻糊的甜美，回忆当年人情温暖。结尾，推出字幕"一股浓香，一缕温暖"点题，说明从制作芝麻糊的技艺到人情的温暖，今天都有继承和发展。这则抒情散文式广告，不仅有商业宣传，而且具有传统文化的底蕴。

例文三

小霸王学习机

你拍一，我拍一，小霸王出了学习机。

你拍二，我拍二，学习游戏在一块儿。

你拍三，我拍三，学习起来很简单。

你拍四，我拍四，包你三天会打字。

你拍五，我拍五，为了将来打基础。

你拍六，我拍六，小霸王出了486。

你拍七，我拍七，新一代的学习机。

你拍八，我拍八，电脑入门顶呱呱。

你拍九，我拍九，二十一世纪在招手，

在——招——手。

为了将来! 小霸王学习机，寓教于乐。

简析：例文是儿歌，适合推销儿童使用的商品。

例文四

1. 虽云毫末技艺，却是顶上功夫。——某理发店广告
2. 如果不是最好的，那它又有什么用呢? ——某油漆广告
3. 小莫小于水滴，细莫细于沙粒——储蓄广告
4. 它能够将愤怒吞没——镇静剂广告

简析：例1采用了双关手法，"毫末"既指头发，又指"微末"。"顶"既指"头顶"，又指"最好"的。例2用反语的手法，暗示自己的产品是最好的。例3采用比喻手法，宣传积少成多的道理。例4用比拟手法，将镇静剂比拟为物，具有幽默感。

4．随文

（1）概念　随文是广告中传达购买商品或者接受服务的方法等基本信息，促进或者方便述求对象采取行动的语言文字。一般出现在广告的结尾。包括购买商品或者获得服务的方法、权威机构证明、网址、电话、特别说明等。

（2）写法

1）直接列明。如"公司地址：××××××咨询电话：×××××× 联系人：××××××"

2）委婉附言。将随文写成预期委婉、具有亲切感和人情味的简短附言。如"如果您想了解关于××××××的详细情况，可以按照下面的地址联系我们，××××××"

3）以标签的形式突出。将随文作成一个简单明确的标签。

习题：

1．新闻的导语有几种写法？

2．在报纸上选择一篇新闻，并结合学到的有关新闻的知识分析其特点。

3．阅读下面两篇新闻，回答文后问题：

首都大中小学师生为京城添新绿

"北京市义务植树日" 新植树木近200万株

本报4月3日讯（记者梁杰）　今天，4月份的第一个星期日，是北京市义务植树日，首都各大中小学校师生放弃休息时间来到田野、山林参加义务植树活动。新栽下的近200万株青松翠柏，绿柳国槐为北京平添了几分春意。

在圆明园遗址，北京师范大学3个班的50多名港澳台籍同学种下了100多株桧柏，取名"相思林"，寄托着海峡两岸人民的日夜思念之情。北大、清华、民族学院等首都17所大学的近5000名学生在北京图书馆新址及学校所属区域参加了义务植树；在顺义县牛栏山乡，北京西藏中学与顺义县牛栏山一中两所友好学校的藏、汉同学200多人栽种了一片"民族团结林"；在宣武艺园，北京800多名少先队员开展了"北京少年爱北京，人人争做绿色小卫士"主题活动。他们向全市130多万少年发出"不折枝，不摇树，不摘花，不踩绿地，不乱刻划，见到损坏树木行为要劝阻"的建议，并向游人分发了2500多份"市民、游客须知"。市少年宫的100多名少年与30多位专家、教授一起在德胜门两侧栽下了30多株玉兰，名为"希望树"。

1．本文的导语写法采取了哪种方式？交代了新闻的五个要素具体是什么？

2．本文在安排材料上有什么特点？

3．划出本文"点"的部分。

完善训练体系　优化管理模式

我国竞技体育发展迅速

迎接十六大　喜看新成就

本报北京11月7日讯　记者王霞光、陈晨曦报道：在前不久结束的第十四届亚运会上，中国体育健儿睥睨亚洲体坛，以150枚金牌连续第六次位居亚运会金牌榜之首。更令人振奋的是，中国运动员在本届亚运盛会上创13项世界纪录，平5项世界纪录。

亚运会上的累累硕果仅仅是中国竞技体育成就的一个缩影。党的十三届四中全会以来，我国竞技体育有了突飞猛进的发展。13 年来，我国体育健儿共参加了 3 届夏季奥运会，在 1992 年巴塞罗那第二十五届奥运会和 1996 年亚特兰大第二十六届奥运会上，中国体育代表团均以 16 枚金牌位居金牌榜第四位。2000 年，在悉尼举行的第二十七届奥运会上，中国体育代表团一举夺得 28 枚金牌、16 枚银牌和 15 枚铜牌，首次跃居奥运会金牌榜和奖牌榜第三位。在今年初举行的美国盐湖城冬奥会上，我国选手摘得两枚金牌，使中国冰雪运动长达 22 年来对冬奥会金牌的渴望变为现实。至此，中国体育健儿共在夏季奥运会和冬季奥运会上夺得 82 枚金牌。体育健儿在奥运会上的精彩表现，勾画出一条中国体育腾飞的历史轨迹，而他们在比赛中大力弘扬以"为国争光、无私奉献、科学求实、遵纪守法、团结协作、顽强拼搏"为主要内容的中华体育精神，更是受到广泛赞扬。

此外，中国足球队经过 44 年的努力，于 2001 年首次打入 2002 年韩日世界杯决赛圈，令人们欢欣鼓舞。就在中国足球队冲出亚洲、走向世界的同一年，北京成功获得了 2008 年奥运会的主办权。第十一届亚运会、远南残疾人运动会和第二十一届世界大学生运动会的成功举办，证明北京已经具备了举办大型国际体育赛事的能力和经验。北京将努力把历史上最出色的一届奥运会奉献给世界。

据初步统计，从 1959 年 3 月乒乓球运动员容国团在世界乒乓球锦标赛中获得中国体育史上的第一个世界冠军起，截至 2002 年 10 月中旬，中国运动员获得世界冠军的总数已突破 1500 个，创造或超过世界纪录 1070 次以上。

中国竞技体育的辉煌成就得益于日渐完善的竞技体育训练体系。该体系以青少年业余体校和基层体育俱乐部为基础，以省区市运动队为骨干，以国家运动队为最高层次，使全国优秀运动队常年保持在两万人左右，成为攀登世界体育高峰的主力军。与此同时，中国竞技体育开始采用国际化的管理模式，进一步加快了竞技水平的提高。中国与国际体育界的交流也不断扩大。截至 2002 年 6 月，中国已经是 110 个国际体育组织、128 个亚洲及远东、泛太平洋体育组织的成员。

1. 作者认为中国体育健儿取得的辉煌成就的原因是什么？
2. 概述中国体育健儿取得了哪些辉煌的成就？
3. 这篇新闻使用了三行标题，说明其作用。
4. 分析消息和通讯的区别。
5. 学写一篇通讯。
6. 阅读下面通讯，回答问题。

良心的馈赠

——访北京市十大杰出青年获得者龚旗煌教授

今年"北京市第五届十大杰出青年"颁奖会上，一位年轻干练的青年映入人们的眼帘，锐睿的目光，平静的笑容，浑身透出一股自信、从容气息，他就是我校物理学院的龚旗煌教授。

谈起龚旗煌教授，人们最多的便是钦佩。15 岁入北大，19 岁考上硕博连读，27 岁就升为副教授，31 岁的被破格提为正教授。先后获得"第六届中国青年科技奖"、"香港求是基金会杰出青年学者奖"、"中国光学学会青年科技奖"、"北京市科技进步奖"、"中国高校科技进步奖"以及"全国优秀留学归国人员"、"做出突出贡献中国博士学位获得者"，"北京市五四奖章获得者"，"第五届北京市十大杰出青年"等荣誉称号，并获的"国务院特殊津贴"。与之相伴的是硕果累累的科研成果，在世界物理研究领域中受到同行们的认可。他首先在国际上独立开展三维结构π电子共轭碳簇分子——足球烯 C60、C70 和纳米碳管系列三阶非线性光学性质，开辟了光功能材料研究的新领域；通过对气态足球烯分子吸收光谱的研究，首次精确测定了 C60 和 C70 分子的紫外波段吸收峰及吸收截面，并提出了被国际同行称为"第三类 Hanle 效应"的碰撞感生相干性……他也曾受到日本、英国等多家单位的青睐。

辉煌的人生道路，瞩目的科研成果，国外的高酬诱惑，面对着这一切，龚旗煌教授是以一种怎样的心态去对待呢？

爱迪生曾对成功下过一个定义："成功就是 99%勤奋加上 1%的天才。"龚旗煌教授对成功却有自己独特的诠释："我认为成功是基于勤奋的基础上，适时地抓住机遇，做自己喜欢做的事。勤奋学习，努力工作是成功的基础，你只有做到这一点才能很好的把握机遇，当然兴趣也是十分重要的……"

勤奋是成功的基础，龚旗煌是这样说的，也是这样做的，在当今许多单位已是"朝九晚五"的工作日时，龚教授却每天比别人至少多工作四个小时，每天早上 7 点多上班，晚上 7 点以后下班早已成了龚教授的习惯，而且，他对周末并没有什么概念，工作忙就一周都连轴转。"在家的时间太少了，家和孩子都是爱人把持着，她也挺辛苦的，所以我认为一个成功的男人背后是站着一个女人是非常有道理，我的成功离不开我爱人的理解与支持。""那你这样夜以继日的工作，不会觉得乏味吗？""对，这就是兴趣，如果你对一件事很感兴趣的话，你就会觉得它其乐无穷，自己的兴趣是重要的。"是的，他并不把成功不成功看得很重，关键是做自己感兴趣的事并从中感受快乐，而且，从另一个方面来说，这就是一种成功。"比如说一个教师教了一辈子书，他可能退休的时候什么也没有，但他也是很成功的，因为他在做自己感兴趣的事，并培养出许多学生。"正由于此，尽管每天在实验室中搞科研十几个小时，但他并不觉得疲惫，有时甚至连觉也不睡，都因兴趣所在。

"随时都要比较努力，搞科研就是这样，短时间内可能出不了什么成果，但你要注意要平时的积累，做科研也需要机遇，但如果没有平时的积累，既使有了机遇你也抓不住。"谈到成功与机遇，龚旗煌教授又想到了 1995 年回国的经历，当时北大校领导率领代表团访问日本，给他带来了两个信息，一个是国家杰出青年科学基金的出台，一个是国家"211 工程"即将启动，得知这一新闻后，他同爱人毅然决定回国，抓住了这次机遇，才有今天的成功。

做学问，搞科研，都来不得半点虚假，我国的科研条件相对来说较发达国家落后，所以，我们必须投入更多的时间和精力，对于科研，我觉得关键在于创新。

心系科研

谈到自己的课题时，龚旗煌教授深入浅出地介绍道："我们研究主要有两方面。一方面是新型光功能材料的研究，就是寻找一些新材料，如有机及聚合物，作为新的光电器件；第二就是飞秒光科学研究"。现在龚教授手边有两个大项目：一个是国家"973"计划中的超快超强激光在微结构等交叉领域的前沿的研究，另一个是国家基金委重大光电功能材料研究计划中的重点项目若干新型光子器件的飞秒多光子微制备及机理研究。飞秒激光能提供很短很短的脉冲，达到 10～15 秒、10～14 秒，利用这样短的脉冲可以研究很多原来没法用电子学方法获得的超快光过程的信息，揭示出新的规律。这种新的手段已广泛应用在物理、化学、生物以及生命科学的研究中。此外，在这么短的时间内，我们可以集中一定的能量达到极高的光功率和电场强度，目前获得的电场强度已大大超过原子内电子所受的场强，在这样的强激光作用下，许多新的物理现象和规律将被发现。因此，他们正是利用飞秒激光开展时间分辨及强场等极端条件下的科学研究。希望能获得创新成果。这一领域的研究是国际上前沿的内容。

诚然，龚旗煌作为年轻的科学家，早已在科研领域脱颖而出了：近年来共发表论文近百篇。有关工作引起国际同行的极大重视。论文已得到多本专著的介绍并被国际同行所引用达200余次。目前，他负责学校"一流大学计划"建设任务、任国家攀登计划(973)子项目负责人并承担国家科委和国家基金委科研项目。他已完成的科研目有国家基金委"杰出青年基金"、国家"863"材料领域青年基金、"863"激光领域青年基金、自然科学基金、北京市自然科学基金、国家教委优秀青年教师基金和国家科委等资助的多项有关非线性光学效应、新型非线性光学材料、足球烯分子簇光学性质和超快超强光物理等研究课题。

人活着要一点良心，祖国培养了我，并提供给我出国的机会，当祖国需要我们的时候，我们应义无反顾地回来。

良心的回报

中国就是自己的根，自己有在国内才有一种归属感、才能获得一种精神上的满足。在他的人生旅途上，有过很多次的出国机会，但他始终把中国作为自己事业和人生的基点。

1983年本科毕业时，他要出国可以说不费什么力气，但他却选择了努力学习，考取北大的研究生。1988年，龚旗煌作为中英联合培养的博士到英国曼彻斯特学习。上世纪80年代的英国，科学研究和生活条件毫无疑问要比中国强得多，好多人也因此留在了英国。但是龚旗煌不为所动、坚定不移地回到了生他养他的中国大地，返回了培养他多年的燕园沃土。回想起这次经历，他并不觉得有什么遗憾，他的理念是，人活着是要有良心的，北大培养了他，并且为他提供了出国的机会，既然北大需要他回来，他自然就义不容辞。而且，只有燕园才能使他产生一种安定的感觉。

1994年，龚旗煌东渡扶桑，受聘为日本理化学研究所前沿科学研究员。他杰出的科研素质以及严谨创新的精神，使日本老板对其刮目相看，热切要求他留在日本。为了挽留这位青年才俊，老板愿意提供很高的薪水以及优越的待遇。1995年，北大校领导到日本访问，特意带给他一份国家杰出青年科学基金的申请表。龚旗煌又一次面临着人生的重要抉择：一方面是炙手可热的日本研究所的丰厚的薪水、雄厚的科研资金、先进的科研条件；另一方面则是无法确定能否得到批准的科学基金的申请、处于低水准的国内的生活条件。两方面的力量对比悬殊太大了，日本当然是很多人同等情况下做出的不二选择。然而，龚旗煌教授毅然决然地收拾了行装、重新踏上了迫切需要高科技人才的、并不富裕的中国的土地。

无疑，龚教授的选择是正确的，他以自己奋斗的成果证实了自己所选择的道路的可行性。他说："事实证明，我的选择是对的。如果不回国，在外面做得再好，也不会超过现在。在心理上的感受，就差得更远了。"

诚然，科学是没有国界的，但是科学家是有祖国的。当前，各国经济技术联系越来越紧密，各国科学家之间的竞争也日益激烈。"祖国需要人才，我们就应义无反顾回来。"龚教授充满深情地说道。可以说，龚教授所取得的一系列成就都是与他那颗良心紧密相连的，他的良心实际上就是一颗忠诚的爱国心，一腔澎湃的报国血。祖国培养了他，他也用这颗良心回赠了祖国。

面对成功，龚教授谦逊于"勤奋"；面对自己的科研领域，他致力于"创新"；面对国外的诱惑，他毅然选择了自己的"家园"。"北京市十大杰出青年"的获得，不是他获得荣誉的开始，更不会是终结，相信在以后的人生路上龚教授会出更多的成果，获更多的荣誉。

1. 标出本文议论的句子并说明其作用？
2. 龚旗煌教授是一个怎样的人？
3. 这篇通讯在写法上有什么特点？

项目八　科　技　文　书

　　项目要求：了解科技文书的概念、种类、写作要求。掌握学术论文、毕业论文、产品说明书、科技实验报告和工科毕业设计报告的结构写法。

　　科技文书是人们用于科学技术、学术研究和科技管理等方面的应用文。广义的科技文书不仅包括自然科学、工程技术等方面的文书，而且还包括经济科学、人文科学等方面的文书；狭义的科技文书主要指自然科学和工程技术方面的文书。

一、科技文书的分类

　　科技文书根据其具体的实用范围可以分为论文类、报告类、说明类三类。

　　1．论文类

　　自然科学与应用技术、社会科学两方面的论文，是科技文书最重要的一个类别。通常将表达学术观点的自然科学论文或社会科技论文称为学术论文，将表达应用技术的称为科技论文。

　　这类科技文书的作用从根本上说，是进行科研、表达科研成果的工具。

　　2．报告类

　　科学研究或产品开发过程中经常使用报告类的文书，其作用从根本上说，是科研或技术工作过程中的信息工具。

　　3．说明类

　　说明类的科技文书主要指产品说明书和科普文章。其作用从根本上说，是指导产品使用和普及科学知识的工具。新产品投放社会后，不能马上被接受，需要宣传和推广，产品说明书是宣传和推广的重要方式。科普文章是培养人们热爱科学、使用科学、抵御迷信和伪科学的重要武器，对培养人们的素质，开展唯物主义教育有着重要作用。

二、科技文书的特点

　　1．内容的科学性

　　科技文书传达的主要是科学技术的信息，其反映的信息来自科学技术实践，具有客观实在性。科技文书的写作自始至终都要从客观实际出发，在实践中接受检验，不允许有任何的虚构。

　　2．格式的规范性

　　随着现代科学技术的发展，科技文书的文面格式也日益趋于统一化、规范化、标准化，国家的相关部门先后出台了一系列的科技文书文面格式的相关要求，其格式也逐渐固定了下来。

　　3．非语言符号使用的广泛性

　　非语言符号主要包括图表、符号、公式等。这些非语言符号的广泛应用能辅助语言更好地完成交流科技信息的任务。

　　4．读者对象的确定性

　　科技文书的读者对象一般都是与本专业相关的专家、科技人员、管理人员、决策者等。

三、科技文书的写作要求

1. 科学性

科技文书要求写作具有科学性。这首先体现在指导思想和方法具有科学性，其二体现在实事求是的工作态度上，要深入调查，从客观实际出发，做到材料真实、数据可靠确凿。

科技文书的科学性，是指导思想、工作方法和工作态度在文章文风上的体现，要求朴实、严谨、不卖弄。

2. 实用性

科技文书与现实发展有紧密联系，是记载和描述科学技术发展、产品更新换代、交流科技信息的重要工具。

3. 严谨性

科技文书具有严谨性。要求用语准确，结构合理。陈述概念常用定义法。文书的组织结构具有逻辑性、系统性。反映在方法上，就是观点用事实说话，论证讲究逻辑方法。

任务一　学术论文

一、概念

《中华人民共和国国家标准科学技术报告、学位论文和学术论文的编写格式》给学术论文一个明确的定义：学术论文是某一个学术课题在实验性、理论性或者观测性上具有新的科学研究成果或者创新见解和知识的科学记录；或者是某种已知原理应用于实际中取得新进展的科学总结，用以提供学术会议上宣读、交流或者讨论；或者在学术刊物上发表；或者作其他用途的书面文件。

从教学角度讲，学术论文就是用来进行科学研究和描述科学成果的议论文，写作过程就是研究过程。

二、种类

按照不同的标准，学术论文有不同的分类，为了方便学习，现将其分为以下几类：

1. 专业论文

这是各学科领域中专业人员写作的学术论文，要提交给有关科研部门或者发表在专门性刊物上。主要包括社会科学论文和自然科学论文。

2. 毕业论文

这是高等学校应届毕业生总结在学校期间的学习成果，培养学生具有综合运用所学知识解决实际问题的能力，使之受到科学研究规范的基本训练，一般在教师指导下进行。

3. 学位论文

学位论文是表明作者从事科学研究取得创造性的结果或者有了新的见解，并以此为内容撰写而成并且作为申请相应学位时评审用的学术论文。包括：学士论文、硕士论文与博士论文。

三、特点

1. 科学性

这是学术论文之所以成立的首要条件，是其生命所在，具体表现在行文过程中。在立论上，建立在课题基础上提出和论证自己的论点一定要客观冷静，不带个人偏见和好恶，不可主观臆造。论据一般要求是自己收集的第一手资料。论证上要求周密、严谨、讲究逻辑。

2. 独创性

这是学术论文的价值条件，是灵魂所在。在学术论文中，论点一定是作者自己的发现，要新颖、独特，还要争取深刻。甚至课题，也要争取是自己对事物研究选择后的新发现领域。论点的独创性可以分为原创、创新、新颖三级。

3. 实用性

这是学术论文的成效所在。科学成果无论大或小，都应该在实践中产生效用。

四、学术论文的结构

学术论文应当由标题、作者署名、摘要、关键词、前言、正文、注释、参考文献目录等部分构成。

1. 标题

标题又称题目，通常是对学术研究过程或成果的直接阐述。标题要既能直接、明确、简短地概括论文最主要的内容，又能引人注目。论文的题目的前后常用"论"、"试论"、"初探"、"之我见"等词语。题目的字数以不超过 20 字为限。也可以采用正副标题。

2. 署名

署名是作者研究成果拥有著作权和责任感的体现。一般位于标题下方居中位置。

3. 摘要

又称提要。用于提示研究对象和目的，课题的基本观点、成果及意义等内容。包括中文和英文两种，一般在 300～500 字。摘要包括主题、研究目的、方法、结果和结论。主题：摘要应以一个标题性句子，即论文的中心语句作为开头，使人一目了然。研究目的：以简练的文字说明课题研究的基本对象、范围、目的。方法：课题研究中所用技术和方法，以最简练的文字叙述达到令人理解的程度。结果与结论：这是摘要的重点，一定要阐述清楚、准确，并突出与已有成果的不同之处，说明创新点。

4. 关键词

又称主题词。其目的是为文献检索提供方便。学术论文主题词约 2～8 个，用于反映论文观点或主要内容。关键词是从题目、摘要、正文种选取出来的，书写在摘要的下面。

5. 前言

也称引言、绪言、绪论等。前言包括：研究背景、研究目的、研究范围、研究方法、主要观点及成果、评价意义诸方面的内容。前言不要与摘要雷同，也不要成为摘要的注释。

6. 正文

正文也称为本论(包括结论)，是论文内容的核心。这一部分直接表述科研成果。

比较常见的论文有两大种类：实验型和理论型。

(1) 实验型论文　实验型论文的正文和结论，一般包括材料和方法、实验结果、结论(或讨论)三部分。

材料和方法

这一部分包括 1) 介绍实验用的材料，有材料的来源、制备、加工方法、性质、代号等。2) 介绍实验的设备、装置和仪器，包括它们的名称、型号、生产厂家、性能、特点等对于较重要、特殊的设备要绘出有关的图。3) 介绍实验的方法和过程，包括创造性的观察方法、观测结果、结果运算处理的方法与公式、实验中出现问题的处理方法、操作中应注意的问题、观测结果记录的方法与使用的符号等。

实验结果

内容包括实验的产品、实验过程中所观测到的现象、图像和数据，以及对上述现象、数据进行初步统计加工后的有关资料等。对这部分内容的写作要求是：1)准确、精细，毫无差错。2)实验数据、图像等，应经过认真、客观的处理和选择，不能任意取舍；要以能说明问题为度，不要将全部资料罗列。3)将实验结果按一定的逻辑顺序编排，尽量用图标说明问题。

结论（或讨论）

如果所做的工作得不出应有的结果，也可以没有结论而进行必要的讨论。这一部分在写法上繁简不同，但都必须以实验结果为基础，以理论为依据，进行科学的分析，获得对结果的规律性认识，表现作者创造性的发现和见解。

讨论通常分条写，应力求简短。内容包括：影响实验的根本因素；扩大实验成果的途径；实验中发现了哪些规律；观察到哪些现象，怎样解释；将实验结果与已知理论推算出的结果对比，说明理论结果与实验结果的异同。

(2) 理论型论文　其结构根据需要有不同形式。常见的有并列式、递进式、过程式和综合式。

1) 关系过程式，也称时间式。是将研究过程作为整体结构，以时间先后和事物发展过程（发生—发展—结果）为顺序的结果。其思路是：问题的发现、问题的研究实验、分析和总结、最后导出的结论。

2) 并列式。是将总论点分为若干分论点，分论点之间为并列关系，内容紧密相连，但又分说不同的小问题。其思路是：将总论点一一划分或分解，形成分论一一论证，再归纳为整体，即先概说整体，再逐一展开，最后归纳分析得出结论。

3) 递进式。是将总论点分为若干分论点，分论点之间的关系是层层深入、逐步上升的。其思路是：将总论点分解为起点和发展，前一个问题总是后一个问题的前提，层层推进，最后获得结论。

4) 综合式。兼用上述方式，根据文章内容表述的需要灵活运用。

7. 注释

是论文对正文某些问题的解释。

8. 参考文献目录

其作用是，表示对他人成果的尊重；便于读者了解该领域情况，为读者研究或查找文献提供线索；反映作者对本课题、本领域的历史和现状的了解程度，便于读者相信论文水平与增进资料的可信度。

例文一

苏轼为何独好渊明之诗

×　×

摘要：在古代众多的诗人之中，苏轼"独好渊明之诗"。原因何在？文章主要从苏轼慕渊明其人，崇尚渊明其诗的风格，欣赏渊明作诗的用意，钟情于渊明之诗的"金刚怒目"等方面来进行阐述。苏轼还创作了大量的"和陶诗"，用自己的诗歌创作实践来表达对渊明其人其诗的喜爱之情。

关键词：苏轼；独好；陶诗；原因；和陶诗

陶渊明是我国古代文学史上占有重要地位的一位杰出诗人，他的诗作，对后世文学产生了深远的影响。但在宋代之前的几百年间，陶渊明一直是孤独寂寞的，举目寰宇，无一真正知己，其人其诗未得到应有的重视。"渊明文名，至宋而极。"（钱钟书《谈艺录》）陶渊明在宋代备受关注，由诗名并不显赫一跃成为巍然大家，这主要应当归功于苏轼。正如李泽厚在《美的历程》一书中所言："终唐之世，陶诗并不显赫，甚至也未遭李、杜重视。直到苏轼这里，才被抬高到独一无二的地步。从此以后，地位便基本巩固下来了，苏轼发现了陶诗在极平淡质朴的形象意境中所表达出来的美，把它看作人生的真谛，艺术的极峰。千百年以来，陶诗就一直以这种苏化的面目流传着。"苏轼对渊明其人其诗极为推崇，可谓是渊明的异代知己、隔世友朋。苏轼自称"吾于诗人，无所甚好，独好渊明之诗。"（苏辙《子瞻和陶渊明诗集引》）

在古代众多诗人中，苏轼为何独好渊明之诗？主要有以下几方面的原因：

一、慕渊明其人

（一）苏轼仰慕任真率性的陶渊明。苏轼在《书李简夫诗集后》中称扬渊明："陶渊明欲仕则仕，不以求之为嫌，欲隐则隐，不以去之为高，饥则叩门而乞食，饱则鸡黍以延客，古今贤之，贵其真也。"

（二）苏轼慕渊明之高风亮节。"渊明不肯为五斗米一束带见乡里小人，而子瞻出仕三十余年，为狱吏所折困，终不能悛，以陷于大难，乃欲以桑榆之末景，自托于渊明，其谁肯信之？虽然，子瞻之仕，其出入进退，犹可考也。后之君子，其必有以处之矣。"（苏辙《子瞻和陶渊明诗集引》）

（三）相似的性格，相似的经历。

"然吾于渊明，岂独好其诗也哉？如其为人，实有感焉。渊明临终，疏告俨等：'吾少而穷苦，每以家贫，东西游走。性刚才拙，与物多忤，自量为己必贻俗患，黾勉辞世，使汝等幼而饥寒。'渊明此语，盖实录也。吾今有此病而不早自知，半生出仕，以犯世患，此所以深服渊明，欲以晚节师范其万一也。"（苏辙《子瞻和陶渊明诗集引》）苏轼与渊明的性格相似："性刚才拙，与物多忤"。两人又有着相似的人生经历：仕途多舛，不向恶势力低头，不与之同流合污；两位诗人都孤独地存在于自己所处的时代，不为时人所理解。

（四）苏轼在渊明身上找到了疗救心灵的良药。苏轼奉行"丈夫重出处，不退要当前"的人生信条，但入仕不久，仕途的坎坷和政治的纷争，使他萌发了退志。进与退的矛盾给他内心带来了极大痛苦。为了解决这个矛盾，他苦苦找寻，终于找到了陶渊明这个异代知己。在陶渊明身上，苏轼找到了"结庐在人境，而无车马喧。问君何能尔，心远地自偏"的处己之道，这也是与污浊官场进行抗争的一种手段。苏轼从渊明身上汲取精神力量，消解心灵的痛苦，维系精神的平和。

二、崇尚渊明其诗的风格

苏轼既爱渊明其人，也爱其诗。苏轼赞渊明之诗，曰："渊明作诗不多，然其诗质而实绮，癯而实腴。今曹、刘、鲍、谢、李、杜诸人皆莫及也。""质"，质朴、朴实，缺乏文采；"绮"，华美；"癯"，瘦；"腴"，肥胖。"质而实绮，癯而实腴"：表面上质朴，实际上华美；表面上单一，实际上丰富；平淡之中有无限的丰采，简练之中有深厚的情味。"质"和"癯"是外在表现，"绮"和"腴"是内在本质，陶诗欣赏起来给人一种外表质朴、内里丰腴，"外枯而中膏，似淡而实美"的感觉。

陶渊明诗歌的题材和内容贴近平淡的日常生活，所描写的对象往往是最平常的事物，如村舍、鸡犬、豆苗、桑麻等，没有奇特之处。陶渊明直写其事，不假雕琢，不尚辞采。陶诗中没有夸张的手法，只运用淡淡的白描，就传达出深厚的意蕴。朱熹说："渊明诗平淡，出于自然。"（《朱子语类》）陶诗的语言质朴简练，清新自然。"山气日夕佳，飞鸟相与还"，"种豆南山下，草盛豆苗稀"，"晨兴理荒秽，待月荷锄归"，"相见无杂言，但道桑麻长"等语言都是非常浅近的，明白如话。陶诗"殆无长语"，没有空泛的议论，给人"言有尽而意无穷"之感。陶诗的语言不是未经锤炼的，只是不露痕迹，显得平淡自然。正如元好问在《论诗三十首》中评价陶诗："一语天然万古新，豪华落尽见真淳。""陶诗淡，不是无绳削，但绳削到自然处，故见其冲淡之妙，不见其绳削之迹。"（明人王圻《稗史》）

苏轼为何崇尚这种形式朴素而富于内在魅力的美？

首先，是由当时社会的大环境所决定的，宋代文人崇尚平淡自然的美。宋代文人所崇尚的平淡自然的美，并不是枯燥乏味、"淡乎寡味"，而是一种外表平淡而内蕴深厚的美。苏轼在《与侄论文书》中曾说过"其实不是平淡，绚烂之极也。"宋代文人的这一审美追求恰好与陶诗"质而实绮，癯而实腴"的风格相契合，自然喜渊明其人，爱渊明之诗。

其次，又与苏轼的美学思想密不可分。苏轼在书法、诗歌、绘画等各方面都有着自己独特的见解，并取得了令人瞩目的成就。苏轼认为书法要"尚意"，力赞从容平淡，能达自然之风格，在书法作品中应流露出自己的率真性情。苏轼在绘画上倾向于追求淡雅之韵，追求妙在笔墨之外的意境。苏轼认为诗要有"超以象外"的远韵。"坡公之诗，每于终篇之外，恒有远境，匪人所测。于篇中又各有不测之远境，其一段忽从天外插来，为寻常胸臆中所无有。不似山谷于句上求远也。"（清代方东树《昭昧詹言》）

三、欣赏渊明作诗的用意

对渊明作诗的用意，苏轼领会得非常之深切，并对其大加赞赏："渊明诗初视若散缓，熟视之有奇趣。"（北宋惠洪《冷斋夜话》）"'采菊东篱下，悠然见南山'，因采菊而见山，境与意会，此句最有妙处。陶渊明意不在诗，诗以寄其意耳。近岁俗本皆作'望南山'，则此一篇神气都索然矣。古人用意深微，而俗士率然妄以意改，此最可疾。"（苏轼《题渊明饮酒诗后》）"'采菊东篱下，悠然望南山'，则既采菊又望山，意尽与此，无余蕴矣，非渊明意也。'采菊东篱下，悠然望南山'则本自采菊，无意望山，适举首而见之，故悠然忘情，趣闲而景远。"渊明作诗在于写意，表达自己的心志、情趣和人生体悟，而写景、叙事只是为意造境。

四、钟情于渊明之诗的"金刚怒目"

鲁迅先生说："（陶诗）也有'精卫衔微木，将以填沧海，刑天舞干戚，猛志固常在'之类的'金刚怒目'式"。"金刚怒目"即豪放。"豪放"，是指雄豪奔放，为实现理想而努力进取。朱熹也曾谈到渊明豪放的一面："陶渊明诗，人皆说是平淡，据某看他自豪放，但豪放得来不觉耳。其露出本相者，是《咏荆轲》一篇，平淡底人如何说得这样言语出来。"（《朱子语类》）陶渊明在他的诗中将"豪放"之情表达得淋漓尽致。"精卫衔微木，将以填沧海。刑天舞干戚，猛志固常在。同物既无虑，化去不复悔。徒设在昔心，良晨讵可待！"（《读山海经》）"雄发指危冠，猛气冲长缨。饮饯易水上，四座列群英。渐离击悲筑，宋意唱高声。萧萧哀风逝，淡淡寒波生。"（《咏荆轲》）作为"豪放派"领袖的苏轼，对渊明其人其诗又怎能不钟情呢？

正因为"独好渊明之诗"，所以苏轼一生创作了大量的"和陶诗"，用自己的诗歌创作实践来表达对渊明其人其诗的喜爱之情。"和陶诗"是苏轼对人生理想的积极探求和对"质而实绮，癯而实腴"诗歌理想的实践、探索，充分体现了苏轼对渊明之诗的喜爱至极，推崇至极。苏辙在《追和陶渊明诗引》中引用苏轼信中的话说："古之诗人有拟古之作矣，未有追和古人者也，追和古人则始于东坡。""晚喜陶渊明，追和之者几遍。"（苏辙《亡兄子瞻端明墓志铭》）苏轼以"和诗"的形式追和了所有的陶诗，这种现象在文学史上是史无前例的。苏轼云："吾前后和其诗凡百数十篇，至其得意，自谓不甚愧渊明。"苏轼的"和陶诗"是内心深处的唱和，是深层次的"和"，而不是浮于表面的、流于形式的"和"。苏轼的"和陶诗"不是盲目地模仿古人，而是有所突破，有所创新，并形成了自己的风格面貌。

陶渊明以他的生活实践和文学创作，相辅相成地构筑起一种独特的生活方式和一个崭新的审美境界，让世人受其恩泽于百世之外。陶渊明的诗歌连同他的人格一道已成为中国人心目中的偶像符号。陶诗在文学史上不可动摇的地位，同苏轼"独好渊明之诗"是分不开的。苏轼对陶诗的赏爱备至与极力推崇这一巨大外在力量，使陶诗成为中国古代诗歌历史长河中一朵绚烂夺目、独具魅力的浪花，随着时间的推移，空间的转换，固化为一种不朽的存在。

参考文献

[1] 袁行霈. 论和陶诗及其文化意蕴[J]. 中国社会科学，2003，（6）.

[2] 周振甫.《诗词例话》[M]. 北京：中国青年出版社，2006.

[3] 李泽厚.《美的历程》[M]. 天津：天津社会学院出版社，2001.

[4] 颜中其.《苏轼论文艺》[M]. 北京：北京出版社，1985.

例文二

浅谈中国古代文学中的桃花意象

×　×

摘要： 桃花是中国古代文学中的重要意象，其意蕴非常丰富。文章主要从春天、美人、爱情、仙隐、悲情、情色六个方面来分析桃花意象所蕴含的意味，有助于更好地欣赏和品味桃花。

关键词： 中国古代文学；桃花；意象

意象，是融入了主观情感的客观物象，是诗歌的生命和灵魂。"花意象"是中国古代文学中重要的意象。尤其是桃花意象，在文学作品当中，频频出现。桃花形色娇艳，许多墨客骚人都钟情于桃花，喜其形，爱其色，陶醉在花开的浪漫里，又心碎于花落的伤感中。桃花意象意蕴丰富，本文主要从以下几个方面对桃花意象作一粗浅的分析。

一、竹外桃花三两枝——春天意象

《礼记·月令》云："仲春之月，始雨水，桃始华。"桃花是春天的使者，是春意的代名词。"竹外桃花三两枝"向我们充分展示了早春的景象。阳春三月，桃花怒放，艳压群芳，占尽人间春色。桃花与春风嬉戏，一派浓浓春意。

正因为桃花的盛开代表着春天的到来，所以人们为了歌咏春天，也常常歌咏桃花。桃花名正言顺地成为春天的形象代言，在春天的舞台上，桃花永远是不可替代的主角。

以桃花歌咏春天的诗词不胜枚举："二月风光起，三春桃李华。"（高瑾《晦日宴高氏林亭》）"桃李出深井，花艳惊上春。"（李白《杂歌谣辞·中山孺子妾歌》）"桃花春色暖先开，明媚谁人不看来。"（周朴《桃花》）"满树如娇烂漫红，万枝丹彩灼春融。"（吴融《桃花》）"千朵秾芳倚树斜，一枝枝缀乱云霞。凭君莫厌临风看，占断春光是此花。"（白敏中《桃花》）"野桃含笑竹篱短，溪柳自摇沙水清。"（苏轼《新城道中二首》）"小园几许，收尽春光。有桃花红，李花白，菜花黄。"（秦观《行香子·春光》）当我们看到这些诗句时，一幅幅春意盎然，万物萌生、艳丽明媚的桃花春景图便浮现于脑海之中。一年之季在于春，春天总是给人以希望的。生机勃勃的春天定会激起内心的生命活力的。

二、桃之夭夭，灼灼其华——美人意象

桃花的色彩艳丽，就像美丽的女子一样，娇媚可人。桃花的美人的意象，最早见于《诗经·周南·桃夭》篇：

桃之夭夭，灼灼其华。之子于归，宜其室家。

桃之夭夭，有蕡其实。之子于归，宜其家室。

桃之夭夭，其叶蓁蓁。之子于归，宜其家人。

《周南·桃夭》是一首祝福新娘的诗。新娘出嫁的时候，正是桃花盛开之时，从花朵绽放到结满果实、枝叶繁茂，都在祝愿新娘出嫁后幸福美满，和和睦睦。累累的果实也象征着人丁兴旺、家族兴盛。烂漫的桃花、累累的果实、青葱的桃叶，一派生机与活力。用红艳的桃花歌咏新婚女子的娇媚可人，同时又来烘托婚礼场面的热烈气氛，可谓相得益彰。清代学者姚际恒在《诗经通论》中说："桃花色最艳，故以取喻女子，开千古词赋咏美人之祖。"方玉润评点《周南·桃夭》："一章体绝，开千古词赋香奁之祖。"

《天宝遗事》中记载，唐明皇和杨贵妃都爱桃花。宫中种植了许多桃树，当桃花盛开之时，唐明皇都要摘下桃花插在玉环的头上。他说："此花最能助娇态。"桃花美人，交相辉映，花艳人更娇。

用桃花来写美人的诗句比比皆是："青帝少女染桃花，露妆初出红犹湿。"（王建《春来曲》）"依旧桃花面，频低柳叶眉。"（韦庄《女冠子》）"尘昏菱鉴懒修容，双脸桃花落尽红。"（李中《春闺辞二首》）"谁怜颊似桃，孰知腰胜柳。"（于濆《宫怨》）"春风破红意，女颊如桃花。"（温庭筠《碌碌古词》）"朱唇一点桃花殷，宿妆娇羞偏髻鬟。"（岑参《醉戏窦子美人》）

三、人面桃花相映红——爱情意象

爱情是人类永恒的主题。桃花，常常与美丽的爱情故事相依相伴。其中，最为有名的要数"人面桃花"的故事了，故事源于唐代诗人崔护的《题都城南庄》：

去年今日此门中，人面桃花相映红。

人面不知何处去，桃花依旧笑春风。

在明媚的春光里，诗人邂逅了美丽的少女，少女依桃树而立，桃花与人面相得益彰，诗人一往而情深。少女的模样深深地刻在诗人的心上，挥之不去。诗人以"人面桃花"形容女子的美貌，表达爱恋的情思。若只写桃花，则诗中不见人情；若只写人面，则诗中不见色彩。"人面桃花相映红"一句将花与人交织在一起。因为有美人，桃花绽放更绚烂；因为有桃花，美人才更加娇艳动人。"人面不知何处去，桃花依旧笑春风。"美丽的少女不知去了何处，只剩下门前一树桃花临风盛开，笑对诗人。"以乐景写哀，以哀景写乐，一倍增其哀乐。"此后，人们使用"人面桃花"这一经典意象，来形容女子的美丽面容与娇艳的桃花相互辉映，也用于形容因不能与所爱慕的女子再次相见而产生的怅惘心情。如"人面桃花，未知何处，但掩朱扉悄悄。"（柳永《满朝欢》）"鸦背斜阳闪闪红，桃花人面满纱笼。"（黄遵宪《不忍池晚游诗》其七）。

四、桃花庵里桃花仙——仙隐意象

在民间，由于桃木是避邪的工具，因而桃花也随之沾化了仙气。东晋陶潜的不朽佳作《桃花源记》，赋予了桃花隐逸和超脱的气质。"桃花源"是一个"理想世界"，是陶渊明苦

苦追寻的社会理想，是中国文人的精神家园，已成为隐居避世的文化符号。"世外桃源"的美好理想，在当时是不可能实现的，它只能是诗人政治理想的幻影。李白的《山中问答》"问余何意栖碧山，笑而不答心自闲。桃花流水窅然去，别有天地非人间。"全诗借"桃花流水"抒发诗人醉心于山林的隐逸和超脱的情怀。"采菱渡头风急，策杖村西日斜。杏树坛边渔父，桃花源里人家。"（唐代王维《田园乐七首》）隐者之居跃然于纸上。"当时只记入山深，青溪几度到云林。春来遍是桃花水，不辨仙源何处寻。"（唐代王维《桃源行》）桃源即"灵境"、"仙源"。北宋黄庭坚《水调歌头》："溪上桃花无数，枝上有黄鹂。我欲穿花寻路，直入白云深处，浩气展虹霓。只恐花深里，红露湿人衣。"桃花掩映、红露湿人的神仙境界脱然而出。

唐伯虎有一首著名的《桃花庵歌》，隐者之情蕴含其中：

> 桃花坞里桃花庵，桃花庵里桃花仙；桃花仙人种桃树，又摘桃花换酒钱。
> 酒醒只在花前坐，酒醉还来花下眠；半醒半醉日复日，花落花开年复年。
> 但愿老死花酒间，不愿鞠躬车马前；车尘马足富者趣，酒盏花枝贫者缘。
> 若将富贵比贫贱，一在平地一在天；若将贫贱比车马，他得驱驰我得闲。
> 别人笑我太疯癫，我笑他人看不穿；不见五陵豪杰墓，无花无酒锄作田。

五、桃花乱落如红雨——悲情意象

桃花的花期极短，被称为"短命花"。桃花为美人盛开，也为悲情凋落。"山桃红花满上头，蜀江春水拍山流。花红易衰似郎意，水流无限似侬愁。"（刘禹锡《竹枝词九首》其二）这首诗就是以桃花来写悲情的：满眼的桃花，火红灿烂，而怒放的桃花也终将凋零。借桃花易凋痛斥男子的薄情负心，表达女主人公的爱恨悲欢。"况是青春日将暮，桃花乱落如红雨。"（李贺《将进酒》）春天即将终结，浓艳的桃花，纷纷落下，如红雨飘飞。美丽桃花的凋零引发诗人对年华易逝的感慨。

王建《宫词一百首》（其一）：

> 树头树底觅残红，一片西飞一片东。
> 自是桃花贪结子，错教人恨五更风。

以花喻人，揭示宫女的悲苦命运。宫女失去了人身自由，毫无幸福可言，命薄如桃花。宫女的青春被封建制度扼杀，宫女的幸福被封建制度剥夺。宫女的内心是痛苦、悲哀的。由惜花到美花再到妒花，符合宫女内心世界的发展变化。从"觅残红"到"桃花贪结子"，表意更深了一层。桃花结子是顺乎自热规律的，人也如此。桃花有结子的自由，而宫女连这样的自由都不能拥有。

陆游在《钗头凤》中写下自己与唐琬的爱情悲剧：

> 红酥手，黄滕酒。满城春色宫墙柳。东风恶，欢情薄。一怀愁绪，几年离索。错，错，错。
> 春如旧，人空瘦。泪痕红浥鲛绡透。桃花落，闲池阁。山盟虽在，锦书难托。莫，莫，莫！

一对情投意合的恩爱夫妻，生生被陆母拆散。陆游对前妻唐琬的恋之深和思之切在词中得以宣泄。真可谓是字字在流泪，句句在滴血。

清代剧作家孔尚任的代表作《桃花扇》，借复社文人侯方域与秦淮名妓李香君的爱情故事来反映南明弘光王朝覆亡的历史。"借离合之情，写兴亡之感。""桃花扇"在剧中不仅仅是一个道具，更是贯穿全文的一条总的线索。孔尚任的《桃花扇》是桃花意象的集大成者，其中蕴含了桃花的许多意蕴，用桃花意象既映衬了李香君的美貌，也暗示着李香君妓女的身份。而桃花的凋零又是李香君悲情命运的写照。

在《红楼梦》中，林黛玉被作者赋予桃花般悲情的命运。"尔今死去侬收葬，未卜侬身何日丧？侬今葬花人笑痴，他年葬侬知是谁？试看春残花渐落，便是红颜老死时。一朝春尽红颜老，花落人亡两不知！"（黛玉《葬花词》）黛玉葬花，埋葬的不仅仅是桃花，还有爱情、青春和生命。桃花意象的引入使黛玉的形象更加凄美动人，更加完整真实。"将那三春看破，桃红柳绿待如何？把这韶华打灭，觅那清淡天和。说什么，天上天桃盛，云中杏蕊多。到头来，谁把秋捱过？"（《红楼梦曲·虚花悟》）桃花纵然开得再盛，也没能熬到秋天。惜春皈依佛门来逃避俗世的纷扰，不管她如何抗争，结局还是没"把秋捱过"，终要凋零。

"年年岁岁花相似，岁岁年年人不同。"岁月的流转给人以无限的沧桑之感。桃花年复一年的重复开落与人事衰变的不可逆转之间形成了鲜明的对比。桃花在这个意义上又有了永恒之意，昭示了自然的永恒，这种永恒反衬了人事之悲。

六、轻薄桃花逐水流——情色意象

桃花还是情色欲望的象征。古人认为桃花盛开的季节是男女结合的婚恋季节，桃花具备了原始的爱欲基因。桃花在惊蛰时开放，此后万物便开始复苏，这就使得桃花成为生命之"象"，桃花盛开是生命涌动的季节，在古人看来，桃花的开放与男女情欲的爆发是密切相关的，因而桃花带有两性结合的色彩，从此桃花与艳遇、美色结下了不解之缘。

梁武帝萧纲的《鸡鸣高树巅》："碧玉好名倡，夫婿侍中郎。桃花全覆井，金门半隐堂。时欣一来下，复比双鸳鸯。鸡鸣天尚早，东乌定未光。"桃花就带有情色的意味。南朝独孤嗣宗《紫骝马》中有这样的句子："照曜桃花径，蹀躞采桑津。""桃花径"是通往倡楼的小路。桃花的情色意味渐浓。骆宾王《帝京篇》："倡家桃李自芳菲，京华游侠盛轻肥。"刘禹锡的《踏歌行》："桃蹊柳陌好经过，灯下妆成月下歌。"桃蹊柳陌是歌妓居住的地方。李益的《汉宫少年行》"晚来香街经柳市，行过倡市宿桃根。"卢照邻的《长安古意》"俱邀侠客芙蓉剑，共宿娼家桃李蹊。"杜甫的《绝句漫兴九首》之五："肠断春江欲尽头，杖藜徐步立芳洲。颠狂柳絮随风去，轻薄桃花逐水流。""轻薄桃花"往往会使桃花给人以轻佻浮艳之感。桃花在宋代被视为"妖俗"之花，这与宋人的审美情趣是分不开的：宋人尚清雅，鄙俗艳。宋人程棨《三柳轩杂识》：宋人程棨于《三柳轩杂识》评花品时说："余尝评花，以为梅有山林之风，杏有闺门之态，桃如倚门市倡，李如东郭贫女。"

桃花意象是中国悠久历史和灿烂文化的结晶，分析桃花的多重意蕴，可以使我们更好地欣赏和品味桃花。在几千年的历史长河中，桃花一直在演绎着自己的故事，从未停歇过，于花开花落之间悠悠地诉说着它的情怀。无论是岁月流转，还是季节更迭，桃花永远都绽放在人们的心中，而不衰败！

参考文献

[1] 周振甫. 诗经译注[M]. 北京：中华书局. 2010.

[2] 渠红岩. 中国古代文学桃花题材与意象研究[M]. 北京：中国社会科学出版社. 2009.

[3] 林雪华. 中国古典诗词中"桃花"意象解析[J]. 阅读与鉴赏（教研版），2007（5）

例文三

浅谈口语教学中的辩论训练

× ×

摘要： 本文主要从辩论教学中非常重要、但又往往为施教者所忽略的几个训练层面，阐明提高辩论水平的科学方法与有效途经。

关键词： 口语教学；辩论训练；高职教育；发挥民主；网络平台；时代性

口语表达能力即口才，在激烈的社会竞争中发挥着越来越重要的作用，往往成为用人单位选人用人的关键因素。因而，旨在培养和提高学生口才的口语教学已成为高职教育中备受关注的焦点。而辩论，作为口语教学中层次最高，难度最大的训练内容，也理应成为重中之重。通过科学有效的辩论训练，可以迅速提高学生的口语表达能力、思辨能力和逻辑推理能力以及综合概括等多种二十一世纪高职人才所必须具备的能力。

要实现辩论所要达到的目的，在实践中要注意以下几个环节：

一、有效利用声像资料，充分发挥优秀例子的引导示范作用。

组织学生认真观看"国际大专辩论赛"的精彩赛况，可采用"整—分—整"的模式，即第一步先从头至尾地看一遍，之后，让学生谈谈对辩论的初步认识，例如归纳概括辩论赛的特点等。在学生兴味正浓时，系统介绍辩论的理论知识。由易到难，从感性认识到理性认识，按照人们认识客观事物的规律进行学习。第二步，有针对性的观看，即分部分播放，边播放边讲解，如讲清每位辩手的特点和作用以及所运用的辩论技巧。第三步，再完整地观看一遍，这是对所掌握的理论知识的一次全方位的巩固。

二、发挥民主、确定辩题。

本着民主与集中相结合的原则，充分发挥民主，让学生们畅所欲言，提出他们感兴趣的话题，教师再集中大家的意见，并围绕选定的话题，命制出规范的、有现实意义的、具有可辩性的题目。例如"网络使人们更亲近，网络使人们更疏远"，"现代社会男女竞争是平等的，现代社会男女竞争是不平等的"，"网络立法可行，网络立法不可行"。因为是他们自己的选择，所以他们在辩论时才能表现出更高的兴致，才能收到更好的效果。若一味地按照教师自己的意愿来命题，而不顾及学生，让他们被迫接受，那么，即使辩论如期进行了，收效也不会很大。也就是说，在教育教学活动中一定要尊重学生，要善于倾听他们的心声，了解他们的所思所想，使他们的主体地位更加突显。

三、围绕论点，收集论据。

在这个阶段中，教师要充分发挥其主导作用，为学生列出可供查找的相关书目，引导学生认真分析研究收集来的众多的、零散的材料和例子，将其分门别类，加工成为辩论需要的、有力的论据武器。教师的指导一定要跟得上，否则，学生在准备阶段，就会很茫然，感到手足无措，对全局会造成很大的影响。

四、精心布置，渲染气氛。

辩论赛场的布置一定要规范化。正反双方辨手、大赛主席、评委、计时员、观众的座位要排列整齐、泾渭分明。黑板也应好好绘制一番。用色彩鲜艳醒目的粉笔写上"辩论赛"及辩题等内容，这样才更有赛场的气氛，有助于进一步激发学生的竞争意识。

五、赛后分析，总结提高。

对于整个赛事，有条件的可以全程录制下来，以便赛后分析、研究、总结。若不能全程录制，教师一定要做好记录，认真记录每名学生的发言情况。赛后，先让学生互评，学生们各抒己见，充分调动起他们学习的主动性和积极性。之后，教师再一一给予全面、细致的评点。教师要针对学生的发言，加以评析。教师在评点时要注意采用"点面结合"的方式进行，有"点"、有"面"，全方位地评述。这样，就会收到非常理想的效果。

六、延展空间，强化效果。

辩论的课时毕竟有限，而水平的提高又绝非一朝一夕之事，所以在课余生活中，"多看"、"多想"、"多练"就显得尤为重要。"多看"，是指国际大专辩论赛经常热播，每每遇到时，要能坐得下来，看得进去；也可以多观摩一些其他班级、其他系、甚至其他院校的辩论赛，多取经，多学习学习。"多想"，即勤思考，不光要"入目"，更要"入脑"，经过比较、分析，感性认识上升到理性认识，这样才能更好地指导实践。俗话说"熟能生巧"。"多练"，是提高辩论水平的重要途经。加强日常辩论的训练，将辩论意识融入生活，也可以成立"辩论协会"，通过"校园辩论挑战赛"选拔出一支高水平的精英队伍，同时也要加强校际间的合作，举办学院之间的辩论赛，邀请辩论界资深专家座客、点评。相信经过不懈的努力，同学们的辩论水平将会取得质的飞跃。

以上几个环节，在辩论训练中是十分重要的，但往往又不为施教者所关注，常常被忽略。希望辩论训练的各个层面在今后的教学活动中，都能得到广泛关注。"与时俱进"是现代社会的重要特征，辩论训练也要紧跟时代的步伐，可以利用网络这一便捷的工具，为其搭建更为广阔的平台，使辩论集时代性、教育性、趣味性于一身，更加突显辩论训练的强大的社会功效。

例文四

试论《西游记》的主导思想

×××

摘要：《西游记》的主导思想——创造意识，是中国人特有的流氓无赖意识。而孙悟空则是一个争取个性自由而又不规范科学的流氓无赖意识所主导的象征。孙悟空的一生，是历史的中国思想意识发展历程的一个缩影，是流氓无赖的人生写照，是生命本能意识积累而成的国民性以及人性。流氓无赖意识，有着悠久的倡导生育的封建小农经济基础，有着广大的群体基础和绵延的思想基础，同时反映了作者的心态。这是改造国民精神的一个焦点，文学应该起到独特的作用，让中国人树立一种现代人生意识——新生的民族魂。

绪论：1.《西游记》揭示中国人的思想和性格的某些基本因素，应该思考，探究出这部巨著的核心思想来。2.《西游记》的主导思想——更具体的说法是创作意识或者心态，是中国人特有的流氓无赖意识。而孙悟空则是一个典型的形象——中国人争取个性自由的、野性未泯的、不规范、不科学、无明晰目标的流氓无赖意识所主导的象征形象。

本论：（递进式）

1. 四大古典文学名著的比较

《红楼梦》的主导思想是启蒙的个人自由主义，主题意蕴是混沌生活中极力追求真善美的人生境界以及这种追求不可能到达的悲怆和幻灭。

《三国演义》的主导思想是尊刘抑曹以及天道循环的维护正统的儒家学说——"政学"。

《水浒传》的主导思想是对于人民群众进行教化的"灭心中贼"的封建伦理观念——"地学"。它的主题意蕴是教化人民群众在官逼民反的状况下还要坚持替天行道的思想观念。

《西游记》的主导思想不是道学：尊重和借用，进而远之。不是佛教：讽刺。

2. 《西游记》的主导思想

一直没有得到重视的一种中国早就存在的、被道儒法等思想流派所掩盖的流氓无赖意识。

孙悟空奋斗的一生是追求传统个性的高超、自由、尊严，然而终于被压抑和扭曲的一生，这是自古以来大多数农村痞子的人生历程，还是历史的中国人的一个缩影。曲折经历和困境即降，没有主义坚持。

中国人自两晋以来的思想轨迹正是这样。孙悟空不过是历史的中国人（包括了所谓的"精英"知识分子）的一个缩影。

《西游记》可以说是一部相当数量中国人的生长史、闯荡史。

孙悟空和真正的流氓一样不原接受任何约束。

这种流氓无赖意识是客观存在的，是出于生命的本能。

流氓无赖意识没有明确的最终目的，只是追求最高统治地位——其实只是名义上的纯粹本性上的出人头地的一种本能要求而已。

作者吴承恩是带着也许自己都没有确认的流氓无赖意识进行创作的。

不是纯粹的贬意。根源是生命本能意识；是生命本能在社会历史上不断表现和积累而形成的一种国民性和人性。

3. 流氓无赖意识的根源

流氓无赖意识的社会群体基础。

流氓无赖意识的思想根源。

4. 揭示《西游记》的流氓无赖意识的现实意义

中国人的流氓无赖意识根深蒂固，绵延不绝，遍及九州，只要看一看现实生活就可以确认这一点。

改造国民精神的一个焦点。文学独特的作用。

《西游记》是中国文学史上唯一通篇塑造主人公的长篇小说，由此希望产生新的中华大道所主导的孙悟空式的大形象。

结论：哲理小说；中国人漫长发展过程中一段思想意识历程的记录，有待进一步探讨。

例文五

探春的悲剧性格

×××

摘要：本文从探春的才志与社会的矛盾的角度探求探春悲剧成因。通过对探春性格本身的复杂性和丰富性、同其他人物的比较、在文学史上独特性等方面的分析，阐述其美学内涵。对探春对生母的态度问题做了较深入地剖析。对探春悲剧性格的理解，从多角度着手，力求做到新颖、深刻。

关键词：悲剧；悲剧性格；审美

探春是《红楼梦》中一个重要的典型人物，在大观园里又是个与林黛玉、薛宝钗、史湘云并列的第一流人物，也是贾府女性中一个秀外慧中、有胆有识的杰出人物。她的结社、理家、反抄检等一系列果敢行为以及日常为人处事、言谈举止，不得不使人们对她刮目相看。她是作者极力塑造的极其偏爱的闺中女儿，在贾氏姐妹中独冠群芳。

然而，和《红楼梦》中描写的其他女性一样，她的命运也是悲剧性的。曹雪芹给探春的判词是："才自精明志自高，生于末世运偏消。清明涕送江边望，千里东风一梦遥。"虽有才有志，但时运不济，生不逢时，只能落得一个远嫁的悲剧性结局。

本文旨在通过对探春具体言行描写的剖析，阐述其悲剧性格的形成原因，并对其悲剧性格从美学意义上加以揭示。

一

在曹雪芹笔下，探春是一位聪明灵秀、性格开朗、志趣高雅的千金小姐。她在作品中第一次露面时，作者的介绍是："俊眉修眼，顾盼神飞，文彩精华，见之忘俗。"这"见之忘俗"四字，点出了她不同流俗的气质。接下去，在宝黛初次会面的场合，也有她不寻常的表现。当宝玉给黛玉取"颦颦"一名时，探春插问："何处出典？"宝玉答复后，探春说："这只恐又是你的杜撰"。这时，初见面的宝玉、黛玉正在贾母面前交谈，众人都在屏息敛声而坐，不发一言，唯有她插话进去问长问短，高谈阔论，这给人的第一印象就是三姑娘与众不同。她不像一般女孩子那样忸怩作态，而显得大方、开朗。

发起海棠诗社是探春得初露头角，而一露头角就与众不同。她既不是只知脂粉针线的大家闺秀，也不是愁绪满怀的贵族少女，而是一个胸怀大志的，有和男人一争长短的雄心的女性。她在给宝玉的信中写道："风庭月榭，惜未宴集诗人；帘杏溪桃，或可醉吟飞盏。孰谓莲社之雄才，独许须眉？直以东山之雅会，让余脂粉。"在男尊女卑观念占统治地位的历史条件下，能有这样的认识和气魄，不得不令人感动。可以说，这一号召有向男性挑战，有反抗男尊女卑思想的鲜明色彩。

第四十回，贾母带着刘姥姥游大观园时，曾到过黛玉、宝钗、探春三人的卧室，看到了三人卧室的布置和摆设。林黛玉是唯诗书以寄托的，所以她房中到处都是书。宝钗的卧室如同"雪洞"一样，一应摆设全无，完全不像一个贵族小姐的闺房，可见此人故作"守拙"，有着复杂的内心世界。探春的卧室是作者着力介绍的。"三间房字并不曾隔断，当地放着一张大理石的大案，案上磊着各种名人书法帖并数十方宝砚。各色笔筒、笔海内插的笔如树木一般，那一边设着一个斗大的汝窑花囊……两墙上挂着一大幅米襄阳的'烟雨图'。"在这里，我们不断看到一个"大"字：案大、花瓶大、挂图大、鼎大、屋子也大，气度非凡，全无脂粉之气，一眼就看出探春朗阔、高雅的性格和志趣，确系居处的题名"秋爽斋"那样，探春有如秋天一般的风清气爽。

第四十六回有一处精彩的描写，很能体现探春有勇有谋、有胆有识的性格特点。荒淫颓废的贾赦要娶贾母的丫头鸳鸯为妾。当贾母听鸳鸯哭诉了事情的经过之后，登时大怒。这一怒非同小可，当着众人竟不顾王夫人的脸面，把她责备得不敢还一言。顿时，空气显得窒息而紧张。这时，正在窗外的探春，迅速分析了当前的形势："想王夫人虽有委屈，如何敢辩？薛姨妈是亲姐妹，自然也不好辩；宝钗也不好为姨母辩；李纨、凤姐、宝玉一发不敢辩；迎春老实，惜春小，这正是用着女儿之时……这时，她面带笑容走进屋来，向贾母说道："这事与太太什么相干？老太太想一想，也有大伯子的事，小婶子如何知道？"一语未定，贾母就大笑承认自己是老糊涂了，紧张的气氛立即缓和下来，大家又开始说说笑笑。这一描写体现出探春是一位聪明机灵的姑娘，她善于抓住时机来发挥自己的作用。面对这一措手不及的突发情况，探春能迅速做出反应，而且分析透彻、判断准确，非常了不起。尤其是在贾母盛怒之下，连凤姐都不敢吱一声，只有她站出来为王夫人申辩，话又讲的句句在理，真是有胆有识，令人佩服。

如果说探春发起诗社的表现是初露锋芒，那么理家才是真正意义上的施展才华。探春理家的契机，颇有诸葛亮"受任于败军之际，奉命于危难之间"的意味。多少矛盾等着她去解决，又有多少人为的因素在抵制着她。探春披挂上阵了。首先荣国府的仆人要试试这三位姑娘的本事，想看看她的笑话。恰巧这时探春的舅舅赵国基死了，按规矩应该给一笔理葬的银子。若是凤姐执政，这本来不是一件难办的事。现在探春理家，恶奴们便故间意习难她："只见吴新登的媳妇进来回说：'赵姨娘的兄弟昨日出事了，已回过老太太、太太，说知道了，叫回姑娘来。'说毕，便垂手侍立，不再言语。""不言语"不是没话说，而是有话不说。若是凤姐管家，她就要查出许多旧例来，任凤姐考虑裁决。如今并无殷勤，只有沉默，不出主意，一味旁观。聪明机敏的探春不但没有被制服，还狠狠惩治了恶奴。"刚刚地倒了一个巡海夜叉，又添了三个镇山太岁。"从此，恶奴们非但不敢习难探春，反而比前更加谨慎小心了。

恶奴刚被击退，生母赵姨娘又来了，"你不当家，我也不来问你。你现在说一是一，说二是二！如今你的舅舅死了，你多给了二三十两银子，难道太太就不依你？分明太太是好太太！都是你尖酸刻薄！"赵姨娘根本不理解多给几两安葬费，对死者并无多大意义而会给探春造成很大的困难，不但让凤姐小瞧了，还被手下的众媳妇们抓到了把柄。探春对赵姨娘的严厉的驳斥，确有过分之处，但这和具体的环境有关。探春不是主动否认她和赵国基的关系，而是被逼无奈的。

探春想干出一番事业，开创一种新局面，这就需要她的清醒和魄力。探春正是既清醒又有魄力的人物，她既不让改革弊端和谋私利沾边，同时又拿体面人物开刀。王熙凤交给探春的是一个营私舞弊、入不敷出的烂摊子。因而，探春确定了这样一条理家策略。探春理家的根本方针是：兴利除弊。在兴利中除弊，在除弊中兴利。虽然除弊只不过免了公子们重支的八两学费和小姐的二两头油脂粉钱；兴利不过承包了园中的破荷叶和烂草根，即或如此，还是给荣国府带来一线生机。老妈妈们的欢声鼎沸暂且不讲，精明强干的凤姐也不得不由衷地赞叹："好，好，好，好个三姑娘，我说她不错！"

凭着自己的聪明干练，探春获得了尊敬和信任。人们遵从她如同遵从凤姐一样。但她和凤姐又不同。正如蒋和森先生所说的："凤姐给人带来是恐惧，而探春给人带来是严厉。"探春和凤姐都很锋利，但又有不同："凤姐的锋利中满含着杀机，而探春的锋利中却见到严正。"

进一步集中表现探春性格的事件是反抄检。它突出表现了探春的清醒和魄力，远见和卓识。检抄大观园是贾府中种种危机的集中暴露。为什么抄检？除却王夫人和凤姐，谁也没想到。抄者没想到，被抄者也没想到，只有探春敏锐察觉到了。抄检的后果是什么？也没有人想到，不仅王夫人没想到，聪明过人的凤姐也没想到，只有探春意识到了。"你们别忙，自然你们抄的日子有呢！你们今日早起不是议论甄家，自己盼着好好地抄家，果然今日真抄了！咱们也渐渐地来了！可知这样的大族人家，若从外头杀来，一时是杀不死的。这可是古人说的'百足之虫，死而不僵'，必须先从家里自杀自灭起来，才能一败涂地呢！"由现在抄检大观园预料到将来抄检荣国府；由甄家的被抄预料到贾府的将要被抄；由外头一时杀不死预料到自我残杀才能一败涂地。这三层对比预料，把抄检大观园由此及彼，由表及里，由而今到将来的一切后果都看透了。事实证明：探春的预料是明智的、准确的。通过抄检大观园，探春清醒的看到了百年望族必然没落的趋势。因此，一方面她严阵以待，同抄检势力坚决斗争；

一方面她感慨万千，伤心下泪。敏锐的探春已经明白了：虽然顶撞了不可一世的王熙凤，打了不识时务的王善保家的，但反抄检她个人的胜利，却挽救不了她家族失败的命运。

二

由此可见，探春是一个光辉的女性形象。然而探春又是有缺憾的。一个巨大的、与生俱来的缺憾：庶出。这在"妻妾不分则宗室乱，嫡庶不分则宗族乱"的宗法社会里，是卑贱低下的同义语，向为人们所轻视。这个缺憾一直伴随着她，不时给她投以阴影，成了她一大敏感的隐痛。对此，她深感委屈、痛苦和不安，因而，想竭力摆脱这种境地。结果便形成了她与生母赵姨娘之间的畸形关系。

一般地说，母女之间应该是一种亲密的关系，但探春却处心积虑地只认王姓母舅而不认赵姓母舅，这的确显得有些反常。人们做出对探春不认生母的谴责，是有理由的。但是，与此同时，我们还应看到，探春对赵姨娘的态度和行为，又是理直气壮的，振振有辞的。她所持的"理"，是宗法等级之"理"，这不仅有当时视为天经地义的统治观念作为她的依据，而且有王夫人这样的实际统治者作为她的靠山，所以她有恃无恐。这已在客观上揭示出：封建统治者所提倡的以"孝"治天下的"孝道"，在宗法等级观念的践踏下，已经面目全非，现出了十分虚伪、可笑的性质。这是问题的一个方面。

另一方面，做母亲应该有做母亲的德行。而赵姨娘又是怎样一个人呢？作品里介绍：她是个阴微卑贱的小人，不但目光短浅、心胸狭窄，而且她处处有坏心肠，起鬼点子，是个自己无能而又时刻想害别人，心地极其阴暗险恶的小人。贾环是她一手炮制出来的。他的赌输了赖丫头的钱，有意烫伤宝玉的脸，诬告宝玉强奸母婢的行径，都显得极其卑劣、险恶和无耻，这和赵姨娘倾尽私房钱买通马道婆要害死宝玉、凤姐的行径简直如出一辙。这样阴险狠毒的母亲会给女儿怎样的"母爱"呢？这个"母爱"如果说探春是根本不接受的话，那么贾环可以说是全盘接受了，那效果可是尽人皆知的。所以，人们固然可以谴责探春据封建等级的主奴主义之理以谴责生母的不义，也应该看到所斥责、轻视的对象客观上又确实有值得斥责、轻视的地方。本来就对庶出身份非常敏感、厌恶而又心高气傲、争强好胜的探春怎能会选择这样的母亲，接受这样的"母爱"呢？

任何的"理"都不是抽象的，而是具体的。当探春的"理"涉及到王夫人和赵姨娘之间的选择，意味着贾宝玉之间的选择的时候，就不再仅仅是正庶之分的问题，而实际上是个牵涉到真假、善恶、美丑之间的选择问题。这样，探春的选择，也就不仅仅是合乎封建宗法之"理"，还合乎人们对真善美的追求的这个"理"，这一切不能不说明，探春的选择有大部分的合理性在。

三

和《红楼梦》里的大多数女子一样，探春也是个悲剧性的人物。但她的悲剧和其他三姐妹不同。元春、迎春、惜春的悲剧都有一定和度的可怜成分。元春是"喜荣华正好，恨无常又到"；迎春是"觑着那，侯门艳质同蒲柳，作践的，公千金似下流"；惜春是"可怜绣户侯门女，独卧青灯古佛旁"；惟独探春，并不可怜，只有可惜之感，而是给人一种强烈的感叹和深沉的悲愤。

探春的悲剧同钗黛凤的悲剧也不同，她是属于另外一种类型，另外一种性质的悲剧。

从某种意义上说，探春的悲剧可以说是性格的悲剧，而她们的性格正是在贾府中的特殊地们和处境造成的。她是一位未出阁的年轻小姐，和外界接触很少，从小受正统的教育。在等级森严的贾府中，她十分清楚主奴的界限，而她又为半个奴仆的妾所生。为了切身利益，她抛弃了地位低下又没有品行的生母，而选择了位尊权大的王夫人，这对她来说不可能不是一次痛苦的选择。即使这样，她也只能在感情上抛掉她的生母，而无法抛掉封建的血统论。她时时感到封建伦理道德的压力。探春的性格，正是她的这种矛盾的地位和处境的产物。她思想上承受的压力也正是她比别人较为清醒的原因。由于她的清醒，她也就比别人更能看清这个家族衰败的趋势，也就比别人更能看清它的弊病；由于她的要强自尊，她有革除这些弊病的要求和信心，并且挺身而出去实施；在实施中她遇到的是一个庞大的安富尊荣、奢靡无度的腐朽阶级，这就不能不使她的志向化为泡影。

18世纪的中国，是封建王朝的衰落时期，是历史大变革的前夜。社会表面上虽然还处于"盛世"状态，但实际上已经千疮百孔，矛盾丛生，"山雨欲来风满楼"，到处都呈现出大厦将倾的不祥兆头，荣宁二府也是如此。对此，敏感的探春看得非常清楚。她确是想回天的，但她又无力回天，因此她深感悲哀。意识到悲哀往往比悲哀本身更令人感到沉重，她担负起了这种沉重。大志难酬，高才无用，宏图不能变成现实，抱负无法施展，这是她悲剧的核心。"才自精明志自高，生于末世运偏消"。这是曹雪芹构思探春形象，表现探春悲剧的思想基础。它包含了才志、末世、运消三个概念，说明了它们之间无法解决的矛盾以至酿成无法挽救的悲剧。探春的悲剧是由"壮志"和"运消"这间的矛盾引起的痛苦，才人生于末世无法避免的悲剧。有才生于末世本身就是不幸，有才的女性尤其不幸，一个庶出的有才的女人，就必定逃脱不了悲剧的命运了。"运偏消"一个"偏"字，就充满了曹雪芹对探春的无限同情，体现了他对封建末世的强烈愤慨。

四

探春和宝玉、黛玉不一样，她既没有宝黛的反潮流的棱角，也没有宝黛辈正统的锋芒，更没有宝黛和封建势力对着干的叛逆精神。探春和王熙凤、秦可卿更不相同，她没有王熙凤的歹毒心肠和阴险手段，也没有秦可卿的奢侈习气和涉嫌淫秽行为。贾探春在某些地方和薛宝钗有相同之处，两人都是有城府，有心计，既聪明又精细，世事洞明，人情练达的封建社会少有的女性。

探春和宝钗都不是封建社会的叛逆者，她们的精神境界都和传统观念、封建意识有着千丝万缕的联系。但探春的旧意识、旧观念是她的畸形的逆境的产物；宝钗的旧意识、旧观念是优越的顺境的结果。因此，宝钗的理性思维、感情活动和封建道德是心心相印的；探春的思考、感受和封建道德既是息息相关也是同床异梦的。封建意识是送宝钗直上青云的清风，对探春有时却撕毁她宏图实现的狂风。宝钗把自己的精神世界和封建意识融为一体；她对封建经济体制既无清醒的认识，她无深沉的思虑。反之探春不但透彻认识封建体制，不但清醒看出其严重的弊端，而且严肃地考虑过它的危险前途，尤其是卓有见识地提出过挽救其危亡的方案。宝钗的最高理想是做一个封建社会的完人，因此劝宝玉、警黛玉、训湘云都是为了把他们引上做人的坦途正路。探春的最大愿望是匡正已经混乱的荣国府，振兴即将崩溃的大家族，因而她一方面争取自己发展的权利，一方面提出革新贾府的方案。

薛宝钗是淑女的典型，贾探春是贤相的形象。在荣国府，在金陵十二钗中，既有政治头脑，又有裁决能力，有才华，能出主意，又会用人的，探春是真正的佼佼者。林黛玉只有诗人之高洁并无实干之才能，王熙凤只有心机和手段并无宏图大志，薛宝钗只有使上下左右宾服的操行并无势压三军的权威。探春诗才不如黛玉，众望有逊于宝钗，手段不如凤姐，但拿得起放得下的博大胸襟，壮志高才，却超过她们三人。

曹雪芹称探春为"精明"之才，誉探春之志为"高"。从荣国府"人口日多，事务日盛，主仆上下，都是安富尊荣，运筹谋划的竟无一个"的具体情况看，最需要这种"才自精明志自高"的人物。然而令人心痛的是，一个最需要的人才却落了个"千里东风一梦遥"的下场，放逐遥远他乡的结局。况且说探春并不是对社会漠不关心的人物，反而却是有着伟大胸襟抱负，决心要立一番事业的女儿。唯其如此，她只有在山雨欲来的大观园，独立楼门，静待凄风冷雨的将来；在大厦将倾的荣国府，却无权争得力挽狂澜的机遇。

五

在中国文学史上，没有一个类似贾探春的艺术形象。因此，这一形象是独特的，因而创造者曹雪芹也是独具创造性的。

文学史上中没有类似贾探春的艺术形象，但有一个历史人物，其客观处境却和探春有相同之处，主观精神也有其相通之点。他就是南宋著名诗人辛弃疾。首先应该指出，历史人物和艺术典型风马牛不相及，一般是不可比的。在这里，我们之所以做这种比较，其目的就在于让人们更深刻、更透彻地理解探春的内心世界。辛生活在一个奸佞当道、苟安残喘的危邦乱世，贾生活在一个奸雄横行、纸醉金迷的腐朽家庭；怎样把半壁江山统一祖国是辛一生的夙愿，如何把即将崩溃的荣国府振兴成赫赫望族是贾最关心的事情。辛是个历史人物，贾是个艺术典型，但其心境的基本状态却没有大的差别。他们都是宏图未展、壮志难酬的悲剧人物，都是被埋没、被压抑的胸怀大志、腹有良谋的末世英雄。

辛弃疾在他著名的《水龙吟·登建康赏心亭》一词中写到："楚天千里清秋，水随天去秋无际。遥岑远目，献愁供恨，玉簪螺髻。落日楼头，断鸿声里，江南游子，把吴钩看了，栏杆拍遍，无人会，登临意。"贾探春在《红楼梦》第五十回中讲："我但凡是个男人，可以出得去，立出一番事业来，那时自有我一番道理；偏我是女孩儿家，一句话也没我乱说的。"满腹经纶男儿的愁情恨意，胸怀大志女儿的怨绪哀思，其核心并不是风马牛不相及的。落日楼头，断鸿声里，看剑击栏，无人理解的报国壮志和秀阁闺中，伤心下泪，无人会意的兴家宏图，心理状态是互相沟通的。

六

假如探春有贾琏的地位，她就有一定程度的避免大志难酬、雄才未展的可能性；假如探春有凤姐的身份，也不无避免"运偏消"的某些机遇。可实际上，这只能是假如。这些探春都没有。她有的只是她的才志、胆识、魄力和对家族深深的忧虑。封建社会不仅男人和女人之间的差别是天经地义的，就是嫡生和庶出的差别也是泾渭分明的。这些探春再清楚不过了，可她又不满足现实，她时时刻刻都在努力，试图改变这一切；目光极为犀利的探春虽然已经看到了封建大家庭的种种弊端和危机四伏的现实，但她又不甘心看着自己的家庭崩溃。这些就决定了她的内心情感是矛盾的、复杂的。她恨这个封建大家族又爱这个大家族。因为恨它，所以把它的弊端看得异常清楚；因为爱它，所以它整治弊端的态度是坚决的，手段是严厉的。爱和恨不是矛盾的，而是统一的。首先是爱，然后是恨。爱到极时恨始生。但不论是爱是恨她都不可能离开这个大家族，她的心始终和这个大家族紧密相连，息息相关。我们有理由相信这一点：如果把探春放在比理家更复杂，比抄检大观园更残酷的环境中，把探春放在更尖锐的矛盾冲突中，这一形象的深刻性、丰富性一定会得到更充分的体现。可遗憾的是，我们已经无法知道天才的作家是怎样为探春安排下一步动作的了，而续作者又实在没有这种能力。

宝黛是曹雪芹的理想人物，他把他的叛逆精神和诗人气质赋予了宝黛；探春也是曹雪芹的理想人物，他把他的补天思想和对封建大家族的眷恋融入了探春的形象之中。曹氏是想补天的，因而在探春身上实施它的补天计划，但他又深知补天是无法成功的，所以探春在理家方面的改革也只能以失败而告终。天才作家的伟大之处就在于他能如实描写这一具体必然性的社会现实。历史的、生活的逻辑是不能违背的，曹氏很清楚这一点，尽管作家在探春身上体现出更多的同情和欣赏，而对同样作为封建社会维护者的宝钗，则表现出更多的厌恶和反感。把封建制度的维护者作为曹氏自己的理想人物，我们不会去肯定它。但对于一个还生活在封建"盛世"的十八世纪的作家来说，我们又确实不能对他有太多的苛求。

探春身上虽然有着浓厚的正统思想，但她体现出来的不是和劳动人民的对立，而是以匡正混乱的荣国府，振兴即将崩溃的大家族为中心的改革行动和争取个人发展权利的不懈斗争。我们不能否定她，就像我们不能否定为封建统治阶级服务，为社会做出过贡献，为劳动人民谋过福利的清官一样(如包青天)，尤其是探春身上所具有的优秀品质和封建末世相撞击所产生的不可避免的悲剧，特别是她的雄才大志被白白埋没的悲剧命运，更加使人们对她抱以无限的同情。

任务二　毕业论文

毕业论文是一种学术论文的教学题体裁，是高等学校学生毕业之前在教师指导下必须完成的综合体现学习能力和水平的创造性很强的独立作业。因为毕业论文学生的学习密切相关，所以现将毕业论文列为单独一节。

毕业论文的研究过程就是写作过程。这个过程主要分为三个阶段：一是选择课题，二是研究课题，三是表述课题。

一、选择课题

在这个阶段一定要分清课题和主题的关系。

课题，就是论题，即学术论文要分析研究的对象范围，概括在语言上只能是词组，不是一个句子。而主题是论文的总论点，是毕业生对课题进行研究之后得出自己的认识判断，表现为一个句子。

选择课题一定要有学术价值，学术价值包括：一是亟待解决的问题。二是科学新发现、新创造。三是科学空白填补。四是通说的纠正。

选择课题可从以下几个方面进行考虑：

1. 从业务强项或兴趣出发进行选题。

2. 从实习或实践中所发现的问题中进行选题。

3. 从有必要进行补充或纠正的课题中进行选题。

选题的方向不仅有以上三种，从论文的价值来看，选题的理论意义和现实意义是首要的，在此前提下，可以发现生产或科研中亟待解决的问题、中外学术观点的异同问题、事关国计民生的问题、学科的现状与发展前沿性的问题。

无论怎样选题，都必须考虑毕业论文的时间要求和容量要求，以及自身的学术水平和研究条件，切不可脱离实际去选题，即不能选择方向虽好但无法完成的课题。

二、研究课题

1. 基础研究工作

选题之后，就要对课题进行分析研究，提炼出自己对课题的判断。这时要制定一个总计划：

选题—限定(初步提炼)论点—收集、分析、阅读、整理资料—起草修改论文提纲—起草初稿—修改定稿

在整个过程中，收集资料是重点阶段。

资料可以用直接调查的形式获得，也可以通过图书馆、网络或档案馆查阅获得。

直接调查是获得资料的重要途径。调查形式是多样的，对于学生个人来说，主要还是通过直接观察、个别访谈、查阅有关档案、抽样发放问卷等方式进行。

到图书馆、网络或档案馆查阅资料，可以获得多方面的有用信息：

(1) 提供课题的研究状况。

(2) 获得二手基础资料。

(3) 学习研究方法和论文的撰写方法。

要充分利用图书馆、网络，善于使用工具书、书目、索引，熟练查阅期刊、工具书，多渠道多途径的收集对撰写论文有用的资料。

2．分析研究思考

收集材料和分析材料时，要运用多种科学逻辑方法对收集到的自己进行分析和研究，并且在对资料分析和研究的基础上，结合自己学习的相关知识，发挥大脑的潜能，进行创造性的思考，以便能够得出新颖的独创性的思考结果。

科学逻辑方法，主要有以下几种：

(1) 归纳和总结。归纳是从多个特殊到一般，演绎是从一般到多个特殊。

(2) 分析和综合。分析是能够深入事物内部，而综合是把分解开来的部分、方面整理成为一体。两者相反相成。

(3) 抽象和具体。抽象是指从具体事物中被抽取出来的相对独立的各个方面、属性、关系等。具体是客观存在着的或者在认识中反映出来的事物的整体。

3．确定总论点和分论点

课题的整个分析研究工作的最终结果，是确定总论点和分论点。

三、表述课题

在经过了分析和研究阶段，确定了总论点和分论点之后，就进入了论文的表述阶段。

1．提炼提纲

(1) 拟写标题

一般来说，毕业论文的标题可以概括为两种。一是论点标题，就是论文的论点，是一个判断句。如：《理想是干部品德的核心》；二是课题标题，这是论文所研究的范围。如：《论高职学生的人文素质教育》。

(2) 写总论点

总论点，也是论文的基本论点，是全文的核心，是通过论文全部内容所表达的对课题的中心观点，具体表现为一个判断句，如"写作是一种生命的对应表现"。

毕业论文不但要围绕着而且要穿插着总论点句来进行写作，要有一个"提出—强调—重申"论点句的三段式过程。

(3) 简述内容

简述内容其实就是写"摘要"，论文的内容包括思想内容(文义、层义等)和客观内容，一般可以理解为"摘要=总论点句+分论点句即层义句+要点"，150 字左右。

（4）选择结构

毕业论文的基本结构一般是三段式：绪论、本论、结论。

绪论一般说明研究课题的理由、意义、目的、范围，提出课题的论点，并对这一课题的历史研究进行回顾。如果是比较长的论文还要说明理论基础和分析、研究设想、研究方法等。

本论是毕业论文的主体部分。由于研究工作涉及学科、选题、研究方法、工作进程、结果表达方式等都有很大的差异，不能统一规定，但必须要求事实求是，客观真实，准确完备，合乎逻辑，层次分明。一般有并列分论和直线推论两种方式。

结论必须是绪论中提出的、本论中论证的、自然得出的结果，要首尾一贯，成为严谨的、完美的逻辑构成。

（5）表明层义

层义可以说是论文的分论点，也是全文的纲，可以有两种写法。一是标题写法，简单扼要，一目了然。二是句子写法，具体明确，项目清楚。

2．起草修改全文

（1）起草全文

毕业论文提纲的不断修改和充实，其实已经能够基本成文，当然还要经过正式的起草和修改。

毕业论文应该尽量有平易的语言，尽量写的简洁、精练，避免冗长，罗嗦；尽量缩短句子的长度，少用生词。对同一类观点、同一组材料、同一种论证方法的安排应该不同，一般来讲，应该从已知到未知、从简单到复杂、从具体到抽象、从读者兴趣浓厚到兴趣一般、从读者赞成到读者不大同意，等等。

（2）引文和加注

毕业论文是一定要用引证法的，就是使用引文。引文尽量要少，但要少的精当。引用的过多，就会喧宾夺主，丧失论文的主体性。

引文有段中引文和提行引文。段中引文如果是引用原话，要加引号。如果引用的只是原意，可只加冒号不加引号；提行引文为了区别正文，一般要比正文缩两行，第一行还要多缩两格，在行文的格式上区别开来。

对于引文的出处要加注。加注一般有四种方法：一是段中注，用括号表明；二是脚注，在本页的下端；三是附注，在章节之后；四是尾注，即全文的附注。

附注出处的安排顺序一般是：著者，书名或篇名，出版者，出版年份，页码。

四、需要注意的问题

1．注意过渡

将材料组织成文，要注意内容之间的联系，必要时要增加过渡语。

2．完善整体

（1）标题。标题一般习惯在拟稿时先行撰写，但完稿后，要根据实际需要再行修订，使之概括论文的中心观点或内容，力图做到生动、吸引人。

（2）提要。根据全文总论点和分论点，概括全文内容。最为重要的是，提要须阐述清楚论文的意义，论文的意义可以从理论意义和现实意义两方面来阐述。

（3）参考文献目录。要写清楚参考资料的出处、篇目名称和作者，不要缺项。

3．语言的修改

（1）先过基础关

注意标点，不可句读不分；把句子写通顺。

（2）推敲、润色

删除：对重复的语句或内容，进行选择，删除多余字句，尽量做到文字简练。

补易：段落之间如不通畅，需补上必要的过渡语；对个别地方探讨得不够深入的，需要少量补写。更换语词，更换局部内容，使表达更为准确、恰当，使内容更为完整、全面。

调动：移动语序、分句前后的位置、段落先后的位置，使表述更为合理。

推敲：对关键语词的选择要斟酌，要避免语言呆板。

润色：修饰语句，使语句更富有表现力，包括调整句式，增添修饰语或限定语等。

例文

PLC 交通灯毕业论文

×××

摘要：PLC 可编程序控制器是以微处理器为基础，综合了计算机技术、自动控制技术和通信技术发展而来的一种新型工业控制装置。它具有结构简单、编程方便、可靠性高等优点，已广泛用于工业过程和位置的自动控制中。据统计，可编程控制器是工业自动化装置中应用最多的一种设备。专家认为，可编程控制器将成为今后工业控制的主要手段和重要的基础设备之一，PLC、机器人、CAD/CAM 将成为工业生产的三大支柱。由于 PLC 具有对使用环境适应性强的特性，同时其内部定时器资源十分丰富，可对目前普遍使用的"渐进式"信号灯进行精确控制，特别对多岔路口的控制可方便地实现。因此现在越来越多地将 PLC 应用于交通灯系统中。同时，PLC 本身还具有通信联网功能，将同一条道路上的信号灯组成一局域网进行统一调度管理，可缩短车辆通行等候时间，实现科学化管理。

第一章　PLC 的特点及应用

1.1　概述

可编程控制器（Programmable Controller）是计算机家族中的一员，是为工业控制应用而设计制造的。早期的可编程控制器称作可编程逻辑控制器（Programmable Logic Controller），简称 PLC，它主要用来代替继电器实现逻辑控制。随着技术的发展，这种装置的功能已经大大超过了逻辑控制的范围，因此，今天这种装置称作可编程控制器，简称 PC。但是为了避免与个人计算机（Personal Computer）的简称混淆，所以将可编程控制器简称 PLC。

1.2　PLC 的特点

1. 可靠性高，抗干扰能力强；

2. 通用性高，使用方便；

3. 程序设计简单，易学，易懂；

4. 采用先进的模块化结构，系统组合灵活方便；

5. 系统设计周期短；

6. 安装简便，调试方便，维护工作量小；

7. 对生产工艺改变适应性强，可进行柔性生产；

1.3 PLC 的应用

目前，PLC 在国内外已广泛应用于钢铁、石油、化工、电力、建材、机械制造、汽车、轻纺、交通运输、环保及文化娱乐等各个行业，使用情况大致可归纳为如下几类。

1. 开关量的逻辑控制

这是 PLC 最基本、最广泛的应用领域，它取代传统的继电器电路，实现逻辑控制、顺序控制，既可用于单台设备的控制，也可用于多机群控及自动化流水线。如注塑机、印刷机、订书机械、组合机床、磨床、包装生产线、电镀流水线等。

2. 模拟量控制

在工业生产过程当中，有许多连续变化的量，如温度、压力、流量、液位和速度等都是模拟量。为了使可编程控制器处理模拟量，必须实现模拟量(Analog)和数字量(Digital)之间的 A/D 转换及 D/A 转换。PLC 厂家都生产配套的 A/D 和 D/A 转换模块，使可编程控制器用于模拟量控制。

3. 运动控制

PLC 可以用于圆周运动或直线运动的控制。从控制机构配置来说，早期直接用于开关量 I/O 模块连接位置传感器和执行机构，现在一般使用专用的运动控制模块。如可驱动步进电机或伺服电机的单轴或多轴位置控制模块。世界上各主要 PLC 厂家的产品几乎都有运动控制功能，广泛用于各种机械、机床、机器人、电梯等场合。

4. 过程控制

过程控制是指对温度、压力、流量等模拟量的闭环控制。作为工业控制计算机，PLC 能编制各种各样的控制算法程序，完成闭环控制。PID 调节是一般闭环控制系统中用得较多的调节方法。大中型 PLC 都有 PID 模块，目前许多小型 PLC 也具有此功能模块。PID 处理一般是运行专用的 PID 子程序。过程控制在冶金、化工、热处理、锅炉控制等场合有非常广泛的应用。

5. 数据处理

现代 PLC 具有数学运算(含矩阵运算、函数运算、逻辑运算)、数据传送、数据转换、排序、查表、位操作等功能，可以完成数据的采集、分析及处理。这些数据可以与存储在存储器中的参考值比较，完成一定的控制操作，也可以利用通信功能传送到别的智能装置，或将它们打印制表。数据处理一般用于大型控制系统，如无人控制的柔性制造系统；也可用于过程控制系统，如造纸、冶金、食品工业中的一些大型控制系统。

6. 通信及联网

PLC 通信含 PLC 间的通信及 PLC 与其它智能设备间的通信。随着计算机控制的发展，工厂自动化网络发展得很快，各 PLC 厂商都十分重视 PLC 的通信功能，纷纷推出各自的网络系统。新近生产的 PLC 都具有通信接口，通信非常方便。

第二章　PLC 的结构及原理

2.1 PLC 的分类

1. 按 PLC 的结构形式分类：1)整体式；2)模块式。

2. 按 PLC 的 I/O 点数分类：1)小型 256 点以下；2)中型 256 点以上，2048 点以下；3)大型 2048 点以上。

3. 按 PLC 功能分类：抵挡型，中挡型，高档型。

2.2 PLC 的结构

PLC 实质是一种专用于工业控制的计算机其硬件结构基本上与微型计算机从结构上分，PLC 分为固定式和组合式(模块式)两种。固定式 PLC 包括 CPU 板、I/O 板、显示面板、内存块、电源等，这些元素组合成一个不可拆卸的整体。模块式 PLC 包括 CPU 模块、I/O 模块、内存、电源模块、底板或机架，这些模块可以按照一定规则组合配置。

2.3　PLC 的工作原理

1. PLC 的工作方式

1）输入采样阶段，在此阶段，顺序读入所有输入缎子通断状态，并将读入的信息存入内存，接着进入程序执行阶段，在程序执行时，即使输入信号发生变化，内存中输入信息也不变化，只有在下一个扫描周期的输入采样阶段才能读入信息。

2）程序执行阶段：PLC 对用户程序扫描。

3）输出刷新阶段：当所有指令执行完毕通过隔离电路，驱动功率放大器，电路是输出端子向外界输出控制信号驱动外部负载。

2.4　PLC 汇编语言

采用面向控制过程，面向问题，简单直观的 PLC 编写横语言，常用的有：梯形图，语句表，功能图等。

1. 梯形图：由继电器控制逻辑演变而来，两者具有一定程度的相似性，但梯形图编程语言功能更强更方便。

主要特点：

1）自上而下、从左到右的顺序排列，两列垂直线为母线。每一逻辑行，起使左母线。

2）梯形图中采用继电器名称，但不是真实物理继电器称为"软继电器"

3）每个梯级流过的是概念电流，从左向右，其两端母线设有电源。

4）输入继电器，用于接入信号，而无线圈，输入继电器，通过输入接入的继电器，晶体管及晶闸管才能实现。

2. 语句表：又叫指令表，类似计算机汇编语言形式，用指令的记助符编程。

2.5　PLC 的基本指令

1. 输入输出指令（LD/LDI/OUT）

2. 触点串连指令（AND/ANDI）、并联指令（OR/ORI）

3. 电路块的并联和串联指令（ORB、ANB）

4. 程序结束指令（END）

在程序结束处写上 END 指令，PLC 只执行第一步至 END 之间的程序，并立即输出处理。若不写 END 指令，PLC 将以用户存贮器的第一步执行到最后一步，因此，使用 END 指令可缩短扫描周期。另外。在调试程序时，可以将 END 指令插在各程序段之后，分段检查各程序段的动作，确认无误后，再依次删去插入的 END 指令。

其他还有一些指令，如置位复位、脉冲输出、清除、移位、主控触点、空操作、跳转指令等。

2.6　PLC 交通灯毕业设计编程器件

一般情况下，X 代表输入继电器，Y 代表输出继电器，M 代表辅助继电器，SPM 代表专用辅助继电器，T 代表定时器，C 代表计数器，S 代表状态继电器，D 代表数据寄存器，MOV 代表传输等。

第三章　梯形图的设计与编程方法

3.1　控制要求

信号灯受启动及停止按钮的控制，当按下启动按钮时，信号灯系统开始工作，并周而复始地循环工作，当按下停止按钮时，系统将停止在初始状态，所有信号灯都熄灭。

3.2 控制时序

3.3 PLC 交通灯毕业设计硬件及外围元器件

根据信号灯的控制要求，所有的器件有：三菱 FX 系列 PLC、起动按钮 SB1、停止按钮 SB2、红黄绿色信号灯各 4 只，输入/输出端口接线如图 3 所示。由图可见：起动按钮 SB1 接于输入继电器 X0 端，停止按钮 SB2 接于输入继电器 x1 端，东西方向的绿灯接于输出继电器 Y5 端，东西方向黄灯接于输出继电器 Y4 端，东西方向的红灯接于输出继电器 Y3 端，南北方向绿灯接于输出继电器 Y2 端，南北方向的黄灯接于输出继电器 Y1，南北方向红灯接于输出继电器 Y0。将输出端的 COM1 及 COM2 用导线相连，输出端的电源为交流 220V。如果信号灯的功率较大，一个输出继电器不能带动两只信号灯，可以采用一个输出点驱动一只信号灯，也可以采用输出继电器先带动中间继电器，再由中间继电器驱动信号灯。

第四章 程序设计

4.1 PLC 交通灯毕业设计梯形图

4.2 PLC 交通灯毕业设计指令图

4.3 软件设计

第五章 PLC 交通灯毕业论文设计总结

在设计过程中，经常会遇到这样那样的情况，就是心里老想着这样的接法可以行得通，但实际接上电路，总是实现不了，因此耗费在这上面的时间用去很多。

我趁着做课程设计的同时也对课本知识有了巩固和加强，由于课本上的知识太多，平时课间的学习并不能很好的理解和运用各个元件的功能，而且考试内容有限，所以在这次课程设计过程中，我们了解了很多元件的功能，并且对于其在电路中的使用有了更多的认识。

经过两个星期的设计里，过程曲折可谓一语难尽。在此期间我们也失落过，也曾一度热情高涨。从开始时的满富激情到后来汗水背后的复杂心情，点点滴滴无不令我回味无穷。

通过这次课程设计使我懂得了理论与实际相结合是很重要的，只有理论知识是远远不够的，只有把所学的理论知识与实践相结合起来，从理论中得出结论，才能真正为社会服务，从而提高自己的实际动手能力和独立思考的能力。在设计的过程中遇到问题，可以说得是困难重重，这毕竟第一次做，难免会遇到过各种各样的问题，同时在设计的过程中发现了自己的不足之处，对以前所学过的知识理解得不够深刻，掌握得不够牢固。

谢 辞

当我以学子的身份踏入大学校门的那天起，便已注定我将在这里度过人生中最美丽的青春年华。提笔写下"谢辞"，我才惊觉自己即将真正离开，人生也从此展开新的画卷。尽管不舍，却更珍惜，因为我的生命中有那么多可爱的人值得感激。他们使我的大学生活充满了色彩，无论收获、遗憾，对我来说都是一笔宝贵的财富。

三年的大学生活不知不觉中就要结束了，在这段难忘的生活中，有我许多美好的回忆。在这份大学的最后一页里，首先感谢学院给我们提供这个能自我展示的平台，感谢我们的指导老师，你们从一开始的论文方向的选定，到最后的整篇文论的完成，都非常耐心地对我进行指导。给我提供了大量数据资料和建议，告诉我应该注意的细节问题，细心地给我指出错误，修改论文。谢谢我的班主任和在我三年的学习中无私传授我知识的各位老师，是你们将自己宝贵的财富无私地奉献给了我们，让我们能在学业上有所成就；是你们让我深感教师职业的伟大，教给我们知识，又不忘教育我们如何做人！在此，我还要感谢寝室的兄弟们在我完成论文的过程中给予我的帮助和鼓励，也感谢他们陪我度过这三年的生活。

任务三 产品说明书

一、产品说明书含义

产品说明书，简称说明书。是产品生产者就产品的性能规格、构造用途、使用和保养方法以及维修等事项的书面介绍说明，它是一种指导消费的文书。产品说明书伴随着产品广泛进入生产、科研、贸易、生活各个领域，具有指导消费、扩大销售和反馈信息的作用。

二、产品说明书的特点

产品说明书的特点主要是科学性、实用性、条理性、简明性。

三、说明书的分类

说明书各种各样。一般来讲，按所要说明的事物来分，可以分为以下几种：产品说明书，产品使用说明书，产品简介，产品目录，安装说明书，戏剧演出说明书等。

四、说明书写法

说明书一般包括标题、正文、具名。

1. 标题

产品说明书的标题写明产品名称和"说明书"、"说明"或"介绍"等字样即可。如《熊猫牌洗衣粉说明》《凯隆 KK-994 随身听使用说明》。如果产品属于国家有关部门批准许可生产的，还需要将批准部门的名称(简称)、文号、专利证号等写在标题的上方或下方。

2. 正文

正文是产品说明书的主要部分。写作形式有条款式、短文式和复合式。无论采用何种形式，一般应包括主要技术指标、各部分名称、工作原理、原料配方、性能特点、效率和用途、使用方法、注意事项、维护与修理、附属备件及工具附录等内容。有些内容视产品具体情况可略写或不写。

(1) 条款式。采用分条逐项的说明方式。其优点是内容具体、层次分明、条目清楚。通常用于简单产品的说明。

(2) 短文式。采用概括和叙述的方式对产品进行介绍和说明。其优点是内容完整、意思连贯。

(3) 复合式。综合使用条款和短文的形式。其优点是能把事物说得比较清楚、周密，既能给人一个总的印象，又能让人了解具体项目的内容。

某些结构复杂、需要向使用者全面详细说明的产品，由于要说明的事项过多，也可以将说明书编成小册子，包括封面、标题、目录、概述、正文、封底等。如某些软件说明书，分章分节地指导消费者运用该软件。

3. 具名

正文结束后，在正文右下方，写上产品生产企业和定点经销单位的名称以及联系方式等。

例文一

《真汉子剃须刀》使用说明书

本说明适用于各类充电式剃须刀。

充电:

将电源插头插入 AC220V 电源之中，视充电指示灯亮、充电 12～16 小时。注意：充电时间不要过长，以免影响电池寿命。

剃须:

将开关键上推至(ON)开启位置，即可剃须。为求最佳之刮须效果，请将皮肤拉紧，使胡子成直立状，然后以逆胡子生长的方向缓慢移动。

修剪刀:

如有修剪刀功能的剃须刀，请在剃须前，先将修剪刀推出，修短胡须后再用网刀剃净。

清洁:

剃须刀要经常清洁。清洁前应先关上开关。旋下网刀，用毛刷将胡须屑刷净。清洁后轻轻放回刀头架、且到位。清洁时应轻拿轻放，避免损坏任何部件。

保修条例:

保修服务只限于一般正常使用下有效。一切人为损坏例如接入不适当电源，使用不适当配件，不依说明书使用；因运输及其它意外而造成之损坏；非经本公司认可的维修和改造，错误使用或疏忽而造成损坏；不适当之安装等，保修服务立即失效。此保修服务并不包括运输费及维修人员上门服务费。

保修期外享受终身维修，维修仅收元器件成本费。

剃须刀中内、外刃属消耗品不在保修范围内。

保修期：正常使用六个月。

注意事项:

充电时间 12～16 小时。

换刀网刀头时一定要选用原厂配件。

简析：这是一篇剃须刀的使用说明书。该使用说明书还附上了"保修条例"部分，严格来讲，"保修条例"不属于使用范围内的东西，可以略去。就其使用说明来讲，该文谈到三个主要的步骤，一是充电，二是剃须，三是清洁。这类剃须刀属于充电式的，由于刚打开的产品尚未充电，故要求先充电。该部分介绍了所接用的充电电压，充电时间及注意事项等。

剃须部分将剃须的具体方法，剃刀走动的方向等都介绍的很清楚。除此而外，还指出有"修剪刀"的剃刀可在剃须前先将长须修短，再用剃须刀剃净。

清洁是剃须后必做的工作，这里详细地介绍了剃须刀的保养清洁工作。为延长剃须刀的寿命这都是很有必要的。

例文二

(91)卫药准字

兰河牌　Z-83-2号

双黄连口服液说明书

哈尔滨中药四厂

双黄连口服液系由双黄连注射液厂家哈尔滨中药四厂研制而成的新型抗病毒制剂。

本品为中药双花、连翘、黄芩经用科学方法提取有效成分制成的灭菌水溶液。经黑龙江中医药大学附属医院、黑龙江省医院、黑龙江省中医研究院三百余病例临床验证、对病毒和细菌感染引起的肺炎、上呼吸道感染、扁桃体炎等疗效显著。

　　双黄连口服液科技成果鉴定专家委员会认定：双黄连口服液具有抑菌、抗病毒的双重作用，无过敏、无任何毒副作用，疗效显著。双黄连口服液处方合理、工艺先进、产品质量稳定、数据可靠、符合卫生部标准。该成果达到国内先进水平，为国内首创。

　　〔性　　　状〕本品为棕色澄清液体，味甜，微苦。

　　〔药理　作用〕解热、消炎、抗菌、抗病毒。

　　〔功能与主治〕辛凉解表、清热解毒。适用于病毒和细菌感染引起的肺炎、气管炎、支气管炎、咽炎及扁桃体炎等上呼吸道感染、病毒性流感引起的发热、咽痛、咳嗽和老年性哮喘等。

　　〔用法与用量〕口服，一日 3 次，一次 2 支，小儿酌减或遵医嘱。

　　〔规　　　格〕每支 10 ml

　　〔贮　　　藏〕密封，避光，置阴凉处保存。

　　〔注　　　意〕如有轻微沉淀，服前请摇匀，不影响疗效。服用时请将吸管从铝盖中央凹处插入即可服用。

　　〔使用　期限〕2 年

　　〔生产　批号〕见上盖内侧。

　　简析：该产品说明书采用了综合表述方式。前面用短文形式介绍了厂家、药性、专家的鉴定，给读者以总体印象，后面用条款式介绍药品的各个方面应知问题。

任务四　科技实验报告

一、科技实验报告概念

　　在科学技术研究活动中，人们为了检验某种学科理论或假设，进行创造发明和解决实际问题，往往都要进行实验，通过观察、分析、综合、判断，如实地将实验过程和结果记录下来并写成文章，这就是科技实验报告，它兼有"实验"与"报告"两种性质，是实践环节的理性回归，是实验工作的全部总结和系统概括，具有情报交流与资料保存的作用。

二、格式与内容

　　一份完整的科技实验报告，一般应包括以下内容。

　　1. 标题

　　它是实验内容的高度概括，力求醒目，集中反映该实验研究的内容。

　　2. 作者及单位

　　作者是指该实验的制作者和承担主要工作、做出重要贡献的参与者。应按其贡献大小先后排列，同时署上工作单位、所属地区及邮编。

　　3. 摘要与关键词

　　摘要是全篇内容的简要概括；关键词也称主题词，往往从实验的目的、条件、方法和所产生的变化效应方面进行提炼，多以名词或名词词组出现。

　　4. 前言

　　即序言，简要说明此项实验的目的、范围、理论分析和依据、研究方法和实验方案等。

5．实验名称

每篇实验报告都有自己的名称，即标题。实验名称应该简洁、鲜明、准确。

6．实验目的

指为什么要进行此项实验，要短小精悍，简明扼要。

7．实验要求

实验要求同实验目的一样要简练、明确。可分条列出，如《液体表面张力系数的测定》，其实验要求是这样的：1) 掌握用焦利称测微小力的原理和方法；2) 用逆差法处理数据。

正文。包括实验原理和设备、实验方法与步骤、实验结果和结论等。

8．实验原理

实验原理是进行实验的理论依据。有的实验要给出计算公式，以及公式的推导，电学实验要给出线路图，光学实验要给出光路图，化学实验常给出反应方程式。

9．仪器设备或原材料

应列出每项实验所需的仪器设备，原材料、仪器设备应标明规格型号，原材料应标明化学成份，有时对于不常见的仪器要加以介绍。化学实验中的试剂，应标明形态、浓度，成分等。

10．实验步骤

实验步骤就是实现进行的程序，通常都是按操作时间先后划分成几步进行，并在前面标注上序号：（一）①②；（二）①②……操作过程的说明，要简单、明了、清晰。

实验装置的安装过程和实验线路的联接过程，有时单纯用文字叙述是很难说清楚的。因此，有时就要求画出示意图，这样不仅使文字大大减少，而且使人看得更加清晰明白。

11．数据表格及处理结果

这是对整个实验记录的处理，数据记录要求是实验中的原始数据。从仪器表中读取数据时，要根据仪器表的最小刻度单位或准确度所决定实验数据的有效数字位数。

数据都要列表加以整理，如发现异常数字，则应及时复试，及时纠正。列表表示时，表格一定要精心设计，使其易于显示数据的变化规律及参数之间的相互关系。项目栏要列出测物理量的名称、代号及量纲单位，说明栏中的小数点要上下对齐。

12．误差分析

在实验中，由于实验条件、测量仪器、测量方法以及测量技术等因素的影响，使得测量值与客观真值之间存在着差值，这个差值叫做误差。因此，要对测量值与真值进行误差分析。误差分析可从下面两方面着手进行。

（1）系统误差。其特点是：在相同实验条件下，对同一量进行反复多次测量时，误差总保持不变，或者测业条件改变时，误差可按一定规律变化。它产生的原因有：1) 由于仪器本身缺陷或者没有按规定条件使用造成的误差；2) 方法误差；3) 由于实验者生理上的缺欠，如估计读数时始终偏大或偏小，反应总是快或慢造成的误差。消除系统误差，可用等精度测量，或者通过多次测量。

（2）随机误差。其特点是：在相同条件下，对同一量进行多次测量时，在极力消除或者改正一切明显误差后，每次测量的误差以不可预知的方式变化着，这叫做随机误差。

13．实验结果

对于非测量的实验，当然无须记录数据、分析误差、进行计算。其结果部分，主要描述和分析实验中所发生的现象，例如化学实验中反应速度的快慢，放热还是吸热，生成物的形态、颜色及气味；金相或岩相实验，拍摄的显微照片；电学实验，观察到的波形图，等等。

因实验结果部分是整个实验的核心和成果，在写作前，一般应将数据整理好，并列出表格，写作时分好类，按一定顺序安排好数字、表格及图，并做必要的说明。为了准确起见，最好采用专业术语来描写，不要有任何夸张，引用的数据必须是真实的，结论必须可靠，图与表格要符合规范要求，数字的记录方法和处理方法必须符合规定，否则，将会使整个实验报告丧失价值。

14．讨论或结论

结论是根据实验结果所做出的最后判断，并将实验结果逐条列出，叙述时应该采用肯定的语言，可以引用关键性数据，一般不应再列出图和表格。

讨论是对思考题的回答，对异常现象或数据的解释，对实验方法及装置提出改进建议。通常分条进行讨论，说明也比较简单，如影响实验的根本因素是什么？提高与扩大实验结果的途径是什么？实验中发现了哪些规律？实验中观察到哪些现象？将实验结果与理论结果相对照，解释它们之间存在的差异，测量的误差分析。如果认为没有必要讨论，那么也可以不写。

实验报告的构成，并非千篇一律，不同学科的实验，其报告的写法也有所差异。以上十项构成项目，只是实验报告的基本构成项目。

15．参考文献。详细注明进行此实验过程中参考的资料与文献。

特别提醒：撰写科技实验报告多采用图表辅助说明。许多科技实验的过程都不是单一的，实验装置有时又相当复杂，如果单纯用文字来说明，不仅会加大实验报告的篇幅，而且有时也很难表达得清晰具体。因而，写实验报告通常多采用直观实物图、符号说明图和绘制相关的表格来作为辅助说明办法，以便读者清楚地了解实验装置的构成和工作原理。

例文一

实验名称	木材的干馏
实验目的	认识木材干馏的方法、过程及干馏后的生成物
实验器材	仪器用具：带升降夹头的铁架 1 具、支管试管 2 只、试管 2 只、烧杯 1 只、喷灯 1 只 试剂物料：木屑、冷水、石蕊试纸、费林试剂三氯化铁溶液、覆有一层氧化铜膜的铜片
实验装置 与步骤	1.按图示装配实验仪器(略) ①支管试管，内装干屑 ②收集木焦油的试管 ③收集挥发性产物的试管 ④尖嘴导气管 ⑤盛冷水的烧杯 2.先微热盛有木屑的试管①，然后加强热 3.当尖嘴导气管末端开始逸出干馏生成的气体时，用火柴点着，检验其可燃性 4.当试管③里收集到 2～3 毫升液态馏出物，试管①中收集到可察知量的煤焦油时，即可停止加热 5.取出液态馏出物样品，用石蕊、费林试剂、氧化铜膜片进行检验 5.取出木焦油样品，用三氧化铁进行检验
实验结果	1.木屑在加热时，变黑并逐渐碳化，先出现木材在高温时分解的气态产物，后出现液态产物和焦油 2.气态产物燃烧时，形成无色无烟的火焰 3.液态馏出物对石蕊显酸性，与费林试剂共热，所出为黄色及红色沉淀；滴在氧化铜膜上，可以使氧化铜还原为铜，这说明液态馏出物中有醛和醇 4.木焦油与三氧化铁作用热时，显现酚的特有的颜色反应，说明其中有酚存在 5.试管①里呈黄色的残余物是木炭
实验结论	木材在隔绝空气加热时，发生复杂变化，结果生成了系列新物质。有可燃性气体 CO，H_2、CH_2OH 等；液态产物醛、酚；固态产物木炭等

例文二

防止石墨电极高温氧化的实验研究

朱新宁　吴国玺　林君

（本溪冶专·高职专·辽宁本溪 117022）

摘要： 通过对石墨电极高温防氧化失重实验，对石墨电极高温防氧化机理进行了初步研究。采取向电极表面直接喷淋防氧化溶液的方法，迅速降低石墨电极表面温度，并在电极表面生成连续、均匀的防氧化膜，显著提高石墨电极高温抗氧化能力，达到降低石墨电极消耗的目的。

关键词： 失重实验；石墨电极；高温氧化

1. 前言

石墨电极主要用于电弧冶金作为导电的耗材料，其消耗费用约占电炉钢冶炼成本的 10%～15%。

近年来为提高电炉生产率和降低电耗，电炉均采用高负荷作业，电极表面氧化消耗趋向越来越大，从而进一步增加了电极消耗和冶炼成本。在电炉炼钢过程中，造成石墨电极消耗的因素很多，其中高温条件下，电极侧面氧化消耗约占总消耗量的 50%～70%。因此，采取适当办法控制电极侧面氧化消耗，进一步降低电极消耗，仍是广大冶金工作者努力探索的课题。

2. 石墨电极防氧化的作用

石墨电极侧面氧化主要是由于在炼钢的过程中，石墨电极表面受热。据炉内氧化性气体与石墨电极作用氧化反应（见表 1），在不同条件下，石墨电极的氧化方式也有所不同。表 1 中 (1) 和 (2) 两个反应为主要反应，氧化所生成的 CO 和 CO_2，混合气体再分别与氧及石墨作用，产生 (3) 和 (4) 两个副反应。在较低温度下，混合气体中的 CO 与炉气中的 O_2 反应，生成 CO_2。在较高温度下，混合气体中的 CO，及由氧燃烧成的 CO_2，可以直接与石墨电极反应，生成的 CO 再向炉气中扩散，高温情况下也被 CO_2 所氧化。可见石墨电极不仅被炉气中的 O_2 所氧化。若提高石墨电极表面温度，增加炉内氧化性气体含量（或气体流量），则有利于石墨电极氧化。另外，石墨电极属于多孔固体，它在制造过程中会产生 25%～30% 的孔隙度，这些孔隙使氧化反应界面积增加，同时成为氧化性气体向石墨电极内部扩散的通道，这将会加速石电极氧化。随着氧化不断向石墨电极内部发展，电极不断被消耗，其结果造成电极外部尺寸不断缩小，总体积不断收缩，电极变成"纱锭状"，这种变形使电极表面电流密度增大的倾向，从而进一步增强了石墨电极的氧化。采取直流供电形式，可以减轻这种倾向。

根据石墨电极的氧化特性，可以采取降低电极表面温度，防止氧化性气体侵入石墨电极表面和延缓电极氧化反应进行的时间等方法，达到降低电极表面氧化消耗的目的。

表 1　石墨电极氧化反应方程式、标准自由焓和反应条件

序项 项目号	反应方程式	标准自由焓 ΔG^E（J/mol）	反应条件
(1)	$C_{石}+O_2=CO_2$	$-394762-0.84T$	供氧充足
(2)	$2C_{石}+O_2=2CO$	$-225\,754-173.04T$	供氧充足
(3)	$2CO+O_2=2CO_2$	$-563\,770+171.35T$	低温、足氧
(4)	$C_{石}+O_2=2CO$	$172\,130-177.46T$	高温、缺氧

3.实验工作条件及方法

（1）实验工作条件

全部实验均在高温氧化失重测试仪上进行。主要设备及技术参数由表2所示。采用 $\mathbb{C}$ 25 mm × 300 mm 石墨电极试样。试验前，全部试样在干操箱内吹氢恒温进行干燥处理，充分去除试样内的水分。

表2　主要设备及技术参数

序号	设备名称型号	主要技术参数	备注
1	高温防氧化失重仪	ϕP25 mm × 300 mm	
2	直读式精密电子天平（MD100－1型）	感量 1 mg 线性误差 ± 0.0015g	
3	温度控制流量计（DRZ2型）	温度范围 1200℃ ~ 1300℃	
4	转子流量计（LZB4型）	可调范围 0 ~ 0.16 m^3/h	
5	气体过滤装置	可去除 CO_2 H_2O	
6	电热鼓风干燥箱（DFH－4型）	恒温控制范围（60℃ ~ 300℃）	

（2）实验方法

按照石里电极在冶炼过程中的工作状态，热态模拟石墨电极在电炉内氧化过程采取直接向电极表面喷淋防氧化溶液的方法。迅速降低电极表面温度，使高渐抗氧化物质育填在电极表面的孔隙中，减少氧化反应界面积。在电极表面形成连续均匀的防氧化溶液，确定最佳配比，寻求简便易行的最佳工艺制度及参数。实验过程中防氧化溶液由炉子上部喷淋环中以向下呈450角向电极外表面连续进行喷淋。不断观察石墨电极外部防氧化层形态。

（3）实验结果及分析

实验炉温为 1000℃，空气流量为 0.08 m^3/h，实验结果可见，没有采用喷淋防养化溶液处理 3#石墨电极，经高温氧化后，试样外表面疏松，氧化层易脱落，其氧化消耗速率(v)与喷淋防养化溶液处理 2#和 1#石墨电极相比，分别高 2-5 倍和 5-6 倍。

直接向石墨电极外表面喷淋防氧化溶液可使炉子上方电极红热部位在几分钟内被冷却至黑色，即能迅速、有效地降低电极表面温度。喷淋采用的防氧化溶液熔点低，高温下不易挥发，它与石墨电极具有良好的润滑性，能均匀地铺展在电极表面，且在石墨电极表面的孔隙内沉积，形成一层表面光滑连续的防氧化膜，显著提高了石墨电极抗氧化能力，从而极大地减少了电极表面氧化消耗。

4. 结束语

在造成石墨电极消耗的诸多因素中，石墨电极侧表面高温氧化是消耗的重要因素之一。实验结果证明，直接向石墨电极外表面喷淋防氧化溶液，可以迅速降低电极表面温度，并在其表面形成连续、均匀地防氧化膜，显著提高石墨电极高温抗氧化能力。它是降低石墨电极消耗的一种简便易行的有效途径。

5.参考文献（从略）

（摘自《本溪冶金高等专科学校学报》1999 年第 2 期）

任务五　工科毕业设计报告

一、工科毕业设计报告概念

工科毕业设计报告是工科大学生综合运用已学理论表述其工程设计情况的应用文。

二、工科毕业设计报告要求

工科毕业设计报告本质上属于科技论文。工科毕业设计主要考查学生是否具备工程设计的初步能力。要求：

(1) 考查运用原理(机械、电力、电子、计算机等方面)的能力。

(2) 考查查阅资料、工程手册、材料手册等方面的能力。

(3) 考查绘制图纸的能力。

(4) 考查分析模型数据的能力。

(5) 考查实验工作的能力。

三、工科毕业设计报告写法

工科毕业设计报告的结构和写法与学术论文大体相同。但工科毕业设计的种类多，项目不同情况也不同，因此，很难统一主体撰写的模式。有的工程设计由于项目大，往往需要几个学生组成一个小组，分别各就某方面的问题进行设计论证。本书主要讲述工科毕业设计报告主体有关内容的表述问题。

1. 设计原理的表述

(1) 表述整体。无论何种工程、何种产品，都必然涉及其工作原理。这原理当然有详细的图纸，但对总体进行说明时，多采用结构框架图或流程图的方式进行，这样易于让人从整体上先把握设计者的基本思路。

(2) 重点(关键问题)说明。指工程设计原理的关键技术或核心问题的说明。这需要采用图纸说明、模型或实验的验证说明等方式：

1) 图纸说明。图纸是产品生产的依据，也是生产原理的具体说明。需要结合图纸，阐述关键问题的原理，要说得清楚、有条理。

2) 模型或实验的验证说明。对于某些产品或工程，为了确保设计的成功，还采用类比模拟的方式，制作模型或运用实验手段来证明原理的可行性、技术的先进性。可将有关模拟的数据或实验数据、方法一一列出，用以证明原理的正确性。

2. 工程的特点或产品的性能表述

(1) 技术或性能的科学性和先进性。优秀的设计总要体现科学性和先进性。对此进行说明的方式有：

1) 同类工程或产品的可比性。采用比较的方法，来说明设计的科学性和先进性，包括性能、质量、成本等方面的优越性。

2) 最新技术说明。采用何种最新技术，工程或产品的性能有何提高、质量有何提高，这都是需要说明的地方。

(2) 技术和质量标准的说明。术和质量标准一般采用国家标准或国际标准。应按照国家质量技术监督局颁发的各类标准进行说明。

例文一

毕业设计：

关于学生成绩管理系统的设计报告

××大学信息管理系×××

摘要： 本文设计了一般学校通用的"学生成绩管理系统"。本设计采用目前通用的小型数据库 Foxbase 语言编写，以适应现行学校内部与外部交换信息的需要。

本设计以 Foxbase 为核心模块，开发出菜单模块、运算功能模块……采用功能模块式的组合方式，构建整个系统。

关键词：数据库；学生成绩管理；系统设计

一、前言

目前，大多数学校在利用计算机管理学生成绩方面，还停留在"单独表格式文件管理、没有形成系统"的水平层面上，即采用的是半手工、半计算机式的管理方式。在计算机上录入编排学生成绩名册，并录入成绩，进行手工统计，最后排版打印。这种方式造成很大浪费，即计算机资源得不到充分利用，且每学期录入一次名单，手工统计一次分数，费时费工。

为解决这一问题，我们先后调查了 5 所中小学和 3 所大学，分析了学生成绩管理工作一般过程的需要，设计了本管理系统。

二、系统原理说明

(一) 系统构建依据

本系统构建依据是一般学校的学生成绩管理过程。其过程是：新生学籍登记→一年级上下学期成绩登记，包括期中成绩登记、期末成绩登记、补考成绩登记→各个学期成绩登记→毕业成绩汇总。

(二) 系统内容和性能

在这个过程中，各环节所需要的功能如下：

学籍登记需要名单录入、修改、查询、打印等功能。

各学期学习成绩需要名单录入、学习科目名称录入、各科成绩登记、各科人均分数、各分数段人数统计、学生个人各科成绩平均分数，各科补考人数统计和补考成绩登记。

毕业成绩汇总需要登记各学期成绩，统计学习总分和平均分，登记毕业实习和论文成绩等。

以上各项必须具有录入、修改、查询和打印的功能，已录成绩需要具有计算、统计等功能。

三、系统设计

(一) 数据库文件

1. 成绩库文件字段含义

(1) QCJ(A、B、C、D)库

Q101…………Q 期中，1 第一学期，01 第一门课程。

Q202…………Q 期中，2 第二学期，02 第二门课程。

F101…………FQ101<60，读入 1。

F2……………第一学期不及格课程门数。

FZ2…………第二学期不及格课程门数。

QZ…………第一学期期中总分。

QZ2…………第二学期期中总分。

QP…………第一学期期中平均分。

QP2…………第二学期期中平均分。

KQ01………第一学期期中考试门数。

……

2. 打印库文件

（1）文件名:KCDY.DBF

说明：本库用途，用于打印各类成绩报表有关课程名称、学院名称、专业名称。与其他库的连接字段为"班级"。

本库的结构与各个"管理系统"中的"课程库（KCKA—BCD）"结构相同。

（略）

（2）文件名:XJDY.DBF

本库为学籍打印库，与 XJKABCD 库结构相同。（略）

（3）文件名:BYDY.DBF

本库为毕业成绩打印库，与"BYKABCD"结构相同。（略）

（略）

（二）功能模块设计

1. 软件整体界面与功能模块程序设计(略)

2. 录入、修改、查询界面与功能模块程序设计(略)

3. 运算、统计、打印界面与功能模块程序设计(略)

（三）数据库文件与功能模块文件关系一览表(略)

附：

1. 软件整体界面程序

2. 录入、修改、查询程序

3. 运算、统计、打印程序

参考文献

1.×××主编.Foxbase 编程.北京：北京科学技术出版社，1995

2.×××主编.小型数据库实用案例.北京：电子工业出版社，1996

习题

1. 科技文书的特点有哪些?

2. 科技文书大致分成几类?

3. 学术论文分为哪几个大的部分?

4. 学术论文收集资料的方法有哪些? 并试着用其中的一些方法收集材料。

5. 写毕业论文时有哪些步骤?

6. 如何进行毕业论文的选题?

7. 选择一个药品说明书，分析其特点。

8. 图表和数据在实验报告中起到什么作用?

9. 针对自己的专业学写一份工科设计报告。

参 考 文 献

[1] 张芳霖，徐求真. 现代实用文体写作新编. 南昌：江西高校出版社，1996.

[2] 曹晖，王景丹，李呈祥，温代光. 现代经济写作. 北京：蓝天出版社，1992.

[3] 张德实. 应用写作. 北京：高等教育出版社，2011.

[4] 刘晓明. 应用文写作. 上海：复旦大学出版社，1998.

[5] 陈功伟. 简明应用写作学. 广州：广东人民出版社，2005.

反侵权盗版声明

　　电子工业出版社依法对本作品享有专有出版权。任何未经权利人书面许可，复制、销售或通过信息网络传播本作品的行为；歪曲、篡改、剽窃本作品的行为，均违反《中华人民共和国著作权法》，其行为人应承担相应的民事责任和行政责任，构成犯罪的，将被依法追究刑事责任。

　　为了维护市场秩序，保护权利人的合法权益，我社将依法查处和打击侵权盗版的单位和个人。欢迎社会各界人士积极举报侵权盗版行为，本社将奖励举报有功人员，并保证举报人的信息不被泄露。

举报电话：（010）88254396；（010）88258888
传　　真：（010）88254397
E-mail：　dbqq@phei.com.cn
通信地址：北京市万寿路 173 信箱
　　　　　电子工业出版社总编办公室
邮　　编：100036